LANGSAMER SOMMER

Toni Buchegger

Drei Jahre lang habe ich an der Entstehung meiner Biographie gearbeitet – drei Jahre des Erinnerns und des Niederschreibens. Dass das Buch in der vorliegenden Fassung erscheinen konnte, habe ich auch folgenden Personen zu verdanken, die mich dabei unterstützt haben und denen ich bei dieser Gelegenheit danken möchte:

Katharina Hölzl (Satz, Gestaltung)
Andreas Buchegger (Lektorat)
Reinhard Feuchtner (Foto Titelseite)

Herstellung und Verlag:
BoD – Books on Demand, Norderstedt

ISBN 9783746050362

IINHALTSVERZEICHNIS

INHALTSVERZEICHNIS

VORWORT

Warum ich dieses Buch schreibe, hat drei Gründe:

1. Es ist für mich ein Schreibtraining und der Beweis, dass auch unter nicht einfachen Bedingungen ein Buch zustande kommen kann.

2. Schlaganfall-Opfern auch zu zeigen, dass das Leben trotzdem lebenswert ist und nochmals eine neue Chance bietet.

3. Das „FREI SCHREIBEN" ein Begriff, der nicht eindeutig definiert ist und für mich heißt: aus der Seele zu schreiben, sich den verborgenen Zwängen und Ängsten zu stellen, die ich über Jahrzehnte verdrängt hatte.

„LANGSAMER SOMMER"

Ich konnte einmal gut lesen und schreiben, es ging aber beides großteils verloren, nun fand ich es langsam wieder, aber nicht durch
Zufall …

Warum ich mit dem Buch zu schreiben begann, hat drei Gründe:
Zum Ersten ist es für mich ein Schreibtraining, da ich auch 15 Jahre
nach meiner Hirnblutung Wörter verwechsle und, erst wenn ich das
Wort geschrieben habe, den Fehler sehe. Das ist insofern sehr mühsam, als dadurch fast jedes dritte Wort fehlerhaft ist und ich es wieder
korrigieren muss. Und das, obwohl ich sofort nach meiner Therapie in
Großgmain bei Salzburg, ich war dort fast zwei Monate auf Reha, begonnen hatte, wieder lesen und schreiben zu lernen. Darüber hinaus
hatte ich den Großteil der Wörter und auch der Sprache „verloren".
Man nennt es eine Aphasie, eine „Sprachlosigkeit", die durch eine
Störung im Sprachzentrum aufgrund einer Erkrankung wie Schlaganfall, Schädel-Hirn-Trauma, Gehirnblutung oder Tumore auftritt. Sie
verursacht Beeinträchtigungen der einzelnen sprachlichen Modalitä-
ten, wie Sprechen, Verstehen, Schreiben oder Lesen.
Sogar meine zwei Söhne Michael und Florian verwechsle ich bis heute, obwohl diese Namen keine exotischen sind.
Das ganz große Handicap bestand darin, das gelernte Lesen und
Schreiben, wie ein Kleinkind, ganz vorne neu zu beginnen. Die einfachsten Wörter wie „Auto", „Zug" oder „Hund" waren Neuland für
mich und ebenso, diese auch zu „verstehen". Ich musste auch wieder
lernen, wie eine Kuh aussieht, und wurde von einer Therapeutin zu
einer Wiese geführt, auf der Kühe weideten. Als ich wieder zuhause
war, verstand ich das Wort, sprach es aber als „Kuhe" aus. Wörter wie
„Messer", „Gabel" oder „Löffel" kann ich bis heute nicht zuordnen
und verstehen. Es gibt aber dazu eine einfache Lösung: Wenn meine
Frau mich ersucht, zum Essen aufzudecken, nehme ich ganz einfach
alle drei Dinge mit zum Tisch, in der Hoffnung, dass alles stimmt.
Wenn wir dann keine Suppe essen, wird der Löffel nicht benutzt und
muss nicht in den Geschirrspüler geräumt werden. (übrigens macht
das sowieso meine Frau!) Ich kannte die Wörter „Wasser", „See" oder
„Baum" nicht mehr und versuchte alles neu zu lernen. Also meldete

ich mich zur Malgruppe und musste dann feststellen, dass ich nichts malen konnte, da ich die einfachsten Dinge nicht wusste oder verstand. Gleich nach der Maltherapie habe ich meine „Werke" zerstört, ging in mein Zimmer und weinte bitterlich.

Die Farben richtig zu definieren, ist insofern schwierig, da ich nur die Grundfarben kenne und meistens falsch bezeichne. Als Hilfsmittel nehme ich die Farbe „Rot" als „Rote Partei", „Schwarz" als die „Schwarze Partei", „Grün" wie die Wiese und „Blau – Azzurro" wie das Meer!!? Die Farbe „Grau" habe ich gestrichen, denn sie weckt zu viele negative Erinnerungen. „Rosa", „Violett", „Türkis" und so weiter, diese Farben kann ich nur erraten oder jemand anderen danach fragen.

„Die Seele hat die Farbe deines Gedankens" – Mark Aurel

Die eigentliche Einführung der Euro-Banknoten und -Münzen erfolgte mit deren Ausgabe im Jänner 2002. Bereits drei Monate zuvor hatte man in Österreich damit begonnen, die Preise doppelt, in Schilling und in Euro, auszuzeichnen. Es war auch für mich die unpassendste Zeit, da ich meine Probleme schon mit dem Zahlen mit Schillingen hatte. Nun kamen auch noch die Euro- und Cent-Münzen dazu, eine für mich „völlig neue Währung", mit der ich überhaupt nichts anfangen konnte und die so exotisch klang wie japanischer Yen oder polnischer Zloty. Wenn ich in einem Lokal bezahle, habe ich nur eine Vorstellung, wenn ich den Betrag tatsächlich vor mir sehe, wenn ich ihn nur höre, verstehe ich „Bahnhof".

Begriffe wie 17,90 oder 42,60 sind nur in Verbindung mit Zahlen für mich greifbar, ich spreche aber diese oft falsch aus. Auch hier habe ich mir eine einfache Lösung gesucht: Wenn ich in einem Lokal bin und keine Rechnung bekomme, habe ich immer mehrere Ein-Euro- und Zwei-Euro-Münzen eingesteckt. Dann zahle ich mit Euroscheinen, lasse mir herausgeben und gebe dann das Trinkgeld mit meinen Euromünzen. Jetzt suche ich gerade am Computer die Taste des Euro-Zeichens, habe sie nicht gefunden, dafür das $-Zeichen, das ich aber momentan nicht brauche. Vielleicht habe ich einen älteren Computer, mit dem kann man auf jeden Fall mit „Schilling" rechnen und schreiben. Jetzt kommt gerade meine Frau herein und zeigt mir, dass es die €-Taste auf meinem Computer tatsächlich gibt. Ich bin beruhigt.

Meine Rechenleistungen waren massiv beeinträchtigt, dabei habe ich schon sehr große Fortschritte in Bezug auf Zahlen gemacht. Denn bei meinem ersten Test im Zahlenraum bis 100 in Großgmain, bei dem zwei Zahlen bis maximal 100 zu rechnen waren, hatte ich eine Trefferquote von 100, denn alle waren falsch. Am Ende meiner Therapie stand im Abschlussbericht, dass die verbale Rechenfähigkeit nachweislich vermindert sei, die schriftliche Rechenfähigkeit auf mittlerem Niveau, Addition und Subtraktion mit Hilfe von „Fingerzählen" möglich sei. Gott sei Dank habe ich noch alle zehn Finger, sonst hätte ich ein Problem mehr!

Am rechten Auge hat es mich auch erwischt, das heißt, ich habe in die Mitte des Auges genau von Oben nach Untern einen kleinen Streifen, auf dem ich nichts sehe. Dafür sehe ich links und rechts des Streifens bestens. Mein linkes Auge wurde gerade geläsert, dann operiert und eine neue Linse aus Amerika(!!) eingesetzt.
Ich sehe jetzt fast besser als ein Luchs!
Was mich sehr beeinträchtig und stört, ist die Tatsache, dass das Lesen eines Buches oder einer Zeitung mühsam ist. Bei jeder Zeile fehlen mir die nächsten rechtsstehenden Buchstaben und ich kann nur weiterlesen, wenn ich mit den Augen „mitgehe". Mache ich das nicht, ist es wie bei einer alten Schreibmaschine, wenn ein Buchstabe hängenbleibt! Trotz intensiven Augentrainings und Tests über Monate habe ich diesbezüglich kaum mehr Fortschritte machen können, da vermutlich durch das Alter die Augen nicht besser werden. Natürlich ist es dann auch sehr schwierig, bei Ballspielen wie Fußball oder Tischtennis mitzumachen, was mir des Öfteren wirklich fehlt. Golfen geht eher überhaupt nicht, denn das habe ich nie probiert und ich würde den Golfball sowieso nicht treffen.
Auch ganz einfache Begriffe wie „Jahr", „Monat", „Woche" oder „Tag" waren lange ein großes Problem, denn ich verwechselte sie mit Ziffern oder Zahlen. So suchte ich ein Jahr im Monat und landete beim Freitag, was aber bei genauer Betrachtung nicht stimmen kann.

Es könnte aber auch sein, dass meine ganze Überlegung tatsächlich stimmte, nur die anderen Millionen Menschen sich irrten?! Diese Denkweise hatte ich zwar nie, nehme sie aber ab und zu zum Trost. DER ZWEITE GRUND, dieses Buch zu schreiben, ist der, eine Chance zu bekommen und alles zu versuchen, das Beste aus dieser Misere zu machen. Wer eine Chance hat, sollte sie nutzen, wenn sie ihm geboten wird. Die Bedingungen für den Erfolg gelten nicht als garantiert und sollten auch nicht hinterfragt werden. Im Spiel kann die Chance, bedingt durch Einsatzart und Einsatzhöhe, 50:50 stehen. Für viele Betroffene eines „Schicksals-Schlages" kann die Chance nur mehr 95:5 stehen, also nicht der Rede wert sein, dennoch – die Chance lebt. Nur nicht aufgeben und sich fallen lassen, sollte die tägliche Devise, also der Leitsatz sein! Man sollte es einfach probieren, am besten mit viel Einsatz, Ausdauer und Ehrgeiz. Es heißt nicht umsonst: „Am Ende der Ausrede beginnt das Leben!" Denn Zeit hat man nun genug, sehr viel Zeit, und es ist ein ganz anderes neues Leben, aber auch ein langsames Leben.

Als Betroffener hat man sich gezwungenermaßen damit auseinanderzusetzen, dass mit einem Schlag das Leben völlig anders verläuft als bisher und das bisherige Leben Geschichte ist. Es sollte auch irgendwie ein kleiner Trost sein zu wissen, dass jährlich über 20.000 Personen (alle 6 Minuten!!), alleine in Österreich, dasselbe zustößt. Was mir passiert ist, gilt weltweit als zweithäufigste Todesursache, in Deutschland alleine mit 65.000 Todesfällen im Jahr 2006. „Schlaganfall", im Englischen auch „Stroke" genannt, ist eine plötzlich auftretende Erkrankung des Gehirns und häufigste Ursache für mittlere und schwere Behinderungen.
Das sollte auch ein Buch sein für alle betroffenen Familien oder Betreuer, die Patientinnen und Patienten besser zu verstehen und den Glauben an eine Besserung nicht aufzugeben. Denn diese Gruppen sind es, die genauso leiden und es sich aber nicht anmerken lassen. Sie sind auch diejenigen, die mit so viel Liebe, Zuneigung und Aufopferung wieder Hoffnung geben.
In Großgmain bei Salzburg hängt im Essensraum an der Wand ein treffender Spruch:

FAST ALLE MENSCHEN HABEN VIELE WÜNSCHE –
KRANKE NUR EINEN!

10. JUNI 2001

Am 10. Juni 2001 bekam ich heftigste Kopfschmerzen. Sie waren so stark, wie ich sie im ganzen Leben noch nie hatte. Meine Frau und ich waren am Vortag in Obertraun zur Geburtstagsfeier vom Schwiegervater meines Sohnes Michael eingeladen. Er hatte den 50er und wir fuhren das erste Mal mit unserem alten, gebrauchten Wohnwagen zu dieser Feier. Den Wohnwagen hatten wir im Vorjahr von einem Nachbarn gekauft, als dieser sich einen neuen anschaffte, wir waren erstmals damit unterwegs. Der Hintergrund war der, dass wir nach der Geburtstagsfeier nicht die 42 Kilometer nach Hause fahren mussten.

Die Feier war um Mitternacht schon zu Ende, da einen Tag vorher mit Arbeitskollegen auch schon ein Fest stattgefunden hatte. Ich trank nur drei kleine Bier und ging dann schlafen. Wir frühstückten mit dem Geburtstagskind samt seiner Frau und fuhren anschließend mit dem Wohnwagen nach Hause. Mittags konnte ich auch nichts essen, da die Kopfschmerzen so heftig waren. Danach versuchte ich, ein neues Buch, welches ich von Flo zum Vatertag geschenkt bekommen hatte, zu lesen. Ich schlug es auf, konnte aber keine Zeile lesen und hatte den Eindruck, dass das ganze Buch verdruckt war, denn es war für mich „unleserlich". Da ich so etwas noch nie gesehen hatte, fragte ich meine Frau, die mir aber sagte, dass das ganze Buch in Ordnung sei und keinen Druckfehler habe.

Lisi, meine Frau, reagierte sofort, rief beim Roten Kreuz an, es war Sonntag, um den zuständigen Arzt zu verständigen. Gleichzeitig verständigte sie unseren Sohn Michael, der auch sofort vorbeikam. Der Arzt war in kürzester Zeit bei uns, sah die Symptome und veranlasste die unverzügliche Einweisung in das Krankenhaus Bad Ischl. Michael fragte mich noch, ob ich die Turnschuhe selbst anziehen könne, was für mich problemlos ging. Er war früher beim Roten Kreuz Zivildiener und hatte demnach die Ausbildung zum Sanitäter durchgemacht. Die Rettungsleute brachten einen Liegesessel ins Haus, den ich aber ablehnte, und ich stieg selbst ins Rettungsauto ein. Nach einer ersten CT (Computertomografie)-Aufnahme im Krankenhaus wurde ich dann sofort in die Spezialklink nach Linz, ins Wagner-Jauregg, transportiert, bei dem Transport fuhr auch noch Michael mit. Es folgten noch Kontroll-MPT- (Magnetfeldresonanz) Untersuchungen und eine Angiographie. Ab diesem Zeitpunkt kann ich mich nicht an alles erinnern. Am nächsten Tag, am 13. Juni, war meine Frau bei mir, ich wurde für die Operation vorbereitet und unterschrieb das Erklärungsformular mit meinem Namen wie immer. Die OP war unvermeidlich, da meine Blutung größer war als vermutet. Meine Frau und auch Flo, der aus Wien kam, waren dabei, als mein ganzer Kopf kahl rasiert wurde, Lisi hielt das fast nicht aus, dabei zuzuschauen. Auch heute noch, wenn wir über das „Haareabschneiden" sprechen, leidet sie schrecklich darunter. Ich war ganz entspannt, vermutlich bekam ich eine „Wurstigkeitsspritze" und wurde in die Schleuse des OP transportiert. Man entschuldigte sich bei mir, da ich längere Zeit auf die OP warten musste, man sagte, es sei etwas dazwischengekommen. Mir war das sowieso ganz egal und ich wurde schließlich in den OP geschoben. Die zwei Ärzte, die mich operierten, unterhielten sich noch kurz mit mir und schon war ich weggekippt.

In der Intensivstation wachte ich wieder auf und musste feststellen, dass ich nicht der Einzige war, der hier lag. Meine Familie war immer bei mir und meine Frau und die Söhne wechselten sich ab. Zuerst meine Frau Lisi mit Flo, der in Wien lebt und auch dort studiert hatte. Wenn sie am Parkplatz vom Wagner-Jauregg waren, riefen sie Michael an, der dann in Ebensee wegfuhr und anschließend bei mir im Krankenhaus war.

Ich kann mich noch sehr gut an das alles erinnern, wusste aber nicht mehr, ob Tag oder Nacht sei, es brannte auch immer Licht. Ich hatte einmal einen zweiten Patienten im Zimmer, der mir sagte, dass er auch im Kopf operiert werde und einen Tumor habe. Er erzählte mir noch von seiner Familie, ich konnte der Geschichte nicht folgen, vermutlich schlief ich ein. Am nächsten Tag wurde er hinausgebracht, ich sah ihn dann nicht mehr. Einmal dachte ich mir, irgendwann sollte ich auf die Toilette gehen, vergaß es aber wieder. Dann verstand ich auch nicht, warum ich keinen Hunger hatte. Tatsache war, dass ich überall angeschlossen war und dies erst mitkriegte, als alle die Geräte bei mir entfernt wurden. Zwei Pfleger halfen mir aus dem Gitterbett, (vorher hatten sie wahrscheinlich Angst, dass ich davonlaufe könnte und joggen gehe)!! Das erste Mal wieder auf den Beinen, war es einfach unmöglich zu stehen oder zu gehen, doch wurde ich von den Pflegern tatkräftig unterstützt. Dann sah ich mich im Spiegel; ich war das blühende Leben und schloss sofort die Augen.

Nach zwei Wochen wurde ich ins Krankenhaus nach Gmunden überstellt. Es war eine wesentliche Erleichterung für meine Familie, da die Fahrzeit wesentlich kürzer war und die Entfernung nach zuhause nur 17 Kilometer betrug. Nach ein paar Tagen kam ein Arzt zu mir in mein Zimmer, da er die Fäden der Operation auf meinem kahlen Kopf entfernen sollte; ich wusste allerdings nicht, was er damit meinte.

Ist das alles Wirklichkeit oder doch nur ein schlechter Traum? Warum werde ich nicht wach? Ist das die Tatsache oder doch nur eine Vermutung? Lebe ich wirklich noch? Eine gute Woche vorher hatte ich mir im Fernsehen am späten Abend noch den Film mit Bruce Willis und Brad Pitt „Twelve Monkeys" angesehen. Ich hatte diesem Film damals keine besondere Beachtung geschenkt, erst nach meiner Kopfoperation im Wagner-Jauregg in Linz ist er ein Thema geworden und hat mich seither unheimlich beschäftigt. Er handelt von Zeitsprüngen, von dem, was früher war, was jetzt ist, und davon, ob das alles stimmt oder nur eine Einbildung. Das Festbinden oder Festschnallen, dazu die totale Hilflosigkeit, das Ausgeliefertsein und dazu noch die Umgebung, die für mich erschreckend war. Bruce Willis, ohne Haare, direkt oberhalb des linken Ohres und am linken Hals mit „Barcode-" beziehungsweise „Strichcode- Markierung" und Verletzungen am Kopf. Wurde er auch operiert oder nur ich? Ich war mir nicht ganz sicher! Es beschäftigte mich über Jahre und ich sah damals verschiedene Gleichheiten beziehungsweise Übereinstimmungen.

Mich besuchten nun auch Freunde und Bekannte. Manche wollten vorbeikommen, kamen aber nicht, da sie nicht wussten, wie sie sich mir gegenüber verhalten sollten.

Alleine die verschiedensten Aussagen über meinen Gesundheitszustand trugen noch zum Drama bei, wie: „Ich habe ihn gesehen, hätte ihn aber nicht mehr erkannt", „er schaut schrecklich aus" und „er war immer sehr nett", die Betonung lag auf „WAR". Bin ich jetzt nicht mehr nett oder schon tot? Dasselbe passiert auch Patienten, die Krebs haben, Freunde und Bekannte verschieben immer wieder den Besuch, weil sie mit solchen Krankheiten schwer umgeben können. Gerade hier wäre es immens wichtig, sowohl Kranken als auch Behinderten zu zeigen, dass man einfach da ist und man sie nicht vergessen hat. Eines ist ganz, ganz sicher, man soll einfach vorbeikommen und besuchen; es profitieren immer beide davon!

Der Krankenhausbetrieb beginnt schon um sechs Uhr und endet am Abend, dazwischen liegen Essen, Untersuchungen, Visite und Besuche. Lesen oder Fernsehen, beides war für mich nicht möglich, sogar Hörspiele verstand ich kaum, da mir das Ganze zu schnell ging und ich dem nicht folgen konnte. Das Beste war überhaupt, die Augen zu schließen und auf den nächsten Tag zu warten, denn so eine Nacht ist sehr, sehr lange. Was ich immer liebend gerne hatte, war die Musik, und so hatte ich den CD-Player samt CDs in meinem Nachttisch. Immer in der Nacht hörte ich die erste Zeit Musik von den Dire Straits, von Eric Clapton und Zucchero. Damals habe ich erst langsam realisiert, was mit mir passiert ist, konnte es aber trotzdem nicht fassen. Immer wieder glaubte und hoffte ich, dass das alles ein schrecklicher Traum war, doch es war Realität. Langsam wurde mir bewusst, dass es mich schlimm erwischt hatte, konnte aber den ganzen Umfang und das Ausmaß erst später begreifen. Warum es gerade mir passiert ist, habe ich nie hinterfragt, warum auch? Hatte ich doch in meinem Beruf sehr schöne Dinge erlebt, genauso aber sehr schwere Unfälle und auch Tote. Wenn mir jemals etwas passieren sollte, hatte ich eher an einen Autounfall gedacht, denn ich fuhr in der Nacht meistens zu schnell. Kurz nach acht Uhr abends hatte ich Besuch von einem meiner besten Freunde, er war das erste Mal bei mir im Krankenhaus. Über mein Befinden gab es nicht allzu viel zu erzählen, ich merkte aber, dass bei ihm etwas nicht stimmte. Er war völlig niedergeschlagen und fertig, konnte schließlich nicht mehr verhindern, dass er in

Tränen ausbrach und mir sagte, dass seine Frau Krebs habe. So gut ich konnte, wollte ich ihn trösten und ihm Mut zusprechen. Doch dieser Krebs ist nicht heilbar und es war nur eine Frage der Zeit, wann seine Frau sterben muss. Wir hielten uns bei der Hand und weinten.

Als ich Ende des Monats entlassen wurde, konnte ich kaum etwas alleine machen als im Bett liegen und versuchen, langsam, (mit Unterstützung) aufzustehen. Damals musste ich täglich 13 verschiedene Medikamente nehmen, beim Großteil wusste ich nicht warum, ich schluckte sie einfach. Ich bekam zwar einen Medikamenten-Verordnungsplan, ich selbst konnte mit dem überhaupt nichts anfangen, Lisi, meine Frau, musste auch diese Dinge übernehmen. Es waren Antidepressiva dabei, also Medikamente, die bei der Behandlung einer Depression sehr wirksam sein können. Ich hatte diese Medikamente längere Zeit genommen und konnte dann für mich das „Licht am Ende des Tunnels" erleben. Aber es war ein sehr, sehr weiter Weg dorthin und dauerte über drei Jahre!

Nach ein paar Tagen versuchte Lisi, mit mir das erste Mal aus dem Haus zu gehen, und mit ihrer Unterstützung schaffte ich eine ganz kleine Runde um die Nachbarhäuser. Gleich am Anfang hatte ich ein starkes Handicap beim Gehen und das über Jahre. Es waren die Gleichgewichtsstörungen, die aber in keinem Zusammenhang mit Alkohol standen, da ich überhaupt keinen Alkohol trinke. Ich wusste einfach nicht, ob ich gerade stehe und hatte sehr oft das Gefühl umzufallen oder zu torkeln. (übrigens: Torkeln wird bezeichnet als Gehen und dabei Schwanken, vor allem, weil man betrunken ist!!!). Richtig in den Griff bekam ich es erst drei Jahre später, als ich im PKA übte, einem Zentrum für Physiotherapie in Gmunden, bei der auch Gleichgewicht und Koordination trainiert werden. Kaum konnte ich die ersten Runden gehen, bekam ich starke Schmerzen an der Fußsohle und konnte überhaupt nicht mehr aufsteigen. So „humpelte" ich auf einem Bein, brauchte aber zwei Krücken. Wir haben eine Holzstiege und unsere Schlafräume befinden sich im ersten Stock des Hauses. Über die Stiege konnte ich nicht mit den Krücken hinauf oder herunter, also rutschte ich auf dem Hintern.

Hatte ich ohnehin am Kopf eine „Beeinträchtigung", nun auch ganz unter an der Ferse. Es war ein Fersensporn, der häufig mit 40 bis 60 Jahren auftritt und von falscher Lauftechnik oder unzureichendem Aufwärmen vor sportlichen Aktivitäten herrührt. Er könnte von Überbelastungen der Bänder und Sehnen herrühren. Demnach konnte man diese Ursachen dezidiert ausschließen, da ich in den letzten eineinhalb Monaten fast nur im Bett gelegen und sicher keinen Sport betrieben hatte. Vermutlich war es die Erschlaffung der Muskulatur in den Beinen und die Schmerzen verschwanden, wenn ich die Fußsohle beim Sitzen oder Liegen entlastete. Beim Aufstehen war der Schmerz sofort wieder da. Einen guten Monat vorher ging ich drei Mal in der Woche joggen, meistens eineinhalb bis zwei Stunden. Jetzt konnte ich nicht einmal ohne Unterstützung gehen. Mittlerweile war ich fast zwei Monate zuhause, sollte dringend auf Therapie gehen, aber es bestand keine Möglichkeit, früher dorthin zu kommen. Lisi versuchte alles und rief auch immer wieder in Großgmain an, um doch einen früheren Termin zu bekommen. Zuhause gab es darüber hinaus keine Therapeuten, da diese ausschließlich in Krankenhäusern oder Reha-Zentren arbeiten oder zur Verfügung stehen.

Es war der „langsame Sommer", den ich irgendwie so empfand und der auch so war. Langsam in jeder Hinsicht! Der langsame Sommer stand aber nicht im Zusammenhang mit dem Film des Kanadiers John Cook, der im September 2001 in Wien starb. Lisi war die ganze Woche im Büro, das ja auch weiterlaufen musste. Wir waren selbstständig, das heißt, dass wir selbst ständig arbeiten mussten!! Im Büro hatten wir noch eine Angestellte, Heidi, die uns enorm unterstützte, gute Arbeit leistete und zu uns sehr loyal war. Michael, der das Büro nun alleine leitete, konnte mit meinem „Abgang" die Arbeit kaum bewältigen. Wir waren ein eingespieltes Team, ich betrieb das Büro schon über 30 Jahre und war der „Platzhirsch" im Ort, darauf war ich stolz. Michael hatte nach der Matura eine ausgezeichnete Ausbildung erhalten, lernte auch bei der Allianz und war zudem an der UNI in Linz. Er hatte praktisch alles von Pike auf gelernt und war seit September 1993 bei uns im Büro tätig. Er sagte dann auch immer, für die Alten sei ich zuständig, für die Jungen er, was ja auch stimmte.

Ich lag zuhause, konnte kaum schreiben, kaum lesen und kaum fernsehen. Ich konnte weder spazieren gehen, wandern, Rad fahren oder Sport betreiben. Meinen Audi A6 habe ich sofort abgemeldet und verkauft, da ich ohnehin selbst nicht mehr in der Lage war, Auto zu fahren. Wenn ich Besuch bekam, wurde ich unruhig, fing an zu schwitzen und war sofort komplett geschafft und ganz, ganz müde. Lebensfroh und lebenswert, diese Begriffe waren wie Fremdwörter, die ich nicht mehr kannte. Ich war körperlich und seelisch am Ende. Das Einzige, das ich noch tun konnte, war Tag und Nacht Musik hören. Perspektiven hatte ich keine mehr und war nur unendlich traurig.

GROSSGMAIN

Ende August brachte mich Michael mit dem Auto nach Großgmain, dort hatte jeder Patient ein eigenes Zimmer, ich jenes mit der Nummer 100! (vermutlich, damit ich dann mein Zimmer wiederfinde!). Das Erste, was ich in meinem Zimmer tat: Ich stellte das Foto von Julia, meinem Enkelkind, sie war damals zwei Jahre alt, auf meinem Schreibtisch auf.

Das Reha-Zentrum Großgmain bei Salzburg liegt direkt an der Grenze zu Bayern und ist spezialisiert auf Herz-Kreislauf-Erkrankungen und neurologische Erkrankungen wie Schlaganfälle und verfügt über eine kardiologische Ambulanz. Es gibt dort 150 Betten und etwa 200 Mitarbeiter, davon sind 120 im medizinischen und pflegerischen Bereich tätig. Nach dem Frühstück beginnen die Therapien und Behandlungen. Sie werden nur vom Mittagessen samt Ausruhen unterbrochen und am Nachmittag fortgesetzt. Das ganze Programm der Behandlung war für mich dringend erforderlich, da ich überall große Defizite hatte. Zum Beispiel wurden in der Logopädie das Sprechen, die Sprache und Sprachstörungen nach dem Schlaganfall behandelt. In der Ergometrie wurden die Handlungsfähigkeit und Einschränkungen im Alltag, Teilnahme und Verbesserungen der Lebensqualität trainiert und erklärt. Die neurologischen Erkrankungen des Zentralen Nervensystems, eine Folge unter anderem nach Schlaganfällen, verlangen ein Erlernen und Üben von Bewegungen, der Gleichgewichtsempfindung, ein Verbessern von Defiziten in der Groß- und Feinmotorik.

Mit den Mitteln der Physiotherapie wurde gegen die Ausfallserscheinungen, Störungen der Wahrnehmungsfähigkeit, Störungen der sensomotorischen Entwicklung und Beeinträchtigungen gearbeitet. Das Training der Augen, bei dem ich beim Lesen am Anfang immer das Gefühl hatte, ich müsste zuerst die Augen „entziffern", um sie dann „lesbar" zu machen, empfand ich als besonders anstrengend. Ein Empfinden, das ich nicht anders beschreiben konnte, da dieser Begriff für mich treffend war. Außer den Störungen des Bewegungsablaufes entgegenzuwirken, galt es, geistige Fähigkeiten wie Aufmerksamkeit, Konzentration, Merkfähigkeit, Gedächtnis oder Leseverständnis, Erfassung von Räumen, Zeit und Personen zu schulen. Ebenso das Training von Alltagsaktivitäten in Hinblick auf die persönlichen und häuslichen Bedürfnisse.

Also, mir wurde alles geboten, den Großteil verstand ich überhaupt nicht, machte mit großem Eifer überall mit und wollte nur eines, am Leben wieder teilnehmen! TEIL NEHMEN = dabei sein, dazugehören, mitarbeiten, mitmachen, mitspielen, mitwirken, partizipieren, mitmischen – ist das Synonym und trifft den Punkt!

Die Patienten, also die Betroffenen eines Schlaganfalles oder einer Gehirnblutung, kamen aus verschiedenen Berufen und jedem Alter. Der Großteil waren Männer, die meisten hinkten und hatten Behinderungen beim Gehen und an den Armen. Alle waren automatisch per DU (man gehörte einfach zusammen) und es half einer dem anderen. In einer eigenen Abteilung gab es nur Schlaganfall-Patienten, die im Bett lagen, wir bekamen sie kaum zu Gesicht. Die einen saßen im Rollstuhl, die meisten anderen hatten eine Gehhilfe und nur ganz wenige hinkten nicht, hatten aber Gleichgewichtsstörungen, waren teilweise orientierungslos und andere konnten kaum sprechen. Wenn man diese „Truppe" sah, musste man fast lachen, und wir lachten oft selbst über uns. Fast jeder kannte die Beeinträchtigungen des anderen und dessen Lebensgeschichte. Wir hatten kaum Kontakt zu den Patienten, die einen Herzinfarkt hatten, diese waren in einer ganz anderen Abteilung untergebracht. Wir waren praktisch unter uns! Gleich das erste Problem, das ich hatte, ich kannte die Uhr nicht. Obwohl ich es schon zuhause versucht hatte, gelang es mir nicht; ich sah zwar die Uhr, konnte aber mit den Zahlen überhaupt nichts anfangen. Wenn ich einen Termin um 08:15 Uhr hatte und gefragt wurde, sagte ich vermutlich 10:30 Uhr. Darum hatte ich einen Zettel für den ganzen Tag eingesteckt, auf dem mein Therapie-Programm mit der Uhrzeit daraufstand. In Kürze wusste zudem jeder Bescheid und half mir dabei, wenn es um die genaue Uhrzeit ging. Natürlich sagten sie mir auch gelegentlich eine falsche Zeit und ich kam dann völlig durcheinander. Ich hatte zwar immer meine Uhr (eine Swatch) am rechten Arm, trug sie aber vermutlich nur zum Angeben. Wer mir dabei wirklich half und auch die genaue Uhrzeit sagte und auch zeigte, war eine Frau mit nicht einmal dreißig Jahren. Sie saß im Rollstuhl ohne elektrischen Antrieb, ich war öfter ihr „Chauffeur" und schob sie. Das war natürlich ihr Vorteil, ich hatte zwei: Ich konnte mich am Rollstuhl festhalten und hatte dadurch auch weniger Gleichgewichtsprobleme.

Es war auch ein Patient dabei, der auch im Kopf etwas abbekommen hatte und beim Liftfahren völlig orientierungslos war. Er stieg im ersten Stock in den Lift ein, fuhr in den zweiten Stock und dann wieder in den ersten Stock. Man musste ihm dann helfen, denn sonst hätte er den ganzen Tag im Lift verbracht. Aus Innsbruck wurde ein neuer Patient gebracht, der dort bereits längere Zeit in Behandlung gewesen war. Er war selbstständig, hatte neun Angestellte und konnte nach seinem Schlaganfall überhaupt nicht mehr sprechen oder sich artikulieren. Wenn wir auf einer Bank im Park saßen und er schaute nur in die Luft, glaubte ich zu wissen, dass er uns bei unseren Gesprächen trotzdem versteht. Manchmal lächelte er!

Dies ließ mir keine Ruhe und beschäftigte mich immer wieder, da ich vor längerer Zeit den Film „Zeit des Erwachens" gesehen hatte. Dieser Film basiert auf wahren Begebenheiten, die der britische Arzt Malcolm Sayer 1969 im New Yorker Montefiore Medical Center erlebte. Er erforschte die Europäische Schlafkrankheit und die seit Jahrzehnten darunter leidenden Patienten, die als unheilbar galten. Sayer war aber nach einer Weile überzeugt, dass die komatösen und apathischen Kranken lediglich an einer Art „Locked-In-Syndrom" leiden und wiedererweckt werden können. Sayer benutzte dabei ein Mittel, von dem er sich die Rückkehr der seit Jahrzehnten im komatösen Zustand befindlichen Patienten zum normalen Leben versprach. Der erste Patient, an dem das Medikament ausprobiert wurde, war Leonard Lowe, der sich zu diesem Zeitpunkt schon seit 30 Jahren im Zustand des Komas befand. Lowe erlangte tatsächlich das Bewusstsein wieder, seine Rehabilitation begann und er verliebte sich. Auch die anderen Patienten wurden nun behandelt und erwachten. Nach einiger Zeit aber kam es zu schweren Nebenwirkungen, sodass man die Behandlung abbrechen musste, und schließlich fielen Lowe und die anderen ins Koma zurück. Da das Pflegepersonal nun wusste, dass sich in den scheinbar leblosen Körper fühlende Menschen verbergen, behandelten sie die Patienten fortan mit mehr Respekt und Zuwendung.

Genau dieser Film zeigt dieses Thema auf, um zu verstehen, dass sehr viele Patienten zwar „nur in die Luft schauen", wie der Mann aus Innsbruck, der vielleicht aber nur in einer anderen Welt lebt.

Roger Ebert von der Chicago-Sun-Times gab dem Film vier von vier Sternen und schrieb: „Nachdem ich „Zeit des Erwachens" gesehen hatte, las ich das Buch, um mehr zu erfahren, über die Vorgänge, in diesem Krankenhaus in der Bronx. Was der Film und das Buch vermitteln, ist der immense Mut der Patienten und die profunde Erfahrung der Ärzte, als sie im Kleinen wieder erlebten, was es bedeutet, geboren zu werden, die Augen zu öffnen und erstaunt zu entdecken, dass du lebst."

Die Hauptdarsteller spielten Robert De Niro und Robin Williams, die Filmmusik stammte von Randy Newman. Das Buch mit dem Titel „Awakenings" oder in Deutsch „Bewusstseinsdämmerung" schrieb Oliver Wolf Sacks, britischer Neurologe und Schriftsteller. Er schrieb weitere Bücher, wie „Der Mann, der seine Frau mit dem Hut verwechselte", „Stumme Stimmen", „Der Tag, an dem mein Bein fort ging", „Eine Anthropologin auf dem Mars", „Die Insel der Farbenblinden" oder „Der einarmige Pianist". Sacks beschäftigte sich auch damit, dass Musik und Gehirnaktivität eng zusammenhängen.

Wegen eines Melanoms musste Oliver Sacks am Auge behandelt werden, wodurch er die Sehfähigkeit auf diesem Auge einbüßte. Er verstarb im August 2015.

In unserer Abteilung war auch eine Frau, die im Rollstuhl saß, sie war knapp vor 60 und hatte einen Schlaganfall, mit den üblichen Folgen, erlitten. Sie suchte keinen Kontakt mit den anderen, hatte sich völlig abgeschottet und wollte auch von niemandem unterstützt werden. Als ich das erste Mal zur Maltherapie kam, waren wir nur zu dritt und ich hatte riesige Probleme mit meinen Augen, was sie vermutlich auch merkte. Sie kam mit dem Rollstuhl auf mich zu und versuchte, an meinem Pullover etwas zu entfernen oder wegzuwischen. Ich glaubte dann, ich hätte mich beim Essen angepatzt. Da sie es einige Male probiert hatte, versuchte ich es ebenfalls, aber ohne Erfolg. Wie sie mir dann später erzählte, hatte sie so wie ich große Probleme mit den Augen. Wir merkten beide nicht, dass auf meinem dunkelgrünen Pullover ein dunkelroter Polospieler gestickt war und es auch nichts wegzuwischen gab. Wenn ich jetzt darüber schreibe, muss ich gestehen, dass das Wort „Pullover" für mich noch immer ein Fremdwort ist, ich die Farbe Grün aber kenne, aber oft noch verwechsle. Weil ich jetzt nachgeschaut habe, weiß ich, ich hatte ein Polo von Ralph Lauren an, das ich auch dann über lange Zeit nicht mehr tragen wollte, denn es erweckte schlimme Erinnerungen.

Meine „Mal-Therapie" endete bereits nach einer Woche, da ich keinerlei Vorstellung hatte, was Malen ist und ich mit diesem Begriff überhaupt nichts anfangen konnte. Ich saß da, hatte ein großes Blatt Papier bekommen mit der Aufforderung, ich sollte nach meinen Vorstellungen und Ideen irgendetwas malen. Ich überlegte, was ich nun machen sollte, denn die zwei anderen „Maler" hatten bereits mit ihrer Arbeit begonnen. Mir fiel absolut nichts ein und der Therapeut begann nun, mir Vorschläge von Motiven zu machen, wie zum Beispiel Blumen. Da ich mir nicht vorstellen konnte, was Blumen sind, konnte ich sie auch nicht malen oder zeichnen. Was sind Bäume, Steine, Tiere, was ist ein Stern oder was ist Wasser? Ich konnte es mir einfach nicht vorstellen, leider! Wie sieht ein Fisch aus? Ich wusste es nicht. Dabei war ich Jahrzehnte leidenschaftlicher Angler, woran ich mich nicht mehr erinnern konnte. Unvorstellbar! Zu guter Letzt strich ich mit dem Pinsel nur über das Papier, völlig unkontrolliert, wie ein Kleinkind. Es war die einzige und letzte Zeichnung auf der Maltherapie in Großgmain. Als ich dann später entlassen wurde, sah ich mein Werk wieder, sie hatten es für mich aufgehoben. Meine große Bitte lautete: sofort zerreißen und zerstören! Ich wollte nicht, dass es irgendjemand sieht.

Wir hatten auch einen ganz jungen Mann mit 15 Jahren dabei, er begann gerade mit einer Lehre, und einen weiteren mit Mitte 20, er arbeitete in der Computerbranche. Eine Patientin aus Salzburg, ebenfalls ein Schlaganfall, wurde erst nach zwei Tagen in ihrer Wohnung gefunden, sie hinkte stark und konnte kaum sprechen. Einem ehemaligen Kollegen und späteren Landesleiter in Oberösterreich passierte etwas Ähnliches: Er hatte in einer Tiefgarage in Wien einen schweren Schlaganfall erlitten und wurde längere Zeit in seinem Auto nicht gefunden. Er blieb als „Pflegefall" in einem Krankenhaus, konnte nicht mehr sprechen und starb ein paar Jahre später, er war so alt wie ich. Mit den meisten Patienten wurden Ausflüge gemacht und sie waren in zwei verschiedene Gruppen aufgeteilt. Die einen waren „normale" Ausflüge, die andere Gruppe unternahm jeweils nur einen ganz kurzen Ausflug, bei dem hinter ihnen ein Rettungswagen im Schritttempo mitfuhr. Mich nahmen sie bei beiden Gruppen nicht mit, ich weiß aber bis heute nicht, warum. Genauso wurde ich vom Fahren mit dem Heimtrainer und beim Krafttraining ausgeschlossen, vermutlich weil ich die „Uhr" nicht kannte?!

Sehr zu schaffen machte mir die Schwimmtherapie in dem kleinen Hallenbad. Wir waren fünf Personen und als ich ins Wasser gehen wollte, war mir so kalt, ich hielt es einfach nicht aus. Die Wassertemperatur war 28 Grad, für mich fühlte es sich an, als wären es fünf Grad. Warum das so war, weiß ich nicht und ich musste mich daher immer wieder überwinden, ins Wasser zu gehen. Ein Therapeut (oder war es nur der Bademeister?) stand direkt am Beckenrand und passte auf, dass niemand ertrinkt oder das Wasser ausläuft. Aus Sicherheitsgründen durften auch nicht mehr Personen in das Becken.

Am 11. September nachmittags kam ich von einer Therapie und wollte gerade in mein Zimmer gehen, als mehrere Leute beim Fernseher standen und schauten, was um diese Zeit sonst nie der Fall war.

Manche waren ganz aufgeregt, manche diskutierten lautstark, einige schauten ganz ungläubig und ich glaubte, es laufe wieder ein amerikanischer Film. Die einen behaupteten, dass gerade ein großes Flugzeug in einen Wolkenkratzer in New York geflogen sei, die anderen sagten, es laufe nur wieder ein blöder Film. Gerade während dieser Diskussion sahen wir, dass nun ein zweites Flugzeug in den danebenstehenden zweiten Wolkenkratzer flog und dort explodierte. Manche sprangen auf und es konnte keiner fassen, was gerade passiert war. Die Diskussionen wurden immer lauter, immer mehr Leute liefen zum Fernseher und sahen nun die Bilder, die tatsächlich unglaublich waren. Es kamen immer mehr Details und Informationen aus dem Bildschirm. Als dann um etwa 16:00 Uhr der erste Turm des World Trade Center in New York einstürzte und zusammenbrach, fing eine Frau zu weinen und schreien an. Sie schrie immer wieder „Die Welt geht unter, die Welt geht unter!" und war nicht mehr zu beruhigen. Sie wurde gleich zu einem Arzt gebracht.

Dann überschlugen sich die Ereignisse: Das dritte Flugzeug stürzte auf das Pentagon und ein paar Stunden später brach nun auch der Südturm des WTC 2 zusammen. Bei diesen schrecklichen Ereignissen gab es über 2 900 Tote, 250 Menschen sprangen in den Tod. Die ganze Welt war geschockt und von diesem Tag an wurde die Geschichte neu geschrieben. „09/11" wurde die Zäsur, die in der Geschichte einen markanten Einschnitt zwischen zwei Zeitepochen beschreibt, oder aber auch ein gravierender, auch markanter Einschnitt einer Entwicklung ist. Ebenso verhält es sich mit dem „Ground Zero", es ist der Begriff für die wahrscheinlich höchsten Schäden und einer gleichzusetzen Atombombe. Die Hymne „Only Time, Tribute for 9/11", sie wurde als musikalische Untermalung für die Fernsehübertragungen immer wieder verwendet, stammte von „Enya", einer irischen Sängerin und Song-Writerin.

Ende September veröffentlichte das FBI Fotos und persönliche Daten der 19 Entführer. Unter anderem eine „Fibel für Selbstmörder", handschriftliche Briefe sowie Kopien und ordnete sie drei der Piloten zu. Unter anderem Testamente, in denen etwa stand: „Öffne dein Herz, heiße den Tod im Namen Gottes willkommen…, denn du bist nur einen kurzen Moment entfernt von dem guten, ewigen Leben in der Gesellschaft der Märtyrer".

Professor Oskar und Dagmar Enzfelder mit dem Künstlernamen „Houdiny" zählten einst zu den weltbesten Illusionisten, mit ihren Entfesselungen und Raubtiernummern mit vier eigenen Geparden. Sie traten auf allen Show-Bühnen, in TV-Sendungen und Circussen, in Paris, Tokio oder Las Vegas auf. Sie waren die Vorreiter für die Raubtiernummern, wie zum Beispiel Siegfried & Roy später. Nicht umsonst wurden sie mit dem internationalen „Oscar" ausgezeichnet. Auf Grund ihrer Leistungen berief man sie als Gast-Stars an die Wiener Staatsoper, zu den Salzburger Festspielen, an die New Yorker MET und Mailänder SCALA. Sie verloren ihren einzigen Sohn und ihre Welt brach denn zusammen. Oskar hatte dann einen Schlaganfall, zog beim Gehen ein Bein nach und konnte einen Arm nicht mehr bewegen. Oskar wohnte auf Zimmer 106, fünf Zimmernummern neben mir und war einer, der mir sehr oft die falsche Uhrzeit gesagt hatte, die ich im guten Glauben „nachplapperte". Nach solch guten Ideen konnte er sich fast immer „totlachen". Er organisierte in Großgmain eine Veranstaltung, bei der ein Zauberkünstler kostenlos auftrat, der ein Freund von ihm war. Natürlich war es eine willkommene Abwechslung. Zum Abschluss der Veranstaltung fuhr er mit seiner Harley Davidson laut knatternd weg, alle winken und er fuhr noch im Gelände von Großgmain gegen eine Mauer.

In diesem Jahr war die Währungsumstellung von Schilling auf den Euro und ich bekam sehr wenig davon mit. Der Euro, Cent, Geld, Zahlen und Umrechnungen, das alles waren spanische Dörfer und fast so einfach zu lernen wie die kyrillischen Schriftzeichen. Die Verwechslungen der Tage, Wochen, Monate und Jahre waren für mich kaum nachvollziehbar und zu begreifen. Die sieben Tage der Woche verwechselte ich häufig und brachte dabei öfter einen Monat dazwischen. Es hört sich dann beim Zählen der Woche so an: Montag, Dienstag, März, Freitag und Sonntag. Das kann auch nicht jeder! Es gab aber dazu trotzdem nichts zu lachen, denn Herbert Grönemeyer sagte einmal: „Lachen, wenn es nicht zum Weinen reicht."

Mit meiner Therapeutin, die Nerven aus Stahl haben musste, wurde nun dieses Thema ganz vorsichtig angegangen. Vermutlich habe ich trotzdem bei gewissen Aufgaben öfter „gefehlt" und bin daher bis heute nicht sattelfest. Bei dauerndem Training wollte ich nun einmal in der Praxis beweisen, dass ich alleine einkaufen gehen und auch mit der neuen Währung zahlen kann. Wie ich das anstellen sollte, war mir noch nicht klar, da ich ja überhaupt nichts brauchte. Am nächstem Tag beim Rasieren wusste ich, was ich kaufen sollte: Ich hatte im Gesicht EINEN Pickel, also musste ich einen Stift zur Abdeckung des Pickels kaufen. Ich war auf diese Idee ganz stolz, wusste aber nicht die Bezeichnungen für „Pickel" und „Abdeckstift". So versuchte ich, den Begriff für die Wörter zu umschreiben, am nächsten Tag hatte ich die zwei Wörter und schrieb sie sofort auf. Die nächste Aufgabe war: Wo bekomme ich einen Abdeckstift? Ich verließ nun das erste Mal das REHA-Zentrum und ging in den Ort, um einzukaufen! Und tatsächlich fand ich ein Geschäft, ich glaube es war ein Drogeriemarkt, ging aber nicht hinein, da mir der Name „Abdeckstift" nicht mehr einfiel. Also drehte ich eine Runde, der Name fiel mir inzwischen wieder ein, ich startete einen neuen Anlauf und ging in das Geschäft. Ich wusste momentan nicht, wo ich war, denn ich stand in einem ganz anderen Laden, entschuldigte mich und stolperte hinaus. Ich war so aufgeregt und kann mich nicht mehr erinnern, ob es ein Kleidergeschäft oder etwas Anderes war. Die danebenliegende Eingangstüre war nun richtig, ich war der einzige Kunde im Geschäft und eine Verkäuferin kam auf mich zu und fragte, was ich brauche. Es ging mir zu schnell und ich konnte nicht sagen, was ich brauchte und auch nicht, was ich wollte. Ich stand da wie ein Esel vor dem Tor. Die Verkäuferin dürfte meine Probleme sofort erkannt haben, (es kommen wahrscheinlich öfter solche „Kandidaten" in dieses Geschäft) und half mir beim Suchen des Artikels. Ich zahlte dann mit einem 20-Euroschein, bekam das Restgeld zurück, mit dem ich aber wieder nichts anfangen konnte, und steckte es einfach ein. Rückwirkend gesehen, brachte dieser Einkauf keine neue Sicherheit, sondern noch mehr Unsicherheit!

Gleich neben meinem Zimmer, schräg gegenüber, wohnte ein etwa 45jähriger Mann, der erst vor kurzem hierhergekommen war. Er hinkte stark, hatte sein Musikinstrument von zuhause mitgenommen und versuchte, mit diesem wieder zu spielen, was aber nicht einfach war. Durch den Schlaganfall war auch sein Arm stark in Mitleidenschaft gezogen worden und hing ihm nach. Ein paar Tage später bekam er Nachricht von seiner Frau, die ihm mitteilte, dass sie sich scheiden lasse und sie auch nicht zu Besuch komme. Sie sei noch zu jung, um mit diesem Mann noch weiter zu leben, wo „er doch jetzt stark behindert sei"!!

Wenn nach dem Schlaganfall eine Welt zusammenbricht und man dann das noch erlebt; es fehlen mir einfach die Worte!

Es waren manche Leute hier auf Reha, die eigentlich nicht mehr leben wollten, über dieses Thema wurde weniger gesprochen. Alle bekamen die verschiedensten Medikamente, die in der hauseigenen Apotheke ausgegeben wurden, über diese hat man sich allerdings ausgiebig unterhalten. Hier hatte keiner mehr etwas zu verbergen, warum auch? Viele mussten mit Antidepressiva behandelt werden, was auch unbedingt erforderlich war. Ich kann mich an einen „Kollegen" im selben Trakt erinnern, der nicht mehr leben wollte, was man ihm ansah. Uns fiel daher schon beim Frühstück auf, dass er pausenlos lachte und strahlte. Da es den ganzen Vormittag so weiterging, stellte sich dann aber heraus, dass er eine größere Menge Antidepressiva genommen hatte und er dadurch einen wunderschönen und glücklichen Tag hatte.

Nach dem Abendessen ging ich in mein Zimmer, hörte Musik mit meinem CD-Walkman und fühlte mich sehr einsam. Es gab nur ein Fernsehzimmer im ganzen Trakt und einen Fernseher für alle. Meistens waren nur ein paar Leute dort und schauten sich einen Krimi an; Tatort, SOKO oder so etwas Ähnliches, ich kannte beides nicht. Mit dem Fernsehen war ich noch immer auf Kriegsfuß und so schaute ich mir nur die Nachrichten an, das reichte.

Am Abend hatte ich sehr viel Zeit zum Nachdenken und als mir meine Ärzte dezidiert sagten, ich könnte nie mehr in meinem Beruf arbeiten, brach für mich eine Welt zusammen. Zwar behauptete ich, ich schaffe es trotzdem, ich werde es euch schon beweisen! „Es geht trotzdem nicht, leider.", sagten die Ärzte. Sie erklärten mir auch, warum: Es wurden alle Tests mit mir gemacht, sie kannten meine Untersuchungen der Schädel-CT vom Wagner-Jauregg Krankenhaus, alle Auswertungen und Befunde. „Leider!! Es geht nicht mehr! Sie können in Ihrem Beruf nicht mehr arbeiten."

Dabei war mir meine Arbeit zu wichtig, es war ein ganz großer Bestandteil von mir und ich arbeitete so gerne. Ohne Arbeit konnte ich es mir überhaupt nicht vorstellen, war ab dem 14. Lebensjahr immer dabei und sollte nun nichts mehr tun können? Für mich fast undenkbar. Die harten Zeiten, die Durststrecken, die beruflichen Erfolge und der Kundenkontakt, der mir solche Freude machte und auf den ich immer sehr großen Wert legte. Ich hatte noch viel vor, wollte erst nach 65 Jahren in Pension gehen, nun war alles aus und vorbei. Ich wollte auch nicht mehr leben, warum auch? Ich war so verzweifelt und sah alles nur noch ganz schwarz. Tagelang hatte ich nur mehr ein Ziel, mir das Leben zu nehmen und hatte auch keine Angst davor, doch wusste ich nicht einmal mehr, wie so etwas funktionieren sollte. Es war einfach schrecklich! Der einzige Lichtblick, den ich hatte, war Julia, sie hielt mich am Leben und war meine Rettung.

Am späten Abend suchte ich noch das Ärztezimmer auf, sie hatten gerade eine Dienstbesprechung, kümmerten sich aber sofort um mich, gaben mir ein Medikament und ich wurde dann ganz „ruhig". In Großgmain erfuhr ich von Ärzten und Pflegepersonal große Unterstützung, schließlich wurde ich am 9.Oktober 2001 entlassen. Dort habe ich wieder sehr, sehr viel lernen und erlernen können und bin allen in großer Dankbarkeit verpflichtet. Ich habe so viel gelernt, dazugelernt und neue Erfahrungen gesammelt. Im Abschlussbericht wurde mir noch empfohlen, nach einem Jahr wieder nach Großgmain zur Therapie zu kommen, was ich sicherlich nicht mehr tat oder machen würde. Hier habe ich zu viel Verzweiflung, Hoffnungslosigkeit, Traurigkeit und Mutlosigkeit erlebt und so fuhr ich mit großer Angst und mit Depressionen nach Hause. Denn: „Angst essen Seele auf" ist auch ein geflügeltes Wort und muss nicht unbedingt mit dem Film von Rainer W. Fassbinder in Verbindung gebracht werden.

Michael holte mich mit seinem Auto ab, wir hatten aber noch einen Fahrgast mit, der ebenfalls seine Reha beendete. Ich lernte ihn im Speisesaal kennen, er hatte einen schweren Herzinfarkt erlitten und ersuchte uns, über die Westautobahn zu fahren, in Regau würde er dann von seiner Schwägerin abgeholt. Kurz bevor er ausstieg, sagte er noch: „Gott sei Dank, ich hatte NUR einen Herzinfarkt ....."

Mit 23. September begann der Herbst und mit meiner Langsamkeit endete der Sommer.

KLEINE FISCHE

"Jagdschloss Langbathsee 2" lautete meine erste Adresse.

Der Langbathsee hat zwei Seiten – das Urlaubsparadies mit der fantastischen Schönheit dieser Bergwelt und die abgelegene Gegend als Bewohner dieses Tales. Es kommt nur auf die Betrachtungsweise an: als Kind mit dieser Freiheit und all den Möglichkeiten, als Erwachsender die harte Realität mit der Grenze des Möglichen.

Mein Vater war gelernter Tischler, wurde aber wie viele andere arbeitslos. Er erwarb die Jagdprüfung und wurde bei den Bundesforsten als Berufsjäger angestellt. Auch sein Vater war schon Jäger und als „Kaiserjäger" beschäftigt. Wir zogen 1939 ins Jagdschloss am Langbathsee. Meine Mutter kam aus Ebensee und verlor schon mit 12 Jahren ihren Vater. Sie lernte das Schneiderhandwerk in Strobl am Wolfgangsee und kam daher nur am Wochenende nach Hause. Meine Eltern und meine Geschwister bewohnten das Erdgeschoß des Jagdschlosses, der Rest des Hauses, das unter Kaiser Franz-Josef erbaut wurde, war für die Jagdgesellschaften eingerichtet. Der östliche Teil des Grundstücks wurde begrenzt vom vorderen Langbathsee. Es gab natürlich keinen elektrischen Strom, das Haus wurde durch Petroleumlampen mit Glaszylindern beleuchtet. Vater hatte einen Jagdhund, ein „Gebirgsschweißhund" der jagdlich ausgezeichnet und scharf abgerichtet war. Dies war auch erforderlich, da wir sehr abgelegen wohnten und zum nächsten Ort nach Ebensee einen Fußmarsch von über zweieinhalb Stunden hatten. Da die Straße im Winter des Öfteren nicht geräumt wurde und außerdem durch Lawinen manchmal eine oder zwei Wochen verschüttet war, waren wir völlig abgeschlossen und auf uns allein gestellt. Auch heute noch ist die Straße längere Zeit bei Lawinengefahr gesperrt und oft meterhoch verschüttet. Neben dem Haus waren in einem kleinen Stall die zwei Kühe, Hühner und Hasen untergebracht. Um Lebensmittel und andere Dinge einzukaufen, hatten meine Eltern ein „Sachs"-Kleinmotorrad, welches nur einsitzig war, aber einen Gepäcksträger hatte. Der Langbathsee ist meistens ab Dezember zugefroren und im März wieder eisfrei.

Wenn Anfang Jänner das „Eis wächst", dann sind das Geräusche, als würden Teile des Eises brechen. Befindet man sich auf dem Eis, hat man ein mulmiges Gefühl gleich einzubrechen. Schlittschuhlaufen und Eisstockschießen sind in dieser Winterzeit sehr beliebt. Ende April, Anfang Mai sind die Seesaiblinge, ein köstlicher, wunderschöner Fisch, zu fangen. Bach- und Regenbogenforellen ergänzen dieses Angebot aus diesem kristallklaren Gebirgssee. Da der damalige Pächter der Jagd und des Sees, ein Sägewerksbesitzer, sehr oft auch mit Gästen das Jagdschloss bewohnte, fuhr mein Vater mit dem Boot hinaus und fing die Fische mittels Netze. Die Bootshütte stand in der Nähe des Jagdschlosses. Anfang des Jahres begann dann auch immer die Zeit des „Fröschelns", das in dieser Gegend noch bis in die 1980er-Jahre betrieben wurde. Hauptsächlich von meinen Geschwistern wurden die Frösche mit der Hand gefangen, dann geköpft und abgezogen. Die Froschschenkel bereitete man mit Butter zu und briet sie. Es war für uns ganz normal und ein besonders schmackhaftes Essen. In Frankreich und verschiedenen anderen Ländern gelten Froschschenkel nach wie vor als Spezialitäten.

Meine Geschwister verbrachten den Großteil des Tages draußen in der Natur, wo sie das Alleinsein gerne hatten und auch daran gewohnt waren. Die einzige Abwechslung war ein „Volksempfänger", ein Radio mit sehr schlechtem Empfang. Gespielt wurden außer Musik auch Naziprogramme, verboten waren „Feindsender". Englische Wörter oder Musik waren kaum jemandem bekannt, da auch der Großteil der Bevölkerung nicht Englisch konnte und verstand. Es gab zwar im „Kaiserzimmer" einen Plattenspieler, welcher aber von den Kindern nicht benutzt werden durfte.

Oma war Witwe und eine Seele für die ganze Familie. Sie verlor ihren Mann gleich, nachdem dieser nach Hause kam, er war im Krieg am Isonzo, an kriegsbedingter Lungenentzündung erkrankt. Italien erklärte am 23.Mai 1915 Österreich und Ungarn den Krieg. Von November 1916 bis Oktober 1917 wurden am Fluss Isonzo / Soca zwölf Isonzo-Schlachten ausgetragen, bei denen von den Italienern auch Gaspatronen eingesetzt wurden. Als Verteidiger wurde auch das Linzer Landwehr-Infanterieregiment Nr.2, bei dem mein Großvater eingezogen wurde, eingesetzt. Durch die eiskalten Wintertage mit extremer Kälte, Erfrierungen und fehlender Ernährung wurde dieser Kampf auf Bergen unter unvorstellbaren Bedingungen ausgetragen. Man sollte auch hier nicht vergessen, dass die italienischen Soldaten für ihr Land kämpfen und nicht freiwillig diesen Wahnsinn ertragen mussten.

Da Oma ein altes Haus direkt in der Bahnhofstraße im Ort hatte, war sie auch die Anlaufstelle für die ganze Familie. Unter der Woche wohnten in der Schulzeit meine älteren Geschwister bei ihr und waren nur über das Wochenende am Langbathsee. Sie unterstützte und half allen, als der Zweite Weltkrieg immer näher kam und auch in Ebensee Bomben fielen; übrigens nur hundert Meter von ihrem Haus gab es auch Tote. Vorher waren Luftschutzkeller im Berg gebaut worden, der nächste nur zweihundert Meter von ihrem Haus entfernt. Sie weigerte sich aber, diesen Schutz anzunehmen und blieb im Haus. Nach dem Krieg war ich unheimlich gerne bei ihr und wir besuchten sehr oft ihre Schwester, die außerhalb des Ortes wohnte. Die Gehzeit betrug über eineinhalb Stunden am „Strehn", einer historischen Trasse des Soleweges, der von Hallstatt nach Ebensee führt. Es war die älteste Pipeline der Welt, war damals mit Holzrohren verlegt und transportierte die Sole. Dieser Weg führt immer am Berg entlang und im Winter ist er von zahlreichen, meist großen Lawinen unterbrochen. Dies war die Zeit, in der ich mit Oma über die Lawinen kletterte und dabei voller Begeisterung war. Wenn ich bei Oma schlafen durfte, hatte ich mich schon immer darauf gefreut, sie hatte ein Wohn-Schlafzimmer und so schliefen wir gemeinsam in diesem Raum. Mir brachte sie immer drei Rosshaar-Matratzen, die am Holzboden aufgelegt wurden, eine ganz kuschelige Decke und ein Polster. Entweder las sie mir vor oder sie erzählte mir Geschichten. Vorher stellte sie sich noch ein Wasserglas zum Bett und ich glaubte immer, sie hätte in der Nacht Durst. Später war aber das Geheimnis gelüftet – sie legte ihre Zähne hinein. Für mich lag ein Nachttopf in Reichweite, da das Klo außerhalb des Hauses war, ein Plumpsklo.

Oma hatte nie einen Reisepass, (wozu auch) und bekam Anfang 1947 ihren „Identitätsausweis". Dafür war er viersprachig: deutsch, englisch, französisch und russisch und kostete einen Schilling!

Ihr Sohn Anton war mit einer Südtirolerin, sie kam aus Bruneck, verheiratet. Viele Südtiroler wanderten 1939/40 aus, mehrere Familien kamen auch zu uns. Er selbst hatte keine Kinder und arbeitete als Tischler in Ebensee. Er kam dann zur Bahnpolizei, verlor aber diesen Posten, da er Partei-Gegner war und das System Adolf Hitlers ablehnte. Er wurde 1941 in den Kriegsdienst eingezogen und war bis 1944 in Griechenland stationiert. Seine Einheit wurde dann in einem Luftlandesegler mit einem Schleppflugzeug vor Kreta abgesetzt und musste dort landen. Die Aktion hieß Mercur und es waren dort über sechzig „Gleiter" eingesetzt, die nur den Zweck hatten, Soldaten und Ausrüstungsgegenstände dorthin zu bringen. Die Lastensegler wurden nur für den einmaligen Gebrauch konzipiert.

Es sollte ein schneller Angriff der 14.000 Gebirgsjäger und 15.000 Fallschirmspringer werden. Dieses Luftlandeunternehmen auf Kreta war das größte im Zweiten Weltkrieg. Die alliierten Truppen bestanden aus Neuseeländern, verschiedenen britischen und australischen Einheiten und Griechen, zusammen maximal 15.000 Soldaten. Sie hatten den Vorteil, dass die Briten die Verschlüsselungsmaschine „auslesen" konnten, die Angriffspläne wussten und auch die Funksprüche mithören konnten. Der Großteil der deutschen Fallschirmspringer wurde schon in der Luft durch die Sperrfeuer der Empiresoldaten erschossen oder verwundet, große Verluste gab es auch bei den Soldaten der Lastensegler. „Auf Kreta im Sturm und im Regen – und sind auch viele gefallen, der Ruhm der Fallschirmjäger aber blieb" und dieses Lied wurde auch noch lange nach Kriegsende gesungen, sogar bei unserem Bundesheer. Mein Onkel sollte dann mit einem Transportschiff nach Afrika gebracht werden, dieses sank jedoch. Er überlebte, da er im Hafen von einem Fahrzeug angefahren wurde und sich dabei ein Bein brach.

Als er nach dem Krieg nach Hause kam, brachte er Maria ein Puppenhaus und Oskar einen Matador-Baukasten mit. Er fing bei den Bundesforsten als „Holzknecht" an und blieb die ganze Woche im Wald. Zuhause mit seiner Frau führte er ein zurückgezogenes Leben, war viel in seiner Werkstätte und konnte mit Holz sehr gut umgehen. Er war einer der Ersten in unserer Gegend, die Schallplatten mit Klassikern und auch deutschen Schlagern kauften, löste gerne algebraische Gleichungen, beschäftigte sich mit Zahlen und auch Hintergründen.

Meine jüngere Schwester Maria, sie kam 1943 zur Welt, lebte dann die ganze Woche mit der Mutter am Langbathsee, da ihre Geschwister in Ebensee zur Schule gingen. Der Vater war in dieser Zeit im Krieg und sie kannte ihn klarerweise nicht. Als sie ihn dann das erste Mal sah, sagte sie, er sei ein schwarzer Mann. Vater, ein dunkler Typ, war immer braungebrannt durch die Sonne, er war in der Nähe von Kiel stationiert gewesen. Da Mutter ganz auf sich alleine gestellt war, musste sie auch die ganze Arbeit alleine machen. So brachte sie Maria in den Garten, die vom Jagdhund, er hieß „Bergmann", bewacht wurde. Sobald jemand vorbeikam, es war nicht oft der Fall, ließ er zwar die Leute herein, bellte aber wie verrückt und ließ niemanden mehr weg. Darum behaupteten Marias Geschwister, Bergmann, der Jagdhund, hätte sie großgezogen. Wenn sie gefragt wurde, wie sie heiße, sagte sie immer „Mimi Bagger", also Maria Buchegger. Noch bevor Maria sechs Jahre alt war, brachte sie die Milch mit dem Rucksack, wir hatten zwei Kühe, zur Kreh, das war das nächste Haus, zirka drei Kilometer entfernt. Im Winter wurde die Milch mit dem Schlitten transportiert. Später, als die Amerikaner auch bei uns wohnten, hatten diese auch Pferde. Außerdem gab es Erdnussbutter und Kaugummis in Hülle und Fülle. Neben dem Haus war eine Wirtschaftsküche, ähnlich wie ein Keller und genauso finster, mit Lebensmittelvorräten. Von ihrem Bruder wurde ihr immer gedroht, wenn sie nicht folge, in den finsteren Vorratskeller gesperrt zu werden. Sie drohte aber dann damit, alle Lebensmittel aufzuessen.

Als mein Vater im Wald ein ganz kleines Rehkitz fand, dessen Mutter vermutlich umgekommen war, nahm er es mit nach Hause, um es großzuziehen. In der großen Küche, in der Nähe vom Ofen, war nun der Platz für das kleine Reh geschaffen worden. Mit einer Babyflasche wurde es großgezogen und wuchs dort in der Familie auf. Es lief immer meinem Vater nach, sogar bei Waldarbeiten oder im Winter bei der Wildfütterung. Auch der Hund hatte sich daran gewöhnt. Als mein Vater zur Gämsenjagd den sehr ausgesetzten „Schafluckensteig" gehen musste, hatte er das Reh zurückgejagt, da es für dieses schroffe Gebiet nicht geeignet war. Als er von der Pirsch zurückkam, fand er sein Reh tot beim Aufstieg zur steilen Wand. Vermutlich war es meinem Vater nachgegangen und dabei abgestürzt.

Vater wurde nun im Krieg eingezogen, nicht aber als Hochgebirgsjäger, für das Naheliegende, für das er auch ausgebildet war, sondern zur KRIEGSMARINE, als Funker. Natürlich war er vorher noch nie am Meer gewesen. Er war in Kiel stationiert und erlebte dort auch die furchtbaren Bombardierungen und Zerstörungen in dieser Stadt mit. Das Schrecklichste waren jedoch die Abwürfe der Brandbomben und Phosphorkanister durch die Engländer, die bewusst zivile Ziele der Innenstadt und Wohngebiete trafen. Das löste einen verheerenden Flächenbrand aus. Daher kamen auch die Worte: „Gott strafe England!" Kiel hatte 1942 etwa 240.000 Einwohner und war Stützpunkt der Kriegsmarine von 1939 bis 1945. Das Deutsche Reich hatte damals zwei Reichskriegshäfen, Kiel für die Ostsee und Wilhelmshaven für die Nordsee. 1944 wurden sowjetische und polnische Zwangsarbeiter für die „Arbeitserziehungslager Nordmark" verpflichtet. Die drei Großwerften wurden von den Alliierten zu 80 Prozent zerstört, jetzt befindet sich dort die größte Werft Deutschlands, Thyssen-Krupp Marine.

1936 wurden dort auch die Wettbewerbe der Olympischen Spiele ausgetragen und die Segelregatten der Kieler Woche gehören zu den größten der Welt. Bereits 1944 kamen aus den ostdeutschen Gebieten des Baltikums, Ost- und Westpreußen, Pommern und Mecklenburg Kriegsflüchtlinge nach Schleswig-Holstein. Der Großteil waren Frauen, Kinder und alte Leute, die übers Meer flüchten mussten und von Schiffen und Booten aufgenommen wurden. Diese wurden aber wieder mit Flugzeugen und anderen Schiffen angegriffen und großteils versenkt. So starben Abertausende an der Ostsee. Als Vater unerwartet „Fronturlaub" bekam, von dem Mutter nichts wusste, ging er von Ebensee in der Nacht nach Hause zum Langbathsee. Mutter war mit ihrer kleinen Tochter alleine, als Vater an der Türe klopfte. Mutter erwachte und fragte, wer hier sei. Vater sagte nur „ein Mann" und Mutter lud sofort ihre Pistole durch. Sie hatte diese normalerweise auch den ganzen Tag in der Kleiderschürze eingesteckt. Mutter konnte exzellent schießen und mit Waffen sehr gut umgehen. Die Umstände, in dieser abgelegenen Gegend zu wohnen, komplett auf sich alleine gestellt zu sein und dabei auch die Kinder zu beschützen, zeigten, welch starke Persönlichkeit sie war.

1943 wurde das KZ in Ebensee, es war ein Nebenlager von Mauthausen, errichtet und die ersten Häftlinge wurden dorthin gebracht. Im Februar 1945 wurden 35 deutschsprachige Familien in der Ebenseer Offenseestraße, in den damals neuen Häusern, untergebracht und der Ortsteil wird heute noch als „Lager" bezeichnet.

Vierzehn Tage vor Kriegsende, am 25. April 1945, wurde der Bahnknotenpunkt Attnang-Puchheim bombardiert und es kamen dabei 1000 Menschen ums Leben. Der 8. Mai 1945 markierte das Ende des Zweiten Weltkrieges. Für den norddeutschen Raum gab es bereits am 4. Mai 1945 eine Teilkapitulation in der Nähe von Lüneburg. 1945 unterstand Kiel der britischen Besatzung, die deutschen Soldaten wurden in Lagern untergebracht und nach der „Entnazifizierung" nach Hause entlassen.

Bei uns im Haus wurde nun auch ein Lazarett eingerichtet und auf dem Dach des Hauses eine große weiße Plane mit dem „Rot-Kreuz-Zeichen" gespannt. Gleich am Anfang zogen Amerikaner und sechs Franzosen ein. Am anderen Ende des Langbathsees stand ein Holzge-

bäude, in dem dann Russen untergebracht wurden. Mit den „Amis"
war das Zusammenleben problemlos, es sei denn, sie waren betrunken. So schossen sie mit der MP in der nahegelegenen Wildfütterung
auf die Tiere, worauf sie dann ein Problem mit meinem Vater bekamen. Sie hatten einen Jeep, mit dem sie des Öfteren Ausflüge machten. Einmal wollten sie in den Ort zum Tanken fahren. Mein Bruder wollte mitfahren, um die Oma zu besuchen, doch dies erlaubte
die Mutter nicht. Bei dieser Ausfahrt kam der Wagen ins Schleudern,
stürzte in den Langbathbach und dabei kam ein amerikanischer Soldat ums Leben.

Meinem Vater wurde 1950 die Jagdprüfung aberkannt, da er ehemals
Parteimitglied der NSDAP war. Wir mussten aus dem Jagdschloss ausziehen und zogen dann in ein kleines Forsthaus nach Ebensee, in die
Ortschaft Trauneck, direkt zwischen dem Traunsee und dem Traun-
fluss. Meine ältere Schwester Zilli arbeitete beim Forst im Pflanz-
garten und bekam dann später drei Söhne. Ihr Mann Karl war als
Schlosser bei der Saline in Ebensee beschäftigt. Mein älterer Bruder
Oskar wollte das Gymnasium und die Försterschule in Lambach besuchen, wurde aber nicht genommen, da das „Vorleben" meines Vaters bekannt war. Er lernte dann in Gmunden Schlosser. Maria, meine jüngere Schwester, ging in Ebensee zur Schule und anschließend
in die Lehrerbildungsanstalt bei den Kreuzschwestern nach Vöcklabruck. Sie wurde im Mühlviertel Lehrerin, heiratete und lebt seither
in Rohrbach.

TRAUNECK

In unmittelbarer Nähe zu unserem kleinen Haus waren die Amerikaner mit ihren Feldzelten und Jeeps stationiert. Wir hatte auch am
Anfang Angst, da die meisten Soldaten „Neger" waren, wir kannten
damals keine andere Bezeichnung. Unsere Ängste legten sich aber
rasch, da sie sehr nett zu uns waren und wir außerdem gelegentlich
Kaugummi von ihnen geschenkt bekamen. Alleine schon von den
Kindersprüchen, wie „Drei kleine Negerlein" oder den Kinderspielen,
wie „Wer hat Angst vor dem schwarzen Mann?", setzte sich in uns ein

Bild fest, das man nicht hinterfragte. Wen in unserem Ort jeder kannte, war der „Neger Günther", ein sehr netter, gleichaltriger Ebenseer aus Rindbach, ein Besatzungskind mit dunkler Hautfarbe. Der Name kam daher, dass es viele Günther in der Umgebung gab und sie durch Namenszusätze leichter zu unterscheiden waren. Er ist inzwischen 70 Jahre alt und keiner hatte ihn je wegen der Hautfarbe beurteilt, sondern alle kennen und schätzen ihn nur als Unsrigen. Es war auch bei uns nie eine rassistische oder abwertende Bezeichnung, sondern man unterschied Menschen durch solche Bezeichnungen ebenso unreflektiert wie klein oder groß, dick oder dünn. Dicke Kinder gab es übrigens sehr selten, da die Ernährung sicherlich eine große Rolle spielte und wir uns auch immer im Freien bewegten. In der Volksschule wurden wir einmal im Jahr durch den Schularzt untersucht und mein Ergebnis lautete immer: „unterernährt".

Ich wuchs mit vielen anderen Kindern auf und wir erlebten eine wunderschöne Kindheit. Wir hatten alles: den See, den Fluss, eine große unbewohnte Insel, die wiederum durch einen kleinen Bach geteilt wurde. Auf unserem Gebiet lag auch ein großer Bunker. Am Ufer des Sees wurden immer wieder verschiedene Kriegsrelikte angeschwemmt, die im See versenkt oder in den See hineingeworfen worden waren, aber sobald wir sie gefunden hatten, gehörten sie natürlich uns. Was mir heute noch positiv einfällt, ist die Tatsache, dass ich mich nicht an einen Haustürschlüssel unseres Hauses Trauneck 4 erinnern kann. Wir hatten keinen, denn wenn jemand hereinkommen wollte, klopfte er an oder rief nach uns. Ich kann mich auch nicht erinnern, dass bei uns oder in der Nähe eingebrochen wurde.

In unserem Haus bestand auch nicht die Möglichkeit, etwas zu stehlen, eher, etwas zu bringen. Ich bin mir auch sicher, wenn heute jemand einbricht, würde er mit einem Einbrecherwerkzeug die Eingangstüre aufbrechen und nicht vorher probieren, ob die Türe offen oder versperrt ist.

Auf unserem Gebiet zog sich auch ein mit Wasser gefülltes Rinnsal hin, die „Riese", die langsam zum See floss und manchmal gewaltig stank. Es waren Fäkalien und anderer Dreck im Rinnsal, in das man am besten nicht hineinfallen sollte. Dies passierte dennoch des

Öfteren. Mein Freund Walter, er war damals immer etwas pummelig, schoss den Vogel ab, als er rückwärts gestreckt in diese Kloake fiel. Er stank erbärmlich und die Reinigung war gar nicht so leicht, da wir alle keine Brause zuhause hatten. Er war es auch, der mit einem extrem scharfen Messer ausrutschte und mir meinen linken Zeigefinger bis auf den Knochen aufschlitzte. Die Wunde sieht man heute noch, war aber dann schnell verheilt, dank Arnika, der höllisch brannte. Es gab bei uns ein schönes altes Gasthaus und Restaurant direkt am See. Dort legten auch zwei kohlenbefeuerte Dampfer „Elisabeth" und „Gisela" an, sie waren über 100 Jahre alt. Gleich daneben stand ein Kohlen-Bunker, von dem dann die Kohlen für die Befeuerung des Dampfers mit einer Eisenkarre in den Rumpf des Schiffes geschoben wurden. Diese Arbeit erledigte der Heizer des Dampfers, der im Maschinenhaus für die Befeuerung zuständig war. Er war meistens nicht zu erkennen, da sein Gesicht schwärzer war als das eines Rauchfangkehrers. Bei dieser Tätigkeit, die extrem anstrengend war, schwitzte er sehr stark und der Schweiß zog noch eine Spur durch das Gesicht. Es brauchte dann noch immer eine längere Zeit, bis der Kessel die erforderliche Temperatur hatte. Am Dampfer war der Kapitän im ersten Stock am Steuerstand und konnte mit einem Sprachrohr mit dem Heizer in Verbindung bleiben. Außerdem waren nach Bedarf noch ein oder zwei Matrosen an Bord. Diese waren auch für die An- und Ablegemanöver und die Kontrolle der Fahrkarten zuständig. Vor der Abfahrt ließ der Heizer dreimal Dampf ab, nach den drei Pfiffen salutierte der Kapitän am Steuerstand, setzte den Raddampfer in Bewegung und legte ab. Dreißig Meter weiter war eine Anlegestelle für zwei Motorboote, die mit Dieselmotoren betrieben wurden. Sowohl die Dampfer als auch die Motorboote gehörten der Familie Ippisch aus Ebensee, Rudolf Ippisch plante und baute auch die Feuerkogel-Seilbahn.

In einer weiteren Entfernung von etwa vierzig Metern waren noch mehrere Stege für Ruder- und Elektroboote, die für Gäste und Urlauber zur Verfügung standen. Der Inhaber der Anlage wohnte nicht weit entfernt in einem kleinen Häuschen, direkt an der „Riese" und hatte zwei Töchter.

Das größte Wohnhaus war das alte Salinenhaus, in dem mehrere Parteien lebten. Im ersten Stock des Hauses wohnte eine Familie, die acht Kinder hatte. Ihren Vater sahen wir sehr selten und immer, wenn er nach Hause kam, hatte er einen großen Ledermantel an und wir waren sicher, dass er bei der Kriminalpolizei oder Agent sei. In der Wohnung darunter war ein Lager mit Holzsärgen in jeder Preisklasse und Ausstattung, die der Leichenbestatter lagerte. Im ersten Stock des Hauses wohnte ein alleinstehender Mann, der sich gerne bei Sonnenschein nackt zwischen zwei Holzzäunen versteckt sonnen ließ. Er hatte in einem sehr großen, aufgelassenen Kohlenstadel ein Abteil und hielt dort ein paar Hühner mit einem Hahn. Gleich in der Nähe des alten Gasthauses waren die leeren Bierflaschen gelagert und wir haben dann die Bierreste mit Brot vermischt und den Hühnern mitsamt dem Hahn gefüttert. Die Tiere waren dann so besoffen, dass sie nicht mehr stehen konnten. Der Mann hielt Nachschau, weil der Hahn pausenlos krähte. Er sammelte die Tiere ein und trug sie in den Stall. In der ganzen Umgebung nannte man ihn den „Admiral" und er behauptete, im Ersten Weltkrieg bei der Marine gewesen zu sein, ein Schiff gesteuert zu haben und Admiral gewesen zu sein. Wir glaubten ihm das Ganze nicht und vermuteten, dass er zwar auf dem Schiff war, dort aber als „Schiffsgärtner" gearbeitet habe.

Seine Nachbarn nebenan waren ein älteres Ehepaar und dessen Enkelkinder – zwei Mädchen in unserem Alter. Diese kamen immer in den Sommerferien und waren sehr hübsch. Da die Älteste beim Sprechen das „R" besonders betonte, glaubten wir ohnehin, dass sie von weither kamen. Dies wurde insofern bestätigt, als wir erfuhren, dass sie in der Nähe von Braunau am Inn wohnten.

Im Trauneck lag auch eine sehr große Wiese, die fast so groß war wie ein Fußballfeld. Wir hatten dort einen Fußballplatz mit selbstgebautem Tor und spielten sogar im Winter. In unserer Mannschaft spielte ein Spieler in unserem Alter, der einmal Kinderlähmung, demnach einen kürzeren und sehr dünnen Fuß hatte, den er humpelnd nachzog. Er spielte sogar sehr gut Fußball, wohnte aber nicht direkt im Trauneck, sondern kam aus dem sogenannten „Glasscherben-Viertel". Heute würde man so einen Spieler ebenso wie Lionel Messi, Franck Ribery und Co einen Legionär bezeichnen, der in einem anderen Land wohnte, aber bei uns spielte, natürlich ohne Bezahlung.

Auf diesem Platz wurde auch immer ein Kirtag mit großer Schaukel, Kettenflieger und später sogar mit einem „Autodrom" aufgebaut. Selbstverständlich fehlten auch die Schießstände nicht. Auch die ganze Straße entlang zogen sich auf beiden Seiten „Standln" und man konnte fast alles kaufen. Es gab Kinderspielsachen, Geschirr, Süßigkeiten, Unterhosen in großer Auswahl und in jeder Größe. Die ganz großen Unterhosen bezeichneten wir immer als Zirkuszelte. Dieser Kirtag dauerte drei Tage und fand jedes Jahr mit Schulbeginn statt. Er war immer sehr gut besucht und auch eine besondere Abwechslung für die Bevölkerung. An einem Kirtagmontag, es war sehr schwül, brach ganz plötzlich und ohne Vorwarnung ein gewaltiger Sturm los. Es war der gefürchtete „Viechtauer", ein Sturm, der am See schon mehrere Todesopfer gefordert hatte. Die Standln, die ja alle aus Holz gebaut und mit Planen abgedeckt waren, wurden mitgerissen und in die Luft geschleudert. Es war das perfekte Chaos am ganzen Gelände und forderte viele Verletzte. Unser Haus war daher die letzte Möglichkeit, sich zu schützen, und so drängten sich die Leute zu uns herein, sogar bis auf den Dachboden. In unserer Wohnung, in der Küche, wurden Verletzte notdürftig versorgt, aber selbst unser Haus wurde teilweise abgedeckt und die Dachschindeln in die Luft geschleudert. Auf diesem Gelände kam auch jährlich ein Zirkus vorbei. Er brachte verschiedene Arten von Tieren mit sowie Artisten und Clowns. Bei einer Vorführung sprangen zwei Artisten auf ein langes Holzbrett mit Wippe und schleuderten den am anderen Ende stehenden Mann sehr hoch in die Luft, der landete in einem Netz. Dies war natürlich für uns faszinierend und wir wollten diese Zirkusnummer nachahmen. Also suchten wir ein langes Holzbrett, nahmen als Wippe ein großes Betonrohr, das alles befand sich auf einem kleinen Lagerplatz und im Schuppen des Gemeinde-Bauhofes. Aus der Familie mit acht Kindern wurde der Jüngste von uns Sandi gerufen, er war als Testperson auserkoren. Es funktionierte: Wir sprangen zu zweit vom Dach des Schuppens auf das Holzbrett und Sandi wurde am anderen Ende des Brettes ziemlich hoch geschleudert, schlug mit dem Kopf auf und blieb am Boden liegen. Er rührte sich nicht mehr. Vor lauter Angst versteckten wir ihn hinter dem Betonrohr und wussten nicht, was wir machen sollten. Zum Glück wurde Sandi wach und lief weinend davon. Er hat es seinen Eltern aber nicht erzählt – vermutlich konnte er sich an den „Stunt" nicht mehr erinnern.

Apropos erinnern: Meine jüngere Schwester ging in die Hauptschule in Ebensee und war eine sehr gute Schülerin. Ihr Schulweg führte an einem großen Teich, der „Pfaffing" vorbei. Es war Winter und der Teich war fest zugefroren. Am Nachhauseweg schlitterte Maria über das Eis, rutsche aus und fiel auf den Hinterkopf. Sie ging zwar nachhause, redete aber wirres Zeug. Mutter war entsetzt, wusste aber nichts von dem Sturz. Maria konnte sich an nichts erinnern. Ein Arzt stellte dann fest, dass sie auf den Kopf gefallen war und die Verwirrung legte sich langsam wieder.

Ich weiß nicht warum, aber es gab da noch etwas mit dem Kopf: Wir haben uns als Kinder oft gestritten und ich erinnere mich noch ganz genau, dass ich beim Küchenfenster hinausschauen wollte und Maria sogar mit den Füßen nach mir trat, um den Platz am Küchenfenster zu verteidigen. Unsere Fenster waren aus Holz, zweiflügelig und mit Sprossen unterteilt. Die äußeren Fenster waren mit einem „Reiber" gesichert und offen. Maria hatte zwar die Auseinandersetzung mit mir gewonnen, trotzdem schnappte die Falle zu, als das Fenster vermutlich durch einen Windstoß abrupt zugeschlagen wurde und Maria mit dem Kopf das Glas durchschlug. Sie schaute dann aber durch das geschlossene Fenster, aber ohne Glas, ins Freie. Sie wurde allerdings nicht verletzt.

Vermutlich war ihr Kopf auch wirklich sehr robust. Denn beim einzigen „Urlaub" unserer Mutter verbrachten Maria und ich in Russbach am Pass Gschütt ein paar Tage auf einer Almhütte am Gamsfeld, einem der höchsten Berge des Salzkammergutes. Dabei wurde Maria, lesend und im Gras liegend, von einem Holzstock am Kopf überrollt, woraufhin sie „nur" über Kopfschmerzen klagte. Sie war dabei aber Gott sei Dank nicht schlimmer verletzt. Es tat mir zwar leid, da der Holzstock durch mein Missgeschick zu rollen begonnen hatte und trotzdem hätte sich Maria auch woanders hinlegen können, oder nicht? Auf jeden Fall hatte ich diesmal sicherlich unser „Hund-und Katz-Spiel" gewonnen, denn sie hatte den Kürzeren gezogen. Übrigens: Seit Maria mit 14 Jahren in eine Lehrerbindungsanstalt, eine Klosterschule, kam, waren wir beide ein Herz und eine Seele.

Eines Tages wollten wir gerade beim See spielen, als wir eine dickere Frau am Rücken liegend schwimmen sahen, die dabei aber keine Tempi mehr machte. Es war eine Nachbarin und wir wussten sofort, dass sie tot war. Ertrunken! Wir waren eigentlich gar nicht entsetzt, obwohl sie zu uns Kindern nicht immer freundlich und nett gewesen war. Mit Holzstücken zogen wir sie an Land und achteten darauf, dass wir mit unseren Schuhen nicht nass wurden. Als die Gendarmerie kam, jetzt heißt sie Polizei, wurden wir sofort verjagt, obwohl WIR die Frau gefunden hatten. Sie hatte sich das Leben genommen, „sie ist in den See gegangen". Nachdem die Frau wegtransportiert wurde, stellten wir fest, dass man dabei einen „Schlapfen" verloren oder vergessen hatte, den wir als Andenken behielten und versteckten.
Wie die meisten Kinder haben auch wir „Doktorspiele" gemacht, ich war der Herr Doktor und untersuchte gerade ein Mädchen. Dabei verschwanden Beeren, es waren Vogelbeeren, in ihr und tauchten nicht mehr auf. Als sie am Abend in der Badewanne saß, kam eine Beere nach der anderen wieder zum Vorschein. Ihre Mutter wollte natürlich sofort wissen, wo die herkamen. Sie sagte ganz ehrlich, dass das der Herr Doktor war. Bei mir zuhause stieg der Rauch auf und ich hatte großen Erklärungsbedarf mit anschließenden Sanktionen. Später vermutete ich, dass mein Vater trotzdem auf meine „Frühreife" etwas stolz war.

In der Winterzeit fuhren wir Schi und hatten dabei einen Hang, der einfach zu fahren war, den Bartlberg. Er war ganz in der Nähe und wir waren in zehn Minuten vor Ort. Wir veranstalteten dort kleine Skirennen und am absolut steilsten Hang versuchten wir immer wieder das Schispringen. Der Anlauf war extrem steil, die Sprungschanze vielleicht nur eineinhalb Meter lang und der Absprung war ähnlich gebaut wie ein Freestyle-Absprung. Es traute sich kaum einer hinunterzufahren, aber der Reiz, über diese „Schanze" zu springen, war eine besondere Herausforderung. Einer meiner besten Freunde, Toni, sprang, landete auf den Hinterkopf und blieb regungslos liegen. Er kam wieder zu sich, sprang aber kein zweites Mal. Warum, kann man verstehen. Diese Schanze konnte kaum einer bezwingen. Dass nichts Schlimmeres passiert war, war dem Umstand geschuldet, dass der Aufsprung ebenfalls sehr steil war. Das zweite Gebiet zum Schifahren war eine halbe Stunde entfernt. Dort befand sich die Schisprungschanze in Ebensee, auf der auch Landesmeisterschaften durchgeführt wurden. Der Reiz lag für die Kinder darin, von unterhalb des Vorbaus der Schanze mit den Schiern herunterzufahren. Dies war nicht einfach, da die Stecke auch meist nicht gespurt war und man beim Wegfahren nicht sehen konnte, ob sich ein anderer gerade auf der Spur aufhielt. Dann hatte man auch nicht mehr die Möglichkeit auszuweichen, um einen Zusammenstoß zu verhindern. An den offiziellen Schisprungmeisterschaften beteiligte sich natürlich auch die heimische Elite und das Training begann meistens einen oder zwei Tage vor dem Wettbewerb. Das ganze Jahr war nicht trainiert worden, da die Möglichkeiten auch nicht vorhanden waren. Die Stürze fielen daher oft katastrophal aus.

Um im Winter auf unseren Hausberg, den Feuerkogel, zu kommen, fehlte uns das Geld für die Seilbahnkarte. Außerdem musste man sehr lange Wartezeiten in Kauf nehmen, da die Kapazität der Bahn nicht ausreichte. So gingen wir des Öfteren zu Fuß auf den Berg und freuten uns, wenn unsere Schier mit der Seilbahn mitgenommen wurden. Der Aufstieg dauerte zirka drei bis dreieinhalb Stunden und wir waren dann völlig fertig. Das Aufwärmen konnte man sich ersparen und nach drei Stunden Schifahren an dem Schlepplift, es gab nur einen, fuhren wir wieder ins Tal. Auch diese Abfahrt war nicht ohne, wurde auch als „sehr schwierig" bezeichnet und wäre heute unter schwarze Piste ausgewiesen. Ich hatte aber trotzdem öfter die Gelegenheit, auf den Berg zu kommen, da meine Tante Mali in der Talstation einen Kiosk betrieb und ich daher freifahren konnte. Ihre Tochter Loisi war exzellente Schifahrerin und wurde in dieser Abfahrt tödlich verletzt.

Sie verkantete mit den Schiern, stürzte und stieß mit dem Kopf gegen einen Baum. Die „Buchegger-Kurve", bei der das Unglück passierte, wurde später verbreitert. Ironie des Schicksals: Loisis Bruder Franz, der auf dem Feuerkogel wie zuhause war, war ausgezeichneter Schifahrer und Jahrzehnte lang bei der Bergrettung. Er bekam im Alter ziemlich starke Hüftprobleme und konnte daher die letzten Jahre fast nicht gehen. Er wurde daher an der Hüfte operiert und konnte dann wieder wandern und bergsteigen. Bei einer wenig begangenen Bergtour vom Feuerkogel nach Ebensee stolperte er, stürzte ab und kam dabei ums Leben.

Mein Vater war wieder „Hilfsjäger" und sein Revier der Feuerkogel. Dadurch war ich dann öfter oben und blieb dort auf der Jagdhütte. Auch mein Freund Walter blieb einmal oben und wollte mir durch das Fenstergitter nachklettern. Er kam zwar bis zur Mitte durch, blieb aber mit dem Bauch stecken und es war dann sehr schwierig, dass ihn mein Vater wieder hereinziehen konnte.

In der Nähe von unserem Haus im Trauneck befand sich noch eine ebenerdige Baracke, die aus Holzteilen bestand und acht Familien beherbergte. Unter anderem einen Mann, der, wenn er Alkohol getrunken hatte, komplett durchdrehte. Er war im Ersten Weltkrieg bei der Südtirol-Offensive im Sommer 1916 am Monte Cimone dabei, der so extrem umkämpft war, dass sogar der Gipfel dieses Berges gesprengt wurde. Er war dort verschüttet worden und hatte dieses Ereignis nie verkraftet. Wir hatten ihn zwei Mal im Winter im Schnee liegend und schlafend gefunden. Einmal davon war er sogar schon eingeschneit.

Trotz unserer sehr jungen Jahre waren wir schon ausgesprochen kreativ und wollten eine Maschine konstruieren, die dem persönlichen „Vergnügen" dienen sollte. Es hört sich abenteuerlich an, dass dazu ein ausgedienter Handmixer herangezogen wurde – und es war tatsächlich abenteuerlich. Kurzum, das Experiment scheiterte, nicht zuletzt deshalb, weil es nicht mehr genügend Handmixer gab.

Vor unserem Haus, direkt vor dem Küchenfenster stand eine Hausbank, die sehr oft besetzt war, da bei uns immer Leute waren, die bei uns vorbeikamen und sich wohlfühlten. Gott sei Dank gab es zu dieser Zeit noch keinen Fernseher und die Leute hatten Zeit zum Reden, Erzählen und Ratschen, die Frauen schnatterten. Bei uns in der Küche wurde sehr oft gesungen, meine Mutter spielte mit der Zither und sang. Mutter, Zilli, Ossi und ich sangen sehr gut, Maria „durchschnittlich". Vater, er war begnadeter Falsch-Sänger, brummte meistens nur mit, das war auch gut so. Zu trinken gab es ab und zu Bier, das ich im Krug beim nahen Gasthaus holen musste. Auch Wein wurde kaum getrunken, eher selbstgemachte Säfte. Wenn meine Freunde bei uns zuhause waren, gab es meistens Kakao und Brote. In der Küche stand noch die „Singer"-Nähmaschine, die Mutter fast täglich in Betrieb hatte, da sie als gelernte Schneiderin immer wieder Lohnarbeiten annehmen musste, um unser Einkommen aufzubessern. Außerdem arbeitete sie in einem Gasthaus in der Küche und wusch Geschirr ab. Es gab damals noch keinen Kühlschrank und das Bier wurde mit Eisblöcken angeliefert. Wir hatten auch ein Radio in der Küche und täglich wurden noch immer Suchmeldungen durch das „Schwarze Kreuz" gesendet.

Wegen des tiefen Glaubens meiner Mutter an die römisch-katholische Kirche musste ich natürlich Ministrant werden und auch „fast perfekt" Latein lernen. Damals wurden die Messen tatsächlich noch in Latein gelesen und ich war immerhin sechs Jahre im „Amt" – ohne Pensionsanspruch! Wir waren auf Zeltlager, spielten in einer eigenen Mannschaft Fußball und waren natürlich sehr brav und anständig. Da wir auch bei Begräbnissen immer dabei sein mussten, lernten wir schon bald, ein „trauriges Gesicht" zu machen. Ich konnte das sehr schnell, wahrscheinlich bin ich ein Naturtalent.

Im Trauneck lagen verschiedenste Altteile von der ehemaligen „Kisterl-Fabrik". Dort wurden Holzkisten produziert. Durch einen Brand wurde das ganze Gebäude vollständig zerstört. Da lagen unter anderem Unmengen von Welleternit-Platten, mit dem das Gebäude gedeckt war. Das zerbrochene Welleternit eignete sich hervorragend zum Weitschießen und erreichte dabei eine hohe Geschwindigkeit. Als ein Freund von mir eine solche Platte schleuderte, mich aber nicht sah, traf mich eine solche Platte oberhalb des linken Auges. Ich merkte einen sehr starken Schlag, sah auf dem Auge nichts mehr und spürte nur das warme Blut im Gesicht und in der Hand. Jemand schrie noch, dass ein Freund Toni das Auge herausgeschossen hätte. Es musste schrecklich ausgesehen haben und die herbeigeeilten Mütter waren völlig entsetzt. Mein Auge hing heraus, ich blutete stark und wurde zu einem Arzt gebracht und konnte mich an das Weitere nicht mehr erinnern. Gott sei Dank habe ich das Auge nicht „verloren", ich habe es heute noch!

Ich hatte eine Katze, die täglich Mäuse nach Hause brachte und daher von mir immer gelobt wurde. Als sie dann Junge bekam, zeigte sie mir das mit dauerndem Miauen an, sie wollte mir offensichtlich zeigen, wo ihre Jungen sind. Ich ging ihr nach und fand sie oberhalb des Stadls im trockenen Heuboden. Es waren drei entzückende Katzenbabys, die noch nichts sahen, ich streichelte sie und lobte dabei besonders die „Mama".

Natürlich hatten wir auch Ratten, die sich immer beim Hühnerfutter fettfressen wollten, ich verhinderte das aber, da ich sie vom Zimmer im ersten Stock aus mit dem Luftdruck-Gewehr erlegte. Im kleinen Stall hatten wir auch ein Schwein und wenn es soweit war und der Fleischhacker vorbeikam, war ich schon etwas traurig. Bei der Vorbereitung zum Schlachten musste ich mithelfen und es begann damit, den Schweinetrog in der Nähe des Stalles zu tragen und mit heißem, sehr heißem Wasser zu füllen. Der Fleischhacker hatte den Schussapparat schon in der Hand und sprach noch beruhigende Worte zum Schwein, das aber furchtbar schrie, legte am Kopf an und drückte ab. Das Schwein schlug fast einen Salto, zuckte ganz wild und war dann tot. Es wurde aus dem Stall hinausgeschleift, zum Tragen war es natürlich zu schwer, in den Schweinetrog transportiert und man begann gleich damit, Haare des Schweins auszurupfen, nachher wurde es hochgezogen und auseinandergeteilt. Für mich interessant war noch das Wursten, es wurden sehr gute Bratwürste gemacht.

Das Zuschauer beim „Kopfabhacken" bei den Hühnern war immer mit Neugier und Angst verbunden, da die Hühner ohne Kopf noch ziemlich weit laufen konnten und dabei sehr viel Blut floss. Ab und zu holte sich der Fuchs eine Henne, die anderen gackerten wie verrückt, beruhigten sich aber schnell wieder. Wenn wir Küken bekamen, wurde das Holz der Ofenlade in der Küche ausgeräumt und diese weich ausgepolstert. Die Küken konnten dann die erste Zeit im Warmen aufwachsen.

Es gab aber auch Momente, die ich mein ganzes Leben nicht mehr vergessen kann, da sie eine tiefe Kerbe in mein Leben schlugen. Ich war vom Fußballspielen später nach Hause gekommen, draußen war es schon dunkel. Es gab heftigen Streit zwischen meinen Eltern, was nicht oft vorkam. Den Hintergrund wusste ich auch nicht, sah aber, dass mein Vater sich anzog und lautstark das Haus verließ. Mutter weinte und war völlig außer sich, zog ihre Schuhe an und lief auch weg. Sie lief aber in die entgegengesetzte Richtung, also zum Wasser. Ich wollte ihr nachlaufen und schrie immer wieder „Mutter, Mutter!", sah sie aber nicht mehr, da es schon sehr dunkel war. Das Gefühl des Weglaufens oder Verlassens im Zusammenhang mit der Familie löst seither bei mir immer noch Panik aus, bis heute! Warum meine Eltern öfter heftig diskutierten und dies auch im Streit endete, war die Tatsache, dass meine Mutter von Österreich wegziehen und nach Kanada oder Australien auswandern wollte, mein Vater aber nicht. Obwohl es in diesen Ländern für Zuwanderer, die einen Beruf erlernt hatten, sogar vom Staat finanzielle Unterstützung gab, war Vater dafür nicht zu haben. Er war zu bodenständig, liebte seine Berge und seine Heimat über alles und kannte aber auch nichts Anderes. Durch den beruflichen Abstieg meines Vaters als Jäger wurde er dann bei den Bundesforsten für die „niedrigen Dienste" eingeteilt und dementsprechend auch belohnt. Er wurde speziell von seinem Vorgesetzten schlecht behandelt, ausgegrenzt und immer wieder auf seine „Vergangenheit" hingewiesen.

Aber was hatte er wirklich angestellt? Er war verheiratet, hatte zwei kleine Kinder, arbeitete als Tischler und verlor den Arbeitsplatz, wie Tausende andere auch. Als er dann die Möglichkeit hatte, wieder

Arbeit zu bekommen, um seine Familie zu ernähren, nahm er dies dankbar an. Aus diesem Grunde trat er der Partei bei, wie Millionen andere auch. Er war nicht freiwillig in den Krieg gezogen, wie Millionen andere auch, war in der Kriegsmarine in Kiel als Funker ausgebildet worden, um dort bis zum Ende des Krieges eingesetzt zu werden. Er war weder bei der SA oder SS, war nicht Akademiker mit einem höheren Rang im Militär und bei keinen Gräueltaten dabei. Die Masse dieser Soldaten wollte nur eines: keinen Krieg mehr und nach Hause zur den Familien.

Als er nach Hause kam, sagte er einmal, dass er froh gewesen war, eine Arbeit gefunden zu haben. Dies wurde ihm dann 1950, er hatte damals schon vier Kinder, also fünf Jahre nach dem Ende des Zweiten Weltkrieges, zum Vorwurf gemacht. Aber es gab auch viele, die die Moral gepachtet hatten, fehlerlos waren und bewusst Menschen denunzierten, auch wenn diese schon am Boden lagen. Ich glaube, Mutter litt darunter sehr, zeigte es aber nicht und versuchte dann, im Ausland eine neue Existenz aufzubauen. Da dies aber nicht fruchtete, setzte sie alles daran, dass Vater wieder zur Jagdprüfung antrat und dann als Berufsjäger arbeiten konnte. Mutter arbeitete viel zuhause mit ihrer Singer-Nähmaschine, da sie häufig Näharbeiten von Frauen aus dem Ort annahm, schneiderte und dann auch diese fertigen Waren zustellte. Sie nahm mich dabei ab und zu mit, ich sah auch, dass manche Frauen diese fertigen Arbeiten probierten, sehr zufrieden waren und dann doch nicht bezahlten. Dabei merkte ich immer wieder, dass sie auf dieses Geld schon wartete, da Vater als Alleinverdiener ein sehr bescheidenes Gehalt hatte. Nebenbei arbeitete Mutter noch in zwei Gaststätten, bei denen sie abwusch und putzte, um das Familieneinkommen aufzubessern.

Die Unterlagen und Papiere für Kanada und Australien waren noch bis zu der Zeit, als wir vom Trauneck wegzogen, immer in der Schublade meiner Eltern. Irgendwie hatte ich daher immer Angst, von hier wegziehen zu müssen und das Vertraute zu verlassen.

In der Nähe von uns, direkt am See, war eine Wiese, auf der immer zwei Buben mit ihrem Pferd anzutreffen waren, das „Helga" hieß und auf einem Auge blind war, das Pferd sollte dort äsen. Es war auch dieselbe Wiese, auf der ab und zu Zigeuner vorbeikamen und verschiedene Arbeiten wie Scherenschleifen und dergleichen anboten. Sie verkauften zudem gewisse Gegenstände und blieben immer ein paar Tage. Uns waren die Leute nicht geheuer und wir hatten auch etwas Angst vor ihnen. Außerdem wurden wir immer gewarnt, dass die Leute auch eventuell etwas stehlen könnten. Ich hatte da weniger Bedenken, da wir auch nicht viel hatten und ich mich nicht erinnern konnte, überhaupt einen Haustürschlüssel zu haben.

Bei der 350 Jahre Ebensee-Feier 1957, bei der auch Bundespräsident Schärf anwesend war, fand ein großer Umzug statt. Vermutlich weil ich blond war und einen Trachtenanzug hatte, wurde ich mit einem Mädchen aus dem Trauneck, sie hieß Renate, als „Trachtenpärchen" verkleidet und „aufgeputzt". Ich weiß aber sicher, da im selben Jahr die Firma „Almdudler" gegründet wurde, dass wir nicht auf diesen Flaschen abgebildet wurden.

Ich war gerade in der ersten Klasse Volksschule, als der österreichische Staatsvertrag am 15. Mai 1955 unterzeichnet wurde. „Österreich ist frei", es war eine ganz besonders festliche Stimmung in der Schule und außerdem hatten wir danach schulfrei, was natürlich besonders wichtig war! In diesem Jahr kam auch der letzte Ebenseer Kriegsgefangene nach Hause. Es war der Arzt Dr. Kurt Fink, der in Stalingrad vermissten war und daher fand eine große Empfangsfeier statt. Auch ich war wieder zur Begrüßung mit einem anderen Mädchen, mit Wilma, im Einsatz. Dr. Fink arbeitete dann wieder als praktischer Arzt, wie auch seine Frau, in Ebensee.

In der Volksschul- und Hauptschulzeit war ich im Sommer und Winter sportlich sehr aktiv und Mitglied bei der Union Ebensee. Bei diversen Schirennen war eher das Naturtalent ausschlaggebend, denn es gab kaum ein Training, geschweige denn einen Trainer. In der Leichtathletik sah es schon wesentlich anders aus. Hier wurde öfter trainiert und ich startete in meiner Lieblingsdisziplin, dem 60 Meter Lauf, im Linzer Stadion. Diese Sprintdisziplin, die vor allem in der Halle gelaufen wird, ist die kürzeste Strecke einer Meisterschaft für Jugendliche. Bei den Olympischen Sommerspielen 1900 und 1904 war es olympische Disziplin und dabei erreichten die besten Männer eine Zeit von unter 6,5 Sekunden, die besten Frauen knapp unter 7 Sekunden. Ich startete mit einem gebrauchten, ausgeliehenen Laufschuh, dieser war mir viel zu groß, war aber mit Spikes ausgestattet – eine Sensation! Beim Start brachte es mir einen kleinen Vorteil, dann aber nicht mehr, obwohl ich ums Leben lief. Die Schuhe musste ich dann sofort wieder abgeben, sie waren ja nur geborgt. Vermutlich hatte der Verein nur ein Paar, das mit Spikes ausgerüstet war.

Ich ging gerade von der Hauptschule nach Hause, als starker Gewitterregen einsetzte und ich bei meiner Oma Zuflucht suchte. Sie hatte gerade einen Maler, der an der Außenfassade im ersten Stock des Hauses arbeitete und, vom plötzlichen Regen vertrieben, fluchtartig die Holzleiter herunterkletterte. Er rief mir zu, ob ich den Malerkübel, den er im erstem Stock des Hauses am Ende der Leiter vergessen hatte, holen könnte. Ich kletterte hinauf und als ich den Kübel aufhob, rutschte die Holzleiter weg und ich fiel herunter. Dabei wurde meine linke Hand mehrfach gebrochen. Außerdem blutete ich am Kopf, war aber nicht bewusstlos. Da Dr. Fink schräg gegenüber wohnte und sich auch die Ordination dort befand, wurde ich hingebracht. Er war zuhause und bat meine ältere Schwester und ihren Mann, zu assistieren. Ich bekam dann Äther und war schnell „weggetreten". Als ich wieder zu mir kam, ging es mir extrem schlecht, ich musste erbrechen und hatte heftige Schmerzen.

Ich wurde dann zum Haus meiner Oma getragen und ins Bett gelegt. Die Nacht war schrecklich und auch die nächsten Tage waren nicht besonders angenehm. Warum ich nicht mit der Rettung ins Spital gebracht wurde, kann ich bis heute nicht verstehen. Dass Dr. Fink ein sehr guter Arzt war, hatte er auch jahrelang in Stalingrad, wo er mit einfachsten Mitteln arbeiten musste, bewiesen. Obwohl in seiner Ordination kein Röntgen-Apparat zur Verfügung stand, bastelte er meine Hand wieder halbwegs zusammen. Jahre später wurde ein Sohn des Herrn Doktor Fink wochenlang im Gemeindegebiet von Ebensee gesucht, konnte aber nicht mehr gefunden werden.

Einer der Höhepunkte in dieser Zeit war nicht nur das „Ratscherlaufen", sondern das Hochwasser. Die Traun und auch der Traunsee traten fast jährlich über die Ufer und wir Kinder freuten uns darüber. Das Hochwasser 1959 war aber ganz besonders heftig. Es wurden Brücken weggerissen, Straßen zerstört und auch Häuser stark beschädigt. Unser Haus traf es ganz besonders, da wir sowohl vom Fluss als auch vom See eingeschlossen waren und trotzdem dort wohnten. Wir hatten in der Wohnung im Erdgeschoß zirka dreißig Zentimeter Wasser und unsere Einrichtung samt Inventar im Dachboden untergebracht. Da ein Raum des Dachbodens ausgebaut war, konnten alle auch dort schlafen. Beim Wohnhaus war auch eine Holzhütte angebaut und ich konnte daher vom Dach der Hütte ins Wasser springen. Zwei bis drei Mal am Tag kam die Gendarmerie mit ihrem Boot vorbei und besprach die Situation mit meinen Eltern. Als die Gendarmen am Abend bei völliger Finsternis, der Strom wurde wegen des Hochwassers abgeschaltet, wieder bei uns vorbeikamen und die Meldung brachten, dass die Traun noch weiter steige und ich dabei auch noch jubelte, krachte es bei mir dann gewaltig. Jetzt verstehe ich auch, dass die Nerven meines Vaters blank lagen.

Wir hatten jetzt „Hochsaison" zum Spielen und fanden die unglaublichsten Dinge, die angeschwemmt wurden. Für tiefere Stellen standen uns das Paddelboot meines Bruders oder der Waschtrog zur Verfügung. Bevor das Wasser wieder abzog, dauerte es aber wieder ein paar Tage. Alle Fußböden waren kaputt und unser Haus war völlig durchnässt.

Mein Bruder Oskar war leidenschaftlicher Fußballspieler und spielte für den SV Ebensee. Er hätte zwar am liebsten als Tormann gespielt, ihm fehlte aber dazu die Tormanngröße und er hätte daher bei hohen Bällen keine Chance gehabt. Daher wurde er als schneller und kräftiger Stürmer eingesetzt. Dieser Sportplatz des Vereines lag direkt gegenüber vom Trauneck auf der anderen Seite der Traun. Dass ein SO großer Ort wie Ebensee mit etwa 8000 Einwohnern auch einen zweiten Fußballverein samt Fußballplatz unbedingt brauchte, war selbstverständlich. Da beide Clubs in derselben Liga spielten, kam es jedes Jahr zum Aufeinandertreffen dieser Vereine.
SV Ebensee gegen den ATSV Ebensee, das war Brutalität. Genau wie Simmering gegen Kapfenberg!

Als der ATSV, jetzt heißt er ASKÖ Ebensee, in die letzte Liga abstieg, bei der man nicht noch tiefer absteigen kann, wurde sie auch als die „Gletscherliga" bezeichnet. Noch ein interessantes Detail: Im Oktober 1945 kritisierte die „Salzkammergut-Zeitung", es gehe nicht an, dass bei einem Spiel dutzende Male aufs Spielfeld gelaufen wird, um Entscheidungen des Schiedsrichters abzuändern oder gar auf Gastspieler loszugehen! Im Frühjahr ließ das Landessportamt den Ebenseer Platz wegen Ausschreitungen zeitweise sogar sperren.

Als älterer Bruder war Ossi auch des Öfteren sehr streng zu mir, immerhin war er doch vierzehn Jahre älter. Ich selbst war sehr stolz auf ihn und konnte mich immer hundertprozentig auf ihn verlassen. Er brachte mir auch viel bei. Zum Beispiel, wie man Fische im Bach mit der Hand fängt oder wie ich mich bei Tag und in der Nacht im Wald verhalten soll. Er zeigte mir auch, wie man Frösche – ebenfalls bei Tag und in der Nacht – fängt. Gerade in der Nacht, bei Schnee, mit Karbidlampe und drei Grad Wassertemperatur. Dazu kam, dass die Frösche teilweise in Tümpeln oder Lacken unter der Wasseroberfläche und ausgewaschenen Grasnarben „herausgegriffen" werden. Am Anfang eine besondere Überwindung, da nur der Tastsinn unter Wasser zum Erfolg führte. Außerdem musste man immer wachsam sein, denn es war großteils verboten. Er zeigte mir auch, wie man auf sehr hohe Bäume klettert, um Misteln oder Zirben-Zapfen zu pflücken oder im felsigen und steilen Gelände ohne Sicherung zu klettern. Er brachte mir das Schwimmen im See ganz einfach, schnell und mit sehr viel Mitgefühl bei, indem er mich hineinwarf. Ich denke heute noch an diesem „Schwimmkurs", bei dem ich so viel Traunsee-Wasser „gesoffen" habe und fast ertrunken wäre.
Am See und in der Traun lernte ich das Paddeln und Rudern und auch, die Gefahren richtig abzuschätzen und beim Überqueren eines Sees Acht zugeben, ob nicht Wind, Sturm oder ein Gewitter aufkommt.

Mit meinem Vater ging ich auch auf den Traunstein, der von allen Seiten sehr schwierig zu besteigen ist. Er liegt am Ostufer des Traunsee und ist fast 1700 Meter hoch. Jedes Jahr wurde am Gipfel eine Bergmesse gefeiert und von sehr vielen Bergsteigern besucht. Beim Aufstieg wurde ein Mann schwer verletzt, da er von einem Stein am Kopf getroffen wurde, stark blutete, außerdem gab es noch keine Bergung mit Hubschraubern. Inzwischen sind am Traunstein über 130 Personen ums Leben gekommen.

Das Vogelfangen ist noch immer gelebte Tradition. Die „Vogelfängerzeit" beginnt im Herbst, ist sogar gesetzlich geregelt und das Fangen wird mit großer Sorgfalt und Liebe betrieben. Der Großteil der Vögel wird in ausgesetzter Lage, manchmal sogar an der Waldgrenze gefangen. Dabei sind nicht selten Gehzeiten bis zu zwei Stunden mit Aufrüstung und Gepäck erforderlich. Da bei uns fast das ganze Gebiet den Bundesforsten gehört, ist es auch nicht möglich, die Forststraßen mit Autos zu befahren. Ausnahmen gibt es nur für Motorräder und Mopeds. Die Vögel werden gefangen, in eigenen „Steigen" nach Hause transportiert und vorsichtig an die neue Umgebung gewöhnt. Sie werden gefüttert, gepflegt und richtig verwöhnt. Es kommt dann zur Ausstellung und Bewertung der Vögel. Nach dem Winter werden sie in die Freiheit wieder entlassen.

Der Vogelfang bei uns und in anderen Ländern unterscheiden sich insofern gravierend dadurch, dass beispielsweise in Italien oder Frankreich die Vögel gefangen und dann gegessen werden, wohingegen die Vögel in unserer Gegend nicht zu Schaden kommen und wieder in die Freiheit entlassen werden. Unverständlich ist auch die Tatsache, dass die Ägypter jährlich rund 10 Millionen Zugvögel „frittieren" darunter auch bedrohte Tierarten. Die Tiere werden in der größten Vogelfanganlage der Welt vom Himmel geholt, wenn sie nach Europa zurückkehren wollen. Zwischen Israel und Libyen, auf einer Strecke von 700 Kilometern entlang des Mittelmeeres, verfangen sich jedes Jahr mindestens zehn Millionen Singvögel in fünf Meter hohen „Japannetzen". Auf Zypern und Malta werden die Vögel gnadenlos gejagt. Die Bewohner auf Malta gelten als die jagdwütigsten Europäer, im Jahr 2004 war es rund 30.000 offiziellen Jägern sogar erlaubt, auf geschützte Vogelarten zu schießen. Vieles hat sich seither nicht geändert. Es „regnet tote Vögel vom Himmel", weiß Gabor Wichmann von „Birdlife Österreich". Auf Zypern ist die Nachfrage nach der Singvogel-Grillplatte namens

„Ambelopoulia" enorm. Eine Portion Singvögel kostet bis zu 80 Euro, die jährlichen Einnahmen durch den illegalen Vogelhandel werden auf 15 Millionen Euro geschätzt.

Ossi brachte mir auch die Holzarbeit bei, bei der in diesem steilen Gelände extreme Arbeitsbedingungen herrschten. Ich war nicht einmal 14 Jahre alt, Ossi hatte zu diesem Zeitpunkt keine eigene Motorsäge und so mussten wir alles noch mit der großen Handsäge schneiden. Denke ich heute noch daran zurück, wie erschöpft ich damals schon vormittags war, tut es mir heute noch weh. Als ich dann das erste Mal mit der Zweihand-Kettensäge mit Ossi arbeitete, war das fast genau so anstrengend, da diese Maschine vom Gewicht her extrem schwer war. Diese Schwerstarbeiten prägten sich bis heute ein und waren eine ganz besonders harte Schule für mich, auf die ich damals gerne verzichtet hätte. Ossi selbst war natürlich von der Arbeit und auch vom Fußball durchtrainiert und hatte enorme Kraft. Er hatte die Strapazen der Holzarbeit auf sich genommen, um mehr Geld zu verdienen. Ich war sehr oft mit Ossi und seinen Freunden bei diesen Arbeiten dabei, die mehr als gefährlich waren und den ganzen Tag volle Konzentration erforderten. Ich als Jugendlicher wurde dabei mehr als gefordert. Dass diese schwere Arbeit später auch Folgen haben könnte, war uns nicht bewusst. Dabei wurde sehr oft im steilen, steinigen Gelände gearbeitet, wo ständig die Gefahr bestand, abzustürzen. Ich erinnere mich an eine Holzlieferung in einem sehr langen, großen Graben, in dem ein Wildbach floss und mit einem Wasserfall hinunterstürzte. Die riesigen Holzstämme, die übereinander meterhoch kreuz und quer lagen, konnten nur mit Sprengstoff voneinander getrennt werden. Wir arbeiteten in dieser Gegend ein ganzes Jahr, heute würden, wenn überhaupt, diese Arbeiten mit modernsten Maschinen oder mit Hubschraubern durchgeführt werden. Rückwirkend gesehen, hatte ich eine schöne Kindheit, das Negative wurde einfach nicht hinterfragt und oft auch einfach ignoriert. „Die Kindheit ist das, was man für den Rest seines Lebens zu überwinden versucht."

An einem schönen Nachmittag waren viele Gäste im Gastgarten des Restaurants am Traunsee Zeugen einer „Schwanentragödie", als ein

Schwan einen anderen fast umbringen wollte und dieser völlig hilflos kurz vor dem Ertrinken war. Viele Leute fingen zu schreien an, um das zu verhindern. Mein Bruder sprang mit Hemd und Hose ins Wasser, schwamm zu den Schwänen, packte den Angreifer beim Hals und vertrieb diesen. Natürlich war ich sehr stolz darauf und betonte immer, dass das MEIN Bruder war, der dem anderen Schwan das Leben rettete.

Er hatte kaum vor Tieren Angst, und Jahre später feierten Ossi und seine Arbeitskollegen in einem Gasthaus, wobei einer davon einen großen und „scharf abgerichteten" Schäferhund mitgenommen hatte. Der Mann versuchte dann immer wieder, „spaßeshalber" den Hund auf Ossi zu hetzen, sodass er ihn beißen sollte. Ossi hatte tatsächlich keine Angst vor diesem Hund und als dieser immer aggressiver wurde und zubeißen wollte, biss Ossi den Hund in die Nase, den empfindlichsten Teil des Hundes. Der Hund schrie auf, lief davon und wurde erst später vom Besitzer wieder eingefangen. Ein Erlebnis anderer Art ereignete sich in einem Gasthaus in der Langwies, ebenfalls bei einer Feier, zu der Ossi aber mit seinem Auto hinfuhr. Es wurde ausführlich gefeiert und so konnte er zu später Stunde nicht mehr mit seinem Fahrzeug nach Hause fahren. Es war Sperrstunde, die in dieser Zeit von der Gendarmerie, die vorbeikam, überwacht wurde. Da die Gendarmen Ossi gut kannten, boten sie ihm an, ihn in ihrem Dienstauto nach Hause mitzunehmen, da er sicherlich nicht mehr fahrtauglich war. Er sollte ins Dienstauto einsteigen und warten, denn sie würden gleich nachkommen. Als sie zurückkamen, war ihr Gendarmerie-Auto weg, denn Ossi war davongefahren. Er hatte dann aber vermutlich ein schlechtes Gewissen bekommen und fuhr wieder zum Gasthaus, um den zwei Gendarmen ihr Auto wieder zurückzugeben. Seine Leidenschaft aber galt der Volksmusik, er hatte später als Sänger sogar Auftritte im Fernsehen. Als mein Bruder damals heiratete, hatte seine Frau eine Tochter aus erster Ehe mitgebracht. Sie war Witwe und ihr Mann bei einem Motorradunfall ums Leben gekommen. Ossi und seine Frau zogen in die Ortschaft Langwies und Ossi arbeitete dann bei der Marktgemeine Ebensee, bei der Wasserversorgung. Er hatte dann selbst zwei Söhne, Andreas und Peter, der jüngere starb bei einem Motorradunfall in der Steiermark, im Alter von 26 Jahren.

Meine Schwester Maria, Edi, ihr zukünftiger Mann, sein Bruder Josef und ich fuhren mit einem alten VW Käfer nach Berlin. Da Edi aus einer Wirtsfamilie aus Kollerschlag stammte und diese neben dem Gasthausbetrieb Fremdenzimmer vermietete, wohnten auch Urlauber aus Berlin dort. Diese Gäste, die hier jährlich ihren Urlaub verbrachten, luden uns nach Berlin ein. Als wir in die Tschechoslowakei einreisten, begann für mich eine neue Welt. Alleine die Grenze, wir fuhren ja in den Ostblock, war stark mit Stacheldraht gesichert und kontrolliert. Ich kannte ja noch nicht die anderen Länder des Ostblocks, die ich dann später kennenlernen würde.

Die Reise führte zuerst nach Prag, um die Stadt zu besichtigen und dort in einem Hotel zu wohnen. Prag wurde auch als die „goldene Stadt" bezeichnet, da im Zentrum die Sandsteintürme bei Sonneneinstrahlung in Goldtönen schimmerten. Wir hatten kaum das Hotel verlassen, als wir von einem vorbeifahrenden Tankwagen zur Gänze abgesprüht wurden. Wir wussten nicht warum, es betraf alle und diente vermutlich einer „Desinfektion". Die Stimmung in der Stadt war für mich nicht einladend, sondern eher deprimierend. Am nächsten Tag fuhren wir weiter, in fast allen Orten waren große Lautsprecher aufgehängt, ich wusste aber nicht wozu. Die Felder waren eher in schlechtem Zustand und heruntergewirtschaftet. Diesen Eindruck hatte ich, obwohl ich von der Landwirtschaft keine Ahnung hatte. Wir mussten eine Zeit lang hinter einem Traktor mit Anhänger nachfahren, da wir nicht überholen konnten, und sahen dabei, wie er fast sein ganzes Saatgut auf der Straße verlor, doch das war dem Fahrer ziemlich egal. Die Häuser waren nicht gepflegt, teilweise auch die Leute, die keinen glücklichen Eindruck machten. Der Grenzübergang zwischen der CSSR und der DDR war zwar nicht überlaufen, die Kontrollen dafür aber auf das Penibelste und Unfreundlichste. Als wir in Dresden ankamen, fuhren wir am Hauptbahnhof vorbei und ich war entsetzt. Es gab noch sehr viele Häuserruinen und riesige Schuttberge, denn was diese Stadt im Zweiten Weltkrieg mitmachen musste, ist einfach unvorstellbar.

Nun mussten wir den nächsten Grenzübergang zwischen der DDR und Westberlin passieren. Diese Grenze war für mich ganz neu, da diesen Übergang in Berlin die Amerikaner kontrollierten. Das Klima war extrem angespannt, war doch die Berliner Mauer erst im August 1961 gebaut worden, also drei Jahre zuvor. Was noch dazu kam, war die Tatsache, dass die Mauer über Jahre immer größer und immer menschenunwürdiger wurde.

Der Bruder meines Schwagers, Josef, war alle nannten ihn „Peperl", war ein Jahr älter als ich. Er besuchte mich in Ebensee und wir fuhren mit einem kleinen Ruderboot auf den See hinaus. Es war für ihn das erste Mal überhaupt, dass er sich mit einem Boot auf einem größeren See befand. Er kam aus dem Mühlviertel, aus Kollerschlag, einer ganz kleinen Gemeinde direkt an der Grenze nach Bayern. Der nächste See wäre der Moldau-Stausee in der damaligen Tschechoslowakei gewesen, der aber wegen des Eisernen Vorhangs unerreichbar war. Es war ein wunderschöner Sonntag im Sommer, als plötzlich das Wetter umschlug und in kürzester Zeit starker Wind auffrischte. Durch die sehr hohen Wellen war es mir fast unmöglich, mit dem kleinen Boot das Ufer zu erreichen. Die einzige Chance, um nicht zu kentern, war, mit dem starken Wind zu fahren. Es kam aber auch noch Sturm auf und wir schafften es, in die Traun- Mündung zu gelangen. Dort konnte ich ins Wasser springen, da keine hohen Wellen auftraten, und das Boot dann ans Land ziehen. Peperl starb fast vor Angst, denn er war auch kein besonders guter Schwimmer. Damals hatte noch kaum jemand eine Schwimmweste mit, schon gar nicht in einem so kleinen Boot. Meine größte Angst aber war, dass ihm etwas passiert. Bevor er wieder nach Hause fuhr, sagte er, er werde nie wieder in ein Boot einsteigen, was ich auch irgendwie verstehen konnte. Peperl starb zwei Jahre später nach einem Autounfall, ganz in der Nähe seines Elternhauses.

ZAUNERZEIT

Als ich die Hauptschule abschloss, wurde ich nicht gefragt, was ich lernen wolle, sondern es zählte nur, wo man als Lehrling einen Lehrplatz bekommt. Eine höhere Schule stand nie zur Debatte, da ich in der Hauptschule so in der Mitte durchtauchte und auch nie ein „Streber" war. Also fragten meine Eltern Bekannte und Verwandte, wo für mich ein Lehrplatz frei sei. Wäre keiner frei gewesen, hätte ich sicher beim Zirkus Sarrasani als Artist auftreten müssen, obwohl – auch keine gute Idee, vor gar nicht langer Zeit gingen diesem das Geld und Futter für die Tiere aus. Durch den Freund meines Bruders erfuhren wir, dass die Konditorei Zauner in Bad Ischl einen Lehrling suche, er selbst war in diesem Betrieb als Konditormeister beschäftigt. Ich musste mich dort beim Chef vorstellen, er war bekannt als sehr streng und jähzornig, ich bekam aber sofort den Platz. Beim „Zauner" zu lernen, in einer der besten und bekanntesten Konditoreien in Europa, ist sicherlich eine große Herausforderung. Es war für mich tatsächlich ein Glückstreffer und ich habe dabei auch für mein späteres Leben sehr viel gelernt. Für mich war es eine sehr strenge Ausbildung und Lehre, es gab auch nichts, was ich nicht tun musste – von den feinsten Arbeiten, den kniffligsten Aufgaben, den schwierigsten Sachen bis zum Abwaschen, Schneeräumen und Putzen.

Ich glaube auch, es gab auch dort keine Gewerkschaft und das war auch gut so!

Ich war gerade vier Monate beim Zauner beschäftigt, als im Herbst 1962 die Kuba-Krise begann. Es war die Konfrontation zwischen den Vereinigten Staaten von Amerika, sie stationierten Mittelstreckenraketen auf einem Nato-Stützpunkt in der Türkei, und der Sowjetunion. Diese war dann auch entschlossen, Mittelstreckenraketen auf Kuba zu installieren, diese also direkt vor den Augen der Amerikaner. Der damalige Präsident der Vereinigten Staaten John F. Kennedy war daraufhin entschlossen, nötigenfalls Atomwaffen einzusetzen. Der Kalte Krieg dieser Supermächte barg erstmals die riesige Gefahr eines möglichen Atomkrieges, worauf der breiten Öffentlichkeit dieses Szenario so richtig bewusst wurde. Der 22. Oktober war der bedeutendste Tag dieser Krise: Es gab eine Rede des amerikanischen Präsidenten. Alle US-Streitkräfte wurden weltweit in erhöhte Alarmbereitschaft versetzt, weitere US-Soldaten zur Vorbereitung einer Invasion nach Florida verlegt und 200 Kriegsschiffe um Kuba in Stellung gebracht. Die Regierungsvertreter Großbritanniens, Frankreichs, der Bundesrepublik Deutschland und Kanadas wurden informiert und sicherten Kennedy ihre volle Unterstützung zu. In seiner Fernsehansprache informierte Kennedy die Weltöffentlichkeit über die sowjetischen Raketen auf Kuba und verkündete den Beginn der Seeblockade. Er forderte den sowjetischen Regierungschef Nikita Chruschtschow zum Abzug der Raketen auf Kuba auf und drohte für den Angriffsfall mit einem atomaren Gegenschlag. Ab diesem Zeitpunkt war die Kubakrise öffentlich. Wir alle verfolgten die ganze Zeit die Entwicklung dieser Konfrontation und hatten auch Angst. Reis, Nudeln, Zucker und andere Lebensmittel transportierten wir mit dem Auto des Chefs in den Keller der Villa in Ahorn. Die ganze Krise dauerte 13 Tage, bis dann der Befehlshaber der UdSSR Nikita Chruschtschow den Rückzug der sowjetischen Raketen befahl.

Wir fuhren das ganze Jahr über einmal in der Woche, außer in der Ferienzeit, mit dem Zug nach Linz zur Berufsschule. In Attnang-Puchheim hätte es ebenfalls eine ähnliche Schule gegeben und der Ort hätte nur die halbe Fahrzeit bedeutet, dennoch zog mein Chef vor, mich nach Linz zu schicken. Die Schule war ausgezeichnet und der Unterricht wurde aufgeteilt in Fachunterricht und betriebswirtschaftlichen Unterricht wie Buchhaltung und Wirtschaftsrechnen. Beim Zauner waren etwa 60 Leute beschäftigt, davon mehr als 10 Konditoren, die aus mehreren Ländern kamen, vor allem um ein Zeugnis für eine oder zwei Saisonen zu bekommen. Der Großteil dieser Leute kam aus Deutschland und Österreich. Das Zusammenarbeiten mit Kollegen anderer Länder, die teilweise sehr schlecht bis gar nicht deutsch sprachen, war für mich natürlich völliges Neuland. Alleine von der Mentalität und Sprache her gab es dabei riesige Unterschiede. Wenn im selben Betrieb ein Finne, der den ganzen Tag kaum ein Wort sprach, ein Italiener, der pausenlos redete, oder ein Grieche (er trug zum Schlafen immer ein Haarnetz), arbeiten und kaum ein Wort Deutsch verstehen, ist das sehr interessant. Dazu kamen noch die Hamburger, die mit Burgenländern sprachen, diese mit Tirolern sich unterhielten und von einem Ungarn unterbrochen wurden. Dazu noch ein Bayer, der den Italiener überhaupt nicht verstand, und der „dazwischenbellende" Steirer, der auch noch „dolmetschen" wollte. Dabei wurde ich automatisch „vielsprachig" und war ganz stolz auf meinen Ebenseer Dialekt, den ja sowieso niemand verstand. Als eine italienische Mutter ihren Sohn, sie hatten ein Hotel in Canazei, zum Lernen beim Zauner ablieferte und er kein Wort Deutsch sprach, wurde er meine „rechte Hand" und ich sein Sprachlehrer. Er hieß Renato und wir verstanden uns sofort prächtig. Ich selbst konnte sieben bis acht Wörter Italienisch, zwei davon waren unanständig. Während der Arbeit wurde Deutsch gelernt und so konnte Renato am nächsten Tag nach dem Frühstück den Chef mit „guten Morgen, du Trottel" begrüßen und strahlte noch dazu ganz stolz. Warum gerade ich dann große Probleme bekam, verstehe ich bis heute nicht. Als Lehrling hatte man den großen Vorteil, in sämtlichen Abteilungen zu arbeiten und alles kennenzulernen. Die meisten Konditoren, die nur für eine Saison hier waren, arbeiteten nur in einer Abteilung und lernten die Vielfältigkeit dieses Betriebes leider nicht kennen. Da der Großteil der Konditoren und Serviererinnen auch im Betrieb wohnte, außerdem fast alle ledig waren, war immer was los.

Bei uns wurde der Fußball großgeschrieben, daher hatten wir selbstverständlich eine eigene Mannschaft. Der AC Mailand (rot/schwarz) war damals unser Club und so kauften wir auch genau diese Dressen und spielten selbstverständlich „auswärts". Wir fuhren für ein Spiel nach Salzburg, hatten aber ein Problem, da nur zwei Autos zur Verfügung standen, aber elf Spieler transportiert werden mussten. Ich war der Lehrling und zudem der Kleinste, so wurde ich in den Kofferraum eines Opel Admiral eingesperrt und transportiert, ein komisches Gefühl! Nach dem Spiel waren wir natürlich abgekämpft und durstig. Wie es sich in Salzburg gehört, gab es dafür nur eine Adresse: das Müllner-Bräu, mit Bier und gemütlicher Brotzeit. Es wurde aber etwas länger und immer lustiger. Dabei sind auch zwei große Bierkrüge (zwei Maß) abhandengekommen und so mussten wir so schnell wie möglich nach Hause fahren. Ein halbes Jahr später, dieselbe Mannschaft, Müllnerbräu: Uns fiel eine wirklich sehr nette und hübsche Kellnerin auf, bei der der Ausschnitt einladend und das Zubehör auch ausgesprochen üppig dimensioniert war. Über dieses Thema wurde nun ausführlich debattiert, da jeder dazu eine andere Meinung hatte. Plötzlich wurde ich zum Thema, und zwar dass es Zeit wäre, endlich ein richtiger Mann zu werden. Dies zu beweisen, sagten sie, war ja ganz einfach. Ich brauche ja nur, wenn die Kellnerin kommt, aufstehen und ihr deftig auf den Po klatschen. Ich hatte zwar ein etwas mulmiges Gefühl und etwas Herzklopfen, musste aber hier durch. Ein Mann ist ein Mann! Die Kellnerin kam, lächelte alle an und ich stand auf und tat was ich tun musste. Mit unheimlicher Präzision zog sie mir eine über und ich wäre fast auf dem Boden gelegen. Mit dieser Reaktion hatte ich überhaupt nicht gerechnet. Sie sagte lächelnd: „Wenn du mal groß bist, dann darfst du das machen, jetzt noch nicht!" Ich besuchte dieses Haus nie wieder.

Wir waren bei verschiedensten Lokalen in der Umgebung bekannt und auch auswärts unterwegs. Mittags nach dem Essen spielten wir Tischtennis oder boxten bis zum „Umfallen", denn die normalen drei Minuten des Kampfes wurden nicht eingehalten und so dauerte der Kampf so lange, bis einer nicht mehr konnte. Natürlich war noch kein Fernseher im Haus, ich glaube, es gab damals in der ganzen Stadt nur zehn. Dafür gab es selbstgemachten Striptease vom Feinsten, mit reservierten Plätzen und ich durfte in der ersten Reihe sitzen (fußfrei!). Es war in der Mittagszeit, als Renato und ich mit einem Flobertgewehr auf dem gegenüberliegenden Flachdach auf Bierdeckel schossen. Wir bedachten aber nicht, dass die Kugeln abprallten und teilweise bei dem gegenüberliegenden Haus der Stadtgemeine auch ein Fenster trafen. Dabei war zu bemerken, dass dieses Objekt im Erdgeschoß auch die Stadtpolizei beherbergt.

Verhältnismäßig schnell kam Besuch und man nahm uns auf den Posten mit. Natürlich wurde auch unser Chef verständigt, er war außer sich und auf die Polizei wütend, dass diese sich erlaubte, UNS mitzunehmen. Das Problem war sehr rasch bereinigt, da unser Chef den Bürgermeister anrief, dieser sofort die Polizei – und wir waren „FREI" (reimt sich)! Unser Chef war wirklich freiheitsliebend! Ich glaube, er grinste und wies uns an, wir sollten das nicht wieder tun!!!
Ich arbeitete in der Bonbonnerie und musste dann in den Nebenraum, hier wurden die Zaunerstollen produziert, wo die Kühlschränke zu reinigen waren. Diese zwei Schränke waren über zwei Meter hoch, etwa zwei Meter breit und mussten regelmäßig abgetaut und

gereinigt werden. Um diese Arbeiten durchführen zu können, war es erforderlich, in den Kühlschrank zu klettern. Wahrscheinlich durch ein falsches Wort meinerseits, oder war ich zu vorlaut, wurde der Kühlschrank zugeschlagen und ich saß in der Falle. Im Kühlschrank ist es finster, warum soll es finster sein, scheint der Mond so hell ... Das ist ein anderes Lied! Zuerst kann man natürlich darüber lachen, etwas später nicht mehr. Es ist kalt, völlig finster, das Kühlaggregat läuft und von draußen hört man fast nichts, da die Türen der Schränke sehr gut isoliert und abgedichtet sind. Ich bin ganz sicher, dass sich das Wort „Phobie" noch nicht in meinem Sprachgebrauch befand, so nannte ich es einfach „Scheiße". Man konnte kaum klopfen, denn die gute Isolierung dämpfte alles und die Türe wurde einfach nicht mehr geöffnet, um mich freizulassen. Jetzt wurde es ungemütlich und ich fing an zu schreien, sehr laut zu schreien. Plötzlich ging die Türe auf und mein überraschter Chef stand mir gegenüber! Er fragte natürlich sofort, was ich im Kühlschrank mache. „Putzen", sagte ich nur, „putzen". Später stellte sich heraus, dass der Chef, gleich nachdem sie mich in den Kühlschrank gesperrt hatten, hereinkam und keiner sich zu sagen traute, dass ich da drinnen saß. Jeder hoffte, dass der Chef gleich wieder gehen würde. Es gab keine Konsequenzen, nur wurde es sehr laut und unangenehm. Ich hatte nun wieder etwas dazugelernt: nie wieder zur Gänze in einen Kühlschrank klettern!!

Im Innenhof des Hauses war eine Toilette, die sowohl von Damen als auch von Herren benutzt wurde. Die Tür zu dieser Toilette wurde so präpariert, dass der Benutzer sicher war, die Türe sei verschlossen, obwohl sie in Wirklichkeit unversperrt blieb. Der „Erfinder" dieser Idee wusste, dass eine Dame, die fast immer zur gleichen Zeit die Toilette aufsuchte, vorher den Schließriegel auf „scharf" stellte. Meine Aufgabe war es, zur Toilettentüre zu gehen und ganz „normal" die Türe zu öffnen. Das Geheimnis dieser Aktion war, die Dame, die sehr korpulent war und einen riesigen Oberbau hatte, wachzurütteln. Sie war von sich aus eher abweisend und nicht gerade die Freundlichste. Zufälligerweise waren mehrere Herren gerade im Innenhof, als ich die Türe schwungvoll öffnete und die Dame versuchte, alle ihre „Sachen" schnell und im Eilzugstempo einzupacken. Selbstverständlich schauten alle anwesenden Herren diskret weg. Es passierten auch Dinge, die nicht geplant oder gesteuert waren. Ein neuer Mitarbeiter, ein Tiroler, musste den Backofen einheizen, um ihn auf Temperatur zu bringen. Die Backöfen waren sehr groß und füllten einen Teil des Raumes aus. Er hatte noch nie mit Gas gearbeitet und öffnete zuerst die Gaszuleitung und suchte dann den Anzünder, den er dann auch fand. Es gab eine gewaltige Explosion, der Tiroler wurde zu Boden geschleudert und alle Haare im Gesicht wie Augenbrauen und die vorderen Haare waren abgesengt. Bei der Nase hatte er einen schwarzen Streifen, der so ähnlich aussah wie das Gesicht eines Osterhasen beim Kinderfasching.

Wenn der Chef verreiste, übernahm der Chefkonditor alle Agenden. Wie lange die Reise dauerte und wann er wieder zurückkam, wusste niemand. Er besaß eine Villa, etwas höher gelegen und außerhalb des Stadtgebietes. Da eine wirklich größere Reise bevorstand, wurden zwei Mitarbeiter beauftragt, in dieser Zeit ein Zimmer der Villa zu bewohnen und in der Nacht auch aufzupassen. Ein gefundenes Fressen. Waren doch die Lage fantastisch und der Weinkeller voll von ausgewählten Weinen. Zu der Zeit herrschte Winter und bei Schneefall mussten wir die Zufahrt und Wege räumen. Natürlich wurden da oben auch Feste gefeiert und als der Schnee wegschmolz, kamen dann die Reste dieser Partys zum Vorschein.

Am hinteren Teil des Gebäudes, im ersten Stock, gab es größere Lagerräume, in denen verschiedenste Sachen gelagert wurden. Es war der abgelegenste Teil der Firma und es hieß, wir sollten uns dort in zehn Minuten verstecken und etwas lernen. Wir warteten und gleich darauf kam ein Mädchen, sie war keine besondere „Leuchte" und sagte zu dem Mann: „Pass auf, dass uns niemand sieht!", und er kam sofort zur Sache. Von einer Gegenwehr merkten wir überhaupt nichts und ich war sicher, dass sie schon Erfahrungen mitbrachte. Nach sehr kurzem Vorspiel war die Nummer schon wieder vorbei. Die zwei flogen dann wieder ab und wir waren etwas irritiert.
Ein ganz anderes Kaliber war ein Mitarbeiter, ein Einheimischer, der immer, wenn er etwas „sehr viel mehr" getrunken hatte, Weingläser

mit den Zähnen zerbiss und dann aufaß. Es ist natürlich nicht jedermanns Sache dabei zuzusehen, wenn er dann noch aus dem Mund stark blutete. Ich war einmal dabei, als er sich dann noch mit einer Nadel (!!!) seinen Mund zunähte! Super! Vielleicht brauchte er den Kick. Für mich hatte er einfach einen gewaltigen Vogel. Sonst war er sehr nett! Außerdem hatte ich diese „Nummer" noch nie in einem Zirkus gesehen.

LANGWIES

Mit der Übersiedelung meiner Eltern in das Forsthaus in Langwies, einen Ortsteil von Ebensee, brach eine Welt zusammen. Trauneck, wo ich so gerne wohnte, alle meine Freunde und die schöne Kindheit, das alles war vorbei.

Mein Vater musste seine Jagdprüfung nochmals machen, da ihm die bisherige damals aberkannt worden war. Er bekam auch wieder einen jungen Hund, er hieß „Bergmann" und war ein Gebirgsschweißhund. Ein Tier dieser Rasse ist einer der besten Jagdhunde, für schwieriges und gebirgiges Gelände, und klassischer Begleiter für Berufsjäger und Förster, für Familienmitglieder ist er eher ungeeignet. Unsere Katze wurde selbstverständlich auch mit übersiedelt, sie musste sich jetzt nur noch an die neue Umgebung gewöhnen. Ich glaube, es ging ihr so wie mir, sie war wahrscheinlich von dieser Umstellung auch nicht begeistert.

Langwies ist eine sehr langgezogene Ortschaft und am besten mit dem Fahrzeug oder dem Zug zu erreichen. Ich hatte immer das Gefühl, die Leute, die da wohnen, kommen nur aus dem Haus, wenn der Wind nicht weht. Und der weht sehr oft. Wir wohnten im Erdgeschoß, der Förster im ersten Stock des Forsthauses. Er war auch gewerkschaftlich sehr aktiv und viel unterwegs. Im Revier erledigte er den Großteil der Arbeit mit dem Auto, einem VW Käfer, bei dem seinen Hund, er hieß „Tasso", am Rücksitz saß. Vor dem Haus hatte er einen großen Zwinger, in dem der Hund untergebracht war. Wenn mein Vater mit seinem Hund im Revier unterwegs war und ich nach

Hause kam, schlug „Tasso" fast einen Salto, wenn er mich sah. Ich ging mit ihm gerne spazieren, damit er seinen Auslauf hatte. Ich besaß ein Moped, da ich ja noch keinen Führerschein hatte, was für diese Gegend, fast ein Muss war. Als meine Eltern ein paar Tage nicht zu Hause waren, fuhr ich ins Kino nach Ebensee. Es war Spätherbst, in der Nacht schon richtig kalt und hatte mich auch nicht warm genug angezogen. Als ich nach dem Kino nach Hause fuhr, konnte ich den Gashebel so einstellen, dass er nicht automatisch wieder zurücksprang, sondern die Geschwindigkeit beibehielt. Das funktionierte immer tadellos und ich konnte dann freihändig fahren. Bedingt durch den kalten Fahrtwind, steckte ich natürlich auch meine Hände in die Hosensäcke. Entlang der Bundesstraße zog sich ein längerer Wiesenabschnitt, begrenzt mit alten Bäumen, und es war kaum Verkehr. Ohne jede Vorwarnung kam ich zu Sturz, da mir ein Fuchs ins Moped lief, und ungebremst, die Hände in der Hosentasche, schlug ich am Asphalt auf. Es war stockfinster und ich konnte kaum aufstehen, da ich mir, wie sich im Nachhinein herausstellte, ein paar Rippen gebrochen hatte. Außerdem hatte ich einen schönen „Asphaltausschlag" im Gesicht. Meine Hose und mein Hemd waren auch zerrissen und ich blutete. Das Positive war, dass das Moped noch funktionierte und ich weiterfahren konnte. Zuhause angekommen, wusste ich wirklich nicht, was mir nicht wehtat, zog mich aus und reinigte meine Wunden mit Arnika (das brennt natürlich wieder höllisch und ist immer noch unser Hausmittel). Dann versuchte ich zu schlafen, es gelang mir aber nicht. Am Morgen fuhr ich mit dem Zug nach Bad Ischl, ging zur Arbeit und als mein Chef mich sah, brachte er mich sofort ins Krankenhaus.

Rippenbrüche war die Diagnose und ich musste einen Verband tragen. Dadurch konnte ich ein paar Tage nicht arbeiten, außerdem fiel es mir sehr schwer, richtig durchzuatmen, und mir tat alles weh.

Der Winter war fast vorbei und der Frühling kehrte ein. Ich ging mit unserem Hund auf einer Forststraße spazieren und vereinzelt lagen noch Schneereste. Der Hund wurde unruhig und fing auf einem Hang, der ins Rutschen gekommen war, zu graben an. Ich half ihm dabei, die losen Steine zu entfernen und wir fanden eine Maus! Eine

Haselmaus! Da sie nicht weglief, vermutete ich, dass sie verletzt sei und nahm sie vorsichtig in die Hand und steckte sie in die Innentasche meiner Jacke. Sie ist eine „Schlafmaus", die im Winter 183 Tage schläft und mit mir verwandt sein muss, genau wie die Siebenschläfer. Sie ist zierlich, hat kleine Ohren, ein glänzendes Fell mit orange-braunem Rücken und die Füße sind ROT! Die Hälfte der Maus besteht aus einem buschigen Schwanz. Wir gingen natürlich sofort nach Hause und ich bekam von einem Nachbarn ein Vogelhaus, das er nicht mehr in Verwendung hatte. Es sind genau diese Vogelhäuser, die bei uns für den Vogelfang verwendet werden und nun ein optimales HAUS für meine MAUS war. Auch der Katze wurde vorsichtshalber der neue Mitbewohner vorgestellt, in der Hoffnung, dass ihn nicht gleich als Nahrung auffasst. Am Anfang bestand da keine Gefahr, da die Maus ja im Vogelhaus geschützt war. Nach ein paar Wochen hatte sich unsere Katze an die Maus gewöhnt, die wir dann sogar vor dem Vogelhaus fütterten. Es führte dann soweit, dass Hund, Katze und Maus NEBENEINANDER frühstückten! Ein jeder bekam seine Spezialität und alle achteten nur darauf, dass ihm der Andere nichts wegfraß. Nur der Hund knurrte immer, wenn die Katze neben ihm fraß und wir konnten ihm das nicht abgewöhnen. Vermutlich hatte er nur Angst, dass die Katze sein Futter stielt, sie kannten sich zwar schon länger, aber es könnte ja trotzdem passieren.

Als wir dann ein paar Jahre später von der Langwies wegzogen, übernahm meine ältere Schwester die Pflege der Haselmaus in ihrer Wohnung, die im Erdgeschoß lag. Die Maus, die auf der Fensterbank saß, wurde bei einem stärkeren Wind, der das Holzfenster zuschlug, eingeklemmt und kam dabei ums Leben.

Immer wenn ich zur Arbeit musste, wurde ich nicht von selbst wach und meine Mutter weckte mich auf. Sobald sie mein Zimmer betrat, stürmten der Hund und auch die Katze in mein Bett. Natürlich knurrte der Hund ganz gefährlich und ich vermutete, dass er nur auf die Katze eifersüchtig war.

Wenn Vater nach Hause kam, lief der Hund immer zuerst zu meiner Mutter, er wurde ja von ihr gefüttert, gestreichelt und auch verwöhnt.

Dann kam ich dran. Er sprang mich an und ich musste mit ihm balgen. Er ließ nicht locker, ich auch nicht. Wenn ich spielend am Boden lag, sprang er auf mich drauf und ich musste dann mit ihm „kämpfen", bis er am Boden lag. So sollte sich die Ausbildung eines Jagdhundes nicht abspielen, aber es machte uns beiden Spaß, zumindest mir! Ich merkte aber, wenn er auch den ganzen Tag unterwegs und dann müde war, wollte er noch mit mir spielen. Er wurde ein sehr guter Jagdhund und bekam dafür auch Auszeichnungen bei Prüfungen. Wenn Vater dann nach Hause kam, zwickte ich dem Hund eine Wäscheklammer auf seinen Schwanz, er wollte dann die Klammer runterreißen, erwischte sie aber nicht und lief ihr nach, bis er schwindlig war und er am Boden lag. Dann lief er die entgegengesetzte Richtung, bis er dann nicht mehr konnte. Meinem Vater war das überhaupt nicht recht und er legte den Hund ab. Das Spiel war aus!

Vater übernachtete des Öfteren auf Jagdhütten, die sehr abgelegen lagen und wohin der Weg drei oder mehr Stunden dauerte. Sei es für die Pflege und Instandhaltung der Jagdhütten, Steige und Jagdstände, deren Baumaterial er teilweise auch zu Fuß hinaufgetragen musste, manche Hütten lagen auf der Höhe der Waldgrenze. Es bestand auch nicht die Möglichkeit, mit Fahrzeugen dorthin zu kommen, da teilweise sehr unwegsames und schroffes Gelände zu bewältigen war. Natürlich gab es überhaupt keine Verbindung zur Außenwelt und Handys kamen erst dann dreißig Jahre später. Natürlich informierte er auch immer Mutter, in welchem Gebiet er sei und wann er wieder zurückkomme. Vater war wieder auf einer kleinen Jagdhütte und wollte am nächsten Tag zurück sein. Nach Einbruch der Dunkelheit sorgte sich meine Mutter und informierte den Förster, der ja im Haus wohnte. Er wollte noch die Nacht abwarten und organisierte bei Tagesanbruch die Suche nach meinem Vater. Der wurde am Vormittag bei seiner Jagdhütte gefunden und war kaum ansprechbar. Es dauerte eine Zeit lang, ihn hinunter zu transportieren, da sein Hund ihn mit aller Gewalt bewachten wollte. Im Krankenhaus wurde dann festgestellt, dass er eine Gehirnhautentzündung hatte, verursacht durch einen Zeckenbiss. Er war dadurch längere Zeit außer Gefecht und die Nachwirkungen dauerten sehr lange.

Im Winter ging ich mit meinem Vater ab und zu zur Wildfütterung, da er die Tiere täglich füttern musste. Die Hirsche und Hirschkühe kamen sofort aus dem Wald, da sie Vater schon kannten. Die Rehfütterung lag etwas abseits, außerdem sind diese Tiere weitaus scheuer. Vater war ein echter Heger und in zweiter Linie erst ein Jäger. Im Frühling, ich kam gerade nach Hause, sagte er, er müsse nachmals in den Wald, um ein verletztes Reh zu suchen. Er fragte mich, ob ich mitkomme wollte, um das Reh zu erschießen. Wir warteten eine geraume Zeit und es wurde schon dunkel, als wir das Reh sahen. Es äste am Waldrand, ich zielte und bevor ich abdrückte, gab ich meinem Vater die Waffe zurück. Dann schoss er. Er schaute mich dann an, lächelte und strahlte. Er war stolz auf mich. Diese Sekunden vergesse ich mein Leben lang nicht!

Mutter wurde krank und es kündigte sich ganz langsam an. Weder Hausarzt noch Fachärzte fanden die Ursache. Ein Aufenthalt im Krankenhaus brachte auch keinen sichtbaren Erfolg oder eine genaue Diagnose. Sie litt sehr darunter, klagte nicht und ihr Gesundheitszustand wurde immer schlechter.

Sie fütterte wie täglich den Hund und als sie sich bückte, das Hundefutter in die Schüssel zu leeren, biss der Hund zu. Er biss genau in das Gesicht meiner Mutter und verletzt sie schwer. Sie musste sofort operiert werden und war längere Zeit im Krankenhaus. Der Angriff dieses Hundes könnten verschiedene Ursachen haben. Am ehesten die Krankheit meiner Mutter, auf die der Hund so sensibel reagierte. Bei der Jagd war er spezialisiert auf kranke und verletzte Tiere. Die andere Vermutung liegt eventuell an der Überzüchtung der Hunderasse, außerdem hatte er einen eigensinnigen Charakter. Vater gab dann nach seiner Pensionierung den Hund ab und dieser kam zu einem Kollegen, ebenfalls einem Berufsjäger.

SAALBACH

Nachdem ich die Gesellenprüfung abgelegt hatte, blieb ich noch bis Anfang Dezember beim Zauner und hatte mich für die Wintersaison bei verschiedenen größeren Hotels beworben. Ich bekam im größten Hotel in Saalbach die Zusage, die Patisserie dort zu übernehmen und zu leiten. Mein früherer Chef beim Zauner hatte natürlicherweise überhaupt keine Freude damit und ich musste ihm versprechen, in der Sommersaison wieder bei ihm zu arbeiten.

Als im Dezember die Wintersaison begann, war ich schon etwas aufgeregt, da ich noch nicht einmal achtzehn Jahre alt war und alleine die ganze Verantwortung zu tragen hatte. Ich sehe auch heute noch die extrem gute Ausbildung, die ich beim Zauner erfahren durfte. Wie vereinbart, musste ich die ganze Saison ohne Unterbrechung, das heißt auch samstags und sonntags, durcharbeiten. Ich fing um acht Uhr an, machte Mittagspause und blieb durchschnittlich bis acht oder neun Uhr am Abend in der Küche. Die zwei Stunden Mittagspause nutzte ich zum Schifahren, zur Seilbahn brauchte ich nur drei Minuten. Die Kohlmaisbahn, früher noch der Kohlmaislift, lag direkt beim unserem Hotel, die Abfahrt war ganz einfach, und wenn es eilig war, schnell zu bewältigen. Der Schattberg war immer wieder eine Herausforderung und wegen vereister Streckenabschnitte in den steilen Passagen nicht zu unterschätzen. Auf dieser Strecke fand auch das FIS-Abfahrtsrennen mit allen Stars des Schirennsportes statt. Die Chefleute des Hotels hatten damit natürlich keine Freude, dass ich ständig mit Schiern unterwegs war, befürchteten sie doch, wenn ich einen Unfall hätte, schnell einen Ersatz finden zu müssen. Mit dem Chefkoch hatte ich ein hervorragendes Zusammenarbeiten und wurde von der ganzen Mannschaft vollstens unterstützt.

Seit ich mich erinnern kann, war der Heilige Abend ein Fest, bei dem die ganze Familie beisammen war und miteinander feierte. Das Jahr vorher hatten wir beim Zauner extrem viel Arbeit und kamen den ganzen Tag kaum zum Essen. Als ich um neunzehn Uhr nach der Arbeit nach Hause kam, hatte ich einen Riesenhunger und aß noch vor der Bescherung Bratwürste. Mit wurde dann sofort schlecht und ich musste mich übergeben und seither habe ich diese nie mehr am Heiligen Abend gegessen.

In Saalbach verließ ich die Küche nach zwanzig Uhr, ging ins Zimmer, duschte und ging dann, da ich ja alleine war, spazieren. Das Gefühl war für mich schwer zu ertragen. Der Heilige Abend, rundherum die Christbäume in den Wohnungen, die leuchteten und strahlten, und ich alleine auf der menschenleeren Straße. Mir war an diesem Heiligabend zum Weinen zumute. Dann ging ins Zimmer und legte mich schlafen.

Der Abend verlief fast immer gleich. Zuerst ins Zimmer, duschen, umziehen und dann in ein Lokal, zum Abschluss meistens noch in eine Bar. Da die Hauptsaison nun voll begonnen hatte, spielte sich am Abend alles in den Tanzlokalen und Hotelbars ab. Und nach dem Skifahren ging es rund. Viele junge Leute wurden für eine Woche mit Bussen zu den Hotels gebracht, die meisten waren Schweden und manche nach kurzer Zeit so besoffen, dass sie von der ganzen „Skifahrerei" nichts mitbekamen. Angesichts der Beschäftigten der Hotels und größeren Häuser, wurde mir schnell klar, dass das Gastgewerbe für mich keine Zukunft haben wird. Der Großteil dieser Leute arbeitete hier, um mehr Geld zu verdienen, verbrauchte das aber in dieser Zeit ganz schnell wieder. Fast alle waren ledig oder geschieden, manche schon öfter. Ehepaare waren eher die Ausnahme, da sicherlich die große Gefahr bestand „auszurutschen", und mit Kindern auf Saison zu gehen, war sowieso unmöglich, da auch die Wohnverhältnisse kaum gegeben waren.

Ich hatte in diesem Hotel als Patissier sehr viel gelernt und im Leben sehr viel an Erfahrung dazugewonnen. Mir war ganz wichtig, die positiven Erwartungen meines Dienstgebers erfüllen zu können, und ich konnte mit einem sehr guten Zeugnis wieder zum Zauner zurückkommen. Ende März, zum Saisonschluss, fuhr ich mit dem Zug nach Hause. Der Zirkus hatte drei Monate lang gedauert und es erschien rückwirkend gesehen nicht besonders erstrebenswert, weitere Saisonen hier zu verbringen.

Als ich nach Hause kam, musste ich feststellen, dass sich der Gesundheitszustand meiner Mutter wieder verschlechtert hatte. Sie wirkte erschöpft und müde.

Beim Zauner lief alles wie vor vier Monaten und ich wurde natürlich wieder auf das Herzlichste aufgenommen. In den nächsten Monaten überlegte ich immer öfter, wie meine weitere Zukunft aussehen sollte.

Es gab für mich drei Varianten: hier weiter zu arbeiten und die Meisterprüfung zu machen mit dem Ziel, einen eigenen Betrieb zu gründen. Die zweite Möglichkeit war, ins Ausland zu gehen, und die dritte, etwas völlig Neues zu tun.

Als Erstes begann ich mich zu erkundigen, welche Möglichkeiten ich hätte, einen eigenen Betrieb aufzubauen. Im Ortszentrum von Ebensee habe ich von meinen Eltern ein sehr altes Haus, es war etwa 350 Jahre alt, bekommen. Dabei musste ich gleich feststellen, dass eine Renovierung dieses Hauses unmöglich war und nur mehr der Abriss in Frage kommen konnte. Ein neues Haus zu bauen und dann eine Konditorei zu eröffnen, war unmöglich. Dieser Plan war nicht zu realisieren, da mir die finanziellen Mittel fehlten und auch durch eine Bankfinanzierung nicht möglich war. Also nützte es mir auch nichts, die Meisterprüfung zu machen, da sich der Plan auch dann nicht verwirklichen ließ.

Ich überlege daher, ins Ausland zu gehen, um dort zu arbeiten. Gemeinsam mit einem Freund, der das Selbe vorhatte, nahm ich Kontakt zum Seeschiffamt in Hamburg auf. Die „Seemännische Heuerstelle" in Hamburg sandte mir die Unterlagen. Wir würden als Kochsmaat/B arbeiten und nur zu zweit aufgenommen werden. Ich verstand zwar nicht, warum ich als Kochsmaat arbeiten sollte, hatte ich doch meinen abgeschlossenen Lehrberuf als Konditor. Schon gar nicht verstand ich, dass ich die Arbeit als Kochsmaat aufnehmen sollte, da ich keine Ahnung vom Kochen hatte. Das Leumundszeugnis der Gemeinde Ebensee wurde von der deutschen Reederei in Hamburg verlangt, ebenso die Zustimmung meiner Eltern, da ich erst 18 Jahre und man damals erst mit 21 Jahren volljährig war. Ich hatte nun alles beisammen, wartete aber mittlerweile schon zwei Monate auf eine Antwort aus Hamburg. Zudem meldete sich mein Freund, der nicht beim Zauner arbeitete, auch nicht mehr. Über weitere Erkundigungen erfuhr ich, dass die Arbeit nicht auf einem Kreuzfahrtsschiff, sondern auf einem „anderen" Schiff vorgesehen war. Außerdem wartete ich schon bis September und hatte noch keine Nachricht bekommen. In Amerika direkt zu arbeiten, scheiterte an der Arbeitsgenehmigung und an der Länge des Verfahrens.

NEUSTART

Aus diesen Gründen war ich dann entschlossen, etwas völlig Neues anzufangen. Gleichzeitig lernte ich „Lisi", meine zukünftige Frau, im September 1966 kennen und lieben. Ich traf sie beim Kirtag in Ebensee und lud sie zum Autodromfahren ein. Vermutlich durch meinen umwerfenden Charme (bezauberndes und gewinnbringendes Wesen), konnte sie mir natürlich nicht widerstehen. Sie kam aus „der Bronx", einem Ortsteil von Ebensee, der Weberei, aus dem immer die hübschesten und schönsten Mädchen herkamen. Meine Lisi heißt eigentlich Michaela, und ihr Vater kam auf den Namen, als er ein Buch mit dem Titel „Zwei Männer um Michaela" las. Ihre Mutter wollte sie auf den Namen „Elisabeth" taufen lassen, doch ihr Mann war dagegen. Er war der Meinung, Elisabeth heiße schon der Raddampfer am Traunsee. Sie ging in Salzburg Glasenbach in das musisch-pädagogische Realgymnasium bei den Ursulinen zur Schule. Es war eine streng geführte Klosterschule nur für Mädchen. Nach Hause durfte man alle zwei Wochen und der Weg nach Ebensee war sehr umständlich. Zuerst mit dem Stadtbus, dann mit dem Postbus bis nach Bad Ischl und dann mit der Bahn nach Ebensee. Sie wohnte in der Webereistraße im ersten Stock, die Häuser waren alle gleich ausgestattet: vier Wohnungen mit Küche, Wohnzimmer, Schlafzimmer, Kinderzimmer und Badezimmer. Im Nebenbau war die Waschküche, die aber gemeinsam mit den anderen Hausbewohnern wurde und nach Wochenplan benutzt werden konnte.

Die Ebenseer Spinnerei und Weberei wurde 1910 gebaut und beschäftigte etwa 250 Mitarbeiter. Es wurden dort Gewebe aus reiner Wolle, Baumwolle und Garne hergestellt. Diese Firma war ein Vorzeigebetrieb mit sehr sozialen Betriebseinrichtungen und großen, firmeneigenen „Webereihäusern". Es gab dort einen betriebseigenen Kindergarten mit Kinderkrippe, Schülerausspeisung und eine Mittagskantine, da der Großteil der Beschäftigten Frauen waren. Es gab außerdem eine Betriebsfeuerwehr und sogar einen eigenen Faschingswagen bei den jährlichen Faschingsumzügen im Ort. Im Winter wurde Eisstock geschossen, ebenso veranstaltete man Schirennen und Schlittenbewerbe.

Die Beschäftigten arbeiteten entweder in der Frühschicht, der Tagschicht oder in der Nachmittagsschicht. In einem großen, parkähnlichen Areal mit Springbrunnen und schöner Villa wohnte der Herr Direktor mit Familie. Am Eingang zu den Wohnhäusern, zur Villa und zum Betrieb gab es den Portier, da das ganze Areal umzäunt und abgeschlossen war.

Der Vater meiner Frau war gelernter Tischler und arbeitete als Vorarbeiter. Er fuhr auch im Ort mit dem LKW der Firma, obwohl er keinen Führerschein dieser Klasse besaß. Er war extrem fleißig und arbeitete sehr oft auch am Wochenende, ihre Mutter, gelernte Schneiderin, als Näherin in der Spinnerei.

Meine Frau hatte noch zwei Brüder, der ältere, Georg, stammte aus erster Ehe seiner Mutter, und Hubert, dessen quasi „Ersatzmutter" meine Frau spielte. Er war sieben Jahre jünger und das Nesthäkchen. Bedingt durch die Arbeit ihrer Mutter, musste sie sehr bald die Verantwortung für ihren Bruder übernehmen und auch bei der Hausarbeit immer kräftig mithelfen. Zur Volksschule betrug ihre Gezeit eine halbe Stunde, später, als sie zur Hauptschule ging, wurde Hubert mit dem Fahrrad zur Schule gebracht.

Ihr Vater war ein ganz besonderer Mensch und half jedem, der Hilfe brauchte. Er war immer großzügig, sehr hilfsbereit und mitfühlend. Für seine Tochter nahm er extra Urlaub, um sie bei einem Arztbesuch zu begleiten. Bei einem anstehenden Zahnarzttermin musste seiner Tochter ein Zahn gezogen werden und er ließ sich, da es „ja nicht wehtut", selbst einen Zahn ziehen! Meistens bekam sie anschließend noch ein kleines Geschenk. Er trank gerne (zu viel) Bier, meistens am Wochenende, war jähzornig und hatte kaum vor jemandem Angst. Am Berg, bei extremer Kletterei, war er zuhause. Sein Bruder war zwölf Jahre alt, als dieser am Wimmersberg, ganz nahe seiner Wohnung, abstürzte.

Seine Leidenschaft aber war die Jagd. Ein Problem bestand allerdings: Er hatte weder eine Jagdprüfung noch einen Jagdschein. Hätte er diese gehabt, hätte es ihm auch nichts genützt, denn in dieser Zeit hatten die meisten Menschen kein Geld und auch nicht die Möglichkeit zu jagen. Auch sein Vater war als „Wilderer" bekannt und als er erwischt wurde, nahm er sich das Leben. Er hatte sich erhängt und sein Sohn fand ihn, als dieser zwölf Jahre alt war.

Die Wilderei begann mit der Einschränkung der freien Jagd und diese war dann nur mehr dem Adel oder dem Klerus vorbehalten. Die Landherren hatten das alleinige Nutzungsrecht. Nur einigen Persönlichkeiten und besonders Privilegierten wurde dieses Recht zugestanden. Und so begann man dann, Wild ohne Erlaubnis zu schießen, um ein Überleben zu sichern. Da im Hochgebirge bei der Gämsenjagd das Gebiet sehr schwer zu bejagen ist, waren besondere Kenntnisse und bergsteigerische Fähigkeiten gefragt. Ortskenntnisse, körperliches Geschick und besonderer Mut zeichneten die Wilderei aus. Die ländliche Bevölkerung sah dies positiv, denn man konnte der „Obrigkeit" etwas auswischen.

Speziell im Salzkammergut wurde immer gewildert. Dies deshalb, weil damals große Not herrschte und keine Möglichkeit bestand, an genügend Essen zu kommen. Die Strafen waren rigoros: Es drohte die Zwangsübersiedelungen nach Siebenbügen, dort wurden auch Menschen, die protestantischen Glaubens waren, hingebracht. Ebenso alternative Strafen wie „Handabhacken" und im Wiederholungsfall der Tod. In der „Kaiserzeit", als Kaiser Franz Josef regelmäßig nach Bad Ischl zur Jagd kam, wurden in diesem Gebiet 50.000 Stück!!! Wild erlegt. Dieses wurde natürlich an den „Hof" nach Wien transportiert. In den folgenden Jahrzehnten kann sich niemand mehr daran erinnern, dass das Wild weiter nach Wien transportiert wurde.

Später wurde dann nicht mehr aus Not gewildert, sondern eher aus Jagdleidenschaft. Die Strafen sind auch heute noch sehr hoch, werden aber von den meisten ignoriert beziehungsweise in Kauf genommen. Manche verloren ihren Arbeitsplatz, wurden eingesperrt und hatten dadurch über Jahre hinweg sehr große finanzielle Nachteile zu erleiden. Wilderer sind Personen mit verschiedensten Berufen, die dasselbe Ziel verfolgen – Wild zu schießen. Sie kennen einander sehr gut, kommen aus verschiedenen Orten und Gegenden. Sie sind eine verschworene Gemeinschaft und bekommen die Informationen in diesen Kreisen. Die Waffen und Schalldämpfer sind umgebaut, illegal erworben und teilweise im „Eigenbau" hergestellt. So passierte meinem Schwiegervater auch ein Unfall beim Einschießen eines Gewehres in einer Werkstätte, als sich ein Schuss löste. Dabei wurde die Waschmaschine der Nachbarin, die in der Waschküche stand, außer Gefecht gesetzt. Sie schrie und schimpfte, die Sache wurde aber dann „einvernehmlich" geregelt.

Gejagt wird oft alleine, sehr oft aber zu zweit. Früher wurden weite Strecken zu Fuß zurückgelegt, später meistens mit Autos. Das hatte den Vorteil, wesentlich größere Gebiete in kurzer Zeit erreichen und auch schneller wieder verlassen zu können. Außerdem war der Transport des erlegten Wildes im PKW wesentlich einfacher und bequemer. Da diese Wilderer schon immer sehr flexibel waren, wurden sie gelegentlich mit einem Fahrzeug abgesetzt, es wurde ein Treffpunkt vereinbart und man holte sie in einer anderen Gegend anschließend wieder ab. Handy gab es damals noch nicht, selbst als es sie bereits gab, wurden sie kaum benutzt oder verwendet. So passierten auch immer wieder Pannen, wenn zum Beispiel die Wilderer schon gesucht wurden, Teile dieser Straßen abgeriegelt waren und sie dann zuhause von der Gendarmerie in Empfang genommen wurden. Eine andere wahre Geschichte zum Thema Pannen – mit einem Mercedes!! In einem langgezogenen Tal ging es zum Jagen. Das Auto wurde im Wald abgestellt, es war schon sehr dunkel und der Fahrer wartete auf seinen Freund. Plötzlich näherte sich ein anderes Fahrzeug mit aufgeblendeten Scheinwerfern. Der Fahrer sprang in sein Auto, sein Freund, der nicht weit entfernt gewesen war, ebenfalls, aber auf den Rücksitz. Dabei löste sich ein Schuss aus seiner Waffe und durchschlug die Windschutzscheibe, die zur Gänze zersplitterte. Die dreißig Kilometer lange Rückfahrt bis nach Hause war dann auch sehr „aufregend", da auch eine größere Stadt zu durchqueren war und ein PKW ohne Windschutzscheibe anderen Fahrzeuglenkern und Passanten auffiel. Diese Erlebnisse blieben dann natürlich in dauerhafter Erinnerung. Genauso wie ein anderes Erlebnis, als ein Hirsch angeschossen wurde, schwer verletzt zum nahen Bach flüchtete und dort zusammenbrach. Mit einem Messer wurde er dann „waidgerecht" umgebracht.

Die Jagd auf Gämsen war wesentlich anstrengender und schwieriger. Abgesehen vom steilen Gelände, war dann auch der Abtransport eine reine Knochenarbeit, da das Wild ja im Rucksack getragen werden musste. Zuhause wurde das Fleisch verarbeitet und die Trophäen wurden ausgekocht, um sie dann zu präparieren. Alleine das Auskochen des Kopfes war nicht jedermanns Sache, es stank erbärmlich.

Interessanterweise wird die Wilderei weiterhin betrieben und es rücken immer wieder Junge nach. Dabei hätten sie die Möglichkeit, die Jagdprüfung abzulegen und dann ganz legal zu jagen. Da mein Vater zu dieser Zeit noch Berufsjäger war, lernte ich natürlich die zwei Seiten der „Jagd" kennen.

Ich wohnte noch immer in der Langwies und bewarb mich bei der Post in Linz, bei der ich aufgenommen wurde. Bis dahin arbeitete ich einen Monat bei der Firma Sachseneder in Ebensee, die Holztüren mit Echtholz furnierte, Furnierspanplatten herstellte, die dabei mit großem Druck zusammengeklebt wurden. Es herrschte ein permanenter, scharf riechender Gestank und dabei tränten auch die Augen sehr stark wegen des Klebers. Der Sänger Bobby Solo sang 1964 sein Lied: „Du hast ja Tränen in den Augen, ich weiß, die gelten mir allein, mir sagt das Lächeln deines Mundes, es müssen Freudentränen sein". Ich kann mir nicht vorstellen, dass er selbst auch in einer Firma arbeitete, bei der Kleber verarbeitet wurden. Das Lied war ja damals ein richtiger „Befruchtungswalzer" und Elvis Presley sang es schon 1960 auf Englisch, es handelte von ganz anderen Dingen und war ein Gospelsong. Obwohl ich den Betrieb nur sehr kurz kennenlernte, war er für mich eine Bereicherung einer völlig anderen Beschäftigung. Außerdem lerne ich sehr viele neue

Leute kennen, die beim „SAX" arbeiteten. In der Hochblüte wurden fast 190 Personen im Zweischichtbetrieb beschäftigt, der Großteil waren Frauen. Die Firma wurde aber 1971 zugesperrt und dabei verloren noch siebzig Beschäftigte ihren Arbeitsplatz.

POST

Gleich zu Jahresbeginn 1967 wurde ich bei der Post- und Telegrafen-
direktion als Vertragsbediensteter für den Verkehrshilfsdienst (welch
in Wort!) eingestellt und mein Dienstort war Linz. Ich hatte nun die
„Beamtenlaufbahn" eingeschlagen und dabei ein komisches Gefühl.
Irgendwo im Hinterkopf sollte die Sicherheit im Staatsdienst eine Rolle spielen, war aber für mich überhaupt kein Thema. Ich glaube, dass
die Sicherheit, der sichere „Posten" und die über Jahre schon voraus-
sehbaren Einkommen eine große Rolle bei meiner Mutter spielten.
Zudem haben ihre Krankheit und auch die Ängste, ich würde ins Ausland gehen, dazu beigetragen, dass ich in Österreich blieb. Rückbli-
ckend bin ich jetzt froh darüber, dass sich alles so entwickelt hat und
ich auch Lisi kennenlernte, denn ich war richtig „verknallt" in sie!

In Linz „beginnz", ich bezog in einem holzbarackenähnlichen Gebäude der Post ein Zimmer mit Feldbett, einem alten Kasten, einem
Tisch, zwei Sesseln (sehr alt) und einem sturmalten Holzofen Quartier. Die Bettsachen wurden wöchentlich getauscht, nicht Zimmer 3
mit Zimmer 4, sondern es wurden frische Sachen aufgezogen. An der
Wand hatte ich noch einen kleinen Spiegel, damit ich mich selbst anschauen konnte, außerdem ein Bild von Oskar Kokoschka, vermutlich kein echter und für mich unverständlich, dass die Personen, die
er malte, fast ausschließlich Gichtfinger hatten. Vor dem Fenster hing
ein Vorhang, der vermutlich noch nie gewaschen wurde. Praktischer-
weise brauchte der Vorhang nie geschlossen zu werden, da es unmöglich war, dass jemand durchs Fenster hineinschauen konnte. Ein
Holzboden, die Wände und die Decke mit Pappkarton verkleidet, fertig. Mein neues Zuhause! Der wirkliche Schatz dieser Unterkunft war
ein TELEFON, das in der Nähe des WCs und der Dusche stand und
an der Wand befestigt war. Benutzen konnte dieses Telefon jeder, wir
waren sechs Personen, die hier wohnten, und es war GRATIS! Ich
war das erste Mal in meinem Leben „privilegiert"!! Ich telefonierte
sehr oft mit Lisi, meistens täglich, da wir uns ja nur alle zwei Wochen
wiedersehen konnten. Bald hätte ich vergessen, dass ein ganz kleiner
Elektrokocher zum Inventar gehörte und ich diesen zum Frühstück
und Nachtmahlessen in Verwendung hatte. Groß aufkochen konnte

ich mit nur einer Kochplatte natürlich nicht und für mein zweimaliges tägliches Menü, Kakao mit Brot, reichte es allemal. Fernseher hatte nur ein älterer Zeitgenosse, der alleinstehend war und eher mit uns Karten spielte. Außerdem gab es nur ein Fernsehprogramm mit extrem schlechtem Empfang.

Dafür war das Wohnen in Stadtnähe sehr günstig. Man war in zehn Minuten im Zentrum und die Miete wurde von der Post gleich von dem Gehalt abgezogen. Vor dem Römerbergtunnel war der „Hirschen-Wirt", wo ich gelegentlich essen war und die Hirschgasse begann, in der ich wohnte. Natürlich gab es in unserer Unterkunft auch Ratten, obwohl wir keinen Keller hatten (wozu auch)! Unterhalb waren Tennisplätze und wenn Tennis gespielt wurde, hörte man keinen Laut von den Ratten. Vermutlich schauten sie beim Tennis zu. Die Arbeit begann um 6:00 Uhr im Bahnhofpostamt. Dort wurden von den ankommenden oder abfahrenden Zügen die letzten Wagons abgekoppelt und in die Verladestationen gebracht. Es waren große und kleine Poststücke oder Pakete, die schnell entladen oder versandt wurden. Die meisten Waggons waren vollgepackt bis zur Decke, kamen aus den verschiedensten Regionen und auch aus dem Ausland. Andere Transportmöglichkeiten gab es zu dieser Zeit nicht, denn es war das Monopol der Post, eines Staatsbetriebes, und es war daher auch gar nicht möglich, private Paketdienste zuzulassen. Die Arbeit war nicht abwechslungsreich, wir mussten sehr schnell arbeiten, was aber kein Problem war, da wir ja nicht Beamte oder „pragmatisiert" waren. Die Pragmatisierung ist ein Wort, das nur in der österreichischen Amtssprache vorkommt und das es seit längerer Zeit in fast keinem Bereich mehr gibt. Im Politiklexikon für junge Leute versteht man unter der Pragmatisierung, dass Menschen für ihr gesamtes Berufsleben im öffentlichen Dienst eingestellt werden. Sie werden Beamtinnen oder Beamte. Wenn sie ihre Arbeitstätigkeit beenden, werden sie in den Ruhestand versetzt. Durch die unbegrenzte Anstellung sollten Beamte geschützt werden.

Nach verhältnismäßig kurzer Zeit arbeitete ich in der Postverteilung im Innendienst, bei dem ich auch nachts arbeitete. Es war ein Wechsel von Tag- und Nachtdienst, genauso mit Samstags- und Sonntagsdienst. Ich fuhr in dieser Zeit nur wenig nach Hause, meist nur, wenn Lisi in Ebensee war oder ich meine Wäsche wechselte.

Im Herbst kam ich in den „Mittleren Verkehrsdienst" und arbeitete dann als Briefträger in Linz. Es war eine Tätigkeit, die mir unheimlichen Spaß machte, da ich pausenlos verschiedenste Kontakte mit Menschen hatte. Ich war ein sogenannter „Springer", der Kollegen ersetzte, wenn diese krank wurden oder Urlaub hatten. Neben dem Hauptbahnhof befanden sich im ganzen restlichen Komplex die Zentrale der Postzustellung, alle Paketdienste und das Bahnhofspostamt. Außerdem war dort das Zentrum der Postbus-Abfahrt. Nur die Post- und Telegraphendirektion für Oberösterreich und Salzburg war in Linz in der Dom-Gasse. Ich wurde für ganz Linz eingesetzt und ich konnte meinen „Rayon" erst um sechs Uhr früh kennenlernen. Ich kannte Linz nur von der Zeit, als ich die drei Jahre wöchentlich in die Berufsschule in der Steingasse ging und von dort wieder zum Hauptbahnhof zurückfand. Es war insofern einfach gewesen, da ich nur mit der Masse mitlaufen musste. Mit dem Stadtplan, der Straßenbezeichnung, Tipps von Kollegen, wir waren weit über hundert Briefträger, wurden mir noch die Rayonabgrenzungen erklärt und ich wurde ins kalte Wasser geworfen. Ich habe in der ganzen Zeit nie die Möglichkeit gehabt, einen erfahrenen Kollegen mitzubekommen oder irgendwo eine Unterstützung zu erhalten.

Der Rayon konnte zu Fuß, mit dem Dienstfahrrad, mit der Straßenbahn (mit Umsteigmöglichkeiten), dem Stadtbus, Dienstmoped, Dienstmotorrad oder mit dem Dienstgeländemotorrad angefahren werden. Keiner hatte einen Helm, es gab auch keinen „Diensthelm", man fuhr mit der „Postkappe". Diese schützte bei Schneefall, Regen oder sehr starkem Wind. Mit den posteigenen Fahrzeugen konnte man gratis bei der posteigenen Tankstelle tanken. Dienstautos standen nicht zur Verfügung, auch nicht bei sehr vielen anfallenden Poststücken oder Prospekten. Man konnte ja das alles wie ein Esel tragen. Im Winter oder Schlechtwetter stand ein Postmantel zur Verfügung. Im Stadtzentrum waren viele vier- oder fünfstöckige Häuser ohne Lift oder wenn einer vorhanden war, nur mit Liftschlüssel benutzbar, die wir nicht hatten. Eines war ganz sicher: Man hatte dadurch eine gute Kondition und wurde auch ziemlich abgehärtet!

Wir stellten Briefsendungen zu, kassierten Nachnahmen, überbrachten RSa- oder RSb-Briefe, die nur mit persönlicher Unterschrift ausgehändigt werden durften. Diese Briefe waren ein behördliches oder gerichtliches Briefstück und gerade bei den „Blauen", den RSa-Briefen, waren oder wurden die Empfänger meist etwas nervös. Die meisten dieser Briefe hatte ich in der Altstadt zuzustellen. Nicht in den üblichen Nachtlokalen oder Etablissements (kommt aus dem Französischen), sondern am Morgen oder vormittags. Gerade in dieser Zeit waren die Nachtarbeiter /innen sehr müde und schliefen meist sehr tief. Ich musste sie aufwecken, um die „Blauen Briefe" zuzustellen. Die Unterkünfte und Wohnungen befanden sich meist über den Lokalen in Altstadtwohnungen oder älteren Häusern, die Personen zu finden war nicht ganz einfach. Enge Treppen, dunkle und sehr schlecht beschriebene Türschilder waren Standard. Manche älteren Kollegen wollten in diesem Gebiet nicht mehr arbeiten, da auch die Sicherheit in Verbindung mit Geld eine große Rolle spielte. Ich als Springer hatte da weniger Bedenken und wurde oft eingesetzt. Der einzige Schutz, den ich von der Post bekommen hatte, war ein ausziehbarer Schlagstock, wie er auch bei der Gendarmerie verwendet wurde. In Sowjetrepubliken, Süd- und Mittelamerika und Ostasien wurde er auch bei Verhör und Folter verwendet!!

Wenn ich die Wohnung oder das Zimmer gefunden hatte, läutete ich an, meistens musste ich kräftig und länger klopfen. Bei diesen Aktionen war man natürlich nicht sehr beliebt, da die Leute aus dem Schlaf gerissen wurden und sicherlich nicht ausgeschlafen waren. Selbst ginge es mir zuhause genauso. Die Frage, wer hier sei, wurde mit zwei Wörtern "der Postler" geklärt und die Türe geöffnet. Eine Wolke von abgestandenem Zigarettenrauch, Alkohol und verschiedenen schweren Düften kam mir entgegen. Das Schlimme kommt erst jetzt: der grauenhafte Mundgeruch und dazu eine halbnackte Person, mit abgestandenem Schweißgeruch, die sicherlich vor dem Bettgehen nicht mehr geduscht hatte. Mein Problem war immer: ich bin sehr geruchsempfindlich! Nachdem ich den Grund meines Besuches vorgetragen, die Identität der Person geprüft, den Rückscheinbrief unterschreiben lassen hatte, wünschte ich noch einen schönen Tag oder eine ebensolche Nacht. Im Stiegenhaus konnte ich das erste Mal wieder kräftig durchatmen.

Eine ganz andere Sache war das Geld, das ja täglich in der Posttasche mitgetragen wurde. Es wurden damals die Pensionen über den Briefträger ausbezahlt, da ganz wenige ein Konto bei den Banken hatten. Gerade in Rayonen mit einem sehr großen Pensionistenanteil war die Herausforderung enorm. Der Großteil wartete schon auf den Postler mit der „Pension" und diese wurden ausschließlich in der Wohnung ausbezahlt. Diese Tage waren „Großkampftag", in jeder Hinsicht. Man musste das Geld bei der Zentrale „fassen", das heißt, das auszubezahlende Geld wurde geprüft und in die Posttasche verstaut. Man hatte immer sehr viel Geld eingesteckt, manchmal sehr, sehr viel. An diesen Tagen kamen wir meistens am späten Nachmittag nach Hause und dann wurde noch in der Zentrale abgerechnet. Natürlich wurde fast bei jeder Auszahlung dem Postler ein Trinkgeld gegeben und bei der Pensionsauszahlung meist „abgerundet". Da die Grundgehälter der Post für junge Mitarbeiter nicht gerade üppig waren, bedeuteten diese Trinkgelder eine willkommene Aufbesserung des Gehaltes. Sicherlich spielten auch die Sympathie und Freundlichkeit eine große Rolle. Ganz anders war die Zustellung der neu gebauten Häuser der Gartensiedlung in der Puchenau. Die einen hatten die Wohnungen noch nicht bezogen, bekamen teilweise aber schon die Post, es fehlten oft die Namensschilder. Außerdem waren die meisten Leute berufstätig und so nicht erreichbar. Es dauerte eine geraume Zeit, bis in der Gartensiedlung Normalität einkehrte.

Andererseits gab es Gegenden, die teilweise landwirtschaftliches Gebiet waren, sie mussten mit Motorrädern befahren werden und das war im Winter bei Eis und Schnee eine dementsprechende Herausforderung.

Gegenüber der Donau, dem Kürnberger Wald, arbeitete ich sehr gerne im Zaubertal, bei dem alleine der Name schon besondere Ausstrahlung hatte. Der Hafen und die Industriezeile war die Zone, in der die meisten Betriebe angesiedelt waren und dort auch große Firmen wie damals auch die Quelle viele Leute beschäftigten. Hier trat folgendes Problem auf: Die Betriebe hatten großteils Postschließfächer, das heißt, die Postsendungen mussten nicht zugestellt werden und man hatte weniger zu tun. Dementsprechend war man mit der Arbeit weitaus früher fertig, man konnte aber noch nicht zur Dienststelle zurückfahren, er wäre einfach zu früh gewesen. Die Lösung war ein Lokal, das vormittags schon sehr gut besucht und sich als ein Treffpunkt von Kollegen anbot. Wir alle waren mit den Dienstmopeds unterwegs und traten am späten Nachmittag nun die „Heimreise" an. Es war sicherlich keiner mehr nüchtern und als ich auf das Moped stieg, fiel ich auf der anderen Seite gleich wieder herunter Es war überhaupt kein guter Tag, denn kurz vor unserem Poststützpunkt, auf der Waldeggstraße, stießen ein Kollege und ich mit unseren Dienstmopeds zusammen. Wir beide stürzten und ein PKW kam uns auch noch in die Quere, der eines unserer Mopeds rammte. Es gab natürlich einen großen Auflauf und ich glaube, dass keinen an diesem Unfall eine Schuld traf. Glaubte ich, wahrscheinlich!

Die Polizei war gleich zur Stelle, sicherte alles ab und nahm unsere Daten auf. Da wir beide nicht verletzt waren, brachten sie uns mit dem Polizeiauto sofort zur Dienststelle. Wir waren ja alle im Staatsdienst! Am nächsten Tag mussten wir noch eine Schilderung des Unfallherganges machen und eine Stellungnahme dazu abgeben. Es gab für uns keine Konsequenzen und die beschädigten Mopeds wurden von der posteigenen Werkstätte repariert.

Außerhalb des Zentrums, bei dem noch sehr wenig verbaut war, stellte ich einen Rsb-Brief zu, an dem noch als Berufsbezeichnung „Messer- und Scherenschleifer" angegeben war. In dieser Gegend musste ich einmal eine Person suchen, um Geld zuzustellen und läutete an der Wohnung. Die Türe wurde nicht geöffnet und ein Mann rief, ich sollte reinkommen. Als ich im Zimmer war, war ich sprachlos: Der Mann hatte keine Beine und beglückte gerade ein Mädchen. Mit den Worten: „Setz dich hin, ich bin gleich fertig", ließ er mich wie angewurzelt stehen, ich glaubte zu träumen.

Er war ein ganz netter Kerl und er bestand darauf, mit mir ein Bier zu trinken, was ich auch dann tat.

Als damaliger LASK-Fan war ich oft auf der Gugl im Stadion und der Verein ein fixer Bestandteil in der Bundesliga. Die Spiele waren immer sehr gut besucht und ich ging zu Fuß zum Stadion. Ich wohnte ja nicht weit entfernt. Da wir auch eine Fußballmannschaft der Post hatten, spielten wir im Stadion gegen die Firma Coca Cola. Es wurden öfter solche Spiele von verschiedenen Firmen gegeneinander ausgetragen. Beim diesem Spiel gegen Coca Cola war gleich von Beginn weg eine sehr emotionelle Stimmung bemerkbar. In den ersten zehn Minuten musste ein Gegenspieler ausgewechselt und mit einer gröberen Verletzung in das Arbeitsunfallkrankenhaus eingeliefert werden. Kurz vor der Halbzeit des Spieles wurde ich schwer gefoult und ebenfalls ins Krankenhaus gebracht. Das Krankenhaus war direkt am Blumauerplatz, wurde aber 2005 aufgelassen und dann weggerissen. Der Straßenname „Blumauerplatz" wurde aufgelassen und heißt jetzt „Am Volksgarten". Bei mir war der linke Arm sehr kompliziert gebrochen, da ich schon mehrere Brüche an dieser Stelle hatte. Nach der Röntgenuntersuchung war klar: der Arm musste operiert werden. Gleichzeitig wurde noch ein Spieler der Gegenmannschaft eingeliefert, er blutete stark. Wir waren nun zu dritt mit den Fußballdressen im gleichen Krankenhaus. Ich musste für die Operation vorbereitet und natürlich ins Bad gebracht werden, da ich ziemlich verschwitzt und dreckig aussah. Die Krankenschwester, die mich dabei begleitete, war in etwa meinem Alter. Ich war damals schon starker Raucher und hatte nur einen Wunsch: eine Zigarette – Lieblingsmarke, „Marlboro"! Tatsächlich kam sie mit einer Packung ins Bad, ich lag in der Badewanne und wir rauchten beide eine Marlboro. Heute natürlich undenkbar!!

Dann wurde ich operiert und der gesamte linke Arm wurde „vernagelt". Im Krankenhaus hatte ich starke Schmerzen und blutete immer wieder am Arm. Ich musste eine ganze Woche im Spital bleiben und hatte dabei viel Zeit zum Nachdenken, denn mein Zimmernachbar, er war gleich alt wie ich, hatte einen Verkehrsunfall erlitten und blieb querschnittsgelähmt!

Lisi kam mich im Krankenhaus besuchen. Wir gingen in das Kaffeehaus des Krankenhauses und bestellten Kaffee und Kuchen. Es war eine Selbstbedienung und als sich Lisi mit dem Kuchen umdrehte, stand eine Frau vor ihr, deren ganzes Gesicht verbrannt war. Das Krankenhaus war damals schon spezialisiert auf Verbrennungen.

Die Zeit, als ich dann wieder zuhause bei meinen Eltern war, war eher für mich bedrückend. Mutter ging es immer schlechter und sie war auch wieder im Krankenhaus. Ich konnte selbst kaum etwas unternehmen, da mein ganzer linker Arm eingegipst war. Da ich auch noch im Dezember den Gips hatte, ging ich in dem Wald und besorgte uns einen Christbaum. Natürlich musste er besonders schön sein und ich kletterte daher auf eine hohe Fichte, obwohl wir schon etwas mehr Schnee hatten. Die Aktion war gar nicht so schwierig, denn mein Arm war im rechten Winkel eingegipst und so konnte ich problemlos klettern. Weihnachten, der Heilige Abend, es war einfach traurig. Meine Geschwister waren bei ihren Familien zuhause und es wurde nicht mehr gesungen, Mutter konnte nicht mehr Zither spielen.

Im Frühling wurde ich dann zum Bundesheer einberufen und hatte die Grundausbildung als Funker in Salzburg Glasenbach. Vorher ging ich noch zu meinem Friseur in Linz Haare schneiden. Am ersten Tag in Glasenbach informierte ich den Verantwortlichen, dass mein Arm noch „genagelt" war. Nach dieser Meldung wurden mir die Haare kürzer geschnitten, obwohl ich vorher beim Friseur gewesen war. Da ich keine Liegestütze mit der linken Hand machen konnte, wurden mir nochmals die Haare kürzer geschnitten, ich hatte schon beinahe eine Glatze. Bei der Prüfung meiner Verletzung durch den Arzt stellte dieser fest, dass dies kein Grund sei, B-tauglich zu sein. Dafür durfte ich den ganzen Tag die Toiletten reinigen. Nach einer Woche weiterer Strafen wurde ich dann nach Hause geschickt, mit einer Glatze. Ich schaute grauenhaft aus und Lisi schnitt mir mit einer Nagelschere den Rest „gerade". Von dieser Woche an war ich kein Fan mehr vom Bundesheer.

In den Sommerferien arbeitete Lisi wie im Vorjahr in St.Wolfgang in einer Frühstückspension und sie musste dort auch samstags und sonntags durcharbeiten. Vor dem Sommer fuhr ich mit dem Motorrad, ich hatte eine 125er Puch, oft auch nach Linz zur Arbeit. Der Großteil aller Motorradfahrer fuhr ohne Helm, ich hatte natürlich auch keinen. Wenn ich von Zuhause wegfuhr, sagte meine Mutter immer, ich sollte gut aufpassen und eine Haube aufsetzen, wegen des „Verkühlens"! Da es meist später am Abend oder früh am Morgen sehr kalt war und ich gerade auf der Autobahn stärker dem Wind ausgesetzt war, zog ich mir eine ganz starke Zahnentzündung zu. Dabei waren acht Zähne so stark betroffen und unter Eiter, dass sie gezogen werden mussten. Der Zahnarzt, in der Nähe der Mozartkreuzung, sagte mir auch gleich, dass dies auch sehr schmerzhaft werden und die Injektion nicht mehr wirken würde.

Es war tatsächlich so! Auf dem Nachhauseweg blutete ich sehr stark aus dem Mund und wusste nicht mehr, was ich machen sollte. Ich kaufte mir einen 80-prozentigen Rum und trank diesen zuhause. Da ich alleine war, konnte mich auch niemand bemitleiden oder trösten.

Mitte des Sommers hatte wir unser ganzes Geld gespart, Lisi mit der Ferienarbeit in St. Wolfgang und ich dem bescheidenen Einkommen bei der Post. Nun konnten wir uns ein gebrauchtes Auto kaufen. Die Wahl fiel auf ein „Pucherl" mit Schiebedach und wir waren mächtig stolz darauf. Der Puch 500, ein Kleinwagen der 50er-Jahre, jetzt eher vergleichbar mit einem Fiat 500, war rot, hatte 16!! PS und war in Graz produziert worden. Die Karosseriefertigung kam aus Kostengründen von Italien und wurde damals in Lizenz von Fiat gebaut. Das „Puchschamerl", wie er in der Steiermark auch genannt wurde, hatte ein Leergewicht von nur 470 Kilogramm und es wurden etwa 60.000 Stück verkauft. Im Tiergarten Schönbrunn wurde bei Umbauarbeiten ein hellgrüner Puch 500 ausgegraben, der damals in den 60er Jahren in der Eisbärenanlage als Hügel für die Tiere modelliert und einbetoniert wurde. Sogar der Typenschein des Kult-Autos war noch vorhanden. Wir unternahmen Ausflüge vom Mühlviertel bis zum Königssee und waren daher schon „ziemlich weit gereist".

Ein Kollege am Postamt bekniete mich fast täglich, ich sollte mit ihm mit einer kleinen, einmotorigen Cessna mitfliegen. Er hatte gerade den Flugschein gemacht und brauchte nun Flugstunden, um sein Können in der Praxis umzusetzen. Der Hintergrund war natürlich die Kostenfrage, denn die Flugstunden konnten dann natürlich geteilt werden. Für mich war es überhaupt das erste Mal, mit einem Flugzeug zu fliegen, noch dazu mit einem so „erfahrenen" Piloten. Natürlich war ich schon aufgeregt, als wir starteten, doch die Aufregung wurde immer größer, als er mir seine eben gelernten Kunststücke vorführte. Ich war nun nicht mehr aufgeregt, sondern hatte pure Angst, als ich merkte, wie unsicher und er über seinem Limit flog. Das Ganze fand über dem Industriegebiet der VOEST und den Stickstoffwerken statt, wobei er mir auch zeigen wollte, wie man einen Sturzflug mit der Cessna wieder in den Griff bekommt. Er selbst schwitzte dabei gewaltig und seine Hände ebenfalls. Ich war vermutlich kreideweiß, als er mir dann noch anbot, selbst zu fliegen, denn es sei überhaupt nicht schwer! Als wir wieder am Flugfeld landeten, war ich völlig fertig. Seither habe ich immer eine verständliche Flugangst, denn der Slogan „nur Fliegen ist schöner" trifft bei mir auf keinen Fall zu.

Ende August begannen mein Schwager und meine Schwester in Rohrbach ein Haus zu bauen. Durch unser Auto konnte ich von Linz aus des Öfteren auf der Baustelle helfen. Dabei hatte ich ein Erlebnis, das mir immer in Erinnerung bleibt: Ich bediente gerade die Mischmaschine, als der Strom ausfiel und die Maschine voll mit Beton gefüllt war. Wir konnten den Schaden nicht beheben, also kam ein Elektriker vorbei, ein Lehrling, der die Maschine in Gang brachte und die sich wieder drehte. Da sie gefüllt sehr schwer war, musste ich sie beim Kippvorgang ganz fest halten und mich dabei mit dem ganzen Körper dagegenstemmen. Ich bekam einen gewaltigen Stromstoß mit 380 Volt und blieb an der Maschine hängen. Irgendjemand riss den Schalter heraus, ich stürzte zu Boden und blieb liegen. Am Anfang bekam ich keine Luft mehr und konnte auch nicht aufstehen. Es dauerte eine Zeit, bis ich mich wieder erholt hatte, etwas später konnte ich weiterarbeiten. Die Maschine war falsch geerdet gewesen.

Genau in dieser Zeit, am 20./21. August 1968, endete der „Prager Frühling", die unter Alexander Dubcek eingeleitete Reform in der CSSR, die von den Streitkräften der Warschauer-Pakt-Mächte niedergeschlagen wurde. Es war unheimlich, als wir immer wieder den Donner der Geschütze hörten. Damals starben 94 Personen und in der Tschechoslowakei durfte das Heer nicht einschreiten. Bei uns stand das Heer in Alarmbereitschaft und Teile davon wurden ins Mühlviertel verlegt. Böse Zungen behaupteten damals, dass die Panzer und Fahrzeuge des österreichischen Bundesheeres so abgestellt waren und Richtung Linz schauten, um im Notfall sofort abhauen zu können.

An unserem Auto musste die Spurstange erneuert werden und ich ging in Linz, eine neue zu kaufen. Da Steyr-Daimler-Puch eine Filiale dort hatte, konnte ich diese gleich mitnehmen und ging damit zu meiner Wohnung. Die Spurstange war nicht so schwer, aber doch etwas länger und wurde in Packpapier eingewickelt. Als ich am nächsten Tag um fünf Uhr früh zu Fuß zur Arbeit auf der Waldeggstraße ging, bremste ein Auto direkt hinter mir abrupt ab. Zwei Männer sprangen aus dem Fahrzeug, packten mich von hintern, rissen mir meine Spurstange aus der Hand und schleppten mich auf den Rücksitz.
Auf der Polizeidirektion stiegen sie mit mir aus, hielten mich dabei fest und brachten mich in ein Büro. Mir war noch immer nicht klar, worum es hier ging. Sie durchsuchten meine Kleidung und waren nicht gerade höflich zu mir. Sie gaben an, sie seien von der Kriminalpolizei, und es stellte sich dann heraus, dass sie mich für einen Einbrecher hielten, und verdächtigten, mit meiner Spurstange gerade meine Beute nach Hause zu tragen. Nachdem ich ihnen erklärte, dass ich nur Postler sei und dringend in die Arbeit müsse, sagten sie, dass ich nun gehen könne. Nun verlangte ich von ihnen, meinen Vorgesetzten anzurufen, um meine Verspätung zu erklären. Außerdem sollten sie mich mit dem Auto zum Dienst bringen, was sie auch taten. Vermutlich hatten sie auch Angst, wenn ich mit meiner Spurstange zu Fuß durch Linz wandere, dass einer ihrer Kollegen mich wieder festnimmt und in die Polizeidirektion bringt. Entschuldigt hat sich aber keiner, obwohl ich auch im Staatsdienst war.

Im Herbst hatte ich wie immer in der Hirschgasse gleich oberhalb meines Zimmers mein Auto abgestellt. Mitten in der Nacht wurde ich durch ein Geräusch wach, kurz darauf stürmte die Polizei in mein Zimmer und nahm mich fest. Ich hatte keine Möglichkeit etwas anzuziehen und war nur mit Unterhose und T-Shirt bekleidet, Polizisten schafften mich sofort zum Polizeipräsidium. Vor unserer Unterkunft, sie bestand großteils aus Holz, brannte mein Auto lichterloh und die Berufsfeuerwehr versuchte gerade, den Brand zu löschen. Ich konnte das alles nicht fassen und dachte, ich träume. Ich wurde wieder zur Polizeidirektion gebracht, das Haus kannte ich inzwischen schon. Ich saß dann eine Zeit lang in einem Zimmer, bekam aber keine Auskunft. Nach längerem Warten wurde ich dann gefragt, wo mein Auto Kasko versichert sei. Sie müssten erst Rücksprache mit meiner Versicherung halten, wenn diese um acht Uhr aufsperrt. Da der Brand ja in der Nacht war, hieß es warten. Also wartete ich in Unterhose und T-Shirt, bekam nicht einmal eine Decke, obwohl mir schon kalt war. Am Morgen wurde dann alles aufgeklärt: Nach Rücksprache bei der Wiener Allianz in Linz stellte sich heraus, mein Auto sei weder Teilkasko oder Vollkasko versichert. Die Polizei war davon ausgegangen, dass ich mein Auto selbst angezündet habe. Also Versicherungsbetrug! Da die Angelegenheit nun geklärt sei, könne ich nach Hause gehen. Da spielte ich dann nicht mehr mit und erklärte, dass ich nicht nach Hause gehen werde. Würde ich das tun, werde ich vom nächsten Kollegen wieder festgenommen. Denn wenn man in der Unterhose und im T-Shirt durch Linz geht, gibt es nur zwei Möglichkeiten, wo man hingebracht wird: zur Polizei oder ins Wagner-Jauregg, in die geschlossene Abteilung. Ich wurde also wieder mit dem Polizeiauto zu meiner Wohnung gebracht und es bestätigte sich wirklich: Die Polizei ist ja doch dein Freund und Helfer!!
Mein Auto war vollkommen ausgebrannt und für die Entsorgung des Autos musste ich dann auch noch aufkommen.
Nach geraumer Zeit bekam ich vom Gericht eine Aufforderung zu einer Verhandlung, die ich dann aber nicht mehr besuchte. Tatsache war, dass ein Verrückter, ein junger Mann, das Schiebedach aufgeschlitzt und das Fahrzeug mit Benzin übergossen und angezündet hatte. Weder kannte ich ihn noch kannte er mich. Vom Gericht hät-

te ich nun die Möglichkeit, Forderungen und Schadenersatz einzureichen, er sei aber mittellos. Nun standen wir wieder ohne eigenes Auto da und mussten mit dem Motorrad (im Winter!) oder mit dem Zug fahren. C'EST LA VIE!!!

Anfang März 1969 hatte ich die fachliche Verkehrsdienstprüfung abgelegt, auf die ich mich länger vorbereiten und für die ich lernen musste. Die Prüfung war schwer, da sehr viel für die weitere Tätigkeit exakt geprüft wurde und großteils auswendig zu lernen war. Seien es die gesamten Bahnverbindungen inklusive Nebenbahnen mit den dazugehörigen Orten in ganz Österreich, inklusive der Postleitzahlen, die deutschen Städte mit den Postleitzahlen und die wichtigsten Bahnverbindungen in Europa. Parallel dazu die Ausbildung an den Postschaltern inklusive des Zahlungsverkehrs samt Geldwechsel. Daher wurde ich in Linz beim Geldtransport eingesetzt, mit dem das Geld mittels gesicherter Fahrzeuge und Polizeischutz transportiert wurde.

Danach kam ich zum Bahnhof in Attnang-Puchheim, bei dem ich im ersten Stock bei der Brief- und Wertumleitung arbeitete und entweder Tag- oder Nachtdienst hatte. Der Bahnhof ist ein Bahnknotenpunkt und so werden die Züge auf der Westbahn von Wien nach Salzburg, über Schärding, Ried im Innkreis bis Bayern, auf der Kammererbahn von Schörfling am Attersee und ins Salzkammergut bis nach Stainach-Irdning in die Steiermark geführt.

Es war der 25. März 1945, es herrschte Schönwetter und unter der Koordinationsnummer 48-01 N, 13-43 O starteten hunderte Flugzeuge auf dem US-Luftwaffenstützpunkt Foggia in Süditalien, um diesen Bahnknotenpunkt zu bombardieren. Vorerst war geplant, die Bahnanlage am Brenner zu bombardieren, das Vorhaben wurde aber wegen Schlechtwetters abgesagt. In Attnang-Puchheim hatte sich der Bahnverkehr verzehnfacht, da die Truppen- und Munitionstransporte Richtung Osten und im Gegenzug Flüchtlings- sowie Verwundetentransporte über diesen Ort geführt wurden. Aus ungeklärter Ursache funktionierte das Frühwarnsystem in Attnang-Pucheim nicht und die Bewohner hatten keine Möglichkeit zu fliehen oder Schutz zu suchen. Als die Bomben kamen, war es zu spät und so verloren über 1000 Menschen ihr Leben. Und das bei 5600 Einwohnern, es war die höchste Todesrate in Österreich im Zweiten Weltkrieg – und das alles zwei Wochen vor Kriegsende.

Beim Nachtdienst bekamen wir eine Extrazahlung von damals 25.- Schilling, die sofort in bar mit Silbermünzen ausbezahlt wurde. Dieses Geld wurde zur Seite gelegt und ich sammelte es schon für die Hochzeitsreise, die wir im Sommer geplant hatten.

ALTES HAUS

Im alten Haus in Ebensee, es war etwa 350 Jahre alt, hatten wir zwei Räume, die wir renovierten und einrichteten. Die Möbel waren gebraucht, die Betten selbst gebaut, ebenso ein Schrankkasten. Als Heizquelle diente ein Ölofen, mit dem wir die zwei Räume heizten. Das WC, ein Plumpsklo, befand ich außerhalb des Hauses in einem Nebengebäude. Natürlich bestand auch keine Kanalisation, dafür diente eine Jauchegrube, die einmal im Jahr händisch entleert wurde. Als Schöpfer dazu diente ein Stahlhelm aus dem Zweiten Weltkrieg, der aber noch am Kopf einen Sprung hatte. Hinterfragt wurde das nie. Zum Schaufeln wurde ein Holzstiel am Stahlhelm befestigt. Er existiert heute noch, aber ohne Holzstiel.

Da im Haus zudem kein Wasseranschluss bestand, war seit jeher ein Hausbrunnen vor dem Haus geschlagen worden. Man musste vorher etwas Wasser von oben in die Pumpe hineinschütten und fest mit der Hand pumpen. Das funktionierte immer, außer im Winter, wenn es Minusgrade hatte. Da wurde vorher heißes Wasser, welches zuerst aufgekocht wurde, in die Pumpe geschüttet, sehr fest gepumpt, und wenn Gott wollte, kam Wasser aus der Tiefe. Wir hatten aber beim Neubau meines Bruders die Möglichkeit, über seine Wasserleitung dort Wasser zu entnehmen.

Da das Schlafzimmer nicht geheizt werden konnte, bildeten sich bei sehr kalten Außentemperaturen auf der Fensterinnenseite Schneekristalle. Dafür hatten wir im Schlafzimmer einen Fernseher, der aber im anderen Raum nicht funktionierte. Wir hatten nur ein Fernsehprogramm, ORF 1, was den Vorteil hatte, dass über das Fernsehprogramm nicht gestritten werden konnte. In Ebensee gab es damals keine Fernsehsendeanlage, diese wurden erst später gebaut. Unser Ort ist von den Bergen eingeschlossen. Und so existierte ein Kuriosum: Als Notlösung diente eine fast senkrecht abfallende Felswand über dem Traunsee, die durch Wasser immer feucht war und an der sich die Funkwellen eines anderen Senders spiegelten. Das Fernsehbild war dementsprechend nicht das beste und sicher nicht HD-tauglich. Bei längerer Schönwetterperiode trocknete die „nasse Wand" aus und das Fernsehprogramm war beendet. Wir hatten uns gerade „Wünsch dir was" im Samstagabend-Hauptprogramm angesehen, als die Bildqualität immer schlechter wurde. Ich versuchte daher, die Zimmerantenne durch Drehen zu verändern, was bewirkte, dass das Fernsehbild etwas kleiner wurde, die Bildqualität sich aber nicht veränderte. Also drehte ich an der Zimmerantenne weiter und tatsächlich wurde das Fernsehbild noch kleiner. Daher versuchte ich, das Bild wieder größer zu stellen, es wurde aber nochmals kleiner. Zum Schluss war unser Fernsehbild etwa 6 mal 4 Zentimeter groß und ich musste am nächsten Tag einen Spezialisten zu Rate ziehen, denn ich war überfordert, also kein Fernsehtalent.

Im ganzen Haus gab es überall starke, gehobelte Holzbretter für die Böden und diese wurden nach Bedarf mit Linoleum verkleidet. Unter dem Schlafzimmer wohnten auch Ratten, die man oft in der Nacht hörte, aber zum Trost wissen wir, dass es in anderen Häusern auch laut ist, wenn die Nachbarn streiten. Es gab keinen Keller, nur einen kleinen „Schlupfkeller", der als Vorratskammer genutzt wurde, und dort wohnten sehr große Spinnen. Selbstverständlich brauchte man eine Taschenlampe, da der Raum kein Fenster besaß. Bei Hochwasser und das kam öfter vor, wurde die Hälfte des kleinen Kellers überschwemmt, das Wasser floss „automatisch" wieder ab.

Lisi lernte für die Matura und ich unterstützte sie dabei, denn ich konnte damals blind Maschine schreiben, das heißt, die Schreibmaschine mit dem Zehn-Fingersystem bedienen, ohne hinzuschauen. Heute schreibe ich am Computer mit dem „Adler-Suchsystem", zuerst den Buchstaben suchen und dann mit dem Zeigefinger hintippen. Dabei brauche ich manchmal ziemlich lange, um den richtigen Buchstaben zu finden – das ist aber eine andere Sache.

Da Lisi das Prüfungsfach Geografie und Wirtschaftskunde hatte, lernen wir beide gemeinsam, denn Geografie war auch mein Lieblingsfach. Anfang Juli bestand Lisi die Matura und es war insofern interessant, als von den damaligen Klassenkolleginnen der Hauptschule in Ebensee, es waren etwa 60 Schülerinnen, keine zweite die Matura abgelegt hatte. Auch bei mir war es ähnlich, in unserem Jahrgang besuchten über 60 Schüler die Hauptschule, maximal fünf davon legten eine Matura ab. Der Grund war sicherlich, dass eine sehr strenge Aufnahmeprüfung ins Gymnasium bestand.

Das änderte sich in den 70er-Jahren bald, als der damalige Bundeskanzler Bruno Kreisky eine Schulreform versprach, die 1971 auch umgesetzt wurde. Dabei kam es zur Abschaffung der Aufnahmeprüfung bei den AHS, außerdem wurden die Schulfreifahrten mit österreichischen Verkehrsmitteln und 1972 die Gratisschulbücher eingeführt. Diese Maßnahmen hatten ein Ziel: Chancengleichheit aller Menschen – unabhängig von Einkommen und Herkunft. So schrieb News im Dezember 2010: „Aufnahmeprüfung für das Gymnasium? ÖVP bastelt an ihrem Bildungskonzept". Jahrzehntelang wurden alleine in den Volksschulen über 2000 Schulversuche gemacht und so schrieb damals die „Kronenzeitung" in den 80er-Jahren: „Hattu Schulversuch, muttu Trottel bleiben!"

Als ich einmal vom Nachtdienst, ich fuhr damals mit dem Zug, in Ebensee ankam, lief mir ein Hund nach und ging nicht mehr von mir weg. Er hatte natürlich keine Hundemarke und dürfte sehr hungrig gewesen sein. Also nahm ich ihn mit nach Hause und als ich in die Wohnung kam, bellte er wie verrückt. Er sprang herum und Lisi, die Zuhause war, erschrak gewaltig und flüchtete auf den Küchentisch. Beide konnten sich nicht beruhigen und Lisi schrie noch am Küchentisch: „Ich oder der Hund!" Also brachte ich ihn hinaus, fütterte ihn und quartierte ihn in der Werkstätte ein, ließ aber die Türe einen Spalt offen. Am nächsten Tag war er nicht mehr hier.

HOCHZEIT

An 19. Juli 1969 fand unsere Hochzeit statt. Bei der standesamtlichen Trauung musste ich eine Vormundschaftserklärung unterschreiben, da Lisi noch nicht 21 Jahre war!! Das war damals gesetzlich vorgeschrieben! In der Pfarrkirche in Ebensee fand dann die Vermählungsfeier statt und wir wurden getraut. Es war unsere gesamte Verwandtschaft dabei, außer meiner Mutter. Sie war schon so krank, dass sie das Bett nicht mehr verlassen konnte. Das war sehr, sehr traurig.

Noch am selben Tag flogen wir mit einer russischen „Iljuschin 18" der staatlichen rumänischen Fluggesellschaft „Tarom" von Linz nach Mamaia am Schwarzen Meer. Es war eine viermotorige Mittelstreckenmaschine mit maximal 100 Passagieren, fünf Mann Besatzung und einer Höchstgeschwindigkeit von 675 km/h. Der Großteil der Passagiere stieg schon in Graz zu, einer davon war stockbesoffen und randalierte. Es gab nur einen Steward, der sich meistens nur um die Besatzung kümmerte und sie mit Wein versorgte. Man hatte damals noch die Möglichkeit, in das Cockpit der Maschine zu schauen und dem Piloten, Co-Piloten, Navigator und Bordtechniker zuzusehen. Dieser Raum war nur durch einen sehr schweren Vorhang von der Kabine getrennt und ich bekam ein mulmiges Gefühl, denn der Wein schmeckte der Crew sehr gut. Bestätigt wurde dies bei der Landung in Constanta, als der Pilot die Maschine DREIMAL aufsetzten und wir schon glaubten, den Hochzeitstag nicht zu überleben. Als die Maschine stehenblieb, versuchte der Besoffene die Türe der Maschine selbst sogar mit Gewalt zu öffnen, war ihm fast gelang, obwohl noch keine Gangway vor Ort war.

Es war inzwischen fast Mitternacht und wir wurden anschließend mit einem Bus zu unserem Hotel, es hieß „Aurora" (die Morgenröte!), gebracht. Es war, wie in dieser Zeit üblich, ein mehrstöckiger Hotelbunker, mit wunderbarer Aussicht zum Schwarzen Meer. Für nicht nachvollziehbare Überraschung sorgte unser Zimmer, als unsere Betten hintereinander standen. Vermutlich wusste man noch nicht, dass wir ja seit heute verheiratet waren. Also stellten wir rasch die Betten nebeneinander und der Hochzeitsnacht stand nichts mehr im Wege. Am nächsten Tag nach dem Frühstück standen die Betten wieder hintereinander und am dritten Tag konnten wir mit Hilfe der Zimmermädchen diese Angelegenheit für immer bereinigen. Außerdem gab es zwei Dinge, auf die alle standen: US-Dollars und Seidenstrümpfe, wir hatten beides mit! Mamaia ist der älteste und bekannteste Badeort und Star an der rumänischen Riviera, nur ein Urlaubsort, ohne jeden Charme, ähnlich wie Jesolo, Bibione und dergleichen. Eines der ersten errichteten Gebäude nach dem Ersten Weltkrieg war die Sommerresidenz der rumänischen Königsfamilie – und der Spruch von Königin Elisabeth von Rumänien „Glück ist das Einzige, was wir anderen geben können, ohne es selbst zu haben", stimmt zu hundert Prozent!

Die Schwarzmeerküste von Mamaia, ein weißer, feiner Sandstrand, hat eine Länge von sieben Kilometern und eine etwa 350 Meter breite Landzunge zwischen Schwarzem Meer und dem Süßwassersee Siut-Ghiol. Dieser ist 7,5 Kilometer lang und 2,5 Kilometer breit, mit einer Wassertiefe von drei bis vier Metern. Er bot sich optimal zum Wasserschifahrer an, es waren neue, sehr schnelle Boote und diese zogen mich so lange, bis ich nicht mehr konnte. Von unserem Hotel bis zum Meer waren es nur 25 Meter, das Wasser sehr warm, aber mit meist hohen Wellen, was sehr viel Spaß machte. Weiter draußen befand sich eine große Sandbank, an der die ganz hohen Wellen ankamen und sich dort brachen.

Lisi und ich schwammen hinaus. Um dorthin zu kommen, musste man die kleineren Wellen vorher durchtauchen und Lisi schaffte das nicht, da sie zwar sehr, sehr gut schwimmen konnte, mit dem Tauchen allerdings immer größere Probleme bekam. Also versuchte sie zurückzuschwimmen, die Wellen trieben sie wieder Richtung Meer. Gott sei Dank schaffte sie es schließlich doch!

Am 21. Juli 1969, zwei Tage nach unserer Hochzeit, war die Mondlandung und wir fuhren mit dem Bus nach Constanta, einer Stadt, die nur zehn Kilometer entfernt lag. Diese Hafenstadt hatte ungefähr 280 000 Einwohner und man konnte die Mondlandung an den Fernsehern verfolgen. Seit den 50er-Jahren gab es den Wettlauf zwischen den USA und der Sowjetunion. Am 13. September 1959 schlug die sowjetische Sonde „Lunik 2" gezielt auf dem Mond auf. Mit der Mission „Apollo 11" der USA standen mit Neil Amstrong, Buzz Aldrin und Michael Collins die ersten Menschen auf dem Mond. Weltweit konnten 500 bis 600 Millionen Menschen diese Fernsehübertragung verfolgen.

Ein paar Tage später fuhren wir eben nach Constanta, wo ein großer Boxkampf stattfinden sollte. Bei den Vorkämpfen ging es schon mehr als zur Sache und Lisi konnte nicht mehr zuschauen, da extrem viel Blut floss. Beim Hauptkampf wurde noch eins draufgelegt und man kämpfte bis zum Umfallen. Sämtliche Boxer kamen aus dem Ostblock oder aus Kuba und gaben ihr Bestes.
Da in Mamaia ein Freilufttheater bestand, wurden dort auch Kinofilme gezeigt. Nach den Boxkämpfen am Vortag schauten wir uns zur Beruhigung den Elvis Presley Film „Blue Hawaii" aus dem Jahr 1961 an. Man saß unter freiem Himmel, das Wetter war warm und der Film konnte erst bei Dunkelheit beginnen. Es war so ähnlich wie später das Autokino, nur ohne Autos! Der Film lief auf Rumänisch mit englischen Untertiteln und war richtig lustig.
Nicht so lustig hatten es die Hotelgäste, da der Großteil meistens Durchfall hatte. Vermutlich hing das Ganze mit dem Essen zusammen, denn es gab fast täglich Hammelfleisch, das immer nur lauwarm serviert wurde. Außerdem standen die Salate und das Eis unter Verdacht. Zu trinken gab es kaum Mineralwasser, sondern verschiedenste Säfte, kaum kaltes Bier und die Weine kamen aus dem Lande. Bestellte man nach dem Essen einen Schnaps, war die kleinste Menge das Doppelte dessen, was bei uns serviert wurde, kostete allerdings nur einen Bruchteil, angeblich half er auch gegen den Durchfall. Wenn man von den Hotels weiter ins Landesinnere fuhr, merkte man sofort die Rückständigkeit und Armut in dieser Gegend. Dabei war die Blütezeit des rumänischen Tourismus von den 1960er-Jahren bis in die 1980er-Jahre, er kam 1989 bei der Revolution vollständig zum Erliegen.

Nach dem Zweiten Weltkrieg geriet Rumänien unter sowjetischen Einfluss, Staat und Wirtschaft wurden nach kommunistischen Vorstellungen umgebaut. Die Sozialistische Republik Rumänien wurde 1965 ausgerufen und der führende Mann des Landes hieß Nicolae Ceausescu. Die Diktatur der kommunistischen Partei Rumäniens galt als Vorbild für die meisten anderen Ostblockstaaten und betonte die nationale Eigenständigkeit. Einschnitte in Wirtschaft und Gesellschaft, Gesetze zur Förderung des Kinderreichtums und Abtreibungsverbote sollten die Bevölkerungszahlen steigern. Mittels ausländischer Kredite und Umsiedlungen der Landbevölkerung in die Städte sollte das agrarisch geprägte Land mehr industrialisieren. Anfangs versprachen diese Maßnahmen, zum Erfolg zu führen, ab den späten 70er-Jahren kam es aber dann zu Versorgungsengpässen, zum Zusammenbruch der Volkswirtschaft und die mangelnde Bonität Rumäniens zwang das Regime schließlich zum Export von Grundversorgungsgütern, die im Lande dann selbst fehlten.

Die Macht Ceausescus sicherten der Geheimdienst „Securitate" und ein sehr ausgeprägter Personenkult. Nach dem Mauerfall, der Wende in der DDR und den anderen Ostblockstaaten, kam es zur rumänischen Revolution. Diese gipfelte in Straßenkämpfen, die Folge waren 1000 Tote. Armee und Demonstranten verbündeten sich schließlich und Ceausescu wurde am 25. Dezember 1989 nach kurzem Schauprozess zusammen mit seiner Frau standrechtlich erschossen. Rumänien ist seit 2001 Mitglied der Europäischen Union.

Übrigens – zum Abschluss der Hochzeitsreise kamen wir mit dem Flugzeug über Ungarn in ein sehr, sehr heftiges Gewitter, der Pilot wich dem aber nicht aus, vermutlich wollte er wieder schneller zuhause sein! Wir waren dann wirklich erleichtert, als wir aus der viermotorigen „Iljuschin 18" der rumänischen Fluglinie Tarom gesund aussteigen konnten!

Gleich nachdem mein Bruder sein Haus gebaut hatte, baute er ein Schwimmbecken dazu. Es wurde natürlich von der Familie stark frequentiert und auch von uns des Öfteren benutzt. Dies hätte beinahe mein Leben komplett verändert. Ich sprang ins Wasser mit einem „Seemannsköpfler", mit dem Kopf voraus und mit angelegten Armen. Vermutlich überdrehte ich den Sprung und schlug mit voller Wucht mit dem Kopf am Betonboden des Schwimmbeckens auf. Als ich auftauchte, blutete ich sehr stark aus dem Kopf und meine Hände waren ganz taub. Ich musste mich sofort hinlegen und verstehe heute noch nicht, warum wir damals keinen Arzt gerufen haben. Bei einer Röntgenuntersuchung eines Bandscheibenvorfalles im Jahre 2010 stellte ein Arzt im Krankenhaus fest, dass ich damals einen Wirbelbruch im Halsbereich erlitten hatte und knapp an einer Querschnittslähmung vorbeischrammte!

MUTTER

Meiner Mutter ging es immer schlechter und sie befand sich schon seit längerer Zeit im Welser Krankenhaus in der Hautabteilung. Das Schlimme daran war, dass selbst die Ärzte keine Aussicht auf eine Verbesserung sahen. Sie litt mittlerweile schon fast acht Jahre an dieser Krankheit.

Anfang September bekam ich die Einberufung zum Bundesheer nach Klagenfurt, wo ich ab 1. Oktober einrücken musste. Diesmal sollte ich die Ausbildung beim Jägerbataillon 27 machen, beim ersten Mal in Salzburg /Glasenbach wurde ich als Funker einberufen. Das wirklich Blöde daran war die Zugsverbindung, denn man war fast einen halben Tag mit der Bahn unterwegs. Mir wurden beim Bundesheer wieder die Haare geschnitten, aber das kannte ich schon von Salzburg. Dann folgte das Ausfassen der Bekleidung, sogar dabei wurde geschrien und das sollte auf die Rekruten großen Eindruck machen. Dann die Untersuchung beim Militärarzt und ich war tauglich mit dem Dienst zur Waffe. Da ich noch immer die linke Hand nach der Operation genagelten hatte und immer wieder Beschwerden auftraten, wurde ich nach einer Woche vom Bundesheer entlassen.

Als ich nach Hause kam, erfuhr ich von meiner Familie, dass Mutter in das Allgemeine Krankenhaus der Stadt Wien gebracht wurde und ihr Gesundheitszustand nicht nur schlecht, sondern sogar lebensbedrohlich war. Man versuchte in dieser Universitätsklinik für Dermatologie, die im AKH untergebracht war, noch mit einer anderen Behandlungsmethode anzufangen. Es hieß, man brauche aber Zeit, um zu sehen, wie die Behandlung anspricht.

Bei telefonischer Rücksprache im Krankenhaus wurden wir immer auf den nächsten Tag vertröstet und von einem Besuch wurde abgeraten. Ich fuhr alleine nach Wien ins damals „alte AKH". Es war für mich so wichtig, Mutter wiederzusehen und mit ihr sprechen zu können. Es kam aber ganz anders, als ich es mir jemals vorstellen konnte, denn es war ein Schock, der mich das ganze Leben begleitete. Bei fast jedem Krankenbesuch kommt man ins Krankenzimmer des Patienten, das je nach Ausstattung oder Belegung des Zimmers eingerichtet ist. Als ich nach der Zimmernummer meiner Mutter fragte, verwies man mich auf den Keller des Krankenhauses und ich wurde dort in einen abgedunkelten Kellerraum geführt. Darin standen betonierte Becken, die voll mit warmem Wasser gefüllt waren und ich wurde zu einem dieser Becken zur Mutter hingebracht. Sie schwamm in einem von diesen, war nicht ansprechbar und völlig nackt. Als Abdeckung lagen Holzbretter über dem Becken. Dann ließ man mich mit Mutter alleine. Nach den ersten Worten wartete ich vergeblich auf eine Antwort oder Reaktion. Also fing ich an, ihr etwas zu erzählen, brachte aber kein weiteres Wort heraus. Ich war sprachlos und hielt mich an ihrer Hand fest. Wie lange ich dort war, konnte ich nicht sagen. Als ich mich von ihr verabschiedete, flossen Tränen aus ihren Augen.

Am nächsten Tag, am 20.Oktober 1969, war meine Mutter tot. Sie wurde 57 Jahre alt, hatte die schwerste Form der Psoriasis am ganzen Körper, Wundliegen kam dazu und dann noch eine schwere Lungenentzündung.

Der Widmungsspruch im Torbogen des AKH lautet:
„SALUTI ET SOLATIO AEGRORUM" –
Zum Heil und zum Trost der Kranken.

SPARKASSE

Ein damaliger Nationalratsabgeordneter aus Ebensee nahm mit mir Kontakt auf und schlug vor, das alte, schon sehr desolate Haus abzureißen und an dieser Stelle ein neues, ein Bankgebäude zu errichten. Einerseits hatten wir überhaupt kein Geld und hätten auch damals keinen Kredit in dieser Größenordnung bekommen. Andererseits war natürlich der Reiz groß, mit Unterstützung der Bank dieses Projekt durchzuziehen. Wir einigten uns insofern, als die Bank das Erdgeschoss und die zwei Obergeschoße des Hauses wir übernehmen sollten. Die Zeit des Hausbaues drängte aber, wir sollten schon im Herbst beginnen und den Winter über bauen. Es war nicht nur die Frage des Materials bei starkem Frost oder Schneefall, sondern es waren fast alle Arbeiter des Baugewerbes zuhause und die meisten Baufirmen hatten im Winter geschlossen.

Als Erstes mussten wir eine Wohnung in der Nähe der Baustelle suchen, welche schnell gefunden wurde, da im dritten Stock des gegenüberliegenden Hauses eine frei wurde. Obwohl wir nur eine Einzimmerwohnung bekommen hatten, waren wir froh darüber. In diesem Raum hatten wir nun Küche, Wohnzimmer und Schlafzimmer in einem, dafür war der Raum auch schnell zusammengeräumt und das eine Fenster des Raumes schnell geputzt. Die ersten Arbeiten begannen mit dem Abriss einer alten Werkstätte und der Waschküche, die in einem Nebengebäude untergebracht waren. Natürlich wurden diese Arbeiten in Eigenregie mit Verwandten durchgeführt. Bald in der Früh fingen wir an, das komplette Dach abzudecken und es dauerte nicht lange, dann war auch der gesamte Holzaufbau demontiert und weggebracht. Die darunterliegende Tramdecke, auf der wir standen, brach zur Gänze ein und es wurde dabei fast jeder Beteiligte verletzt. Nach der Versorgung diverser Wunden konnten alle aber weiterarbeiten. Fazit oder Schlussfolgerung: Man lernt daraus! Da wir ja nun schon Erfahrung hatten, nahmen wir das große, alte Haus in Angriff und zerlegen es fast „fachmännisch", es war aber irrsinnig viel Arbeit. Nachdem das ganze Holz entfernt war, konnte nun ein Bagger das Haus Stück für Stück abreißen, das zur Gänze mit LKWs abtransportiert wurde.

Es war nun der Spätherbst gekommen, die Baufirma konnte beginnen und ein großer Baukran wurde aufgestellt. Die Arbeiter der Baufirma wurden von uns jeden Tag mit einer Jause verköstigt, es gab dazu Tee mit Rum, es war ja schon kalt. Die einzigen Hilfsarbeiter auf der Baustelle waren mein Vater und ich. Gleichzeitig bekam ich in dieser Zeit keinen Urlaub, da die Weihnachtszeit bevorstand. So vereinbarte ich deshalb mit meinem Vorgesetzten, dass ich immer Nachtdienst machen konnte. In dieser Zeit bekam ich sehr wenig Schlaf, da auch das Wochenende über auf der Baustelle bis Sonntagmittag gearbeitet wurde. Wegen der Länge und Breite der Deckenkonstruktion musste ein Plan eines Ziviltechnikers gemacht werden, der über das Architektenbüro vorgeschrieben wurde. Sehr arbeitsintensiv waren die Vorbereitungen der Deckenschalungen, die alle nach einem Schalungsplan aus geripptem Betonstahl oder Bewehrungsstahl zugeschnitten, gebogen und verdrahtet wurden mussten. Da auch in dieser kurzen Zeit keine Möglichkeit bestand, eine Fachfirma zu beauftragen, um diese Arbeiten zu übernehmen, hatte ich sie selbst mit zwei Helfern übernommen. Als wir bei der Schalung der dritten Decke arbeiteten, übersah ein Arbeiter, der bei mir gelegentlich arbeitete, ein vier Meter langes Torstahleisen und berührte damit die Stromleitung eines Nebenhauses. Er blieb kurz auf der Holzschalung liegen, erholte sich aber rasch wieder und weigerte sich vehement, einen Arzt oder die Rettung kommen zu lassen. Nach einer längeren Pause setzte er seine Arbeit wird er fort; Gott sei Dank!

Durch den wenigen Schlaf war ich schon so müde, dass ich nach dem Nachdienst, der um sechs Uhr früh endete, mit den Zug nach Hause fuhr und sofort einschlief. Ich wurde erst wieder wach, als ich in Bad Aussee aufgeweckt wurde, da hier Endstation war. Mit dem Gegenzug fuhr ich wieder nach Hause, schlief aber sofort ein und wurde in Altmünster wach. Beim nächsten Zug zurück setzte ich mich nicht mehr hin und blieb im Abteil stehen, war aber doch nicht ausgeschlafen, als ich zuhause ankam.

Die Maurerarbeiten des Rohbaus waren abgeschlossen und die Zimmermannsarbeiten begannen. Ich hatte drei sehr gute Zimmermänner aus Neukirchen für mich gewonnen, musste sie aber um sechs Uhr von zu Hause mit meinem Auto abholen. Keiner von ihnen hatte selbst ein Auto, einer davon, er war schon älter, nicht einmal einen Führerschein. Die Zimmerei, bei der ich das Holz des Dachstuhles kaufte und abbinden ließ, hatte keinen eigenen Kran und so mietete ich diesen weiter, da er ja schon auf der Baustelle stand. Das nächste Problem, das auftauchte, bestand darin, dass es keinen Kranführer gab. Da ich vorher diesen Kran auch schon manchmal bedient hatte, war es nicht schwierig, diesen selbst zu fahren. Außerdem war es sehr bequem, nicht über die Leiter hinaufklettern zu müssen, da ich mich mit dem Kran selbst hinauffuhr, obwohl es verboten war. Auf die letzte Decke des Hauses wurde Beton hinaufgepumpt, eine Technik, die damals ganz neu war.

Um auch die anderen Arbeiten bewältigen zu können, hatte ich mehrere Helfer besorgt oder Leute, die sich neben ihrer Arbeit Geld dazuverdienen wollten. Die meisten kamen aus der Baubranche oder hatten schon längere Zeit Erfahrungen bei solchen Arbeiten gesammelt und manche waren sogar richtige Spezialisten. Sie waren sehr fleißig, machten fast alles und waren für alles zu haben. Gerade nach der Arbeit blieben manche noch hier, um in der Bauhütte noch ein Bier oder mehr zu trinken. Es war auch die Zeit, als es im Baugewerbe selbstverständlich war, während der Arbeitszeit Bier zu trinken. Die Gendarmeriekontrollen waren damals eher selten und den Alkotest gibt es erst seit 1987. Vorher waren die zeitaufwändigen, klinischen Untersuchungen die einzige Möglichkeit, Alkolenker zu kontrollieren. Selbst viele LKW-Fahrer tranken im Dienst Alkohol, es gab manche, die besser fuhren, wenn sie etwas getrunken hatten. Es war auch die Zeit, in der auch die Exekutive manchmal sehr viel Durst hatte. In diesen Bauhütten, die ja auf jeder Baustelle standen, waren Geräte und Werkzeuge untergebracht, ebenso waren Tische und Sessel vorhanden, um dort essen und trinken zu können. Fast alle waren beheizbar und man konnte sich „aufwärmen". Nach der Arbeit wurde über den vergangenen Tag diskutiert, erzählt und es wurden auch Witze gerissen.

Der Abend wurde auch manchmal länger und so hatte Hans, ein sehr guter Freund meines Bruders und auch von mir, erzählt, dass er aus Kattowitz in Polen stamme und Deutscher, also Schlesier sei. Es musste 1945, als die Rote Armee einmarschierte, fliehen und wohnte seither bei uns in Ebensee. Er hatte ein Glasauge und immer, wenn er etwas getrunken hatte, nahm er das Glasauge heraus und zeigte es herum. Wenn ich dann noch behauptete, dass Kattowitz kleiner sei als Traunkirchen, kam er stets in Rage. Tatsache war, dass Kattowitz etwa 300.000 Einwohner hatte, Traunkirchen 1.500. Hans hatte bei dieser „Diskussion" sein Glasauge gerade am Tisch liegen und es fiel zu Boden. Ein anderer Arbeiter hob es auf und reichte es weiter, nur Hans bekam es nicht mehr zurück. Er argumentierte zwar, er brauche sein Auge, was aber keiner glaubte. Natürlich bekam er es dann wieder zurück, wischte sein Glasauge ab, steckte es ein und prostete uns zu, wieder ein schöner Tag. Mit Hans war ich auch öfter am Berg, um Vögel zu fangen, eine Tradition, die es bei uns schon sehr lange gibt. Nach dem Aufstieg, man ging mindestens eine Stunde, wurde „aufgerichtet". Das heißt, auf einen Baum, der meist alleine steht, kommt ein Lockvogel, der andere Vögel anzieht. Dann hieß es nur sich verstecken, sich ganz ruhig zu verhalten und zu warten. Meist schlief ich gleich ein, sehr oft auch Hans und so kamen wir ohne „Beute" nach Hause. Ich mochte Hans wirklich sehr gerne!

Ein sehr guter Bekannter, er hieß Ludwig, alle nannten in „Wick", arbeitete fast immer mit Hans zusammen und sie ergänzten einander sehr gut. Er war bei den Österreichischen Bundesbahnen als Lokführer-Stellvertreter beschäftigt und ging schon vor 50 in Pension. Wir behaupteten aber immer, er selbst sei nie mit einer Lok gefahren, denn er war nur Beifahrer und der Lokführer selber sei nie ausgefallen oder krank geworden.

Er hatte sehr viel Zeit, machte immer verrückte Sachen und es machte ihm eine Freude, mit anderen Späßen zu treiben. Er selbst schloss sich bei diesen Dingen nicht aus und so passierte ihm folgendes: Er war in Bad Goisern, von wo seine Frau stammt, bei seinen Verwandten, denen er bei der Arbeit half. Natürlich war es Ehrensache, dort zu helfen, ohne jede Bezahlung. Dafür gab es Essen und Trinken, bei solchen Anlässen meist viel zu trinken. In Goisern ist es auch üblich, dazu einen guten Schnaps auszuschenken. Er fuhr wie immer mit dem Zug gratis und hatte aber noch ausreichend Zeit, um im Gasthaus einzukehren. Es kam ihm etwas komisch vor und er glaubte deshalb, das Lokal sei umgebaut worden. Außerdem war er alleine und so rief er nach dem Wirt. Es kamen aber ganz entsetzt ein Mann und Frau herein, denn es stellte sich heraus, dass er das Haus verwechselt hatte und er im Wohnzimmer des Ehepaares saß.

Auf der Baustelle in der Bahnhofstraße fiel ein großer Schäferhund auf, der täglich alleine die Straße entlangtrottete. Keiner wusste, wer der Besitzer war. Am nächsten Tag wollte Wick den Hund erschrecken. Mit einem Schrei sprang er hinter dem Haus hervor, direkt vor den Hund. Dieser erschrak dermaßen, dass er wie angewurzelt stehenblieb, seine Blase nicht mehr unter Kontrolle hatte und sich voll anpinkelte. Am nächsten Tag kam der Hund wieder, lief über die Straße und sprintete auf der gegenüberliegenden Seite des Gehsteiges vorbei. Wir erfuhren dann, dass Wick diese „Hundenummer" schon des Öfteren gemacht hatte und bei einer dieser Nummern von einem Hund gebissen worden war.

Zum dritten Stock des Hauses mussten noch die Kaminsteine für den Rauchfang hinauftransportiert werden. Ein älterer Helfer, er hatte mir schon oft am Bau geholfen und auch Erfahrung, lud die Kaminsteine in eine Scheibtruhe ein, um sie nach oben zu transportieren. Ich stand im dritten Stockwerk des Hauses, steuerte den Kran und sah dem Arbeiter beim Beladen der Steine zu. Auf seinen Zuruf, ich könne wegfahren, schaltete ich den Kran ein. In diesem Moment fing er zu schreien an, ich fuhr zurück und sah, dass er einen Finger eingeklemmt hatte. Obwohl er mir das Okay zum Heben selbst gab, wollte er an einem Stein etwas korrigieren und der Finger war sofort eingeklemmt. Er blutete, der obere Teil des Fingers sah nicht besonders gut aus, er war richtig zusammengequetscht und fast abgeklemmt. Der Arbeiter sagte, er sei selbst schuld, wollte aber auf keinen Fall ins Krankenhaus und fuhr mit dem Fahrrad!! nach Hause. Ich besuchte ihn am Abend bei sich zu Hause, brachte ihm eine Kiste Bier als Wiedergutmachung mit. Das waren noch Leute, die weder zum Rechtsanwalt liefen noch von einer Klage sprachen.
Als die oberste Geschoßdecke betoniert war, fing es am nächsten Tag zu schneien an. Die Zimmermannsarbeiten gingen trotz leichten Schneefalls zügig voran. Nachdem wir auch beim Zuschalen des Daches mithalfen, konnten nun die Spenglerarbeiten begonnen werden. Nach einer Woche war es soweit; es gab die „Dachgleiche", also das Richtfest. Ich wollten nun so schnell wie möglich die Fenster, Türen und Glaserarbeiten in Angriff nehmen, da es immer kälter wurde,

bestellt war ja schon alles. Auch diese Arbeiten gingen zügig voran und als die Glaserei zu arbeiten begann, war ich sicher, dass in einer Woche das ganze Haus winterfest sei. Allerdings passierte bei einer der größten Fensterscheiben des ganzen Hauses ein Missgeschick. Das Fensterglas war natürlich sehr, sehr schwer und wurde von vier Leuten aufgehoben, um es einbauen zu können. Es funktionierte reibungslos, das Glasteil musste nur mehr befestigt werden. Als sich die zwei Arbeiter der Glaserei gleichzeitig bückten, um den oberen Teil der Glasfläche mit Holz zu fixieren, fiel die Glasscheibe um und zerbrach in tausend Teile. Ich darf gar nicht daran denken, was passiert wäre, wenn dieser Teil einen Arbeiter getroffen hätte. Es musste nunmehr diese Scheibe rasch ersetzt, konnte aber erst nach einem Monat wieder geliefert werden.

Gemeinsam mit Edi, Maria und Lisi fuhr ich mit dem Auto meines Schwagers nach Westberlin, um die Freunde und Bekannte wieder zu treffen. Wir waren dort immer herzlichst willkommen und wohnten bei ihnen zu Hause. Wir lernten Berlin näher kennen, machten Ausflüge und saßen am Abend bis in die Nacht zusammen. Dass die Berliner trinkfest waren, stellten wir schon nach der ersten Nacht fest. Die Zeit verging wie im Fluge und nach der Abreise fuhren wir wieder über die Autobahn der DDR. Der Grenzübergang vor Hof blieb uns allen in sehr guter Erinnerung. Wie immer mussten wir alle aussteigen und wurden von den Zöllnern der DDR genauestens kontrolliert. Sie durchsuchten dann noch das Auto meines Schwagers, als sie dabei den Rücksitz fast herausrissen, wohl gemerkt aus einem fast neuen Auto, empfanden wir das als Schikane. Letztlich leerte man noch den gesamten Inhalt der Tasche meiner Schwester auf den Boden, inklusive der Toilettartikel, somit wusste man dann: im Arbeiter- und Bauernstaat wurde volle Arbeit geleistet!

ALLIANZ

Die Kunden der „Wiener Allianz" im Inneren Salzkammergut wurden von einem hauptberuflichen Mitarbeiter aus Gmunden betreut. Die Schwierigkeiten bestanden darin, in der Versicherungsbranche Fuß zu fassen und ein solides Versicherungsgeschäft aufzubauen. Es galt, sich mit dem Namen der „Wiener Allianz", die zu den großen Versicherungsgesellschaften Österreichs gehört, bekannt zu machen. Dieses Gebiet wurde früher kaum betreut, allenfalls von einem nebenberuflichen Mitarbeiter, er war eigentlich Briefträger und versuchte Versicherungskunden zu gewinnen. Der Versuch drei Jahre zuvor war gescheitert, als zwei hauptberufliche Mitarbeiter in Ebensee eingestellt worden waren, diese brachten aber nicht den erwünschten Erfolg und gaben auf.

Der damalige Platzhirsch war Gemeindebeamter, hatte guten Kontakt zu den Ebenseern und arbeitete nebenberuflich für die „Wiener Städtische", eine der ganz großen Versicherungen in Österreich. Politisch war diese Versicherung eine rein „rote" Gesellschaft und Ebensee hatte immer eine satte Mehrheit der Sozialdemokraten. Die zweite große Versicherung im Ort war die „Oberösterreichische", eine Landesgesellschaft, die auf der „schwarzen" Seite angesiedelt war. Der nebenberufliche Mitarbeiter dieser Gesellschaft war bei der Polizei beschäftigt, also auch sehr bekannt. Ob er auch beliebt war, kann ich nicht beurteilen. Die „Wiener Allianz" ist in Österreich keiner politischen Partei zuzuordnen, der Allianz-Konzern mit Sitz in München agierte weltweit und ist bis heute eine der größten Versicherungen der Welt. Die anderen Versicherungsgesellschaften oder Vereine waren weniger oder kaum bekannt und auch nicht stark im Geschäft.

Wegen der nicht vorhandenen Betreuung vor Ort suchte die Leitung der Allianz in Linz einen Mitarbeiter in Ebensee. Der damalige Vertriebsdirektor hatte sich zum Ziel gesetzt, die Probleme und Beschwerden rasch zu lösen. Außerdem unternahm er alles, einen geeigneten Mitarbeiter zu finden und setzte eine finanzielle Belohnung aus, sollte dieser gefunden werden. Ich bekam einen Anruf von Verwandten, die eine Erledigung eines Versicherungsfalles urgiert hatten, auf den die Leitung der Allianz sofort reagierte. In diesem Zusammenhang kam das Gespräch auf mich, warum, weiß ich bis heute nicht. Die Versicherung werde sich bei mir melden, hieß es, und ersuchte um einen unverbindlichen Termin mit mir.

In der Zwischenzeit wurde mir von der Post angeboten, als Schalterbeamter am Postamt Ebensee eine garantierte Anstellung zu bekommen. Dieses Angebot war für mich interessant, da ich dann im Ort arbeiten könnte, keinen Nachtdienst mehr hätte und die Bezahlung als Beamter wäre zudem besser. Es hieß, ich brauchte nur die Bewerbung dieses Angebotes an die Postdirektion in Linz weiterleiten und bekäme dann Nachricht.

Dazwischen gingen die Arbeiten auf der Baustelle zügig weiter, trotzdem tauchten aber immer wieder Schwierigkeiten auf, mit denen ich nicht gerechnet hatte. Bei der bestehenden Wasserleitung meines Nachbarn, sei der Wasserdruck zu gering und so könne daher mein Haus nicht angeschlossen werden. Also gab es nur die Möglichkeit, die Bahnhofstraße aufzureißen um an der gegenüberliegenden Straßenseite dort das Wasser anzuschließen. Gleichzeitig wurde mir aber vorgeschrieben, diesen Nachbarn auch von der neuen Leitung aus zu versorgen, natürlich auf meine Kosten. Bei dieser Gelegenheit erfuhr ich auch, dass die Leitung und Versorgung des Stromnetzes verbessert werden müsse. Die Stromleitungen verliefen bisher oberirdisch, nun mussten alle unter die Erde verlegt werden, natürlich zu meinen Kosten. Dass dann noch der Anschluss der Fernsehkabel auch über meinen Grund verlief und ich die Grabungsarbeiten allein ich tragen müsse, überraschte mich eigentlich nicht mehr.

Der Anruf der Allianz ließ nicht lange auf sich warten und wir vereinbarten einen Gesprächstermin. Ich war damals mit meinem Auto bei der „Viktoria" versichert, kannte aber später niemanden mehr, der ebenfalls bei dieser Gesellschaft Kunde war. Nachdem ich mein Auto später gewechselt hatte und damit auch die Versicherung, dürfte diese Firma sicher in Konkurs gegangen sein. Nein, sie hatte den Hauptsitz unter dem Firmennamen „Ergo Versicherungsgruppe Deutschland" in Düsseldorf und war seit 1984 in Österreich unter „Victoria-Volksbanken-Versicherung" vertreten.
Die zwei Herren, die mich besuchten, waren der Vertriebs-Landesdirektor Dr. Axel Philip und der Vertriebsleiter Rudolf Schlor. Zuerst glaubte ich, der Ältere sei der Chef, es war aber umgekehrt. Es wurde sofort mit sehr offenen Karten gespielt, die Chemie mit den beiden passte und die Angebote, die mir gemacht wurden, klangen vielver-

sprechend. Zuerst besprach ich diese neue Entwicklung mit Lisi, dann sollten wir einmal darüber schlafen und dann das Für und Wider abwägen. Ich war in der Zwickmühle, denn die Zusage der Post war definitiv und das Angebot der Allianz reizte mich nun auch sehr. Bei der Post stand ich kurz vor der Pragmatisierung, wäre dann unkündbar und hätte diesbezüglich beruflich ausgesorgt. Die garantierten Vorrückungen würden sich natürlich auch auf das Einkommen niederschlagen. Auf der anderen Seite konnte ich es mir kaum vorstellen, als Beamter in Pension zu gehen. Der Staatsbetrieb mit seiner Schwerfälligkeit ist auch nicht gerade einladend, um flexibel oder kreativ arbeiten zu können.

Jetzt hätte ich unerwartet die Möglichkeit, eine komplett neue Seite meines Lebens aufzuschlagen, fast selbstständig zu arbeiten, Ideen zu verwirklichen und sehr viel Kontakt mit Menschen zu haben, was ich immer gerne hatte. Die Nachteile konnte ich natürlich nicht jetzt schon aufzeigen, da ich diese Branche überhaupt nicht kannte oder beurteilen konnte. Ob Versprechen, die vorher gemacht werden, auch später eingehalten werden, stellt sich erst im Nachhinein heraus. Um genaue Details abzuklären, meine neuen Aufgaben kennenzulernen, etwas über die Ausbildung des neuen Berufes zu erfahren und das Geschäft etwas abschätzten zu können, vereinbarte ich einen neuen Termin. Als diese Dinge geklärt und besprochen waren, freute ich mich richtig auf die neuen Aufgaben. Ich kündigte bei der Post, was bei vielen Menschen in meiner Umgebung völliges Unverständnis hervorrief.

Mit 1.4.1971 fing ich als Gebietsinspektor bei der „Wiener Allianz" an. Es begann die Zeit der Ausbildungen, Schulungen und Kurse, die nun mein weiteres Berufsleben immer begleiten würden. Mein Einstieg in diesen neuen Beruf war zu der Zeit, als die Firma alles daransetzte, die beste Ausbildung der ganzen Branche zu haben. Ich lernte das Geschäft von Pike auf. Es gab eine spezielle Ausbildungsabteilung für jedes Bundesland, auf der die speziellen Sparten aufgeteilt und unterrichtet wurden. Die Schulungen wurden nicht nur in der Theorie, sondern auch in der Praxis abgehalten. Diese fanden vor Ort bei den Gebäuden und Objekten der Kunden statt, deren Zustimmung war Vorrausetzung- seien es Handwerksbetriebe, Firmen der verschiedenen Branchen oder landwirtschaftliche Anwesen. Sei es das Vermessen oder Bewerten der Objekte, bis hin zur Aufnahme von Gebäudeteilen und Hausplänen. Übrigens – Dr. Philip, er war etwas älter als ich, starb kurz nach meiner Gehirnblutung bei einem Sturz in seiner Wohnung an einer Kopfverletzung.

Am 26.Oktober 1971, dem Weltspartag, wurde nun die Sparkasse in Ebensee, mit einer großen Feier eröffnet. In diesem Spätherbst bauten wir auch noch die Doppelgarage samt kleiner Werkstätte. Wir selbst hatten unsere Wohnungen noch nicht fertig, die zwei Mieter des zweiten Stockwerkes konnten dann noch in diesem Jahr einziehen. Als Letzte bezogen wir nun den ganzen ersten Stock unseres Hauses, obwohl der Großteil der Räume noch nicht fertig war. Wir wollten nun aber schnell aus unserer Einzimmerwohnung hinaus und waren ganz glücklich über unser neues Heim.

BERLINER LUFTBRÜCKE

Für mich als Kind und Jugendlicher gab es nur zwei Seiten: das Böse und das Gute. Das Böse war Russland, mit all den schrecklichen Erinnerungen des Zweiten Weltkrieges, dem Kampf um Stalingrad, den Arbeitslagern und den Gräueltaten der Roten Armee. Vor Russland musste man Angst haben und sich fürchten.

Die Guten, das waren die Amerikaner. Sie haben uns befreit, waren freundlich und auf unserer Seite. Vor allem die Medien standen fast ausschließlich auf dieser Seite und berichteten entsprechend. Doch irgendwann fing ich an, gewisse Dinge zu hinterfragen. Richtig begonnen hat es in der Hauptschule, in der der Zweite Weltkrieg in wenigen Stunden abgehandelt wurde, inklusive der Atombombenabwürfe in Hiroshima und Nagasaki. Für uns war es damals auch unvorstellbar, so große Städte einfach anzugreifen, in denen nur die Zivilbevölkerung lebt, und dass dabei über 200.000 Menschen sterben mussten. Wir spielen mit den Kräften, die bisher dem Allmächtigen vorbehalten waren. General Leslie Groves war der Kommandant des „Manhattan Projects". „Das mit der Atombombe, war keine große Entscheidung. Jedenfalls keine, die mir Kopfschmerzen bereitete", sagte US-Präsident Harry S. Truman. Zum Trost wurde uns dann erklärt, dass damit auch der Zweite Weltkrieg offiziell beendet werden konnte.

In der Hauptschule wurde uns lediglich in einer Stunde von der Berliner Luftbrücke 1948/49 erzählt, die uns sehr interessierte, denn in diesem Jahr wurden wir geboren. Die vier Siegermächte des Zweiten Weltkrieges teilten sich Groß-Berlin in vier Sektoren auf. Die Westallianz vollzog eine Währungsreform in den drei Westzonen und bewog dann die sowjetische Besatzung, ebenfalls eine Währungsreform durchzuführen. Man wollte damit eine Überschwemmung mit Beständen alter Reichsmark aus der Westzone verhindern. Der Ankündigung der Sowjetunion, ganz Berlin würde in diese Reform miteinbezogen, widersetzte sich die Westallianz, indem sie die Deutsche Mark in den Westsektor Berlins einführte. In einer Meldung der Nachrichten der sowjetischen Besatzung hieß es, die Transportabteilung der sowjetischen Militärverwaltung fühle sich gezwungen, aufgrund technischer Schwierigkeiten den Verkehr aller Güter- und Personenzüge nach Berlin einzustellen. Damit seien alle Land- und Wasserzugänge aus dem Westen abgeschnitten, sogar die Versorgung mit Fernstrom wurde unterbrochen. Das bedeutete auch, dass die drei westlichen Alliierten nicht nur ihre Truppen in Berlin, sondern auch die Bevölkerung in ihren Zonen nicht mehr auf diese Weise versorgen konnte. Der Großteil Berlins war noch zerbombt, ein Trümmerhaufen, und in den westlichen Sektoren lebten 2,2 Millionen Menschen. Diese Leute waren vollständig abhängig von der Versorgung und die Westmächte mussten dann überlegen, Berlin aufzugeben oder in Berlin zu bleiben.

Dies wurde dann als die Berlinblockade bezeichnet und ging in die Geschichte ein. Über einen Luftkorridor musste nun die ganze Stadt mit Flugzeugen versorgt werden. Es war eine unvorstellbare Herausforderung der West-Alliierten und wurde dann als Berliner Luftbrücke bezeichnet. Die Lufttransporte führten über drei Luftkorridore, von Westdeutschland aus wurde Berlin Tempelhof angeflogen. Später wurde innerhalb von 90 Tagen der Flughafen in Tegel gebaut, der im französischen Sektor lag und dann die längste Landebahn Europas aufwies. Zum Großteil kamen die Flugzeuge aus amerikanischen Beständen, die Engländer flogen über Hamburg mit Wasserflugzeugen. Am 16. August 1949 wurden mit 12.849 Tonnen Fracht und 1.398 Flügen innerhalb von 24!! Stunden das größte Frachtaufkommen erreicht. Dabei landete alle drei Minuten ein Flugzeug!! Es dauerte fast zwei Jahre, bis die sowjetische Besatzungsmacht die Blockade beendete, bis dahin versorgte man Berlin komplett über den Luftweg.

Erwähnt wurden im Schulunterricht auch kaum der Koreakrieg oder die Kubakrise mit der Invasion in der Schweinebucht. Als die Kubakrise im Oktober 1962 begann, ich war gerade Lehrling, stand die Welt kurz vor einem Atomkrieg. Ich hatte damals wirklich Angst und konnte auch nur hoffen, dass Kennedy und Chrustschow nicht wirklich ernstmachten. Nach Konflikten und Bombardierungen in Laos, Bolivien, der Dominikanischen Republik, Kambodscha und Israel mit dem Sechstagekrieg war der Krieg in Vietnam schon in vollem Gange.

VIETNAM
Der Vietnamkrieg, englisch Vietnam War, für die Vietnamesen war es der „amerikanische Krieg", dieser Ausdruck ist wohl treffender, obwohl es nicht gerne gehört wird. Er dauerte von 1955 bis zum 1. Mai 1975, bis zur Einnahme von Saigon.

Wenn ich zurückdenke, ich sah damals die ersten Berichte im Fernsehen, später wurde ich immer mehr mit dem Krieg in Vietnam konfrontiert. Es waren immerhin 20 Jahre, in denen die schrecklichsten und unverständlichsten Dinge passiert sind.
Im Zweiten Weltkrieg forderten die USA Vietnam auf, sich den japanischen Besatzern zu widersetzen und dafür wurde die Unabhängigkeit eines eigenen Staates versprochen. Nachdem sich der Kalte Krieg gegen die Sowjetunion ausbreitete, ging es den USA nur darum, den Kommunismus einzudämmen. Die Franzosen wollten Vietnam wieder als Kolonie haben, wodurch 1946 der Indochina-Krieg ausgelöst wurde. Da die USA mit den Franzosen verbündet waren, begannen sie mit der Intervention in Vietnam. Der Kolonialkrieg entwickelte

sich nun zum Kampf gegen den Kommunismus. Nachdem die französische Kolonialherrschaft 1954 endete, wurde bei der Konferenz in Genf dann beschlossen, Vietnam in zwei Staaten zu teilen. Im Norden herrschte der Kommunismus, während im Süden die USA mit Diem einen Herrscher aus dem amerikanischen Exil einsetzten. Es begann der Bürgerkrieg, bei dem die Nationale Front für die Befreiung Südvietnams, abgekürzt NLF „Vietcong", versuchte, die Regierung Südvietnams zu stürzen und das Land wieder zu vereinigen. Die kommunistische Regierung Nordvietnams unterstützte die NLF, die USA unterstützten militärisch Südvietnam. Schon unter Präsident John F. Kennedy wurden verdeckte Luftschläge gegen die Dörfer der Vietcong geflogen. Durch die dichte Vegetation Vietnams waren die gezielten Bombardierungen schwierig. So setzte die US-Air-Force bereits in diesem frühen Stadium des Krieges die gefürchteten Napalmbomben ein und dabei entstanden Temperaturen von bis zu 2000 Grad Celsius. Schon 1962 wurden 50.000 Luftangriffe der US-Air-Force gegen vietnamesische Dörfer geflogen.

Nach dem tödlichen Attentat auf John F. Kennedy am 22. November 1963 rückte Johnson in das Präsidentenamt auf. 1965 ließ Präsident Lyndon B. Johnson Nordvietnam bombardieren und setzte immer mehr Bodentruppen in Südvietnam ein. Anfangs waren es 23.500 Soldaten, am Jahresende bereits 200.000. Daraufhin unterstützten die Sowjetunion und die Volksrepublik China Nordvietnam. Ab 1964 griffen die Kämpfe auf Laos, ab 1970 auch auf Kambodscha über. Am 14. Oktober 1964 wurde Nikita Sergejewitsch Chrustschow in der Sowjetunion gestürzt. Er hatte die friedliche Koexistenz mit den USA gefordert, sein Nachfolger war Leonid Iljitsch Breschnew. Die DDR rief ihre Bürger ab 1965 zu „internationaler Solidarität" mit Nordvietnam auf. Johnson bat die SEATO-Staaten (Südostasienpakt) dann um Kampftruppen, England lehnte ab, Neuseeland, Australien, Philippinen, Südkorea und Thailand unterschützten mit „nichtmilitärischen Gütern". 1965 wurden verstärkt Chemiewaffen, wie Agent Orange eingesetzt, ein Pflanzenvernichtungsmittel, das die Reisfelder und Wasserreservoirs zerstörte. Diese Vernichtungswaffen, oder auch besser bekannt als Massenvernichtungswaffen, trafen nicht nur die Vietcongs, sondern auch die Zivilbevölkerung.

Seit 1950 hatten US-Militärlabors mit Herbiziden experimentiert und die Wirkungen in der Natur für militärische Zwecke getestet. Seit 1959 waren diese Mittel in Südvietnam auch getestet worden. Aufgrund der Erfolgsberichte darüber machte US-Präsident Kennedy diese Stoffe 1961 zum zentralen Bestandteil und ordnete ihren Einsatz in Vietnam persönlich an. Dazu nutzte die US-Regierung eine Lücke im Genfer Protokoll von 1925 aus, das Krieg mit Chemiewaffen nur gegen Menschen, nicht aber gegen Pflanzen verbot. Im Juli 1961 trafen die ersten Lieferungen unter dem Codenamen wie Agent Orange, Agent Blue, Agent Purple und Agent White in Südvietnam ein. Im Jänner 1962 begann die Operation Ranch Hand („Farmgehilfe"). Unter Johnson wurde daraus ab 1965 das historisch größte Programm chemischer Kriegsführung. Dabei versprühten die USA bis 1971 etwa 20 Millionen Gallonen (80 Millionen Liter) der mit Dioxin verunreinigten Herbizide. Bis Ende 1965 sandte die US-Regierung 184.000, bis Ende 1966 400.000, bis Ende 1967 485.000, bis Ende 1968 548.000 US-Soldaten in den Vietnamkrieg.

1968 gewann Richard Nixon die US-Präsidentschaftswahlen mit dem Versprechen, einen „Frieden mit Ehre" auszuhandeln. Ab Juni 1969 zogen die USA kontinuierlich ihre Soldaten ab, Anfang 1973 waren nur noch 27.000 Soldaten in Südvietnam stationiert. Nach neuen Bombardierungen wurde ein Waffenstillstand im Jänner 1973 mit Nordvietnam abgeschlossen.

Der Spiegel schrieb in seiner Ausgabe 31/1966 am 25.7.1966:
„Quiz fürs Vaterland – In den Vereinigten Staaten sind 2,5 Millionen Männer zu dumm und 1,9 Millionen zu gescheit, um Soldat zu werden. Weitere 2,5 Millionen haben ihre Wehrpflicht schon erfüllt, acht Millionen sind aus besonderen Gründen von der Wehrpflicht befreit. Von den fast 16 Millionen Amerikanern zwischen 19 und 26 Jahren sind im Augenblick alleine 4,8 Millionen wegen geistiger oder körperlicher Mängel befreit; nahezu die Hälfte von ihnen bestand die Begabungsprüfung der Streitkräfte nicht, bei der beispielsweise eine Testfrage lautete: „Ein Junge kauft ein Sandwich für 20 Cent, Milch für 10 Cent und Kekse für 15 Cent, wie viel muss er bezahlen?"

Die amerikanische Rockband „Creedence Clearwater Revival" schrieb 1972 den Song: „Fortunate Son", das Anti-(Vietnam) Kriegslied schlechthin, mit Anspielung auf Söhne einflussreicher Väter, die sich vom Militärdienst „freikaufen " konnten (so wie auch Bush): „Ich bin´s nicht, ich bin´s nicht, ich bin keiner der Glücklichen, nein." Auch der jetzige Präsident Donald Trump war so ein Held, der sich bei seinen Reden gerne als die „militärischste Person überhaupt" präsentiert. Er kann sich nicht mehr erinnern, welcher Fuß ihn schmerzte, als die Reihe 1968 an ihn kam, seinem Land in Vietnam zu dienen. Aber er weiß noch, dass es ein „sehr starker Brief war", den sein Doktor schrieb. Darin erklärte der Arzt den athletisch gebauten Absolventen der „Wharton Business School" für untauglich für den Kriegsdienst. Als Grund für die Ausmusterung musste laut „New York Times" ein Fersensporn herhalten. Donald Trump war fein raus, wie viele andere Söhne gut vernetzter Eltern. Statt die Uniform anzuziehen, schloss Trump eine Eliteschule ab, legte Anzug und Krawatte an, um in das Unternehmen seines Vaters einzusteigen. Wie sich nun herausstellte, besorgte sich Trump fünf Rückstellungen, bevor ihn die Ferse endgültig vor dem Wehrdienst bewahrte. Dem Skandal-DJ Howard Stern erzählte er später einmal, sein „persönliches Vietnam" sei es gewesen, sich bei seinen Frauenkontakten keine sexuell übertragenen Krankheiten zuzuziehen. „Ich bin´s nicht, ich bin´s nicht, ich bin kein Senator-Sohn, bin kein Millionärssohn und bin auch nicht mit ´nem Silberlöffel in der Hand geboren."

Die US Streitkräfte in Vietnamkrieg sollten noch bis zum Jahresende von 285.000 auf 400.000 Mann erhöht werden. Bislang fielen in Vietnam 4000 Amerikaner, 20.000 wurden verwundet.

Am 16. März 1968 ermordeten mindestens 22 US-Soldaten beim Massaker von My Lai 504 Personen, meistens Frauen, Kinder und Alte. Dieses Massaker wurde weltweit bekannt und der leitende Leutnant wurde 1971 dafür zu lebenslanger Haft verurteilt. Nach einer Revision wurde die Haftstrafe auf dreieinhalb Jahre reduziert und im November 1974 erließ Nixon ihm die Reststrafe. Berichte über die Tet-Offensive trugen zum Meinungsumschwung in den USA bei.

Weltweit bekannt wurden die Exekution eines NLF-Gefangenen durch den Polizeichef von Saigon vor laufender Kamera und das Foto des neunjährigen Mädchens, das nach einem Napalmangriff nackt, mit schweren Verbrennungen und schreiend an US-Soldaten vorbei aus seinem brennendem Dorf lief.

Im Februar 1969 befahl Nixon die streng geheime Operation Menu, von der nicht einmal der Stabschef der Air Force erfuhr. Dabei warf die US-Luftwaffe mit stillschweigender Duldung von Prinz Norodom Sihanouk in 14 Monaten rund 100.000 Tonnen Bomben auf Rückzugsgebiete der NLFN und PAVN in Kambodscha und Laos. Anschließend durchsuchten US-Spezialtrupps die betroffenen Gebiete, um Überlebende zu töten. Dabei starb eine unbekannte Menge an Zivilisten. Über 40.000 US-Soldaten wurden bis 1970 in Vietnam heroinabhängig und 330.000 Heimkehrer waren Ende 1970 arbeitslos. Ab 1969 wurde bekannt, dass hunderttausende Vietnamveteranen unerkannte und unbehandelte Traumatisierungen erlitten hatten. In regelmäßigen landesweiten Gallup-Umfragen, ob der US- Kriegseinsatz ein „Fehler" gewesen sei, antworteten mit Nein 61% (1965), 50% (1966), 44% (1967), 34% (1968), 24% (1971). Die US -Army registrierte 8.612 zerstörte Flugzeuge und 4.868 zerstörte Helikopter.

Die USA verweigern Vietnam bis heute Reparationen oder andere Entschädigungszahlen. Stattdessen musste Vietnams Regierung 1993 die Schulden des früheren Süd-Vietnam übernehmen, um Kredite zu erhalten und die Aufhebung eines Embargos der USA zu erreichen. 2007 bewilligten die USA erstmals 400.000 Dollar zur Beseitigung von Dioxin- Rückständen in Danang. Im Mai 2009 verdoppelte US-Präsident Barack Obama diese Hilfe von drei auf sechs Millionen Dollar. Entschädigungsklauseln von krebskranken Vietnamesen wiesen US-Gerichte jedoch zurück.

Der unglaubwürdige Kriegsgrund, die anhaltenden Bombenangriffe auf Nordvietnam ohne Kriegserklärung, die Informationspolitik der US-Regierung, Chemiewaffeneinsatz, Kriegsverbrechen und anderes entzogen dem Krieg für viele moralische Rechtfertigung. Im Herbst

1964 entstand eine Friedensbewegung, die zu den größten Protestbewegungen in den USA zählte. Die Menschen erprobten neue Formen des zivilen Ungehorsams für weitgehende emanzipatorische und antiautoritäre Ziele einer umfassenden Gesellschaftsveränderung. Manche Aktivisten wie Jane Fonda und Joan Baez reisten nach Nordvietnam, um Kriegsschäden zu besichtigen und ein „anderes Amerika" zu zeigen. Große Teile der US-Bevölkerung sahen diese Kriegsgegner als Verräter, es kam zu Gegendemonstrationen und körperlichen Angriffen. Martin Luther King, Führer der Bürgerrechtsbewegung, hatte seit März 1965 für Verhandlungen mit der NLF plädiert. Am 4. April 1967 stellte er sich mit seiner bislang schärfsten Predigt ganz auf die Seite der Kriegsgegner und wurde deren Sprecher. Der Vietnamkrieg und die Armut in den USA blieben bis zum 4. April 1968, als er ermordet wurde, Hauptthema seiner Rede.

Am 4. August gab Robert F. Kennedy das tödliche Attentat auf King bei einem Demokratischen Wahlkampfauftritt bekannt und verhinderte mit einer versöhnlichen Rede Aufruhr vor Ort. Er galt deshalb als aussichtsreicher, mehrheitsfähiger Kandidat, war auch Kriegsgegner, bis auch er am 5. Juni 1968 durch ein Attentat ermordet wurde. Für die 68er-Generation war Ho Chi Min, Präsident der demokratischen Republik Vietnams von 1945 bis 1955, ein Vorbild. Es waren sein einfacher Lebensstil, seine Bescheidenheit und Integrität, die die Menschen beeindruckten, und er gilt als der Begründer der Unabhängigkeit Vietnams. Internationale Bürgerrechts- und Studentenbewegungen mit Ausschreitungen waren die Folge gegen den Vietnamkrieg. Unter diplomatischem Druck im Oktober 1972 kam die Aussage: „Wir glauben, der Friede stehe vor der Tür", das brachte dann im November Nixon den hohen Wahlsieg. Durch den Watergate-Skandal, bei dem Nixon der Auftraggeber der illegalen Überwachung von Oppositionspolitikern und Kriegsgegnern war, beschloss der US-Kongress seine Amtsenthebung. Dieser kam Nixon 1974 mit seinem Rücktritt zuvor.

Mit der vollständigen Einnahme Saigons am 1. Mai 1975 endete der jahrzehntelange Vietnamkrieg. Erstmals seit etwa 100 Jahren standen dort keine ausländischen Truppen mehr. Gesamtschätzungen reichen bis zu vier Millionen Vietnamesen, die in diesem Krieg ihr Leben verloren hatten. Danach starben im Vietnamkrieg etwa viermal so viele Zivilisten wie Soldaten. Während des US-Kriegseinsatzes befragte US-Bürger glaubten dagegen, es habe nur etwa 100.000 vietnamesische Kriegsopfer gegeben. Das US-Militär registrierte exakt 58.220 in Vietnam getötete US-Soldaten. Wissenschaftler schätzen, dass die US-Air Force von 1965 bis 1971 die zwei- bis dreifache Menge an Bombermunition (bis zu sieben Millionen Tonnen) auf Vietnam abwarf wie im gesamten Zweiten Weltkrieg.

Die US-Hersteller hatten im Februar 1965 vereinbart, vor der US-Regierung geheim zu halten, dass ihre mit Dioxinen verursachten Herbizide innere Organe schwer schädigen. Im Herbst 1969 bewies eine Studie, dass Agent Orange Schäden am Erbgut, Fehlbildungen von Föten und Fehlgeburten verursacht. 2007 litten eine Million Erwachsene und 150.000 Kinder in Vietnam an Krebskrankheit, psychischen und genetischen Schäden. Da Dioxin und Erbgutschäden persistent sind, werden sie weitere Generationen betreffen.

BUNDESHEER

Im Juni 1972 wurde ich zum Bundesheer nach Ebelsberg bei Linz einberufen, diesmal zur Ausbildung bei der 2. Kp. / Panzer Gr.B. Die Ausbildung war extrem streng, denn der Hauptmann, der die Kompanie befehligte, kam gerade von der Offiziersausbildung aus Amerika. Natürlich wollte er uns zeigen und beweisen, was Härte und Ausdauer sind. Immer am Samstagvormittag gab es am Fitness-Parcours einen Test, nur die Schnellsten dieser Gruppe durften am Wochenende nach Hause fahren. Bei einer dieser Übungen brach ich mir den Mittelfußknochen und wurde in das Unfallkrankenhaus nach Linz gebracht, musste aber nicht operiert werden. Der behandelnde Arzt erklärte mir, kein Freund des Bundesheeres zu sein und lag damit auf meiner Wellenlänge. Ich erklärte ihm, dass ich verheiratet bin, ein Auto habe und trotz Fußbruches auch selbst Autofahren möchte. Er blieb zwar beim Eingipsen, die Ferse wurde zugegipst und ich bekam einen abnehmbaren Gummistoppel, mit dem ich nun auch Auto fahren konnte. Es war zwar nicht erlaubt, aber sehr praktisch. Durch den „Gipsfuß" konnte ich bei der Grundausbildung nicht mehr mitmachen, so kam ich in die Heeres-Munitionsanstalt nach Stadl-Paura.

Die „HMuna" Stadl-Paura ist die größte Munitionsanstalt Österreichs, die abgelegen mitten im Wald liegt, in dem viele Bunker untergebracht sind. Die Anlage war ein ehemaliges deutsches Militärlager, welches dann für die Sondertruppe der Gendarmerie zur Verfügung stand, aus dem später das Bundesheer hervorging. Es waren jeweils 800 Mann kaserniert und amerikanische Instrukteure brachten ihnen die Handhabung von Waffen incklusive Panzerspähwaffen bei. Im Februar 1952 kam es im Muna-Gelände der Dynamit Nobel AG zu einer gewaltigen Explosion, bei der vier Menschen starben und zehn verletzt wurden.

Ich war in der Muna in der Verwaltung tätig, die nur aus ein paar Personen bestand. Dabei zeichnete ich Pläne, hauptsächlich für das Außenlager der Muna in Bad Ischl-Perneck und machte Überstunden nach Dienstende. Ich glaube, es war die Reinigungsfrau, die längere Zeit ausfiel, und so bot ich dem Kommandanten der HMuna an, die Aufgaben der Reinigungskraft für diese Zeit nach Dienstende zu übernehmen. Ich hatte mit solchen Reinigungsarbeiten nie ein Problem, mein „Gipsfuß" war auch unter Kontrolle (ich hatte ja auch noch zwei Krücken!) und mein Angebot wurde vom Kommandanten liebend gerne angenommen. Dafür bekam ich des Öfteren einen Tag frei und musste nicht die ganze Woche in der Baracke der HMuna wohnen. Das Einzige, was ich als Bundesheersoldat hatte, war meine Uniform mit Kappe, die ich fast nie aufhatte. Selbstverständlich hatte ich auch kein Gewehr, denn wenn ich eines gehabt und schießen hätte müssen, wäre ich ohne Krücken sowieso umgefallen. Einmal in der Woche gab es am Samstagvormittag Exerzierdienst, das heißt, mit dieser kleinen Truppe im weitläufigen Gelände auf der Schotterstraße marschieren. Natürlich musste ich beim Exerzieren mitmachen, also richtigerweise war ich nur anwesend und humpelte mit den Krücken hinten nach; natürlich ohne Gleichschritt! Da es in diesem Gelände viele Erdbeeren gab, konnte ich der großen Versuchung nicht widerstehen und entfernte mich unerlaubterweise von der Truppe, was vermutlich allen egal war. Mein Vorgesetzter stellte mich des Öfteren zur Rede, schrie erbärmlich mit mir und ich war natürlich dann völlig fertig (vom Erdbeerpflücken!). Mein Angebot, er würde von mir auch ein paar Erdbeeren bekommen, da sie so gut schmecken, brachte ihn noch mehr in Rage. Anschließend wurde uns immer wieder das Training mit den Hunden vorgeführt und uns war jedes Mal bewusst, dass diese Hunde auf Menschen abgerichtet waren. Den ganzen Tag über wurde diese Anlage von den Soldaten des Bundesheeres bewacht, in der Nacht aber von den wirklich scharfen Hunden. Es gab eigene Bundesheer-Bedienstete, die einen Diensthund hatten und ausschließlich in der Nacht mit dem Hund arbeiteten und kontrollierten. Die Hunde waren auch nicht angeleint und liefen im Gelände frei herum. Wir wurden daher ständig darauf hingewiesen, wie wir uns bei einem Zusammentreffen mit einem Hund, speziell in der Nacht, zu verhalten hätten. Das Wichtigste war, sofort beide Hände hochzuhalten und sich dabei mit einem Zuruf mit dem Hundehalter laut bemerkbar zu machen. Der Hund griff die Person nicht an, solange man die Hände oben hielt. Der Hundehalter beruhigte den Hund und leinte ihn dann an.

Ich habe in der Nacht eine solche Konfrontation mit einem Hund erlebt, bei mir war der Adrenalinspiegel so hoch, dass ich fast in die Hose gemacht hätte. Diese sogenannten Kampfhunde waren alles Tiere, die nicht als besondere Hunderasse bezeichnet werden, sondern für ein bestimmtes Einsatzgebiet Verwendung finden. Bevorzugte Rassen sind Bull-Terrier, American Bitt Bull-Terrier, Staffordshire Bullterrier oder Bulldoggen. Die meisten Hunde zeichnen sich durch die Schnelligkeit aus, verbeißen sich und lassen nicht mehr los. Sie haben enorme Bisskraft, Temperament, große Ausdauer und sind kaum schmerzempfindlich. Alleine beim Schreiben dieser Zeilen bekomme ich schon wieder „Händeschwitzen".

Ich war einer der wenigen, die bei der Grundausbildung mit dem eigenen Fahrzeug vor dem Eingang der HMuna parkten, daher ersuchten mich eines Tages Grundwehrdiener nach Dienstschluss, sie nach Lambach in ein Lokal mitzunehmen. Ich hatte einen „Fiat-124-Limousine" mit vier Türen und 60 PS, das Auto erreichte eine Höchstgeschwindigkeit von 145 km/h, zugelassen war es für fünf Personen, lackiert in gelber Farbe, etwas dezenter als ein Postkasten. Da sechs Grundwehrdiener mitfahren wollten und kein zweites Auto zur Verfügung stand, nahm ich alle mit. In der vorderen Reihe waren wir zu dritt, hinter mir saßen noch vier Personen. Weil es auf der Sitzbank hinten zu eng wurde, konnte eine der hinteren Türen nicht ganz geschlossen werden und wurde von einem Beifahrer mit der Hand gehalten. Da die Fahrt ja nicht lange dauerte, gab es dabei keine Bedenken.

Kurz bevor ich am Ziel war, sah ich im Rückspiegel das Blaulicht der Gendarmerie und hoffte, dass es nicht mir galt. Als mich die Beamten überholten und ich dann aufgefordert wurde, stehenzubleiben, ahnte ich nichts Gutes. Sie waren nicht gerade höflich und forderten mich bestimmt auf, dass alle sofort aussteigen müssten. Sie staunten aber nicht schlecht, als sechs Personen ausstiegen und ich noch im Wagen saß. Also habe sich der Verdacht bestätigt, warum die hintere Auto Türe nicht zu schließen war. Der Wagen sei auf fünf Personen zugelassen, im Auto waren sieben Personen, also zwei zuviel. Als mich dann noch ein Gendarm aufforderte, ich sollte auch aussteigen, war das keine gute Idee. Als stieg ich aus, humpelte und stand ohne meine Krücken und Gummistoppel auf der Straße. Sie waren in dem Moment sprachlos und drohen mir anschließend fast alles an, was es zu drohen gibt. Es tat mir natürlich unheimlich leid, (das wirkt immer). Ich jammerte, wir seien gerade bei der Grundausbildung beim Bundesheer in der HMuna, hätten alle fast kein Geld, ich würde das sicherlich nicht mehr machen und ob es nicht doch bei einer strengen Verwarnung bleiben könnte, wir dienten ja alle für den Staat, ich sei verheiratet, meine Frau sei allein zu Hause und so weiter... Tatsächlich brauchte ich bei den netten Gendarmen nicht zu zahlen, durfte aber nur mehr mit fünf Personen weiterfahren, aber nur zur Kaserne. Das war die perfekte Schauspielkunst, ich hätte sicherlich eine Nebenrolle bei der Löwingerbühne verdient.

Übrigens: Das war wirklich sehr, sehr nett von den Gendarmerie-Beamten!!

In der Holzbaracke, in der wir wohnten, standen ganz alte Metalldrahtbetten mit noch älteren Matratzen, ich vermute, sie waren schon im Ersten Weltkrieg im Einsatz und bestanden ursprünglich aus naturnahem Material. Die Decken waren ganz alte Felddecken, bei denen man beim Umdrehen fast erstickt und erstunken wäre. Sie waren auch hundertprozentig nicht allergiegetestet. Es fing ganz langsam an, mich überall zu jucken und beißen. Es wurde immer schlimmer und als ich nach Hause fuhr, war es fast unerträglich. Meine Frau stellte die richtige Diagnose: Ich war voller Läuse! Sie ging sofort zu unserem Hausarzt, (ich nicht, obwohl es mich betraf), der ihr dann für die Apotheke die richtigen Mittel aufschrieb. Zuhause musste ich mich ganz nackt auf ein Leintuch legen und dieses Mittel einwirken lassen. Ich war von Kopf bis Fuß mit Filzläusen übersät, sogar alle meine Haare waren betroffen. Diese Mittel halfen wirklich sehr schnell, waren auch ziemlich scharf und brannten am ganzen Körper. Danach bekam ich noch eine Tinktur für die Badewanne und hoffte, dass das Ganze auch wirkt. Meine betroffene Kleidung mitsamt dem Leintuch musste entsorgt werden.

Vom Bundesheer wurden neue Matratzen und Decken gebracht, da nicht nur ich, sondern mehrere Leute der Baracke betroffen waren. Wenn ich heute noch daran denke, fängt es mich sofort wieder zu jucken an. Im August 1972 wurde ich beim Bundesheer entlassen, worüber ich ganz traurig war.

WESTBERLIN
Lisi und ich fuhren mit unserem Fiat über Hof nach Berlin. Kurz vor der Grenze auf der deutschen Autobahn sah ich das erste Mal einen „Geisterfahrer", der uns entgegenkam. Obwohl ich das Autoradio immer eingeschaltet hatte, war es nicht hilfreich, es gab damals kaum Verkehrsfunkmeldungen. Es gab damals ebensowenig ein Tempolimit, der Benzinpreis war fast allen egal und ich fuhr, so schnell ich konnte und soviel der Fiat hergab. Ein Alfa mit italienischem Kennzeichen überholte mich, was ich natürlich nicht auf mir sitzen lassen konnte, denn diese Fahrzeuge waren in etwa gleich stark. Ich hängte mich an seinen Windschatten und überholte ihn. Das Selbe machte er dann wieder mit mir und so wechselte immer die Führung, außerdem war wenig Verkehr. Keiner gab nach, weshalb wir in Hof die Grenze zur

DDR fast übersahen und zu schnell an die Grenzkontrolle heranfuhren. Das genügte! Wir wurden auf eine andere Spur geleitet, man nahm uns die Pässe ab und wir mussten warten. Wir mussten sehr lange warten – der Italiener und ich. Als der Italiener auch noch hupte, ignorierten uns die Zöllner komplett und ließen uns einfach stehen. Dabei hatte ICH NICHT gehupt, nur er!

Die AVUS ist eine Abkürzung und heißt „Automobil-Verkehrs und Übungsstraße". Sie war die erste ausschließliche Autostraße Europas und wurde 1921 für den Verkehr freigegeben. Man nutzte sie damals zudem an bestimmten Wochenenden als Rennstrecke. Sie liegt südwestlich von Berlin und wir suchten dort einen Parkplatz. Dieser war voll, vor mir parkte gerade ein Berliner ein, er stieg aus, kam zu mir und sagte: „Stell dich du rein, ich finde schon wieder einen", und fuhr mit seinem Auto wieder aus der Parklücke. Ich war in gewisser Weise sprachlos, so etwas hatte ich noch nie erlebt und war auch immer überzeugt, die Berliner, die ich kennenlernte, hatten das Herz am richtigen Fleck.

Durch unsere Bekannten, die Berliner sind, lernten wir nicht nur die Stadt als Touristen kennen, sondern sahen auch die Vor- und Nachteile der geteilten Stadt. Unter dem Motto „Berlin ist anders" erlebten wir die Amerikaner, die Engländer, die Franzosen und die Russen in Ostberlin. Alle diese Nationen waren in Berlin stationiert, ihre Vertreter arbeiteten oder lebten hier und der Großteil dieser Leute hatte die Familien mit. Ihretwegen gab es die Schulen, Einrichtungen und Märkte, die wiederum speziell dem Herkunftsland angepasst und eingerichtet waren. Wir besuchten zum Beispiel ein Volksfest im französischen Sektor und man hatte das Gefühl, mitten in Frankreich zu sein, mit all der dazugehörigen Lebensfreude, den Eigenarten und Spezialitäten. Parallel dazu wurde jedem, der hier lebte und wohnte, ganz besonders bewusst, dass diese Stadt auf einem Pulverfass stand. Militärisch sowohl vom Westen als auch vom Osten hochgerüstet, gespickt mit Atomwaffen, direkt in Berlin. Die Bewohner mussten damit leben und die Einschränkungen, speziell zwischen West- und Ostberlin, waren nicht jedermanns Sache, hatten aber auch keine Alternativen. Es gab dadurch auch eine eigene Berlinsteuer, das heißt, dass die Bewohner spezielle Steuerbegünstigungen hatten.

OSTBERLIN – AUSFLUG

Wie machten mit dem Auto einen Ausflug nach Ostberlin und fuhren alleine, denn die Bekannten bekamen als Westberliner dafür keine Visa. Wir fuhren über den „Checkpoint Charlie" – Friedrichsstraße, einen der wenigen Grenzübergänge durch die Berliner Mauer. Zwischen 1961 und 1990 trennte sie den sowjetischen von dem US-amerikanischen Sektor, also den Ostberliner Bezirk Mitte und den Westberliner Bezirk Kreuzberg. Der Kontrollpunkt durfte nur von den alliierten Militärs und Botschaftern, Ausländern (wie wir es waren) und ständigen Vertretern der BRD und den DDR- Funktionären benutzt werden. Am Checkpoint Charlie mussten wir auf der DDR-Seite einen Teil des Westgeldes in Ostmark umtauschen und bekamen eine Genehmigung für den Kurzbesuch, das war selbstverständlich alles Pflicht. Man hätte ja schließlich auch zuhause bleiben können! Nun konnten wir passieren und waren in Ostberlin und das unterschied sich extrem vom Westen. Ich hatte das Gefühl, die Leute „zogen den Kopf ein" und vermeiden es, mit uns zu sprechen. Sie hatten vermutlich Angst, selbst Probleme zu bekommen, weil wir aus dem Westen kamen und von der Kleidung bis zum Auto auch so aussehen.

Halte Dich still, halte Dich stumm,
Nur nicht forschen, warum? warum?
Nur nicht bittre Fragen tauschen,
Antwort ist doch nur wie Meeresrauschen,
Wie`s Dich auch aufzuhorchen treibt,
Das Dunkle, das Rätsel, die Frage bleibt.

Gedicht von Theodor Fontane (1895), deutscher Schriftsteller, mit dem Titel: „DIE FRAGE BLEIBT".

Dass der Großteil der Fahrzeuge aus Tatras, Wartburgs, Skodas oder Trabbis bestand, war gewöhnungsbedürftig. Gerade der „Trabant", liebevoll „Trabbi" genannt, wurde seit 1958 in der DDR gebaut, man orientierte sich beim geplanten Kleinwagen an dem seit 1950 im Bremen gebauten „Lloyd LP 300", bekannt als „Leukoplast-Bomber". Im Gegensatz zu den anderen damaligen Kleinwagen sollte der Trabbi der „Volkswagen" der DDR, jedoch ein vollständiger PKW werden. Auf dem Gebiet der ehemaligen DDR befanden sich bei deren Gründung im Jahr 1949 nur noch zwei etablierte PKW-Produktionsstandorte. Diese waren die ehemaligen BMW-Werke in thüringischen Eisenach und das im sächsischen Zwickau beheimatete Unternehmen „Auto Union". Diese wurden 1948 in mehrere volkseigene Betriebe aufgeteilt und die beiden PKW-Produzenten 1958 wieder zusammengefasst. Auch in der DDR wurde der Wunsch laut, eine Motorisierung voranzutreiben. Bereits nach der Besetzung Mitteldeutschlands durch die Rote Armee wurden zahlreiche Industrieanlagen demontiert und als Reparationsleistung in die Sowjetunion gebracht. Man kam allerdings mit der Produktion der Trabbis nicht nach und die Auftragsbücher waren überfüllt. Sogar in der DDR sah man dieses Auto als Geldanlage. Auf einen Neuwagen war eine derart lange Wartezeit in Kauf zu nehmen, dass auch ein mehrere Jahre altes Fahrzeug auf dem Gebrauchtmarkt wieder zum Neupreis verkauft werden konnte. Praktisch jeder erwachsene DDR-Bürger hatte eine PKW-Bestellung angemeldet, oft für einen „Trabant" oder "Wartburg", was die Wartezeit noch weiter verlängerte. Der Besitz eines gut gepflegten Trabant war mit einem gewissen Ansehen verbunden. Dabei wurden gesamt etwa 3.000.000 Stück aller Modellvarianten gebaut und verkauft, derzeit sind noch ungefähr 32.000 Fahrzeuge zum Verkehr zugelassen. In mehreren Spielfilmen stand der Trabant im Mittelpunkt, darunter „Trabbi Goes to Hollywood", „Go Trabbi Go – die Sachsen kommen" oder "Go Trabbi Go – das war der Westen". Der Name Trabant wurde im Rahmen einer Umfrage gefunden und er bedeutete Begleiter oder Weggefährte. Im Laufe der Zeit entstanden einige Spitznamen, wie zum Beispiel: „Überdachte Zündkerze", "Rennpappe" oder "Gehhilfe". Der Trabant wurde kaum verändert, war sparsam, erschwinglich und robust. Nach der Wiedervereinigung Deutschlands entwickelte er sich ähnlich wie der VW-Käfer zum Kultfahrzeug. Die DDR stellte im Automobilwerk VEB Eisenach unter dem Handelsnamen „Wartburg" das Auto her, von dem zirka 1.600.000 Stück verkauft wurden. Dabei wurde zwei Drittel für den Export und ein Drittel für die eigene Bevölkerung produziert. Die meisten der ins Ausland verkauften Fahrzeuge gingen nach Ungarn oder Polen. 1.215 Stück gingen nach Amerika, die ein Händler in Los Angeles verkaufte, der Einstiegspreis betrug 1.799 US-Dollar. Interessantes Detail: Inseriert wurde der Wartburg auch im Playboy!

Ein drittes Fahrzeug, das auf den Straßen der DDR auffiel, war der „Tatra" (das Gebirge), der schon in der Österreich-Ungarischen Monarchie gebaut und nach deren Zerfall in der neugegründeten Tschechoslowakei immerhin bis 1996 produziert wurde. Die PKW-Produktion wurde vor etwa 20 Jahren eingestellt, heute betätigt sich Tatra nur mehr in der LKW-Sparte. Ebenfalls Fahrzeuge aus der damaligen Tschechoslowakei waren in der DDR oft anzutreffen. „Skoda" ist einer der traditionsreichsten Autoproduzenten der Welt und war während der Zeit des Ostblocks verstaatlicht.

Ostberlin war der sowjetische Sektor, Verwaltungszentrale und Besatzungszone. Nach Auffassung der DDR war es auch die Hauptstadt der Deutschen Demokratischen Republik oder auch bezeichnet als „Berlin, Hauptstadt der DDR". Der sowjetische Sektor von Berlin gehörte auf Grund des Vier-Mächte-Status der Stadt und war nicht Bestandteil der DDR. Mit Inkrafttreten des Grundgesetzes der Bundesrepublik Deutschlands von 1949 sollte das auch für das Land Groß-Berlin gelten. Die Sowjetunion lehnte dies aber ab. Als Streiks, Demonstrationen, Proteste und verschiedenste Formen des Widerstandes auftraten, schlug die Rote Armee am 17. Juni 1953 dies blutig nieder. Dieser „Tag der Deutschen Einheit" ist seither Nationalfeiertag der BRD. Am 13. 8. 1961 wurde die Berliner Mauer gebaut und sie spaltete dann die Stadt komplett. International bekannt wurde das Foto des jungen Bereitschaftspolizisten Conrad Schumann, der am 15. August 1961 über den Stacheldraht hinweg in das Gebiet des französischen Sektors sprang und dabei seine Maschinenpistole wegwarf. Ein Jahr später kam die Wehrpflicht in der DDR und wurde in die „Nationale Volksarmee" eingegliedert. Hatten vorher die Berliner noch die Möglichkeit, die Familie, Verwandte und Bekannte in Ostberlin oder

Westberlin zu besuchen, nun war dies nicht mehr möglich. Mehr als 30.000 Personen übersiedelten noch aus der DDR in den Westen. Viele wollten noch nach Westberlin, denn dort hatten die meisten Familienangehörige.

Es spielten sich dann Szenen ab, die unvorstellbar waren, wenn zum Beispiel Ostberliner aus dem zweiten oder dritten Stock des Hauses an der Grenze der geteilten Stadt sprangen, bevor die Fenster zugemauert wurden, um noch nach Westberlin zu kommen. Es wurden Tunnels in beiden Richtungen unterhalb der Mauer gegraben, die meisten im Umfeld der Bernauer Straße oder der Heideberger Straße. Insgesamt gelang 254 Personen auf diesem Wege aus der DDR die Flucht. Es wurde über Flüsse geschwommen und mit allen Mitteln versucht, aus Ostberlin wegzukommen. Die Mauer bedeutete einen 155 Kilometer langen Ring um West-Berlin, davon 43 Kilometer mitten durch das Stadtgebiet, ein 70 Meter breites Hindernis, mit Zäunen, Wachtürmen, Hundelaufanlagen und Betonsegmenten. Sie war zudem Arbeitsplatz für eine 12.000 Mann starke Truppe von Grenzsoldaten. Die Mauer war durchschnittlich drei bis vier Meter hoch, verstärkt durch einen Signalzaun mit diversen Vorrichtungen, Laufanlagen für angeleinte Kettenhunde – ausgenommen in dichtbesiedelten Gebieten-, 484 Wachhunden und 186 Beobachtungstürmen. Dazu wies sie einen asphaltierten Kolonnenweg für Patrouillenfahrzeuge, eine geharkte Sandfläche, auf dem Fußspuren leichter zu verfolgen waren, eine Batterie von Laternen und hohe Masten auf. 302 Wachtürme mit Scheinwerfern und 20 Bunker komplettierten das Sicherheitssystem. Ein fast undurchdringbarer Todesstreifen, dennoch haben Flüchtlinge es immer wieder versucht hinüberzugelangen und mussten oft mit dem Leben bezahlen. Nach offiziellen Angaben verloren an diese Grenze zu West-Berlin 245 Menschen ihr Leben. Die Bewachung der Mauer war Aufgabe des Grenzkommandos Mitte, des Ministeriums für Nationale Verteidigung. Täglich waren rund 2300 Mann direkt an der Grenze.

Am 26. Juni 1963 besuchte John F. Kennedy West-Berlin, nachdem er in seinem ersten Amtsjahr als US-Präsident 1961 den Mauerbau hingenommen hatte. So sollten sein Besuch und seine Rede anlässlich des 15. Jahrestages der Berliner Luftbrücke klarstellen, dass die Vereinigten Staaten West-Berlin keinesfalls dem sowjetischen Kommunismus überlassen würden. Im Originaltext der Rede vor dem Rathaus Schöneberg und dem West-Berliner Bürgermeister Willy Brand kam der Ausspruch: „Vor zweitausend Jahren war der stolzeste Satz: Ich bin ein Bürger Roms! Heute in der Welt der Freiheit, ist der stolzeste Satz: Ich bin ein Berliner!"

Ostberlin war für mich eher eine trostlose Stadt, die überhaupt keinen Charme hatte. Man merkte auch in den Geschäften und Kaufhäusern das eher sehr beschränkte Angebot an Waren. Dazu kam manchmal die in der „Reihe stehende" Bevölkerung, die oft bei ganz banalen Dingen lange Wartezeiten hinnahmen musste. Die Angebote der Geschäfte waren fast überall gleich, eher sehr bescheiden, und die Auswahl war beschränkt. Bei Obst oder Gemüse fehlte jede Auswahl, ganz normale Dinge wie Bananen gab es nirgendwo. Viele Gebäude waren in katastrophalem Zustand, viele sehr desolat und heruntergekommen. Altbauten wurden nicht mehr renoviert und dem Verfall preisgegeben. Die neuen Wohnsiedlungen entstanden alle im gleichen Verfahren und waren Plattenbauten.

Mit diesen Eindrücken wollten wir wieder rasch nach West-Berlin zurückfahren, konnten es aber nicht, denn wir fanden keine Hinweistafeln oder Wegweiser zurück. Also suchten wir mit dem Auto weiter, kamen zu einem größeren Kreisverkehr, um dort den Weg Richtung Checkpoint-Charlie zu finden. Nach der zweiten Runde fanden wir noch immer keine Hinweistafel, bemerkten aber zwei Vopos (Volkspolizisten), die beim Kreisverkehr standen. Nach der dritten erfolglosen Runde hielt ich das Auto an, grüßte freundlich und sagte: „Herr Inspektor, wo komme ich zum Checkpoint-Charlie?" Die beiden schauten mich verdutzt an, vermutlich glaubten sie, ich käme vom Mars. Ganz sicher hatte in ihrer Karriere noch nie jemand „Herr Inspektor" gesagt und ich bin überzeigt, dass sie gar nicht wussten, war das ist. Sie schauten mich an, sie schauten sich gegenseitig an und wussten nicht, was sie tun sollten. Ich glaube, sie verstanden auch meine Sprache nicht, dabei bin ich Österreicher. Das ist mir aber schon des Öfteren so ergangen, dass mich jemand nicht verstand und trotzdem mit dem Kopf nickte. Ich selbst habe das auch schon manchmal praktiziert. Das Selbe taten die beiden; sie sagten nichts und zeigten in irgendeine Richtung. „Danke, Herr Inspektor!" Ich fuhr wieder los, denn diesen zwei Helden traute in nicht mehr über den Weg! Ich blieb mit dem Auto noch zwei Mal stehen, um Passanten nach dem Weg zu fragen, bekam aber jedes Mal keine Antwort oder sie schauten einfach weg. Der Grund war eindeutig: Die Leute hatten Angst. Die Stasi (der Staatssicherheitsdienst) war überall! Hier wurde systematisch und flächendeckend überwacht, dafür waren inoffiziell bis zu 200.000 Mitarbeiter erforderlich.

Durch einen Taxifahrer, der uns mit seinem Auto vorfuhr, kamen wir wieder zum Checkpoint-Charlie, wir hätten den Übergang alleine nie gefunden, es gab ja keine Hinweisschilder, denn West-Berlin existierte für die DDR nicht. Bei der Grenzkontrolle von Ost-Berlin nach West-Berlin mussten wir noch die restlichen Ostmark in einen Geldbehälter mit Schlitz werfen, denn eine Mitnahme dieser Währung war bei Strafe verboten.

Eine der schrecklichsten Erlebnisse in Berlin hatten wir dann ein paar Tage später, als wir an der Bernauer Straße waren und von einer mit Holz errichteten Aussichtsplattform über die Mauer sahen. Mit uns auf der Plattform stand ein etwa gleichaltriger junger Mann, der immer wieder nach Ost-Berlin Richtung Eberswalder- und Odenberger Straße seinem Vater zurief, der auf der anderen Seite der Mauer war. Der Vater ging weiter und tat so, als würde es ihn nicht betreffen und wagte es auch nicht, herüberzuschauen. „Vater, wie geht es dir? Wie geht es Mutter?", die Tränen liefen ihm über die Wangen und er rief immer weiter... – es war fast nicht auszuhalten! Dieses Erlebnis werden wir unser ganzes Leben lang nie mehr vergessen!

Im Februar wurde Lisi schwanger, Ende März fuhren wir aber noch für ein paar Tage nach Kitzbühel, um Schi zu fahren. Es hatte noch manchmal geschneit, daher lag viel Schnee auf den Pisten und so fuhren wir das erste Mal die legendäre Streif hinunter. Der Großteil der Strecke war nicht geräumt oder befahren und die Streckenabschnitte wie die „Mausefalle" oder der „Steilhang" durch den vielen Neuschnee problemlos zu bewältigen. Die „Alte Schneise", das flachste Stück der Streif, mussten wir mit den sogenannten „Schlittschuhschritten" bewältigen. Als wie wieder unten waren, fragten wir, ob das tatsächlich die Streif war. Wir wussten aber gleichzeitig, dass sie kaum zu befahren ist, wenn die Strecke präpariert, geschweige denn, wenn sie vereist ist. Vor der nächsten Liftfahrt suchten wir vergeblich ein Streichholz, denn wir alle waren, außer Lisi, Raucher und wollten vor der nächsten Abfahrt noch eine Zigarette rauchen. Als in der Nähe eine noch brennende Zigarette weggeworfen wurde, machte ich einen Sprung, ohne die Schi abzuschnallen, um den Zigarettenstummel zu erwischen, bevor er im Schnee ausging. Endlich konnten wir nun in aller Ruhe eine Zigarette rauchen und waren gerettet. Starke Raucher kennen das Entzugsproblem.

Im Frühling wollten wir wieder nach Berlin zu unseren Bekannten fahren. Wir hatten damals einen Volvo 142, und kurz vor Mondsee hatten wir einen Verkehrsunfall, bei dem die Windschutzscheibe total kaputtging und das Auto stark beschädigt wurde. Vor uns waren drei Fahrzeuge gefahren, direkt vor mir ein Lieferwagen und von links wollte ein Postler die Bundesstraße mit seinem Moped überqueren. Er schaute, sah zwar den Lieferwagen, fuhr aber direkt in meinen PKW. Er wurde mit dem Kopf gegen die Windschutzscheibe geschleudert und diese fiel in das Wageninnere, direkt auf den Beifahrersitz. Teile der zerberstenden Windschutzscheibe fielen auf Lisi, die aber dabei kaum verletzt wurde. Der Lenker des Mopeds wurde auf die Wiese geschleudert und blieb bewusstlos liegen. Das Moped selbst blieb in der Front des Volvo stecken.

Bei der Verhandlung dieses Unfalles wurde ich als Lenker später nicht einmal vom Gericht vorgeladen, da laut Richter das Verschulden eindeutig bei dem Postler lag. Er selbst zog sich bei diesem Unfall einen Armbruch zu, am Kopf wurde er aber nicht ernsthaft verletzt. Nachdem das Auto repariert wurde, fuhren wir dann mit einiger Verzögerung doch noch nach Berlin.

MICHAEL

Obwohl bei Lisi die Zeit der Geburt erst in einem Monat abgelaufen wäre, kündigte sich diese schon früher an. Wir waren bei der Hochzeit eines Kollegen eingeladen, mussten aber nach der Trauung nach Hause fahren, da es Lisi nicht mehr gutging. Sie konnte nicht mehr ruhig sitzen, ging im Garten und in der Wohnung herum und hatte dabei starke Kreuzschmerzen. Am späten Abend besuchte uns mein Schwager und wir beide tranken dann ein paar Whiskys. Da Lisi auch nicht schlafen konnte, saßen wir noch länger zusammen, außerdem schmeckte der Whisky ausgezeichnet.

Am darauffolgenden Vormittag bekam Lisi Wehen und ich rief den Arzt an, der Sonntagsdienst hatte. Er fragte mich, ob es den das erste Kind meiner Frau sei, was ich ihm bestätigte. Er beruhigte mich und sprach davon, dass wir noch genügend Zeit hätten, es sei auch keine Eile geboten. Kaum legte ich den Telefonhörer auf, brach bei Lisi das Wasser. Ich rief den Arzt wieder an, er war in dieser Zeit auch als „Fernsehdoktor" bekannt, denn böse Zungen behaupteten, er konnte auch Diagnosen über das Fernsehen stellen. Er schickte sofort die Rettung bei uns vorbei, die sehr schnell eintraf. Ich wurde ersucht, Handtücher zu bringen, fand sie allerdings nicht; sicherlich war ich zu sehr aufgeregt. Als das Rettungsauto wegfuhr, zog ich mich an und fuhr ebenfalls ins Krankenhaus nach, wo ich dann kaum warten musste, denn bei der Geburt ging alles sehr schnell. Es war auch damals noch nicht üblich, bei der Geburt dabei sein zu können und ich wäre ohnehin sicherlich vor lauter Aufregung umgefallen. Eine Krankenschwester kam zu mir ins Wartezimmer und sagte, ich hätte einen Stammhalter, worauf ich sie dann fragte, ob es ein Junge oder Mädchen sei. Sie sagte nichts, schaute mich nur an und ging wieder kopfschüttelnd in den Kreissaal. Ich kann heute noch nicht sagen, ob es die Aufregung war oder der Whisky vom Vortag.

Lisi und ich waren überglücklich, wir hatten einen Sohn! Michael war 46 cm lang, wog 2,35 kg und war ein Frühchen. Aus diesem Grunde wurde er in die Kinderklinik nach Linz gebracht, wo er ein paar Tage zubringen musste. Lisi konnte nicht einmal in das Zimmer unseres Sohnes oder gar im Krankenhaus bleiben, denn es war eine Frühgeborenen-Station. Natürlich waren wir jeden Tag bei Michael, konnten ihn leider nur durch eine Glaswand in seinem Bettchen sehen. Als wir ihn von der Kinderklinik abholten und nach Hause brachten, hatten wir ein Problem: Er war wirklich noch so klein, dass wir ihn uns fast nicht anzugreifen trauten. Er schlief sehr viel, wir sollten ihn alle drei Stunden füttern, doch er schlief immer wieder ein und „vergaß" dabei zu trinken. Mit Hilfe eines sogenannten Flascherlwärmers mussten wir immer wieder versuchen, dass er etwas trinkt. Nach eineinhalb bis zwei Stunden Pause fing die „Fütterung" wieder von vorne an – und das Tag und Nacht! Wenn ich vom Büro zum Mittagessen nach Hause kam, machte ich dann einen kleinen Mittagsschlaf auf der Couch im Wohnzimmer, Michael lag auf mir und wir beide schliefen dann ganz fest. Etwas später, als Michael noch nicht laufen konnte, hatten wir eine Kinderwippe an der Decke des Wohnzimmers befestigt, eine Baby-Federwiege. Bei dieser konnte Michael mit den Füßen leicht den Boden berühren, sich dann mit Hilfe der Feder etwas abstoßen und sich dabei nach allen Richtungen drehen. Er wollte aus diesem Gerät nicht mehr heraus und schlief dann immer dabei ein.

Den ersten Winterurlaub mit Michael verbrachten wir in Südtirol, genauer gesagt in Arabba, wo wir in einer Frühstückspension wohnten, das Haus lag unmittelbar an der Skipiste. Der Ort liegt auf etwa 1600 Metern Seehöhe zwischen dem Pordoi- und dem Campolongo Pass, im Almgebiet der Dolomiten. Arabba war damals im Ersten Weltkrieg die Frontlinie zwischen Österreich und Italien.

Als wir mit dem Auto ankamen, es war ein wunderschöner warmer Wintertag, lagen die Hausgäste schon in den Sonnenliegen auf der Terrasse. Den Autos nach zu schließen, waren es ausnahmslos deutsche Gäste, was uns aber besonders auffiel, waren die tollen Skiausrüstungen, die sie mithatten. Schnell schlossen wir Kontakt mit unseren neuen Nachbarn, das Haus war nicht groß und Michael wurde von allen sofort ins Herz geschlossen – wir fühlten uns gleich richtig wohl. Nachdem wir unsere Sachen aufs Zimmer gebracht hatten, setzen wir uns zu den Gästen auf die Terrasse. Natürlich wurde über das bisherige Wetter, den Wintersport, die Schneelage und das Skifahren gesprochen. Dabei stellte sich bald heraus, dass die Meisten eigentlich keine besonders guten Skifahrer waren, eher sehr gute „Liegestuhlfahrer". Sie gingen davon aus, dass wir als Österreicher ohnehin gut Ski fahren können und sie nun einen Skilehrer im Haus hätten. Eine Idee war rasch geboren, sie fragten uns, ob wir mit ihnen am nächsten Tag auf den Pordoi-Pass fahren wollten. Sie würden selbstverständlich auch auf Michael aufpassen, da einige von ihnen zuhause blieben. Sie wollten aber einmal in der Nacht mit Fackeln die Abfahrt herunterfahren und diese sei auch nicht schwierig zu bewältigen. Wir wurden tatsächlich am Abend mit Autos zur Passhöhe auf 2239 Meter gebracht, übrigens der höchstgelegene Dolomitenpass, und kehrten dort im „Hotel Pordoi" ein. Ich fuhr anschließend mit einer brennenden Fackel vor, hinter mir die ganze Meute, den Abschluss machte Lisi mit ihrer Fackel und sie passte auf, dass niemand verlorenging. Es war eine sehr schöne Abfahrt, alle waren voll begeistert und ich erinnere mich heute noch gerne an diese schöne Nacht-Skiabfahrt!

Es wurde natürlich des Öfteren sehr spät, dass wir ins Bett kamen, da wir alle gemütlich am Abend beisammensaßen und wir standen daher später auf. Wir schliefen noch, als Michael aus seinem Gitterbett kletterte, seine Frühstücksflocken fand und sie im ganzen Zimmer verteilte. Diese Flocken wurden mit warmer Milch aufgerührt und schmeckten ihm sehr. Es war klarerweise sehr schwierig, in diesem kleinen Ort einen passenden Ersatz zu finden, da es dieses Produkt in Italien nicht gab. Trotzdem fanden wir etwas Ähnliches und zwar eine Art Biskotte, nur kleiner, welche sich mit Milch zu einem Brei anrühren ließ.   Die ganze Zeit, die wir hier oben wohnten, fuhren wir Schi und machten nur mittags zum Essen Pause, denn Michael hielt dann seinen Mittagsschlaf. Wenn ich Michael auf meine Rückentrage geschnallt hatte, protestierte er nur, wenn ich beim Skifahren stehenblieb. So konnten wir unserem ganzen Skiurlaub voll genießen und Michael genoss ihn ebenfalls, als Mitfahrer.

Sobald Michael alleine laufen konnte, war er den ganzen Tag sehr aktiv und wollte bei allem der Schnellste sein. Er konnte kaum etwas erwarten und wollte sofort alles haben. Wenn wir zum Beispiel nach Hause kamen, stand er schon vor der Eingangstüre, sprang und hüpfte davor herum. Wir konnten nicht einmal die Wohnungstüre aufsperren, um sofort in unsere Wohnung zu kommen. Wenn er etwas wollte, war er sehr hartnäckig. Denn wenn er zum Beispiel mit seiner Mama einkaufen ging und sich etwas wünschte oder haben wollte, war er kaum davon abzubringen. Meistens gab dann die Mama irgendwann nach und er hatte das erreicht, was er wollte. Wir kauften ihm immer die schönsten und besten Sachen. Er war immer ganz toll gekleidet, bekam die schönste Schiausrüstung und alles, was er sich wünschte. Da wir als Kinder das alles nicht hatten, wollten wir bei Michael alles nachholen, was sicherlich ein großer Fehler war.

Im Sommer fuhren wir mit den Eltern von Lisi zum Langbathsee baden, Michael war noch sehr klein und konnte natürlich nicht schwimmen. Von einem großen Stein sprang mein Schwiegervater mit einem Kopfsprung ins Wasser und tauchte unter. Michael kletterte auf den Stein, sprang ebenfalls ins Wasser und ging unter. Wir zogen ihn sofort aus dem Wasser, er schluckte dabei heftig, hustete und sprang wieder hinein. Wir erklärten ihm immer wieder, dass er ja noch gar nicht schwimmen könne, doch er sprang wieder hinein mit der Behauptung, er könne ja schwimmen. Obwohl er noch so klein war, lernte er es auch ganz schnell und wir waren einigermaßen erleichtert. Ein Jahr später fuhren wir im Herbst nach Südtirol zur Weinlese und zum „Törggelen", das seit jeher Brauch in der Südtiroler Weinstraße war. Dieses Festmahl wird von den Winzern für seine Helfer und Mitarbeiter ausgerichtet. Typisch für das „Törggelen" ist „siaßer" Traubenmost in den ersten Tagen der Gärung und junger Wein. Zur Mahlzeit hauptsächlich Speck, Roggenbrot, Kastanien und Nüsse, oder einfache Gerichte aus der Bauernküche Südtirols. Was wir auf keinen Fall wussten, war die Tatsache, dass in dieser Zeit kaum ein Zimmer frei war und vorher schon gebucht werden musste. Nichts ahnend fuhren wir von Haus zu Haus in der Hoffnung, ein Quartier zu bekommen; es war alles ausgebucht. In unserer Verzweiflung fragten wir auch Leute auf der Straße, ob irgendetwas frei sei, doch niemand konnte uns dabei helfen. Wir hatten schon fast aufgegeben, da fragte ich bei einer Kreuzung einen Einheimischen, der mit dem Traktor entgegenkam. Ich schilderte aus dem Auto heraus mein Problem. Zuerst, sagte er, sollte ich bei seinem Wein trinken, den er am Traktorsitz stehen hatte und gab mir seine offene Weinflasche in die Hand. Ich trank daraus, der Wein schmeckte gut und er sagte, ich sollte nochmals trinken. Zwei weitere Fahrzeuge standen schon mitten auf der Kreuzung, ich trank noch einmal und er zeigte mit dem Finger auf einen Weinberg, wohin ich fahren sollte. Es gebe dort ein ganz kleines Haus inmitten einer Apfelplantage, wo noch ein Zimmer zu haben sei. Ich konnte es kaum glauben, trank nochmals von seiner Weinflasche, bedankte mich herzlichst, er lachte und wir beide verließen nun wieder die Kreuzung.

Die Wohnung war im ersten Stock, wir waren die einzigen Gäste und rund um das Haus gab es noch Weintrauben. Als wir das Zimmer bezogen hatten, sagte uns die Vermieterin, dass es gleich in der Nähe Essen und Trinken gebe. Es war eine Art Buschenschank des Winzers, dort stieg ein richtiges Fest mit vielen Besuchern. Bevor die „Südtiroler Jause" gebracht wurde, gab es schon den"siaßen Most", der uns bald zum Verhängnis wurde. Das Essen war hervorragend, dann noch der junge Wein, die gute Stimmung und wir übersahen komplett, dass wir auch nach Hause gehen mussten. Beim Bezahlen in Lire hatte ich das Zehnfache des Rechnungsbetrages mit der Meldung „Es stimmt schon" bezahlt, wurde aber von der Ehrlichkeit der Kellnerin diskret korrigiert. Am Nachhauseweg mussten wir uns gegenseitig stützen und Michael half uns, den Weg nicht zu verfehlen. Die nächsten Tage verbrachten wir mit Ausflügen in der Umgebung, waren in Meran, am Kalterer- und am Montiggler See. Auf den Weg nach Cortina d´Ampezzo passierten wir die Passhöhe von Falzarego und wurden dort von einem Händler bedrängt, ihm eine Lederjacke abzukaufen. Sein Trick war, dass er die Jacke, nachdem ich „nein" sagte, immer wieder durch unser offenes Autofenster warf und den Preis dabei weiter reduzierte, bis ich nachgab. Michael, der a Rücksitz des Autos saß, drohte schon mit seinem Apfel in der Hand dem Händler, der sich so aggressiv verhielt; vermutlich wollte er mich beschützen. Bei all den Passstraßen in Südtirol, aber auch bei den langen Autofahrten hatte Michael nie geweint und als ihm dann schlecht wurde, hat er sich erbrochen. Wir blieben mit dem Auto stehen, seine Kleidung wurde gereinigt und wir fuhren wieder weiter.

Als wir mit Michael zum zweiten Mal nach Südtirol zum Skifahren fuhren, war er etwa dreieinhalb Jahre alt und fuhr schon sehr gut Ski. Im Grödner-Tal, Val Gardena, welches damals schon zu den größten und besten Skigebieten Europas zählte, wohnten wir in St.Christina in einem Gasthaus mit Halbpension. Bei unseren Skiabfahrten fuhr ich vorne, dann Michael, der immer schneller fahren wollte und dahinter Lisi. Im Skigebiet Col Raisa, wir hatten gerade die Seilbahn verlassen, fuhr Michael plötzlich und völlig unerwartet in den sehr steilen Hang direkt und ohne abzuschwingen hinein. Er wurde immer schneller, ich konnte ihn nicht mehr einholen und es endete mit einem gewaltigen Sturz, mit zigfachen Überschlägen. Gleich in der Nähe befand sich eine Skihütte, vor der mehrere Leute saßen, sie beobachteten diesen Vorfall. Michael verlor dabei beide Skier, einen Stock, die Mütze und auch einen Skischuh und blieb kurz liegen. Als ich bei ihm war, weinte er kurz und fing aber auch gleich an, seine Sachen zu suchen und wir waren erleichtert. Wir hörten zwar die Zurufe der Leute; wie unverantwortlich das sei und überhaupt eine Zumutung, es betraf mich und Lisi, doch wir konnten das alles nicht rückgängig machen. Gott sei Dank ist Michael nichts passiert und meine Drohungen und Erklärungen waren zweitrangig. Wir zogen ihm alles, was er verloren hatte, wieder an, die Skier wurden angeschnallt und so konnten wir wieder weiterfahren. Doch es war noch nicht alles: Am letzten Hang zum Baby-Lift fuhr Michael wieder davon und, ohne abzuschwingen, direkt auf einen typischen Südtiroler Holzzaun zu. Er schwang kurz vor dem nächsten Crash ab. Wir waren fassungslos, packten die Skier zusammen, gingen in das nächste Sportgeschäft und kauften für ihn einen Sturzhelm, den früher kaum jemand trug.

Die Gäste, die den ganzen Tag mit den Skiern unterwegs waren, hatten am Abend schon richtigen Hunger und freuten sich auf das Abendessen. Durch eine Panne in der Küche warteten wir schon eine längere Zeit, doch keiner wollte dazu etwas sagen oder sich beschweren. Michael öffnete die Türe zur Küche, rief hinein und sagte lautstark, dass er schon sooo einen Hunger habe. Der Bann war gebrochen, alle lachten und das Abendessen kam dann prompt. Am Abend saßen die meisten Hausgäste an einem großen Tisch zusammen und es wurde über das Skifahren, alle wichtigen und unwichtigen Sachen, geplaudert. Es wurde Wein getrunken, man kam einfach nicht ins Bett und die Schlafstunden wurden immer weniger. Ich wollte unbedingt mit der damals neu gebauten Seilbahn auf die Langkofelscharte fahren, sie lag am Sellerjoch in Südtirol in den Dolomiten und zählte zu den spektakulärsten Seilbahnen überhaupt. Sie war ein Korb-Lift für maximal zwei Personen, geschlossenem Kabinendach und Stehgondel, der Boden bestand aus einem Gitterrost, diese Seilbahn wurde 1972 gebaut. Die Aussicht auf den Sellastock und die steilen Bergwände der Langkofelgruppe war atemberaubend. Zwischen der Langkofelscharte, sie lag auf 2681 Metern, und der Fünffingerspitze erreichte man die Bergstation der Sassolungo-Bahn. Wir hatten wieder wenig geschlafen, der Tag war sehr warm, mit strahlend blauem Himmel, und so fuhren wir mit dem Auto auf das Sellajoch. Ich fuhr alleine mit der Seilbahn, selbstverständlich ohne meine Zwei, denn die Abfahrt war damals schon als „schwarze Piste" gekennzeichnet. Nach etwa der halben Strecke blieb plötzlich die Gondel stehen, was aber überall passieren kann. Nach einiger Zeit, die Gondel stand noch immer still, wurde es in der Kabine immer wärmer, denn die Einstrahlung der Sonne heizte die Gondel immer stärker auf. Leider war es auch nicht möglich, eine Türe zu öffnen, denn es gab keine. Der Gitterrost, auf dem man stand und durch den man durchsah, war die einzige Lüftung der Gondel, doch es kam keine kühlende Luft herauf, die Wärme staute sich in der Kabine. Die Seilbahn stand nach wie vor still, es wurde im Inneren fast unerträglich, wir bekamen auch keine Information und Handy gab es noch nicht. Man war eingesperrt, es wurde immer heißer, die Sonne brannte herunter, denn man war auf 2500 Metern Seehöhe. Die Möglichkeit auszusteigen gab es nicht und die herunterzuspringen auch nicht, denn ein 15-Meter-Sprung endete vermutlich tödlich. Ich kann die Zeit nicht mehr abschätzen, aber plötzlich bewegte sich die Seilbahn und fuhr langsam wieder an. Ich konnte später über Jahre mit keiner Seilbahn mehr fahren und die Fahrt mit einem Lift kostete mich eine große Überwindung.

Die obere Strecke der Langkofelabfahrt wurde immer steiler, doch zu denken gab mir die komplett vereiste Piste, die auch überhaupt nicht zu präparieren war. Als der Großteil der Skifahrer wieder mit der Seilbahn zu Tal fuhr, blieben ein paar Verrückte übrig, die hinunterfuhren. Gleich hinter mir stiegen zwei Japaner aus der Gondel, sahen die Steilheit des Hanges, der eine schloss die Augen und beide fuhren sofort wieder zu Tal. Ich hatte beim Wegfahren sehr starkes Herzklopfen, der erste Teil der Abfahrt bedeutete für mich eine große Überwindung, denn bei der extremen Steilheit des Hanges war blankes Eis. Man durfte auf keinen Fall hier zu Sturz kommen, was fatal wäre, aber mit der Gondel wieder zurückfahren wollte ich auf keinen Fall mehr. Als ich den oberen Teil der Abfahrt geschafft hatte, blieb ich stehen und merkte, dass mir die Beine zitterten.

Im Winter ist der Gondelbetrieb der Langkofelabfahrt seit einigen Jahren nicht mehr geöffnet, denn es hatte in der Vergangenheit einige Todesopfer gegeben.

Wir hatten in Südtirol noch ein Erlebnis der anderen Art. Am Straßenrand winkte und deutete uns ein Mann mit Händen und Füßen so, dass wir unser Auto sofort anhielten. Wir vermuteten eine Panne, sahen aber keine Autos und glaubten dann an einen Notfall. Der Mann hatte einen großen Mantel an und als wir ausstiegen, machte er langsam den Mantel auf. Wir vermuteten dann, er sei ein Spanner oder Spinner. Als er aber den Mantel zur Gänze aufmachte, sahen wir, dass die Innenseite voller Armbanduhren war. Es war wirklich zum Lachen, denn die Uhren aller Marken hingen zur Auswahl und er machte dabei ein Gesicht, als seien alle diese Uhren gestohlen und tatsächlich echt. Sie sahen auch so aus und so kauften wir uns um einen Spottpreis eine „Rolex", denn eine echte hatten wir noch nie am Handgelenk und so waren wir dann auch noch stolz darauf. Zuhause trugen wir sie nicht einmal zum Fasching.

Michael verbrachte in diesen Jahren viel Zeit mit Alex, seinem besten Freund, er war vier Monate jünger als Michael, beide waren unzertrennlich und immer ein Herz und eine Seele. Von uns wurden sie auch immer als „schrecklicher Zwilling" bezeichnet. Alex ist bei meinem Bruder und seiner Frau aufgewachsen, da Hildegard, die Mutter von Alex, in Wien die Krankenschwesternausbildung besuchte und ihr Mann bei der Polizei in Wien arbeitete. Sie zogen dann später nach Kärnten, wo Alex` Vater herkam. Alex hatte immer das Problem, dass er nicht schwindelfrei war, aber immer dabeisein wollte. Michael war eher das Gegenteil, er kletterte auf eine große alte Holzhütte und wollte vom ersten Stock über drei Meter herunterspringen. Alex, der nachkletterte, traute sich dann aber nicht, was Michael nicht verstand und er stieß Alex hinunter, dann sprang er nach. Auch die eigene Gefahr konnte Michael nicht einschätzen, er machte es einfach. Erst später veränderte er sich diesbezüglich, gewisse Dinge, wie zum Beispiel sportliche Aktivitäten, sind heute noch grenzwertig.

Wir waren des Öfteren in Zinkenbach am Wolfgangsee, unter anderem ab und zu im Sommer baden, denn der See war immer sehr warm. Die Freunde spielten, sie waren zu der Zeit etwa vier Jahre alt, als Alex das erste Mal eine Frau oben ohne sah. Damals wagten es die ersten Frauen, ohne Oberteil baden zu gehen. Alex war perplex! Er zeigte mit der ausgestreckten Hand zu dieser Frau hin und rief immer wieder: „Michi schau! Michi schau!". Natürlich schauten alle hin, das war auch sehenswert, denn die Frau hatte einen gewaltigen Vorbau. Michael ging damals in den St. Josefs-Kindergarten in Ebensee, bei dem sich auch ein großer Garten befand. Die Kinder verbrachten sehr viele Stunden draußen und so kam Michael auf die Idee, mir von dort Regenwürmer zum Fischen mitzunehmen. Für ihn die einfachste Möglichkeit war, die Regenwürmer in seine Hosentasche zu stecken und sie mit nach Hause zu nehmen, was auch tatsächlich funktionierte. Was Michael sehr gerne tat, war jemanden einzuladen, ob es uns passte oder nicht. Seien es Kunden, Bekannte oder Fremde, er lud alle ein. Sogar vom Balkon im ersten Stock in der Bahnhofstraße rief er zu Kunden meines Büros hinunter, ob sie eine Cola, Debracziner oder Würstel wollten. Er überlegte auch nicht, ob wir diese Dinge zuhause haben oder nicht: Er lud einfach ein!

MOSKAU

Über mein Büro hatte ich immer wieder Kunden, die LKWs hatten und bei mir versichert waren. Es kamen auch Anfragen von anderen Transportfirmen und Fernfahrern, die ab und zu Moskau als Zielort hatten. Hauptsächlich war das immer der Fall, wenn in Moskau eine der größten Messen Osteuropas stattfand. Hauptthema war immer die Frage, inwieweit die Deckung der Haftpflicht- und Kaskoversicherung in Europa reicht und wie der Deckungsumfang in der Sowjetunion aussieht, die auch damals eine eigene Versicherungsprämie einhob. Das größte Problem war aber die Voll- oder Teilkaskodeckung für die LKWs, Anhänger und Sattelzugfahrzeuge, da alle Unternehmer über die österreichischen Banken Kredite laufen hatten. Dies war stets das existenzbedrohende Thema, sollten dort nicht gedeckte Kaskoschäden auftreten. Es war für mich irgendwo nicht nachvollziehbar, dass österreichweit kaum jemand detaillierte Auskünfte gab oder geben konnte. Durch eine Transportfirma aus Ebensee ergab sich nun für mich die Möglichkeit, mit einem LKW direkt über München nach Moskau mitzufahren. Herbert, der Fahrer, arbeitete schon länger bei dieser Firma und war fast ausschließlich im Ausland unterwegs. Wir kannten uns außerdem schon längere Zeit, verstanden uns sehr gut und er war zudem Privatkunde von mir.

Leonid Iljitsch Breschnew war zu dieser Zeit Parteiführer der KPdSU und mächtigster Mann der Sowjetunion. Bei seinem Staatsbesuch 1973 in der Bundesrepublik Deutschland besuchte er auch den Autohersteller BMW in München und interessierte sich für BMW-Limousinen der gehobenen Mittelklasse. Hintergrund war der, dass Russland Autos anschaffen wollte, die schnell, sicher und komfortabel sein sollten. Sie sollten den Parteifunktionären und dem Geheimdienst dienen und die veralteten Fahrzeuge ersetzen. Bei diesem Besuch bekam Breschnew einen BMW mit neuester Ausstattung (Amerika-Ausstattung???) in seiner Lieblingsfarbe Blau geschenkt. Dieser sollte nun nach Moskau überstellt werden, ein zweiter BMW sollte mit einem Testfahrer, der mit dem Flugzeug nachflog, ebenfalls mit dem LKW transportiert werden. Die Genehmigungen für diesen Transport mussten beschafft werden, befanden sich doch diese Länder im ehemaligen Ostblock. Die DDR, Polen und Russland hatten eigene Regeln und Gesetze, Durchreise-Visa waren ebenfalls erforderlich. Russisches Geld mitzunehmen war bei hoher Strafe verboten und musste vor Ort in US-Dollar oder Deutsche Mark umgetauscht werden. Trotzdem besorgten wir Rubel über Wien, denn mit den hiesigen Banken war das kein Thema und die Umwechslung wäre sehr teuer gewesen. Das größte Problem bestand nun darin, dieses Geld zu verstecken, denn am Körper getragene Sachen wurden genau kontrolliert. Also blieben nur der LKW und der Anhänger, diese Fahrzeuge wurden aber strengstens in Russland kontrolliert und die komplette Ladung war mir Siegel verplombt. Wir bauten daher das Geld ganz vorne in der Nähe der Lüftung des Volvo ein. Nachdem wir bei uns zuhause weggefahren waren, hieß das erste Ziel München, wir fuhren zu BMW, um die zwei PKW zu laden und dann direkt vom Zoll abgefertigt zu werden. Die Reise führte dann nach Hof zur Grenze der DDR, über die Autobahn Richtung Berlin nach Frankfurt an der Oder, über den Grenzübergang nach Slubice in Polen. Wir hatten für die Durchreise der DDR ein Visum, das zeitlich begrenzt war. Durch starken Wind, teilweise mit Sturm und umgerissenen Bäumen, wurden wir auf der Autobahn des Öfteren angehalten, standen sogar längere Zeit wegen Aufräumarbeiten im Stau. Als wir am Grenzübergang der DDR ankamen, hatten wir die Durchreisezeit überschritten und wurden mit dem LKW abgestellt. Nach längerem Aufenthalt und Klärung der Umstände konnten wir die Fahrt wieder fortsetzen. Unser Ziel war Poznan in Polen, das frühere Posen, um dort zu übernachten. Wir gingen am Abend in ein Restaurant essen und fuhren am nächsten Morgen weiter Richtung Warschau. Nach etwa 50 Kilometern bemerkte ich, dass ich meine Lederjacke am Vortag im Restaurant liegengelassen hatte. Wir fuhren zurück und als ich ins Restaurant ging, sah ich gerade, wie ein Pole meine Jacke anzog und darüber einen Mantel. Ich stellte ihn zur Rede und wollte ihm erklären, dass diese Lederjacke mein Eigentum sei, er knöpfte aber seinen Mantel zu und wollte gehen. Daraufhin knöpfte ich seinen Mantel wieder auf und dabei flog ein Knopf davon, denn ich hatte ziemlich fest angezogen (angerissen!). Zuschauer im Lokals lachten, er zog meine Lederjacke wieder aus, gab sie mir tatsächlich zurück und verließ das Lokal.

Als wir nach Warschau kamen, gab es größere Umleitungen, und wir kamen irrtümlicherweise mit dem LKW samt Anhänger mitten ins Stadtzentrum, in dem aber LKW-Fahrverbot gilt. Bei dieser Aktion kam eine Polizistin, die deshalb sehr aufgeregt und wütend war, auf uns zu und wollte uns zur Rede stellen. Wegen des starken Verkehrs konnte sie auch nicht „amtshandeln", sie sprang auf das Trittbrett des LKW und schlug immer wieder mit ihrem Plastikstock gegen die Türe des Fahrzeuges. Sie schrie wie verrückt, aber das LKW-Fenster blieb geschlossen; bis sie schließlich aufgab. Wir kamen nun zur polnischen Grenze nach Terestpol, einer der wichtigsten Kraftfahrzeug- und Schienengrenzen nach Russland – heute die EU-Außengrenze. Was uns damals sofort auffiel, war die Grenze, die genauso bewacht und mit Stacheldraht gesicherten war, wie damals die Grenzen zwischen der DDR und der Bundesrepublik Deutschland. Bei der Brücke des Grenzflusses Bug hatten wir eine längere Wartezeit und es staute sich gewaltig. Was uns aber völlig irritierte, war das ganz schlechte Klima zwischen Polen und Russland. Wir hatten dort zweimal erlebt, dass Polen, die uns nach dem Ziel unserer Reise fragten, auf den Boden spuckten, als wir Moskau angaben. Und das gerade in dieser Zeit, als Polen noch ein kommunistischer Satellitenstaat im Warschauer Pakt und ein Bruderstaat der UdSSR war.

Natürlich gab es den Polnisch/Russischen Krieg 1919–1921, bei dem Polen siegte, also revanchierte sich Josef Stalin im August 1939 mit dem Hitler/Stalin-Pakt und marschierte in Polen ein. Noch dazu, zwei Wochen vor dem Überfall Deutschlands und als Polen schon geschwächt war. Wenn man einen geschwächten Gegner hinterrücks angreift, handelt man unfair und amoralisch, das wird bis heute noch Russland vorgeworfen. Bei diesem Überfall nahmen sowjetische Truppen 250.000 polnische Soldaten und etwa 18.000 Offiziere in Gefangenschaft. In den folgenden Jahren wurden mehrere Hunderttausende in Arbeitslager verschleppt und in den Sowjetrepubliken Russland, Belarus und der Ukraine ermordet. Der Ort von Katyn, in der Nähe von Smolensk, ist zum Synonym dieser Verbrechen geworden, als 24.000 polnische Offiziere im Jahr 1940 erschossen wurden, was man lange Zeit den Deutschen anlastete.

Der Grenzübertritt begann in einem hallenartigen Gebäude, in dem LKW und Anhänger abgestellt wurden. Gleichzeitig kamen mehrere junge Zöllner, die wie Soldaten aussahen, allerdings ohne Gewehre. Sie begannen, die Fahrzeuge vom Dach bis zu den Reifen genauestens zu untersuchten und zu kontrollieren. Die meiste Zeit verbrachten sie unter dem LKW und Anhänger, warum konnten wir nicht nachvollziehen, was sie genau taten, es dauerte aber sehr lange. Uns selbst wurden die Pässe abgenommen und wir unterhielten uns in unserem Dialekt und waren sicher, dass uns niemand verstand. Als uns ein russischer Zöllner anschaute und dabei grinste, wussten wir nicht, warum. Er war Offizier, drei Jahre in der DDR an der Grenze zu Bayern stationiert und sprach guten Bayerischen Dialekt, jetzt wussten wir, warum. Jeder Einzelne von uns kam in ein eigenes Zimmer und wurde dort befragt. Ich kam zu einer sehr korpulenten Russin, mit schrecklich blond gefärbten Haaren, einem Goldzahn, mit dem sie ständig Sonnenblumenkerne zerbiss, die Schalen spuckte sie aus. Sie war sicherlich nicht MEIN Typ. Sie sprach gut Deutsch, befragte mich über die Reise, was wir mitführten, und ich musste sogar mein kleines Goldkettchen abnehmen und ihr zeigen. Nach der ganzen Prozedur konnten wir wieder zum LKW und weiterfahren.

Gleich nach der Grenze liegt Brest, in Russland, jetzt Weißrussland (Belarus), das 1991 nach Auflösung der Sowjetunion die Unabhängigkeit erlangte und in dem 1994 Aljaksandr Lukaschenko Präsident wurde. Er führt das Land autoritär und westliche Kritiker bezeichnen es häufig als „letzte Diktatur Europas". Die größte Stadt in Weißrussland ist Minsk, zugleich die Hauptstadt mit etwa 190.000 Einwohnern. Vor dem Einmarsch deutscher Truppen hatte die Stadt damals 240.000 Einwohner, davon waren 30 Prozent Juden, damit die größte jüdische Gemeinde der Sowjetunion.

Je weiter wir Richtung Smolensk fuhren, desto kälter wurde es. Es lag kaum Schnee, doch der Wind ließ die minus 20 Grad Celsius wesentlich kälter erscheinen. Zum Schlafen parkten wir neben der Fernstraße M 1, die von Moskau nach Minsk führt, auf einem kleinen Platz, der von einer Kieferngruppe etwas geschützt war. Diese Gegend war wenig befahren, es war weit und breit kein Dorf in der Nähe. In der ganzen Nacht ließen wir den LKW laufen, damit der Diesel in den Leitungen nicht einfriert. Neben uns stand ein weiterer LKW, der nach uns ankam und ebenfalls die Nacht hier verbringen wollte. Wir hatten schon eine Zeit lang geschlafen, als der Fahrer des LKWs gegen unsere Fahrertüre klopfte. Er kam aus dem Ostblock, war alleine unterwegs und konnte uns nur mit Händen und Füßen zeigen, welches Problem er hatte. Bei ihm war tatsächlich die Dieselleitung eingefroren, denn es war in der Nacht noch kälter geworden. Wir suchten Brennholz, um unter dem Dieseltank Feuer zu machen und den LKW wieder in Gang zu bringen. Kiefernholz war hier zur Genüge vorhanden und wir hatten es direkt vor der Türe. Als das Feuer direkt unter der Dieselleitung des LKWs brannte, hatte ich nicht nur Bedenken, sondern ehrlich auch Angst, dass alles zu brennen anfangen könnte, unser LKW, Anhänger und Ladung ebenfalls. Durch das Aufheizen der Dieselleitung konnte tatsächlich nach geraumer Zeit das Fahrzeug wieder in Betrieb genommen werden. Als es am Morgen hell wurde, sahen wir erst jetzt, wie dreckig und verrußt wir ausschauten. Kurz vor der Grenze nach Russland sah ich das erste Mal in meinem Leben zwei Elche in Natura, gar nicht weit weg von unserem LKW, und war total fasziniert. Ich hätte nicht geglaubt, dass diese Tiere so groß sind und mit den Schaufeln einfach gewaltig aussehen. Sie hatten es überhaupt nicht eilig, wir blieben stehen und konnten sie einige Zeit beobachten.

1941 fand die Kesselschlacht bei Smolensk statt, das besetzt und fast vollständig zerstört wurde. Im März 1943 besuchte Adolf Hitler die Stadt. Der Hitler-Gegner Fabian von Schlabrendorff, der im Stab der Heeresgruppe Mitte in Smolensk Dienst tat, schmuggelte vor dem Rückflug eine Bombe in das Flugzeug; doch wegen der niedrigen Temperaturen im Frachtraum explodierte der Sprengsatz nicht.
Im Herbst 1943 wurde die Stadt von der Roten Armee zurückerobert. Anschließend wurden Teile der Stadt originalgetreu wiederaufgebaut. In Smolensk bestand das Kriegsgefangenenlager 256 für deutsche Kriegsgefangene des Zweiten Weltkrieges.

Im Verlauf der Reise, speziell im Ostblock, gingen wir, wenn möglich, einmal am Tag essen. In kleinen Ortschaften, die an der Strecke lagen, erlebten wir nah, wie das Essen und Trinken in diesen Gegenden war. Gasthäuser in diesem Sinne gab es nicht, es waren einfache Lokale, in denen Hausmannskost angeboten wurde, die wir erstens nicht kannten und zweitens auf einer Speisekarte, die ohnehin nicht existierte, nicht hätten lesen können. Meistens aßen wir Suppen mit verschiedensten undefinierbaren Zutaten, oft gehackte Fleischstücke mit Knochen, aber auch sehr gute Sachen mit Gemüse und Kraut. Wir probierten mehr oder weniger (fast) alles, denn wenn man Hunger hat, gibt es wenige Alternativen. Brot besorgten wir uns, wenn möglich, täglich. Am Anfang war es auch sehr, sehr schwierig, überhaupt Brot zu finden, war doch alles ausnahmslos auf Russisch angeschrieben und alleine die zwei Wörter Brot oder Laib in dieser Schrift zu lesen, hatte uns beinahe überfordert. Es gab fast nur schwarzes Roggenbrot, es galt über Jahrhunderte als Grundbaustein der russischen Ernährung. In Zeiten der Sowjetunion waren auch sämtliche Lebensmittel staatlich geregelt und Brot kostete stets nur wenige Kopeken, der Preis wurde auch nicht angehoben. Da der Diesel zu Ende ging, fuhren wir die nächste Tankstelle an, mussten bei der Zapfsäule zuerst die Litermenge angeben und an der Kasse zahlen gehen. Sollte zu viel Diesel oder Benzin angegeben werden, rann der Rest aus den Tanks auf den Asphalt, der Zähler konnte nicht abgestellt werden, man hatte ja auch bezahlt! Als wir das bei einem Pkw sahen, dass das Benzin auf die Straße lief, suchten wir beide das Weite, denn wir hatten uns gerade eine Zigarette angezündet. Von Smolensk nach Moskau waren es noch ungefähr 400 Kilometer und der LKW- Verkehr nahm immer mehr zu. Nun standen wir vor dem Ballungsraum Moskaus, man spricht heute von etwa 15 Millionen Einwohnern. An den ersten Ampeln konnte man die russischen LKWs, Lieferwagen und Autos ganz nahe beobachten. Der Großteil war einfach extrem robust und „russisch". Eine längere Zeit fuhr neben uns ein LKW, vermutlich hatte er Schotter geladen und dann hatte der Fahrer vergessen, den Kipper wieder herunterzulassen. Wir sahen des Öfteren LKW-Fahrer, die an einer Ampel standen und aus einer Flasche tranken, die sie aus der Innenjacke einer Jacke hervorzauberten. Wir glaubten kaum, dass es Früchte-Tee war und die Russen lauter Teetrinker waren.

Wir warteten nun in Moskau zwei Tage auf die Entladung der beiden geladenen Autos und so hatten wir die Möglichkeit, die Stadt näher kennenzulernen. Beeindruckend natürlich das Herzstück von Moskau, der Rote Platz mit Basilius Kathedrale oder das Gum, das größte Kaufhaus Russlands mit der wunderschönen Jugendstilarchitektur, in dem ich für Lisi und mich zwei Pelzmützen kaufte. Zu dieser Zeit war die Auswahl in den Geschäften sehr bescheiden und jedes fünfte sah gleich aus. Ein Erlebnis auch die Moskauer Metro, die mit ihren Marmor- und Stuckverzierungen zu den schönsten der Welt zählt, die Wachablöse am Kreml oder der Gorski Park, eine grüne Lunge und Freizeitzentrum am Ufer der Moskau. Das war für uns alles ausgesprochen beeindruckend und fantastisch.

Als nun die Fahrzeuge entladen wurden, hatten wir am nächsten Tag die Möglichkeit, mit einem Testfahrer von BMW mitzufahren. Mit im Fahrzeug waren zwei Männer von der russischen Polizei, wer diese Leute waren, wurde uns nicht gesagt. Auf dem Fahrzeug war nicht ersichtlich, um welche Type BMW es sich handelte, es wies keinerlei Bezeichnungen auf. Als wir wegfuhren, merkte und spürte man sofort, dass es ein sehr PS-starkes Fahrzeug war. Der Verkehr in der Stadt war noch eher gering und mit heute nicht zu vergleichen. Die 50 km/h Geschwindigkeitsbeschränkung gab es auch damals schon, wurde aber meist um das Doppelte überschritten, auch bei den Zebrastreifen hatten vermutlich die PKW Vorrang. Als wir langsam aus der Stadt hinauskamen, der Verkehr geringer wurde, zeigte der Fahrer, was dieses Auto hergab, er fuhr mit einem Höllentempo und überholte alles. Außerdem gab es damals sicherlich in ganz Moskau kein schnelleres Auto und die Russen waren voll begeistert, wir aber auch. Es gibt zwei große Probleme in Russland, sagt ein Sprichwort: die Dummköpfe und die Straße. Wenn auch noch beides zusammenkommt, kann das nicht gutgehen. Die russische Verkehrsstatistik von 2004 zeigt, dass mehr als 35.000 Menschen bei Verkehrsunfällen ums Leben kamen. Diese Zahl ist so hoch, dass sie unglaubwürdig klingt. Wer allerdings schon einmal selbst den Versuch gewagt hat, in Moskau die Straße zu überqueren, findet die Statistik vielleicht realistischer. Es gibt mancherorts keine Ampeln oder Übergänge für Fußgänger und selbst bei grünem Licht ist der Moskauer nicht vor aggressiven Autofahrern sicher, die sich ihre eigenen Verkehrsregeln machen. Zum Überqueren der Straße gibt es verschiedene Techniken, die der unerfahrene Ausländer erst erlernen muss. So wird empfohlen, weitläufige Straßen zügig, möglichst im Lauftempo, zu überqueren. Dabei ist es jedoch wichtig, auf keinen Fall einen gehetzten Eindruck zu machen, sonst drücken die Fahrer extra aufs Gas. Eine Besonderheit gibt es auch beim Erwerb eines Führerscheines, denn der Besuch einer Fahrschule ist nicht unbedingt erforderlich, nur etwa ein Sechstel der Fahranwärter macht Gebrauch davon. Der Weg in die Fahrschule ist nicht obligat. Wer sich also selbstständig auf die Theorie- und Praxisprüfung vorbereiten will, schätzt sein Fahrkönnen selbst ein und kann sich zu einem beliebigen Zeitpunkt zur Prüfung anmelden. Es gibt keine Anschnallpflicht auf Russlands Straßen, weiters kommt hinzu, dass ebensowenig Wert auf die Sicherheit der Autoinsassen gelegt wird. Auch die offiziellen Geldstrafen für Verkehrssünder sind im Vergleich zu den europäischen Ländern beinahe lächerlich. Rasen ist in Russland erschwinglich und so kostet eine Geschwindigkeitsübertretung bis 60 km/h einen russischen Fahrer 100 bis 300 Rubel (€ 2,80 – € 8,30). Eine rote Ampel zu ignorieren, wird in Russland ebenfalls mit einer lächerlich niedrigen Strafe sanktioniert und kostet 100 Rubel (€ 2,80). Umso erstaunlicher, dass in Russland das Fahren in betrunkenem Zustand mit einer vergleichsweise relativ hohen Geldstrafe von 1000 bis 2000 Rubel (€ 27,70 – € 40,00) belegt wird und zudem den Fahrer sogar für ein Jahr den Führerschein kosten kann. In Japan riskieren betrunkene Fahrer gar eine Freiheitsstrafe inklusive Zwangsarbeit von bis zu zwei Jahren!

Nachdem wir nun einen ganz kleinen Ausschnitt und einige Eindrücke von Moskau kennenlernen durften, mussten wir wieder nach Hause fahren, wir sind auch heute noch von dieser Stadt fasziniert und begeistert. Bevor wir Russland wieder verlassen mussten, übernachteten wir noch vor der Grenze und besuchten ein Lokal, das von Fernfahrern gerne frequentiert wird. Außerdem hatten wir noch genügend Rubel, da wir wenig Geld gebraucht hatten, wollten wir noch russischen Krimsekt und Wodka kaufen. Nach dem Essen setzten sich zwei russische Fernfahrer zu uns und tranken russischen Wodka. Mit einem kleinen Fingerzeig und Kopfnicken wusste die Kellnerin sofort, was wir wollten. Wie man sieht, lernt man ganz schnell Russisch und unsere Nachbarn nickten. Sie tranken noch einen, wir schlossen uns gleich an und sie lachten: der Bann war gebrochen. Nach dem dritten Wodka hatten wir schon das Gefühl, dass wir uns schon länger kennen und wir doch schon etwas Russisch verstehen. Denn Wodka auf Russisch, spricht man nur etwas schneller aus (wenn man kann). Beim Schreiben des Wortes „Wodka", original einfach „BOA-Ka", glauben die meisten, du bist besoffen. Schön langsam glaubten wir auch, dass die Russen doch etwas Deutsch sprachen, denn sie nickten fast bei jedem unserer Wörter und lachten dabei. Wodka, das russische Volksgetränk, ist glasklar, mild und wird aus nur wenigen Zutaten hergestellt. Den vierten Wodka spendeten die netten Russen, denn sie waren auch ausgesprochen gastfreundlich. Das zweite Wort, das uns auf Anhieb sofort verband, war „Sowjetskoje Schampanskoja", also der Schampus oder Krimsekt. Der Schaumwein wurde erstmals 1799 auf der Halbinsel Krim erzeugt und exklusiv für den russischen Zarenhof in St. Petersburg hergestellt. Bei der Weltausstellung 1900 in Paris, wurde er mit dem Grand Prix ausgezeichnet und erlangte internationale Popularität. Roter oder weißer Krimsekt gilt als russischer „Champagner", ist prickelnd und ein „Gaumenschmeichler". Als Revanche für den guten Wodka und auf unsere Freundschaft bestellten wir russischen Krimsekt, wobei uns die Farbe vollkommen egal war. Da wir ja zu viert den Sekt tranken, war die Flasche gleich leer, denn sie schmeckte auch ausgezeichnet. Aus Neugier wechselten wir nun zur anderen Farbe und stellten fest, dass beide Flaschen dieselbe Temperatur hatten und sich über den Abgang streiten ließ. Inzwischen waren wir auch Krimsektkenner und konnten mit Sicherheit sagen, dass der rote aus Odessa, der weiße aus Kiew kommt, oder umgekehrt.

Vermutlich durch einen alkoholbedingten Sprachfehler kippte unsere Freundschaft plötzlich und ein heftiger Raufhandel begann. Vermutlich waren wir alle gleich stark, versöhnten uns etwas später wieder und als wir uns umarmten, wusste keiner mehr, worum es bei diesem Konflikt gegangen war. Nach dieser Aufregung bestellten wir wieder Wodka, das muss so sein, nach einer Versöhnung. Die Namen der Russen konnten wir uns nicht merken, sie unseren auch nicht, aber einer von ihnen hatte auf seiner Jacke am Revers eine Lenin-Nadel angesteckt und diese hätte ich gerne, was ich ihm auch zeigte. Er deutete immer auf Lenin hin und ich war sicher, dass er ein großer Fan von Wladimir Iljitsch Lenin sei. Ich war damals beim Schifahren ein „Kneissl"-Fan, denn diese Schimarke aus Tirol fuhr ich auch, besaß den „Red Star", den „White Star" konnte ich mir nicht leisten. Nach Russland hatte ich meine Blaue „Kneissl-Jacke mit Stern" mitgenommen, mit einem Firmenabzeichen aus Metall. Genau dieses wollte der Russe unbedingt haben, denn in diesem Land gab es so etwas noch nicht. Nachdem wir wieder Wodka getrunken hatten, war der Handel perfekt: Ich bekam das „Lenin-Abzeichen" und er mein „Kneissl- Abzeichen". Irgendwann riss bei mir der Faden und ich weiß auch nicht mehr, wie ich in den LKW zu meinem Bett kam. Als ich wieder wach wurde, lief unser LKW bereits, Herbert hatte auch keinen „Restalkohol" und so standen wir mit den anderen Fahrzeugen bereits an der Grenze. Nach so einem Abend müsste man normalerweise zwei Tage warten, bis der Restalkohol abgebaut ist und man wieder ein Fahrzeug in Betrieb nehmen darf. Aber wir waren ja noch immer im Osten!

Über Warschau ging die Fahrt nach Berlin und dann weiter nach Hamburg. Wir blieben zwei Nächte in der Nähe vom Hamburger Hafen, bei dem der LKW samt Anhänger mit Pfirsichdosen vollbeladen wurde, die Ladung ging an einen großen Lebensmittelkonzern in Österreich.

GARNISONSTRASSE

Kurz vor Weihnachten bekam ich vom Bundesheer die Einberufung nach Linz in die Garnisonstraße, wohnte aber wie schon einmal in Linz Ebelsberg. Dieses Mal war ich Ordonnanz, das heißt, ein Soldat, der als Kellner ins Offizierskasino abkommandiert ist. Vermutlich aus meiner bisherigen Verwendung im Bundesheer sah man, dass ich für alles zu gebrauchen und diese Tätigkeit für mich zugeschnitten war. Außerdem musste ich sowieso noch den Rest meiner neunmonatigen Militärausbildung abdienen, um endlich dieses Thema abschließen zu können. Meine neue Aufgabe war, im Militärkommando für Oberösterreich und Salzburg in Linz das dortige Lokal zu führen.

Als „Ausrüstung" bekam ich eine Bundesheerhose, ein Hemd, Socken und eine weiße Kellnerjacke; also so sieht man aus, wenn man in den Krieg ziehen muss. Mein Dienst fing um acht Uhr an und nachdem ich die Kaffeemaschine eingeschaltet hatte, kamen vereinzelt die ersten Gäste, sprich Bundesheerpersonal oder Bundesangestellte, die im Hause in der Verwaltung arbeiteten. Ich hatte die strikte Anweisung, dass bis zwölf Uhr kein Alkohol ausgeschenkt werden darf, doch ich hatte gleich am Anfang Gäste, die verschiedenste gesundheitliche Beschwerden hatten. Manche zitterten schon vor dem Aufsperren meines Lokales, sie hatten wahrscheinlich am Vortag „Reisfleisch" gegessen und so musste ich aus medizinischen Gründen eine Ausnahme machen. Interessanterweise wurde das Zittern bald besser, sobald ich die halbe Coca Cola wegschüttete und mit etwas Anderem verlängerte. Ich bediente auch mehrere Kunden, die vom Vortag Magenprobleme hatten, so musste ich ihnen schnell helfen. Einen speziellen Kunden hatte ich, der behauptete des Öfteren, sein Frühstückei sei zu fett gewesen und er brauche dringend einen Schnaps. Ab der Mittagszeit waren auch noch die zwölf ranghöchsten Offiziere samt General im Offizierskasino zu verköstigen. Das Essen kam mit dem Bundesheerfahrzeug samt Soldaten von der Kaserne in Ebelsberg, die Essensportionen wurden verteilt und ich brauchte sie nur mehr zu servieren, zu trinken gab es Bundesheertee. Das Wichtigste bei meiner Arbeit war, dass alle satt und zufrieden waren, mir selbst machte sie aber auch Spaß. Beachten musste ich auch, dass kein Gewinn erzielt werden durfte, was aber nicht ganz einfach war, denn das Geschäft lief sehr gut und so wurden dann die Preise gesenkt und daher die Getränke nochmals billiger.

Bei verschiedenen Anlässen wie Geburtstagsfeiern oder Ähnlichem wurde ich manchmal ersucht, außer Dienst als Ordonnanz oder Kellner zu helfen oder zu arbeiten. Da ich bei meiner Arbeit ohnehin alleine war, hatte ich keinen Helfer oder Stellvertreter, was mir auch lieber war. Solche „Feiern" endeten meistens in einer gewaltigen Sauferei, bei denen ich immer versuchen musste, selbst nicht abzustürzen. Da ich auch schon älter als die meisten Grundwehrdiener war, fiel es überhaupt nicht auf, wenn ich dann von Offizieren ins Offiziers-Kasino eingeladen und mitgenommen wurde, dann aber stürzte ich wirklich ab und fand nicht einmal mehr mein Zimmer.

Ich war natürlich auch für den Einkauf zuständig und so forderte ich immer ein Fahrzeug des Bundesheeres samt Fahrer an, denn man durfte ein Heeresfahrzeug nur lenken, wenn man die Fahrerausbildung des Heeres absolviert hatte. Meistens fuhren wir ins „Metro", eine Großhandelsfirma etwas außerhalb von Linz, in das man nur mit eigenem Ausweis für Unternehmer hineindurfte. Bei dieser Gelegenheit nahm ich auch einmal eine Großpackung Babywindeln für meinen Sohn mit, wartete auf die Reaktion des zuständigen Bundesheerprüfers und auf die Monatsabrechnung. Geprüft wurde alles, denn Babywindel, die auch so deklariert waren, gehören offenbar zur Standardausrüstung des Bundesheeres und wurden daher auch nicht beanstandet. Da ich bereits um 17 Uhr mein Lokal zusperrte konnte, fuhr ich auch unter der Woche öfter nach Hause. Zwei bis dreimal in der Woche besuchte ich nun am Abend beim Österreichischen Heeressportverein einen Karate-Kurs, der mich voll begeisterte. Solange ich dann in Linz beim Bundesheer war, trainierte ich, so oft ich konnte, und ging später in Bad Ischl zum „Shotokan Karate Club", bei dem ich dann über Jahre trainierte.

Mitte März wurde ich nun aus dem Bundesheer entlassen und hatte dann zwei Jahre später in der Ramsau bei Molln meine letzte Waffen- und Schießübung, die eine Woche dauerte. Es war eine kleine Gruppe mit etwa 50 Rekruten und ich als „alter Hase" war wiederum als Ordonnanz im Einsatz, gleichzeitig der Älteste des Fußvolkes. Gleich zu Anfang hatte ich allerdings eine Auseinandersetzung mit einem Miliz-Unteroffizier, der zwar mein Vorgesetzten war, doch der Tonfall seines Auftretens passte mir überhaupt nicht, was ich ihm auch sagte. Normalerweise zieht man dabei immer den Kürzeren, doch als ich erklärte, dass ich auch für sein Futter als Ordonnanz zuständig sei, war er augenblicklich der freundlichste Mensch. Beim Ausfassen der Bekleidung nahm ich mir „zufällig" eine Kappe im Rang eines Zugsführers und wurde in dieser Woche daher von den meisten gewöhnlichen Soldaten besonders „respektvoll" behandelt. Darum heißt es auch im Volksmund: Kleider machen Leute! Wir hatten nach hier oben klarerweise nur die Soldatenbekleidung, ein Paar Schuhe und die übrige Ausrüstung mitnehmen dürfen. Als am nächsten Tag vor dem Appell ein einziger Schuh eines Soldaten fehlte, konnte dieser nur mit einem Schuh antreten. Wenn man diesen dann mit seiner „Kampf-Ausrüstung" und nur einem Schuh sah, konnte man nicht mehr ernst bleiben. Am nächsten Tag hatte dieser seinen „verlorenen" Schuh wiedergefunden, doch am anderen Tag stand wiederum ein anderer mit nur einem Schuh beim Appell. Es war wirklich ein Affenzirkus, denn am Abend nahmen alle die Schuhe mit ins Bett und schliefen damit ein.

TEHERAN

Manfred hatte eine Transportfirma und rief mich an, ein Fahrer von ihm habe in der Osttürkei einen Unfall gehabt, bei dem ein Kind ums Leben gekommen sei. Er ersuchte mich, mit seinem PKW-Kombi mitzufahren und ihm bei der Abwicklung zu helfen und ihn zu unterstützen. Wir wussten auch beide, dass der Versicherungsschutz in Europa am Bosporus endete. Nach seinen Informationen war sein Fahrer mit seinem LKW durch die Türkei Richtung Iran unterwegs gewesen. In der Nähe der Stadt Sivas standen Kinder an der Durchzugsstraße und schleuderten Steine gegen die Windschutzscheiben vorbeifahrender LKW, wenn die Fahrer nicht die Geschwindigkeit reduzierten und den Kindern Süßigkeiten zuwarfen. Eines dieser Kinder stolperte am Straßenrand, wurde vom Reifen des LKWs erfasst und dabei getötet. Der Fahrer hielt das Fahrzeug kurz an, sah, dass das Kind nicht mehr zu retten war, und fuhr sofort zur Polizeidienststelle, was ihm vermutlich das Leben rettete. Er wusste auch, dass in dieser Gegend noch die Blutrache herrschte und er auch nicht die geringste Chance hätte, die Sache auszudiskutieren. Er wurde von der Polizei sofort festgenommen und in das Gefängnis gesperrt. Die weitere Vorgangsweise war niemandem klar, keiner wusste, ob jemand deutsch sprach, um alle Schwierigkeiten zu besprechen und abzuklären. So blieb nur mehr die Möglichkeit, dies persönlich zu tun und hinzufahren. Das große Problem fing schon damit an, dass für diese Reise Impfungen nicht nur notwendig, sondern Pflicht waren. Diese Impfungen durften nicht von Hausärzten, sondern nur auf der jeweiligen Bezirkshauptmannschaft gemacht werden. Außerdem musste dann noch eine gewisse Frist eingehalten werden, um einreisen zu können. Als Erstes fuhren wir am nächsten Tag zur Behörde, klärten die außergewöhnlichen Umstände ab, ließen uns sofort impfen, das Datum der Impfung wurde vorverlegt. Wir konnten so schon am nächsten Tag abfahren und hatten einen Reservekanister und Lebensmittel für die Fahrt mit. Ganz wichtig dabei: Cola und Marlboro und viele weitere Zigaretten zum Verschenken und Bestechen. Wir fuhren über Graz zur Grenze nach Slowenien, dem früheren Jugoslawien, das war der Beginn einer über 1000 Kilometer langen Fernstraße, der Autoput. Sie wurde nach dem Zweiten Weltkrieg als „Straße der Brüderlichkeit und Einheit" für die Sozialistische Föderative Republik Jugoslawien als Halbautobahn gebaut. An der Errichtung waren Jugendliche im Rahmen der „Jugendarbeitsaktionen Jugoslawische Volksarmee" und Zwangsarbeiter beschäftigt. 1950 wurde die erste Strecke von Zadar nach Belgrad, 380 Kilometer lang, fertiggestellt. Es war auch der einzige Weg in die Heimat, der auf der sogenannten „Gastarbeiterroute", die ja schon in München begann, nach Hause führte. Die Autoput war damals eine der gefährlichsten Straßen der Welt, eine Todesstrecke mit verheerenden Unfällen. Hauptgrund war der, dass die meisten Gastarbeiter bereits sehr lange Strecken bewältigt hatten und die Müdigkeit eine der Hauptursachen dafür war.

Sie war am Anfang großteils nur zweispurig, mit Betonplatten verbaut, und verband im damaligen Jugoslawien die heutigen Republiken Slowenien, Kroatien, Serbien und Mazedonien. Auf dem Weg von Belgrad nach Nis lag Krajuevac, die „Autostadt", bei der die Fahrzeuge „Yugo", „Zastava" und „Fica" in Lizenz von Fiat produziert wurden. Bei Nis teilte sich dann die Autoput, die dann weiter entweder nach Sofia in Bulgarien oder nach Griechenland führte.

Wir blieben mit dem Volvo-Kombi nur dann stehen, wenn wir tanken mussten und wechselten einander nur ab, wenn einer von uns müde wurde, sonst fuhren wir Tag und Nacht durch. Manfred bekam starkes Fieber, sicherlich ausgelöst durch die „Impfaktion" und konnte selbst nicht mehr Auto fahren, er schlief die meiste Zeit. Wir hatten diesbezüglich vergessen, irgendwelche Medikamente mitzunehmen und unsere Hausapotheke bestand lediglich aus der Erste-Hilfe-Box des Autos, die ja mitzuführen war. Als wir nach Sofia in Bulgarien kamen, war es das erste Mal der Fall, dass wir wegen der kyrillischen Schrift überhaupt nichts mehr verstanden. Das Einzige, was uns nun blieb, waren die Mimik und Gestik, die Hände und Füße und, wenn möglich, das Lächeln! Als wir zur türkischen Grenze kamen und dort warteten, fiel uns eines sofort auf – es stank erbärmlich. Eine Toilette zu besuchen, war fast unmöglich, denn 100 Meter vor dem Klo war alles schon „verschissen". Der einzige Weg war, die Grenze so schnell wie möglich zu verlassen. Der erste große Ort in der Türkei war Edirne. Der Weg nach Istanbul war nicht mehr weit, Europa endete und Asien begann mit der Bosporus-Brücke, die wir damals erst ein Jahr nach der Eröffnung 1973 befahren konnten. Diese Hängebrücke hat eine Gesamtlänge von 1560 Metern, verfügt über sechs Fahrspuren, zwei Notspuren und einen Fußweg. Man konnte mit einem Aufzug in den Pylonen vom Bosporus Ufer auf Fahrbahnhöhe der Brücke befördert werden. Allerdings wurde nach vier Jahren der Aufzug gesperrt, da in dieser Zeit mehr als 100 Selbstmordsprünge stattfanden. Die Fahrtrichtung der Hauptspur ist nicht festgelegt, sondern wird je nach Tageszeit und Wochentag dem Verkehrsfluss angepasst.

Istanbul ist die bevölkerungsreichste Stadt der Türkei mit derzeit rund 14 Millionen Einwohnern, hatte damals 1975 „nur" 2,5 Millionen. Sie liegt auf zwei Kontinenten, dem europäischen und dem asiatischen Teil des Bosporus, am Marmarameer. Zwei Meeresgebiete mit dem Schwarzen Meer und dem Mittelmeer runden diese weltweit einzigartige Transitlage ab. Der alte Teil Istanbuls, das ehemalige Konstantinopel, und der Süden Europas, ist durch das Golden Horn vom nördlich gelegenen, jüngeren Stadtteil in Asien getrennt. Ab nun waren wir in Anatolien (deutsch: Kleinasien), seit der Gründung der Türkei 1923 umfasste dieses Gebiet die gesamte Türkei – ohne Thrakien, also Europa. Die Hauptstadt der Türkei, Ankara, lag nach weiteren 400 Kilometern hinter uns und hatte fünf Millionen Einwohner, die ganze Türkei etwa 80 Millionen.

Nun hatten wir unser Hauptziel Sivas vor uns und mussten dazu wieder fast 400 Kilometer weit fahren. Die Gegend wurde immer karger und der Verkehr weniger. Sivas, die Hauptstadt der gleichnamigen

türkischen Provinz in Zentralanatolien, liegt auf 1285 Metern Seehöhe, die Fläche der Provinz beträgt 28.488 Quadratkilometer. Sie
ist die zweitgrößte Provinz in der Türkei. Zum Vergleich: Ganz Bel-
gien umfasst 30.518 Quadratkilometer. Gegen Ende der 70er-Jahre
verstärkte sich die Landflucht nach Istanbul und viele Leute aus Sivas
zogen dorthin. Bei dem Brandanschlag von Sivas, im offiziellen türkischen Sprachgebrauch wird er als „Sivas-Ereignis" bezeichnet, Aleviten sprechen allerdings vom „Sivas-Massaker", machten am 2. Juni
1993 15.000 Islamisten Jagd auf Aleviten in Sivas, zündeten das Hotel an und 37 Menschen verbrannten. Hintergrund war die Übersetzung und teilweise Veröffentlichung des für Muslime „ketzerischen"
Romans „Die satanischen Verse" von Salman Rushdie, von dem sich
konservative, sunnitische Kreise provoziert fühlen.
Der erste Weg in Sivas führte uns zur Polizeidienststelle und wir
brauchten ziemlich lange, um beim verantwortlichen Polizeichef vor-
gelassen zu werden. Er sprach weder Deutsch noch Englisch und so
versuchten wir ihm zu erklären, dass wir mit dem inhaftierten Österreicher im Gefängnis Kontakt aufnehmen wollten. Er zeigte zuerst auf
unsere Zigaretten, womit wir schon beim Thema waren. Als wir ihm
auch noch verschiedene Marken anboten und sie ihm schenken, hatten wir gewonnen. Wir konnten nun mit ihm in seinem Polizeiauto
mitfahren, vorne sein Chauffeur, neben ihm Manfred, hinten der Polizeichef und ich. Als ich mich hineinsetzte, nahm er seine Dienstwaf-
fe und legte sie auf mich drauf, wobei ich dann wirklich kein gutes
Gefühl mehr hatte. Denn mit seiner Herumfuchtelei hätte ja wirklich ein Schuss losgehen und ich dann als Eunuch nach Haus kommen können. Das Gefängnis war ein ebenerdiges Gebäude mit großem Raum und mehreren Gefangenen oder Inhaftierten, nach außen
war das Areal von riesigen Stacheldrahtzäunen umgeben. Wir konnten uns nur kurz mit dem Fahrer unterhalten, denn es hieß, das Ganze
laufe über die österreichische Botschaft und das zuständige Gericht
ab. In Sivas hatten wir auch keine Möglichkeit mehr, für den Fahrer
irgendetwas zu tun oder zu besorgen. Nach dieser sehr deprimieren-
den und kurzen Auskunft, wir waren gerade 2650 Kilometer weit gefahren, war das nicht gerade aufmunternd.
Manfred musste damals 200.000 Schillinge (€ 13.549) an das Ge-

richt in Sivas zahlen, der Großteil war für die Strafe des Fahrers, der Rest für seine Entlassung aus dem Gefängnis, die Gerichtskosten und die Entschädigung der Eltern des tödlich verletzten Kindes. Dies war genau die aufgeschlüsselte Reihenfolge der Zahlung, bei der die Eltern ein Almosen bekamen. Nachdem der Fahrer wieder in Österreich war, klagte er Manfred bei Gericht wegen seines Verdienstausfalles, für die Zeit der Haftstrafe in Sivas.

Manfred hatte noch in Teheran eine Verabredung mit seinem Geschäftspartner aus dem Iran und außerdem befand sich gerade ein Fahrer samt LKW dort. Es waren aber noch immer mehr als 1700 Kilometer zu fahren und wir waren schon, wie in der gesamten Türkei, ohne Autobahn unterwegs. Die nächste große Stadt in Ostanatolien war Erzurum, mit jetzt etwa 350.000 Einwohnern. Sie liegt schon auf fast 2000 Metern Seehöhe und südlich der Stadt befindet sich nun ein beliebtes Schigebiet. Auf der Ebene wird hauptsächlich Getreide angebaut, ansonsten ist das Gebiet sehr dünn besiedelt. Die Gipfel der Bergkette im Süden Erzurums reichen über 3100 Meter, der höchste Gipfel des im Norden liegenden Gebirges ist sogar 3169 Meter hoch. Hier entspringt der Karasu, einer der beiden Quellflüsse des Euphrat. Wir erreichen nun durch eine weite Grasebene mit Dogubeyazit eine Stadt im äußersten Osten der Türkei, und in diesem Landkreis befindet sich der Grenzübergang zum Iran. Der „Ararat", auch der „Große Ararat" genannt, ist ein ruhiger Vulkan in Ostanatolien an der Grenze zu Armenien und dem Iran. Er reicht bis in 5137 Meter über dem Meeresspiegel und ist somit der höchste Berg der Türkei. Im Gebirge Ararat soll nach der Sintflut die Arche Noah gestrandet sein. Der Grenzübergang bestand darin, die Pässe oder Visa abzugeben, zu warten und nochmals zu warten. Was uns sofort stark auffiel, war der süße Geruch um uns: Es waren noch einige Hippies mit ihren alten VW-Bussen oder Citroen 2CVs und andere Leute an der Grenze, die mit ihrer Haarlänge auffielen. Ich hatte damals auch keine kurzen

Haare, aber keine Hippie-Bekleidung an. Der Hippie-Zug lief über Kabul in Afghanistan nach Indien und zurück, mit niedrigen Drogenpreisen und äußerst kostengünstigem Leben. Es war die Hippie-Jugendbewegung, die Flower-Child und die alternative Bewegung, bei der es genügend „Stoff" und viel zu „rauchen" gab. Ich hatte das Gefühl, die Zeit stehe still, man sah keine Hektik, es lief alles sehr langsam ab und es war wirklich sehr ruhig. Wir saßen im Schatten, noch auf der türkischen Grenze, neben uns ganz junge Soldaten aus der Türkei, die ihre Waffen bei sich trugen oder neben sich liegen hatten. Sie waren dort an der Grenze stationiert und lungerten herum. Einer schaute immer wieder auf meine Zigarette, ich rauchte wie immer Marlboro und schenkte ihm eine. Er sah mich ganz verblüfft an, ich deutete eher aus Spaß auf einen Cola-Stand hin, machte ein Zeichen wie „zwei Mal" und gab ihm ein paar türkische Lira. Tatsächlich sprang er auf, legte seine Waffe zu mir her und holte diese Cola für mich. Jetzt war ich tatsächlich sprachlos, denn ich musste auf seine Waffe aufpassen?! – ich kann's heute noch nicht fassen; ein türkischer Soldat! Was er dabei riskierte, war ihm sicherlich nicht bewusst. Denn auch für mich war die Situation nicht gerade von Vorteil, wenn eine türkische Waffe bei mir lag, auf die ich „aufpassen" sollte! Nun hatten wir noch mehr als 900 Kilometer nach Teheran zu fahren, das nächste Ziel war die Millionenstadt Täbris, mit jetzt zirka zwei Millionen Einwohnen. Sie ist die Hauptstadt von Ost-Aserbaidschan im Iran, liegt auf einer Seehöhe von 1363 Metern und ist stark erdbebengefährdet. Das letzte Beben war 2012, das Epizentrum lag 60 Kilometer in der Nähe von Täbris, und forderte 306 Tote und über 3000 Verletzte. Es ist tektonisch ein sehr aktives Gebiet, mit einer großen Anzahl starker Erdbeben. Es herrscht ein trockenes und sehr kaltes Klima mit ständigem Wind, im Sommer mit bis zu plus 42 Grad Celsius und im Winter minus 25 Grad Celsius. Unsere Fahrt ging nun auf der endlosen persischen Tiefebene weiter und nur die großen Gebirgsketten waren im Hintergrund immer präsent. Da auch das Tankstellennetz zu wünschen übrig ließ und das Benzin zur Neige ging, mussten wir stehenbleiben und mit unserem Kanister nachtanken. Es war nach Mitternacht, stockdunkel, kein anderes Fahrzeug weit und breit, natürlich auch nirgendwo ein Haus oder eine Siedlung. Als wir den Kanister aufschraubten, stellten wir fest, dass kein Einfüllstützen dabei war, das war zuvor nicht aufgefallen, da wir den Kanister auch nicht benutzen mussten. So war es unmöglich, das Benzin in den

Tank des Autos zu bekommen. Eine Großpackung Marlboro musste herhalten, wir zerlegten diese Schachtel und konnten sie nun als „Einfüllhilfe" verwenden. Gleichzeitig hörten wir Stimmen, die immer näherkamen, sahen aber keinen Menschen. Unter diesen Umständen so zu tanken, mit einem sehr unguten Gefühl, was hinter uns lauert, war nicht angenehm, sondern unheimlich. Die Stimmen waren schon ganz in der Nähe und wir verschütteten bereits einen Teil unseres Benzins, wollten nun mehr nichts wie weg. Interessant war auch, als wir wegfuhren, sahen wir selbst mit dem Autoscheinwerfer keine Leute. Aber wichtig war nur eines: Wir waren wieder im Fahrzeug und konnten wegfahren.

Iran, das frühere Persien, hat ungefähr 75 Millionen Einwohner. Die Hauptstadt Teheran liegt auf 1.189 Metern Seehöhe, ihr Hausberg, der „Totschäl", ist immerhin 3.964 Meter hoch und liegt vor der Stadt. Der höchste Berg im Iran und auch im Nahen Osten ist der „Damansan", mit 5.610 Metern Seehöhe. Teheran, mit damals 4,5 Millionen Einwohnern, war 1974 unser Reiseziel. Jetzt leben dort etwa 8 Millionen Einwohner, in der weiteren Metropole sogar mehr als 15 Millionen. Als wir in diese Stadt kamen, fuhren wir am Freiheitsturm (Denkmal des Schahs) vorbei, dieser wurde 1971 anlässlich des 2500-jährigen Jubiläums der Persischen Monarchie errichtet. Es war die „Schah"-Zeit, mit Schahanschah Mohamad Reza Pahlavi und seiner Gattin Schahbanu Farah Diba Pahlavi, und sie war auch Vizekönigin. Im Zweiten Weltkrieg, am 25.August 1941, marschierten die britischen und russischen Truppen im Iran ein und zwangen seinen Vater, Reza Schah, abzudanken. Mohamad Reza wurde am 17.September im Parlament vereidigt und am 18. September, am ersten Tag seiner Regentschaft, wurde das Land von den britischen und sowjetischen Truppen besetzt. Sie marschierten in Teheran ein und übernahmen die Kontrolle über die iranische Regierung. Das Ziel der Besatzung war, die vollständige militärische, wirtschaftliche und politische Kontrolle des Iran zu erreichen. Als nächstes wurde eine Nachschubroute, der „Persische Korridor" über das Kaspische Meer und weiter über die Sowjetunion eingerichtet. Vom Persischen Golf aus konnten nun die amerikanischen Waffen zur Roten Armee gebracht werden.

Im Dezember 1942 verstärkten amerikanische Truppen die britischen und sowjetischen Streitkräfte im Iran. Der amerikanische Präsident Roosevelt forderte daraufhin den Eintritt des Iran in den Krieg, auf Seiten der Alliierten. Im September 1943 erklärte der Iran Deutschland den Krieg und erfüllte damit die Bedingungen Roosevelts. Nach dem Ende des Zweiten Weltkrieges war der Iran wirtschaftlich vollständig am Boden. Erst mit US-amerikanischer Wirtschaftshilfe konnte die Wirtschaft wieder in Gang gebracht werden. Der einzige Partner, der einen Schutz garantierte, waren die USA und diese rüsteten die iranischen Streitkräfte militärisch gewaltig auf. Dazu kamen noch die totale Loyalität und Bindung des Kaisers zu Amerika, wie auch die enormen Waffenlieferungen und andere berüchtigte Geschäfte. Mit Hilfe der USA wurde der Geheimdienst SAVAK aufgebaut und zum Instrument des diktatorischen Regimes. Mit noch mehr Überwachung, Gewalt und Unterdrückung wurde der SAVAK eine der grausamsten Terrortruppen der Welt. Der prowestliche persönliche Lebensstil des Kaisers und seiner Familie wurde mit Argwohn registriert. Jeden Winter verbrachte die Familie den Skiurlaub in St.Moritz in der Schweiz.

Als wir in Teheran ein Hotel suchten, merkten wir die enorme Präsenz der Überwachung insofern, als wir mit dem PKW jedes Mal hinter dem Hotel parken mussten, kontrolliert wurden, dann war aber kein Zimmer frei. Zudem fanden gerade in dieser Zeit die Asien-Sommerspiele vom 1. bis zum 16. September 1974 in Teheran statt, davon wussten wir aber vor unserer Abreise nichts. Wir fanden nun endlich ein „Hotel", ein kleines Zimmer mit Dusche, auf das ich mich schon freute. Ich zog mich aus und als ich den Duschvorhang zur Seite zog, war alles voller Kakerlaken! Ich versuchte die meisten zu verjagen, die anderen flüchteten, vermutlich rochen sie, dass wir uns fast vier Tage nicht gewaschen hatten. Anschließend wollte ich zuhause anrufen, doch die Verbindung dauerte über drei Stunden, denn das ganz lief über ein Satelliten-Telefon. Ich hatte die Adresse von der Firma, bei der gerade die Lieferung des Transportes abgewickelt wurde und nahm ein Taxi, um dort hinzukommen. Die Taxis sind eine Art öffentliches Transportmittel und verkehren in festgelegten Kurzrouten und bleiben auf Zuruf stehen. Es funktioniert so ähnlich wie die Dolmus-Taxis in der Türkei. Als ich einstieg, saßen schon drei Frauen mit Tschador im Taxi und der Fahrer deutete mir an, ich sollte auch einsteigen. Ich war dabei aber nicht entspannt, denn alle drei trugen einen Niqab, also einen Schleier mit Sehschlitz, schauten ständig zu mir hin und kicherten unentwegt. Was mir auf den Straßen sonst noch auffiel, war die große Anzahl von sehr gut gekleideten Frauen und Männern und die teuren Autos. Als ich dann einen Rolls-Royce sah, der von einem vielleicht siebzehnjährigen „Buben" gelenkt wurde, war ich mehr als irritiert. Übrigens – als Beifahrer fungierte vermutlich sein Opa.

Die größte Schwierigkeit in dieser Stadt aber bestand für uns darin, dass kaum jemand Lesbares in lateinischer Schrift angeschrieben hatte, es gab praktisch nur arabische Schriftzeichen. So mussten wir immer auch raten oder riechen, wollte man etwas essen gehen. An einem sehr großen Platz mit vielen abgestellten LKWs und Containern trafen sich die Fahrer unterschiedlichster Nationen. Es war ein Holländer dabei, der völlig fertig war und zitterte. Er wolle nur noch mit dem Flugzeug nach Hause und er sagte, er steige in seinen LKW nie mehr ein. Er und sein Fahrer hätten in der Osttürkei einen Unfall gehabt und seinem Freund wurde der Kopf abgeschnitten. Inwieweit das alles stimmte, konnten wir nicht eruieren, er habe aber alles seiner Firma in Holland gemeldet. Daneben saßen auch einheimische Fahrer, also Iraner, die gerade beim Abendessen, natürlich am Boden, saßen. Ein paar Meter weg von ihnen entfernt saß eine Frau mit drei kleinen Kindern, vermutlich war sie die Frau eines Fahrers, der dann den Rest seines Essens in einem Blechtopf zu Boden warf – gleichsam seiner Familie zum Fraß vorwarf. Es ist einfach unmöglich, sich hier einzumischen, das ist ein fremdes Land mit anderen Mentalitäten; aber so etwas tut sehr weh!

Mit unserem Fahrer, mit dem ich auch schon in Russland unterwegs war, vereinbarten wir, dass er uns in zwei Stunden bei einem Speiselokal, das uns empfohlen wurde, treffen sollte. Er selbst müsste noch Essen für den nächsten Tag einkaufen und so kam er ziemlich verspätet zu diesem ganz exklusiven Lokal, das im fünften Stock des Hauses untergebracht war. Der gesamte Boden war mit dicken Teppichen ausgelegt, selbstverständlich das ganze Haus klimatisiert, in der Mitte des Raumes stand ein großer Springbrunnen und die Bedienung war ausgezeichnet. Als er hereinkam, merkten wir sofort, dass er etwas getrunken hatte, etwas zu viel. Obwohl Alkohol im Iran verboten war, wurde er immer wieder „schwarz" verkauft, meistens eine Art undefinierbarer Schnaps. Mittags war es noch sehr heiß und mit seiner Schnapsfahne erklärte er uns, dass er jetzt auch noch starken Durchfall bekommen hätte. Trotzdem brauche er dringend etwas zu essen, denn er habe schon sehr großen Hunger. Nachdem er die Hälfte seines Menüs gegessen hatte, bekam er augenblicklich ziemlich starke Bauchkrämpfe und er musste dringendst zur Toilette. Es gibt in diesen Ländern fast ausschließlich diese Hocktoiletten, also keine Schüsseln, sondern man erledigt sein „Geschäft" in Hockstellung. Für uns etwas ungewohnt und gewöhnungsbedürftig, problematisch aber bei „Seegang". Als der Fahrer wieder zu unserem Tisch kam, merkte er nicht, dass er hinter sich eine Spur auf dem Teppichboden herzog, vermutlich war er irrtümlicherweise mit dem Schuh in seine eigenen Exkremente gestiegen, daher der Abdruck. Wir zahlten ganz schnell und verließen augenblicklich das Lokal.

Übrigens, der LKW-Fahrer, er war gebürtiger Mühlviertler aus Oberösterreich, fuhr dann hauptsächlich die Strecke zu den Emiraten, wurde mit geschmuggeltem Whisky erwischt und sofort für längere Zeit eingesperrt. Er starb dann dort im Gefängnis.

Für Lisi suchte ich eine Afghan-Jacke, die sie sich schon länger gewünscht hatte, konnte aber keine finden. In der Nähe eines Marktes gab es aber eine Art Volksfest, mit Musik und Tanz. In einer riesigen Halle, ähnlich einem Bierzelt (Hofbräuhaus!) gab es dann die Attraktion des Abends, was wir uns natürlich nicht nehmen lassen wollten. Dabei traten Bauchtänzerinnen auf, die die dortige Männerwelt völlig aus dem Häuschen bringen konnten. Die Bauchtänzerinnen, alle etwas zu gut genährt, mit Konfektionsgröße 56 und Büstenhalter mit F-Cup, tanzten, natürlich mit Schleier, offenem Bauchnabel und trugen darunter eine „Klotthose" mit kurzem Schleier. Unter diesen Voraussetzungen sich so grazil und geschmeidig zu bewegen und zu tanzen, erforderte vermutlich ein jahrelanges Training. Die Musik wurde immer lauter, die Tänzerinnen gaben ihr Bestes, manche Männer tanzten schon auf dem Tisch, (wir gehörten nicht dazu), wir versuchten nur mehr, aus diesem Tollhaus wegzukommen. Am Abend gab es in den teuren Bars sämtliche alkoholischen Getränke, natürlich nicht offiziell, und Frauen, natürlich nur mit Begleitung, mit Tschador und darunter trugen sie teure Designer-Kleidung. Was mir auch auffiel, war, dass die gehobene Schicht tatsächlich reich war, manche sehr reich. Auf der anderen Seite als Kontrast die Armut, Leute, die ums Überleben kämpfen müssen und die in all diesen Großstädten vorkommen.

Nun mussten wir aber Teheran wieder verlassen und nach Hause fahren, denn es lagen wieder viele tausende Kilometer vor uns. 1978 kam es im Vorfeld der islamischen Revolution in Teheran zu Unruhen, die 10.000 Menschen das Leben kosteten und bei denen 50.000 weitere verletzt wurden. Eine schreckliche Naturkatastrophe, ein verheerendes Erdbeben, forderten dann noch einmal 25.000 Tote. Inzwischen war der Widerstand so groß geworden, dass der Schah schließlich am 16. Jänner 1979 aus dem Iran fliehen musste. Schah ist das persische Wort von Herrschaft. Auch der Name des Schachspieles wird zurückgeführt auf den Ausdruck „schahmat"; der König ist hilflos, geschlagen. Im Februar 1979 kehrte Ajatollah Ruhollah Chomeini aus dem Exil in Frankreich zurück, wurde Revolutionsführer und proklamierte die Islamische Republik Iran. Er wurde dann Staatsoberhaupt und machte den Iran zu einem Gottesstaat.

Auf der Rückfahrt, wir waren wieder in Ostanatolien in der Türkei und es war noch früh am Morgen. Es gab kaum Verkehr und wir blieben mit dem Auto stehen, da etwas unterhalb der Straße ein „Gebirgsbach" floss, bei dem wir uns waschen und rasieren wollten. Wir waren wieder die ganze Nacht durchgefahren, (mit Cola und Marlboro) und kletterten mit Rasiersachen samt Handtuch hinunter. Kaum hatten wir mit unserer Morgentoilette begonnen, sahen wir eine Anzahl von Reitern, die direkt auf uns zukamen und die alle bewaffnet waren. Jetzt hatten wir wirklich Angst und versuchten nunmehr, so schnell wie möglich zu unserem Auto zu kommen. Ich ließ sogar mein Handtuch liegen, wir beide sprangen ins Fahrzeug und fuhren davon. Wir hatten diese Situation auch später von mehreren Seiten betrachtet, kamen jedoch immer wieder zum Schluss, das Richtige getan zu haben. Zu warten, bis sie mit den Pferden bei uns waren und dann zu fragen, welches Problem sie mit uns haben, riskierten wir einfach nicht. Denn eines war uns klar: Den Starken zu spielen, kann in die Hose gehen, gerade in dieser Gegend hier. In der Nähe von Yozgat hielten wir mit dem Auto an, um eine Pause zu machen und etwas zu essen und zu trinken. Es gab dort einen kleinen, ruhig fließenden Bach mit ein paar Sträuchern und Bäumen. Wo auch immer, sobald ich Wasser sehe, muss ich auch gleich erkunden, ob hier Fische vorkommen. Mit meinen Sandalen schlich ich über das Gestrüpp ganz leise zum Bach und war auf das Wasser vollkommen fixiert. Fisch, sah ich dort keinen einzigen, wäre aber beinahe auf zwei Schlangen gestiegen, die ich nicht bemerkt hatte. Dabei bin ich so erschrocken, dass ich mit beiden Beinen hochsprang und das Gefühl hatte, bis zum Fahrzeug nicht mehr den Boden berührt zu haben. Das war eine Lehre für immer, denn ab da schaute ich seither zuerst auf den Boden und dann erst zum Wasser! Für mich einfach unglaublich, aber tatsächlich, war dann das Erlebnis, als wir einen vor uns fahrenden alten Traktor nicht überholen konnten. Denn neben uns ging eine Frau mit einem Esel und hinterdrein ein Mann, vermutlich der Ehemann, der einen Weidenstock in der Hand hatte und einmal auf sie und dann wieder auf den Esel einschlug!

Da wir schon bald wieder Asien verlassen und noch immer keine Afghan-Jacke in einem Geschäft oder Laden gefunden oder gesehen hatten, fand ich mich damit ab, wohl mit keinem Geschenk nach Hause zu kommen. Ich sah kurz vor Istanbul einen riesigen Obststand, mit lauter reifen und ganz großen Melonen und nahm zwei davon mit nach Hause. Ich habe damit aber keine allzu große Begeisterung ausgelöst, denn die Melonen gab es drei Häuser von uns entfernt, beim Obst- und Gemüsehändler in Ebensee.

Die Reise zurück war noch ein weiter Weg, denn wir fuhren über Sofia, Belgrad und dann nach Budapest. Ab Wien, auf „unserer" Autobahn, schwebten wir dann ganz entspannt nach Hause. Wir hatten fast 10.000 Kilometer auf teilweise sehr schlechten Straßen, manche sogar ohne Asphalt, in dieser kurzen Zeit zurückgelegt. Es war eine

Reise, die sehr anstrengend, aber lohnenswert war, den ich lernte in dieser kurzen Zeit eine ganz andere Welt kennen.

Ein Jahr später hätte ich wieder die Möglichkeit gehabt, mit dem Auto von Hamburg nach Bagdad zu fahren, da spielte aber Lisi nicht mehr mit. Denn wir hatten ja schon Michael und außerdem konnte man den Irak nur mehr mit Militärbegleitung befahren, denn das Risiko war damals schon sehr hoch.

GÜNTHER

Im Frühling 1975 lernte ich meinen besten Freund kennen. Er hieß Günther, war über 180 groß, über 100 Kilo schwer, immer laut, sprang von einem Fettnapf in den anderen, trank liebend gerne Whisky, sagte kompromisslos immer das, was er gerade dachte und war eines: ein echter Freund. Günther lebte von Kind an in Johannisburg in Südafrika, wo sein Vater ein Juwelier- und Goldschmiedegeschäft besaß. Günther kam zur Lehre nach Österreich und lernte den gleichen Beruf wie in sein Vater. Nach seiner Ausbildung ging er zurück nach Südafrika, wo er dann arbeitete. Dort lernte er seine Frau Christine, die aus Bad Ischl stammt, kennen und beide zogen nach der Hochzeit in das Salzkammergut. Sie eröffneten ein Uhren- und Juweliergeschäft, denn auch seine Frau kam aus dieser Branche. Das Leben in dieser Zeit in Südafrika wurde immer schwieriger und gerade in den Städten gefährlicher. Die Privathäuser waren mit großen Mauern abgesichert, da auch die Einbrüche immer mehr wurden. Nach Einbruch der Dunkelheit konnte man nicht mehr auf die Straße gehen. Um zu einem Kino zu kommen, konnte man nur mehr mit dem Auto dorthin fahren oder ein Taxi nehmen, denn die öffentlichen Verkehrsmittel waren nicht empfehlenswert. Später zogen auch seine Mutter, sie war Witwe, und auch Günthers Bruder samt Familie nach Österreich. Über einen Turnverein in Ebensee lernten wir uns näher kennen und da in diesem Verein kaum jemand ein Turner war, spielten wir hauptsächlich und leidenschaftlich Fußball in der Halle. Günther war nicht der Schnellste und auch kein begnadeter Fußballer, darum wurde er als Tormann eingesetzt. Wir waren etwa acht bis zehn Leute und spielten, als ginge es ums Leben. Anschließend besuchten wir immer ein Gasthaus im Ort, in dem wir ausgiebig unsere erkämpften Siege oder erlittenen Niederlagen feierten. Dabei gab es immer ausreichend Essen und Trinken, und ständig irgendeinen Grund oder Anlass, etwas zu begießen. Es sah so aus, als hätte jeder zehnmal im Jahr Geburtstag und so wurde es meistens nach Mitternacht, nach Hause zu gehen. Damals gab es noch um 24 Uhr die sogenannte „Sperrstunde", die von der Gendarmerie meist kontrolliert wurde. Bei einer dieser Kontrollen nach 24 Uhr wurden wir von einem Gendarmeriebeamten aufgefordert, nach dem letzten Getränk nach Hause zu gehen, denn es sei Sperrstunde. Dies klang aber nicht recht überzeugend, denn der Gesetzeshüter dürfte auch schon vorher etwas „getankt" haben, und so wurde er von uns aufgefordert, mit uns noch ein letztes Getränk zu konsumieren. Er stimmte uns zu und trank schnell auch noch eines mit, doch es wurden mehrere. Zu guter Letzt stieg er auf den Tisch, seine Kappe verkehrt auf dem Kopf, und hielt eine feurige Ansprache. Wir ersuchten ihn, vom Tisch herunterzukommen und wie wir nach Hause zu gehen.

Was uns auch sofort verband, war die Fischerei und damit die gemeinsamen Erlebnisse und Ausflüge. Eines Tages machte die ersten Fischererfahrungen am Traunsee, er fuhr zum sogenannten Teufelsgraben, einer sehr tiefen Stelle des Sees. Er wollte selbstverständlich einen großen Hecht fangen und warf aus. Das heißt, der große Köder wird so weit wie möglich in den See hinausgeworfen und dann in verschiedenen Tiefen wieder eingeholt. In der Hoffnung, ein Hecht schwimmt dem Köder nach, der an der Unterseite einen Haken montiert hat, beißt und bleibt hängen. Was Günther dann aber völlig aus dem Konzept brachte, war die Tatsache, dass er immer wieder Luftblasen aufsteigen sah. Vorerst dachte er noch an einen großen Fisch. Durch seine Kindheit in Südafrika hatte er natürlich auch genug Erlebnisse und Kontakte mit den verschiedensten Fischen im Meer. Als ihm dann tatsächlich die Angelrute fast aus der Hand gerissen wurde und er sofort anschlug, spürte er gleich, dass er etwas „ganz Großes" an der Angel hatte. Der Drill dauerte einige Minuten, der Kampf war gewaltig und plötzlich tauchte er auf: Er hatte einen Taucher am Haken! Er hatte ihn am Oberschenkel gehakt, der Mann verständlicher Weise Schmerzen, da er ganz schnell ans Ufer kam. Der Haken saß tief im Fleisch des Tauchers, wurde aber dann mit schmerzverzerrtem Gesicht und der Hilfe von Günther „behutsam" abgehängt. Tatsache war, dass in diesem Gebiet Tauchverbot herrschte, da immer wieder Kriegsrelikte aus früherer Zeit am Grund gefunden wurden. Da der Taucher sich nicht vorgestellt hatte, seinen Namen nicht nannte, watschelte er hinkend zu seinem Auto, zog sich um und fuhr schnell weg. Günther packte auch seine Sachen zusammen, dem Taucher schenkte er die Freiheit und so kam er ohne Beute nach Hause.

Durch unsere Freundschaft hatten wir auch schnell Kontakt zur Familie, da wir beide ein Kind hatten, Günther und Christine hatten eine Tochter, und so unternahmen wir die ersten gemeinsamen Ausflüge in der Umgebung. Etwas später kauften wir uns zusammen ein kleines Ruderboot zum Fischen auf dem Traunsee, welches wir in einer Bootshütte in Rindbach, eingestellt hatten. Es bekam einen Namen, den ich am besten nicht sagen will, mit Schiffstaufe und Sekt. Einen der ersten Ausflüge mit unserem Boot wollten wir in die Nähe vom Trauneck machen, besorgten uns am Vortag schon lebende Köderfische und kelterten sie in einem größeren Plastikeimer. Beide waren wir keine Frühaufsteher, dennoch wollten wir schon um vier Uhr aufstehen und dann, wie es sich bei Fischern gehört, mit dem Boot ausfahren. Wir trafen uns tatsächlich und pünktlich bei der Bootshütte, luden unsere Fischerutensilien samt Köderfischen ins Boot und fuhren auf den See hinaus. Vom ersten Tag an, an dem ich mit Günther am Boot war, versprach er immer wieder, den Weg zurück würde er rudern, ich solle mit dem Rudern beginnen. Er hat auch später dieses Versprechen nie eingehalten und suchte sich immer eine andere Ausrede. Das Wetter war wunderschön und es sollte ein vielversprechender Fischertag werden, als Günther mich ersuchte, sofort an Land zu rudern. Er müsse dringend sein Wasser ablassen und könne nicht mehr lange warten. Vom Boot aus gehe das sowieso nicht, denn man falle sofort ins Wasser oder es rinne ins Boot hinein. Es war wirklich sehr dringend, denn plötzlich nahm er den Köderfischkübel, leerte ihn mitsamt den Köderfischen in den See und pinkelte in den Kübel. Die Fischerei an diesem Tag war gelaufen, Günther aber erleichtert und ich ruderte zu unserem „Heimathafen" zurück. Vielleicht verstanden wir uns aus diesem Grunde so gut, da wir uns gegenseitig nichts schenkten und auch über solche Sachen lachen konnten.

Ein Jahr später, es war Sommer, als wir im Boot saßen, ich hatte meinen kleinen Neffen zum Angeln mitgenommen und Günther musste dringend an Land, ich „durfte" natürlich wie üblich rudern. Günther fieberte schon dem Ufer entgegen und konnte es kaum mehr erwarten auszusteigen. Zehn Meter vor dem rettenden Ufer stand ein alter Ponton, der aus dem Wasser ragte und an dem ich vorbeiruderte. Dort überlegte ich kurz und drehte um diesen Piloten noch eine Ehrenrunde. Günther sprang mit voller Adjustierung ins Wasser, es war noch mehr als einem Meter tief, doch er wollte nur noch eines – ans Ufer. Da wir auch ab und zu nach Gmunden oder Bad Ischl auf einen Drink fuhren, wechselten wir manchmal die Autos, Günther fuhr einen rechtsgelenkten Audi, den er aus Südafrika mitgenommen hatte. Seine Fahrkünste waren nicht überragend, in Südafrika galt er vermutlich als Naturtalent, wo er auch den Führerschein im Busch gemacht hatte. Wir waren auf der Heimfahrt von einer Bar in Gmunden, als Günther plötzlich „Augenprobleme" bekam und von der Bundesstraße abkam. Dabei fuhr er auf einer großen Wiese weiter und fand die Bundesstraße nicht mehr. Er hielt sein Auto irritiert an, wir wechselten die Position und ich fuhr wieder auf die Straße zurück. Für mich war diese Fahrweise mehr als gewöhnungsbedürftig und mit der linken Hand zu schalten, nicht normal. Günther übernahm daher das Schalten vom Beifahrersitz aus. Er behauptete zwar, mit der rechten Hand zu schalten sei einfach, doch er war Linkshänder und als wir zuhause waren, war das Schaltgetriebe kaputt.

Im Rahmen unserer Fischerausflüge fuhren wir zweimal im Jahr an den Kärntner Weissensee, im Mai, wenn die Fischsaison anfängt, und am Saisonende, im Spätherbst. Der See liegt auf etwa 1000 Metern Seehöhe, ist im Winter dick zugefroren, im Sommer herrlich zum Baden und für mich einer der schönsten Seen, die ich kenne. Wir wohnten fast immer im selben Haus, mit Halbpension, Bootshaus samt Elektroboot und Kabine für die Fischerutensilien. Wenn wir nach dem Frühstück mit dem Boot zum Fischen hinausfuhren, hatten wir meistens ein Lunchpaket mit, das Günther einpacken ließ. Aber wenn ich nicht aufpasste, bestellte er für mich eine Extrawurst, die ich überhaupt nicht mochte, aber dafür hatte man auch Freunde! Wir blieben die meiste Zeit des Tages am Wasser, fischten und, wenn wir müde wurden, schliefen wir am Boot ein und ließen uns einfach vom Wind treiben. Es waren immer wunderschöne Tage am See, an denen wir manchmal das Angeln vergaßen, weil wir heftig diskutierten, Geschichten erzählten oder Probleme besprachen. Wenn wir einen Fisch fingen, ließen wir ihn wieder aus oder verschenkten ihn. Am Abend, wenn wir nach Hause kamen, saßen wir nach dem Abendessen meistens sehr lange in der Gaststube zusammen und tauschten Erfahrungen mit andere Fischerkollegen oder Einheimischen aus. Gerade im Herbst kamen viele ältere Leute zum Weissensee und genossen das noch warme Klima und die Sonne, die erst ganz spät über dem See unterging. Sie verbrachten ein paar Tage in den noch offenen Pensionen, denn viele hatten bereits zugesperrt, da die Saison zu Ende war. Viele Pensionisten saßen noch am Badesteg und genossen den Abend. Wir fischten in der Nähe und Günther zeigte auf einen älteren Herren, der vermutlich am Badesteg eingeschlafen war. Da er sich auch nicht bewegte, als die Sonne bereits untergegangen war, sagte Günther „spaßhalber", dass er vielleicht schon tot sei. Wir wollten schon mit dem Boot nach Hause fahren, als mehrere Leute auf den Steg kamen. Der ältere Herr war nicht eingeschlafen, sondern tatsächlich tot. So etwas sei ein „schöner" Tod, glaubten wir.

Wir trafen am See auch einen Fischer, der vom Boot aus angelte. Wir grüßten wie üblich und wollten ein Gespräch anfangen. Er grüßte kaum zurück, war sehr unfreundlich und deutete uns, wir sollten abziehen. Das hätte er nicht sagen dürfen, denn wir blieben in seiner Nähe und als er für den nächsten Tag dort „anfütterte" und diese Stelle markierte, wussten wir, was zu tun war. Kaum war er mit seinem Boot weggefahren, fuhren wir zu seiner Markierung hin, die aus einem Schwimmkörper bestand, der mit Hilfe einer Schnur und einem Stein am Grund befestigt war. Das Einzige, das wir uns merken mussten, war genau diese Stelle, wo jetzt der Stein lag. Dann versetzten wir seine Markierung um vierzig Meter und er fing am nächsten Tag nichts, wir aber auf seiner Stelle sehr viel. So ein Zufall!

Meistens zwei Tage, bevor wir wieder nach Hause fuhren, kam immer eine Fischerrunde aus Gmunden, deren Mitglieder bei der Energie AG arbeiteten. Gleich am ersten Tag war es mit der Ruhe in unserem Haus, in dem wir wohnten, vorbei. Keiner ging mehr ins Bett und man wusste nicht mehr genau, ob jemand gerade zum Fischen aufgestanden war oder vom Vortag noch im Gasthaus saß. Es war mehr als anstrengend und ich war dann immer froh, wenn wir abfuhren.

Natürlich gab es auch andere Gemeinsamkeiten, wie zum Beispiel einen Kerbschnitzkurs, den wir auch längere Zeit besuchten und durch den wir dann später schöne Holzarbeiten fertigen konnten.

Da wir beide gerne und viel rauchten, wir uns aber trotzdem das Rauchen abgewöhnen wollten, hatten wir erfahren, dass es in Ried im Innkreis einen Arzt gab, der große Erfolge bei der Entwöhnung hatte. Natürlich vereinbarten wir sofort einen Termin und fuhren zu diesem Arzt. Auf der Hinfahrt rauchten wir noch, soviel wir konnten und bis uns die Zigaretten ausgingen. Der Arzt erklärte uns im Schnelldurchlauf, was wir tun mussten und woran wir uns halten sollten. Dann stach er uns eine Nadel ins Ohr, wir hatten danach ein „Flinserl", das dort verblieb. Nun waren wir markiert, das Ganze dauerte ein paar Minuten und die Rechnung dafür lag im Hochpreissegment. Wir saßen kaum im Auto, als Günther nach der Aufregung beim Arzt unbedingt eine Zigarette brauchte. Selbstverständlich wies ich ihn darauf hin, dass wir „Gott sei Dank" keine Zigaretten mehr hatten, er öffnete das Handschuhfach und zauberte eine neue Packung heraus. Sie sei nur zum „Abgewöhnen" und außerdem habe er nun eine halbe Stunde keine mehr geraucht! Ich selbst blieb fast zwei Monate standhaft, hatte fast 10 Kilo zugenommen, da ich den ganzen Tag Süßigkeiten in mich hineinstopfte und fing dann wieder zu rauchen an.

VATER

Anfang Juni, es war ein Sonntagvormittag und ich schlief noch länger. Lisi weckte mich auf, nachdem mein Schwager und meine Schwester an unserer Tür geläutet hatten. Sie kamen gerade von der Sonntagsmesse und sahen, dass im zweiten Stock des Hauses meines Bruders die Jalousie des Schlafzimmerfensters meines Vaters, noch geschlossen war. Ich zog mich an und ging hinauf, denn mein Bruder war nicht zuhause. Die Eingangstüre war wie immer nicht abgesperrt und so wollte ich im Schlafzimmer meines Vaters Nachschau halten. Ich glaubte, die Türe klemme und sie ließ sich nicht öffnen. Durch festeres Schieben und Drücken konnte ich die Wohnungstüre so weit öffnen, dass ich in das Schlafzimmer hineinkonnte. Mein Vater hing an der Innenseite der Türklinke an einem Strick, mit dem er sich selbst stranguliert hatte. Ich versuchte zuerst, ihn selbst herunterzubinden, schaffte es aber nicht sofort, da sein ganzes Gewicht darauf hing. Erst als ich an der Klinke den Strick lösen konnte, bekam ich Vater frei, zog ihn von dort weg und konnte ihn auf das Bett heben. Jetzt wurde mir erst richtig bewusst, dass ich nichts mehr tun konnte und merkte dann die eigene Hilflosigkeit. Es lief dann alles für mich wie ein schrecklicher Film ab, Vater lag noch immer in meinen Armen, dann kam die Familie, der Arzt, Gendarmerie und der Bestatter.

Vater hatte am Vortag Geburtstag gehabt, er wurde 68 Jahre alt. Ich übernahm dann auch die ganze Abwicklung des Begräbnisses und als einzige Erinnerung sein altes Fernglas. Am Nachmittag fuhren Lisi, Michael und ich mit dem Auto zu einem Tierpark in unserer Nähe, denn ich brauchte viel, viel Luft.

Solange ich in der Bahnhofstraße wohnte und in den Kellerraum der Garage musste, brauchte ich jedes Mal eine große Überwindung. Denn die Kellertüre aus Metall klemmte und man konnte sie nur mit starkem Druck öffnen. Dabei musste ich immer wieder an Vater denken, das ist für mein ganzes Leben gespeichert.

FLO

Lisi wurde wieder schwanger und Florian kam am letzten Tag des Mai 1978, in der Nacht, im Krankenhaus Gmunden zur Welt. Flo behauptete auch später immer, er sei mein Meisterstück, für mich war er die „Sorge zwei", was sicherlich treffender war. „Sorge eins" war Michael, der mir später, als er schon erwachsen war, sehr viele schlaflose Nächte bescherte. Als Florian die erste Breinahrung bekam, wie etwa Obst oder Gemüse, bekam er im Gesicht rote Flecken. Das verstärkte sich, als Flo ungefähr zwei Jahre alt war, auch der Hausarzt fand dafür keine Lösung. Es traten dann immer öfter auch Flecken am Handrücken und an den Beinen auf und diese fingen zu jucken an. Wir konsultierten dann „den" Hautspezialisten im Krankenhaus Wels, der uns erklärte, dass dieses Problem einer ständigen Pflege bedürfe, er das nicht übernehmen und uns nicht helfen könne. Der einzige Tipp, den er uns gab, war die Empfehlung, es bei den Ärzten in unserer Gegend zu versuchen, was wir ja schon getan hatten. Es folgte dann ein Suchen anderer Ärzte, Homöopathen, Heilpraktiker und sogar Handaufleger, wir konsultierten ebenso einen Arzt aus Linz, der sich auf die Naturheilkunde spezialisiert hatte. Wir kauften die besten Medikamente, zahlten oft horrende Preise für die Behandlungen und versuchten einfach alles, um eine Linderung oder Verbesserung zu finden. Die Beschwerden wurden immer schlimmer, die betroffenen Teile der Haut breiteten sich langsam am ganzen Körper aus und eine Linderung konnte nur mehr mit Einsatz von kortisonhaltigen Mitteln erreicht werden. Bei Florian war in der schlimmsten Phase fast die ganze Haut betroffen und geschädigt, er konnte wegen des Juckreizes kaum mehr schlafen. Wir wussten auch für uns keine Lösung mehr, da wir alles versucht hatten und wir uns in der Nacht abwechselten, bei Flo an seinem Bett zu sein. Ich machte „Dienst bis Mitternacht", dann übernahm Lisi die restliche Nacht. Es kostete auch uns immer mehr Substanz, denn bei Tag musste ich arbeiten und Lisi kam kaum mehr zum Schlafen. Als unser Hausarzt in Pension ging, lernten wir in unserer wirklich schlimmen Lage den neuen kennen, der dann später einer unserer besten Freunde wurde. Nach der ersten Untersuchung stellte er sofort fest, dass die Krankheit von Florian lebensbedrohend war und ganz schnell eine Entscheidung getroffen werden musste. Er war aber dagegen, in den umliegenden Krankenhäusern die Behandlung durchzuführen, da diese Krankheit nicht mit Kortison alleine zu behandeln sei, sondern in eine spezielle Klinik gehöre. In einer Rücksprache bei der Oberösterreichischen Gebietskrankenkasse und dem Hinweis auf die außergewöhnliche Situation der Krankheit wurde dies aber kategorisch abgelehnt. Man verwies auf die zwei naheliegenden Krankenhäuser und verweigerte auch eine Kostenbeteiligung ihrerseits, alles andere sei für sie nicht möglich. Über unseren Hausarzt erfuhren wir dann, dass es im Krankenhaus Hitzing eine derartige Abteilung gebe, diese aber nicht in Frage komme, da dort kein Zimmer frei sei. Er kenne durch einen Kollegen noch ein Krankenhaus in Stuttgart, das zu empfehlen sei. Wien wäre näher gelegen und so versuchte auch unser Freund Günther eine Lösung zu finden. Er war damals bei der Freiheitlichen Partei Österreichs und kannte einen Nationalratsabgeordneten aus Wels. Dieser war gerade in einer Nationalratssitzung und seine Sekretärin versprach, sofort zurückzurufen, was er auch umgehend tat. In nicht einmal einer Stunde bekam Günther die Zusage, dass nun doch im Krankenhaus Hitzing-Lainz ein Platz frei wäre und ein zuständiger Spezialist unseren Sohn erwartete. Außerdem ständed vom Klub der Freiheitlichen kostenlos ein Hubschrauber für den Transport von Ebensee nach Wien zur Verfügung. Es war für uns unglaublich, dass plötzlich alles möglich war, dass uns sofort geholfen wurde, obwohl Lisi und ich noch nie bei einer Partei Mitglied waren. Allein diese Geste verpflichtete mich dann später, dass ich für zehn Jahre Mitglied bei dieser Partei wurde, als Dank für dieses unglaubliche Entgegenkommen. Obwohl wir dann dieses Angebot, nach Hietzing ins Krankenhaus zu gehen, nicht angenommen hatten, vergesse ich diese Hilfe nie mehr.

Die zweite Option war die „Filderklinik" bei Stuttgart, bei der wir sofort ein Zimmer bereitgestellt bekamen, selbst Lisi konnte bei Flo im Zimmer bleiben. In Filderstadt-Bonlanden wurde 1975 dieses Krankenhaus errichtet und es ist eines der drei anthroposophisch ausgerichteten Krankenhäuser Deutschlands, mit Kinder- und Jugendmedizin. Gegründet wurde es von Hermann und Ernst Mahle, als gemeinnützige Gesellschaft der Mahle-Stiftung, diese ist zugleich der große Förderer der Filderklinik GmbH. Die anthroposophische Medizin beruht auf ganzheitlicher Wirkung und geht auf die Waldorfpädagogik Rudolf Steiners zurück. Anthroposophie bedeutet wörtlich übersetzt „die Weisheit von Menschen". Da wir uns nun für die Filderklinik entschieden hatten, musste ich noch für den Transport nach Stuttgart Kontakt mit der OÖ-Gebietskrankenkasse aufnehmen, die mir aber jede Leistung verweigerte. Genausowenig wurde ein Rettungstransport vom Roten Kreuz Ebensee nach Stuttgart bewilligt.

Da wir nirgendwo eine andere Möglichkeit sahen, wollte ich mit meinem Auto selbst fahren, hatte aber damals Spikereifen an dem Fahrzeug montiert, was in Deutschland verboten war. Daher borgte ich mir das Auto meines Schwagers aus und suchte die Telefonnummern des ADAC, sollte eine Panne oder Notfall eintreten. Florians ganzer Körper war nun zur Gänze so geschädigt und betroffen, dass nur ein winziger Teil der Nase übrigblieb und er inzwischen so krank war, dass der Transport lebensgefährlich war. Zwei Tage vor dem Heiligen Abend fuhren wir, Flo in eine Alufolie eingewickelt, ins Krankenhaus nach Stuttgart und kamen dort sieben Stunden später an. Die Behandlung begann sofort, Lisi und Flo verbrachten nun zwei lange Monate, in der Filderklinik bei Stuttgart. Die Haut war teilweise zerkratzt und blutig, der Körper entzündet und der Verbandswechsel immer mit schrecklichem Schreien von Flo verbunden. Es war stets eine Prozedur und für alle Beteiligten kaum auszuhalten. Die Krankenschwestern, Ärzte und der Primar zeigten nicht nur, dass sie ihr Fach beherrschten, sondern kümmerten sich auch menschlich und mit großer Hingabe um unseren Sohn. Ich verstehe bis heute nicht, wie Lisi diese zwei Monate, Tag und Nacht, ununterbrochen aushielt. Wo sie vorher schon wochenlang keine Zeit für sich selbst mehr hatte und immer an der Grenze des Machbaren war.
Am 24. Dezember feierten Lisi und Flo im Krankenhaus, es gab aber bei Gott nichts zu „feiern", Michael bekam ein ferngesteuertes Auto und wir zwei waren an diesem Abend bei meinen Schwiegereltern. Die Woche über, Michael besuchte die Volksschule, gingen wir ins Gasthaus „Schwarzer Adler" essen, der Besitzer war ein guter Freund

von mir, denn ich konnte überhaupt nicht kochen. Fast die ganze Familie war berufstätig und so blieb mir nichts Anderes übrig. Um die Wäsche und das Bügeln kümmerte sich meine Schwiegermutter, denn ich wusste zwar, dass wir eine Waschmaschine hatten, sie zu bedienen war ein anderes Thema. Außerdem kann ich das bis heute nicht, weder das eine noch das andere. Jedes Wochenende fuhr ich nach Stuttgart und die kürzeste Fahrzeit dorthin betrug sechseinhalb Stunden. Die längste Fahrt dauerte einmal zwölf Stunden, da wegen sehr starken Schneefalls und vieler Unfälle kaum ein Weiterkommen möglich war. Für die Rückfahrt am nächsten Tag brauchte ich „nur" neun Stunden. Ich nahm mir in Filderstadt jedes Mal eine Frühstückspension und wir konnten am Anfang nur einen kleinen Spaziergang in der Nähe der Klinik machen, da Flo noch sehr schwach und sein Gesicht von der Krankheit sehr mitgenommen war. Später unternahmen wir kleine Ausflüge in der Nähe, einmal auf den Fernsehturm in Stuttgart. Hier erlebten wir auch, als wir in den Lift einstiegen, eine Frau, die von uns wissen wollte, ob unser Sohn, „hoffentlich keine ansteckende Krankheit " habe. Angesichts solcher Aussagen ist man zuerst sprachlos und später nur wütend auf solch dumme Menschen. Zweimal nahm ich Michael zur Filderklinik mit und bei einer Rückfahrt an der deutschen Grenze wurde ich zur Seite gewunken und kontrolliert. Ich rauchte damals ziemlich stark und hatte daher Zigaretten mitgenommen (geschmuggelt), die in Deutschland wesentlich billiger waren als bei uns. Vor der Grenze hatte ich Michael schon erklärt, dass dies verboten sei und er natürlich nichts sagen sollte, was er auch tat. Wir blieben mit unserem Auto stehen und Michael schrie immer wieder zum Zöllner hin: „Juchhu, Juchhu!" Dieser konnte sich aber nicht erklären, warum der Bub dabei so strahlte, ich schon, denn wir wurden endlich kontrolliert!

Obwohl die Genesung nur ganz, ganz langsam voranschritt, konnten wir am 14. Februar, am Valentinstag, die Filderklinik verlassen und nach Hause fahren. Bis heute noch ist es für uns der zweite „Heilige Abend", da wir ihn damals am Valentinstag nachfeierten. Außer der täglichen, intensiven Pflege seiner empfindlichen Haut und der Umstellung auf die spezielle Ernährung, kehrte auch bei uns wieder Normalität ein. Viele Medikamente, die Flo nehmen musste, waren in Österreich nicht zugelassen oder nicht erhältlich. So fuhren wir des Öfteren nach Freilassing zur Apotheke, um sie dort zu kaufen. Wir hatten dann, um nicht immer nach Deutschland fahren zu müssen, versucht, uns diese Medikamente von der Apotheke per Post zusenden zu lassen. Doch schon beim ersten Mal wurde dieses Paket bei der Post abgefangen und landete bei der zuständigen Landessanitätsbehörde, von der ich auch dann angerufen wurde. Ich wollte diese Sachlage klären, stieß aber sofort auf taube Ohren und das Paket wurde eingezogen.

Die Kosten der Behandlung in der Filderklinik waren durch die Länge des Aufenthaltes und die speziellen Behandlungen enorm. Wir mussten sie zur Gänze alleine tragen und ich hatte vom Filialleiter der Sparkasse in Ebensee die Zusage, dass das Geld nach Stuttgart überwiesen wird. Wir selbst hatten, bedingt durch den Hausbau, dementsprechend hohe Schulden und wir waren uns bewusst, dass wir dadurch unser Haus im schlimmsten Falle verlieren könnten. Wir brauchten dann Jahre, bis wir uns finanziell wieder fangen konnten.

Einmal im Monat mussten wir zur Nachuntersuchung nach Stuttgart in die Filderklinik fahren, etwas später dann nur mehr alle zwei Monate. Im Sommer bekam ich einen Anruf von Primar Mittelstraß, der Flo die ganze Zeit in der Filderklinik behandelt hatte, wodurch auch ein sehr freundschaftliches und persönliches Verhältnis bestand. Er möchte uns besuchen kommen, denn er sei gerade in Innsbruck gewesen, wolle nach Graz fahren und sei jetzt ganz in unserer Nähe. Wir vereinbarten, dass er und seine Frau zu uns zum Grillen kommen sollten und als sie dann bei uns waren, stellten wir fest, dass sie beide Vegetarier sind. Lisi besorgte Sojawürstel und so wurde es ein sehr netter Nachmittag. Als Geschenk hatte er Florian eine Blockflöte mitgebracht, mit der er auch in der Musikschule zu lernen begann. Später kamen die E-Orgel dazu und dann eine Gitarre, von denen er dann mehrere hatte und die er heute noch immer spielt, Flo ist inzwischen 39 Jahre alt!

BAHNHOFSTRASSE

Unser Haus in der Bahnhofstraße liegt nur ungefähr 100 Meter von der Traun entfernt und ist dadurch sehr hochwassergefährdet. Leider passierte es öfter, dass sogar zwei Mal im Jahr Hochwasser unseren Ort heimsuchte. Für unsere Gegend, das Salzkammergut, nicht ungewöhnlich, dass oft starke Regenfälle auftreten und auch länger anhalten, daher muss jederzeit mit solchen Wetterkapriolen gerechnet werden. Dazu kommen noch die Frühjahrshochwasser wegen der Schneeschmelze, besonders gefährlich aber wird es, wenn in dieser Phase Warmwettereinbrüche und starker Regen zusammentreffen, das kann große Schäden verursachen. Ganz arg traf es uns in den 70er-Jahren, als große Teile des Ortes vom Wasser eingeschlossen waren. Da wir bei unserem Haus aus diesem Grunde gar keinen Keller gebaut hatten, beschränkten wir uns auf die Unterkellerung der Garagen. Diese wurde zur Gänze „wasserfest" betoniert, da wir unbedingt einen Öltankraum brauchten, der auch dementsprechend abgesichert war. Wir hatten auch damals keine andere Möglichkeit, als das Haus mit einer Öl-Zentralheizung zu beheizen, da es im Ort noch keine Gasversorgung gab und eine Versorgung mit Holz technisch nicht möglich war. Sie funktionierte selbst bei „normalem" Hochwasser problemlos, es sei denn, es traten extreme Hochwasser auf und überfluteten trotz abgesicherter Sperren den Tank-Raum. In diesem befanden sich fünf Tanks mit je 2000 Litern Öl, zudem bestand die Möglichkeit, das Wasser aus dem Raum abzupumpen. Ich musste in solchen Situationen sehr oft auch in der Nacht im Tank-Raum arbeiten, in den man nur über die kleine Luke mit Hilfe einer Leiter einsteigen konnte. Da unten zu arbeiten, mit ausgeronnenem Öl, dem entsprechenden Ölgeruch und nur von einer Taschenlampe beleuchtet, war nicht gerade einladend. Ich machte diese Dinge immer ganz alleine, denn für andere war es tatsächlich eine Zumutung. Nach solchen Einsätzen musste ich mich immer drei Mal duschen und Haare waschen, dennoch stank ich noch immer nach Öl.

Den an der Grenze liegenden Öleinsatz hatte ich aber, als das größte Hochwasser in dieser Zeit den Tank-Raum überflutete, Tanks ausriss und die Rohrverbindungen verbog. Nachdem ich den Tank-Raum ausgepumpt und das ausgetretene Öl mit Hilfe eines Ölbindemittels der Feuerwehr entsorgt hatte, stand ich vor einem großen Problem: Wer kann diesen Schaden – und vor allem wie – beheben? Hochwasserschäden waren damals überhaupt nicht versicherbar und der Gesamtschaden war enorm. Im schlimmsten Fall hätte der Garagenboden aufgeschremmt und entfernt werden müssen, um in den Tankraum zu gelangen. Erst dort hätte man dann die Reparatur der Tanks in Angriff nehmen können. Eine Firma, die sich bereit erklärt hätte, die Schweißarbeiten in dem stark beschädigten Tank-Raum zu übernehmen, gab es nicht. Ich hatte aber zwei befreundete Kunden, Spezialisten, die diese Schweißarbeiten für mich im Tank-Raum machen würden – zwei Verrückte! Wir waren uns bewusst, dass ein Brand mit zirka 7000 Litern Öl unter diesen Bedingungen eine sehr heiße Sache werden kann. Das Wichtigste war aber, es muss sich jeder auf den anderen verlassen können und wir müssen im Notfall nur eines: raus! Es war tatsächlich grimmig, denn beide arbeiteten liegend auf den Tanks, flexten, schweißten und ich musste die abgeflexten heißen Metallteile mit einem dicken Handschuh halten und nach außen in den Garten werfen. Wir waren alle drei extrem angespannt und schweißgebadet, vermutlich aus Angst. Wir schafften tatsächlich diese heiklen Arbeiten problemlos und eines blieb uns auch später in Erinnerung: Diese Aktion schweißte auch uns zusammen!

Unser Garten war klein aber fein, die Kinder konnten spielen, hatten eine Schaukel und wir bauten sogar Gemüse an. Wir hatten kleine Grill- und Gartenfeste und fühlten uns dort richtig wohl. Seit längere Zeit fanden unter der Woche immer wieder Arbeiten der uns angrenzenden Solvay-Werke statt, die ich nicht zuordnen konnte.
Das Betriebsgelände war natürlich mit einem hohen Zaun abgeschlossen und nicht zugängig. Nur etwa 80 Meter von unserem Garten entfernt lag die Stelle, von wo der Lärm auch herkam, dort wurde ein mit Holzteilen verkleideter Schuppen errichtet und den ganzen Tag gearbeitet. Es hörte sich so an, als würde mit großem Druck ein Auto abgespritzt und gewaschen. Von einem Bekannten erfuhr ich, dass in dem Schuppen ohne Genehmigung „sandgestrahlt" wird. Über die Bezirkshauptmannschaft habe ich dann veranlasst, dass diese Arbeiten abgestellt werden mussten und hatte dabei sogar Schwierigkeiten

mit dem belgischen Konzern bekommen. Es wurde schließlich ein stationäres Gebäude errichtet und auch behördlich genehmigt. Die Sache bedurfte schon deshalb einer Klärung, da Kinder direkt in der Nähe spielten und den feinen Staub natürlich einatmeten.

MICHAEL

Mit Michael verbrachte ich viele Stunden in meiner kleinen Werkstätte, die sich neben der Garage befand. Dort hatte ich auch einen Holzofen, den ich am Abend des Öfteren einheizte und der dabei eine besondere Wärme ausstrahlte. Es war draußen schon finster, Michael spielte in der Werkstätte und ich bastelte gerade an einem größerem Holzteil. Dabei rutschte ich mit einem sehr scharfen Stemmeisen ab und stach mich dabei selbst in die linke Hand, die sofort stark blutete. Obwohl ich mit der rechten Hand die offene Wunde zusammendrückte, tropfte das Blut gleich auf den Betonboden. Ich hatte zwar ein Erste-Hilfe-Paket in der Werkstätte, brauchte aber für das Stillen der Wunde etwas Größeres zum Verbinden. In die Wohnung, die im ersten Stock unseres Hauses lag, wollte ich mit dem vielen Blut nicht hineingehen. Daher sagte ich Michael, er solle Mama mit einem Verband zur Werkstätte schicken, um mich zu verbinden. Er lief sofort hinauf, spielte in der Wohnung weiter und vergaß einfach, dass ich mich verletzt hatte. Ich wartete und wartete auf Lisi. Zu guter Letzt lief ich zum Haus und läutete Sturm in der Wohnung, Lisi half mir sofort. Das eingetrocknete Blut am Betonboden war noch nach Jahren sichtbar.

FLO

Da Florian auch sehr oft in unserer Werkstätte bastelte und hämmerte, wollte ich ihm das Fällen eines Baumes bis zur Verarbeitung des Holzes näherbringen. Wir hatten durch unser altes Haus ein sogenanntes „Servitutsrecht", das erlaubt, jährlich eine gewisse Menge von Holz zu beziehen, mussten es aber selbst verarbeiten und dies alles wurde von den Österreichischen Bundesforsten überwacht. Florian war zum ersten Mal direkt dabei, wie Bäume gefällt und umgeschnitten wurden. Er sah auch, wie der Baum mit einer Motorsäge entastet und bei Bedarf die Baumrinde mit einem speziellen Messer abgezogen wurde. Mit einem Traktor wurden dann die Stämme bis zur nächsten Forststraße gezogen und dann in der erforderlichen Länge abgeschnitten. Mit dem LKW-Fahrer des Holztransporters vereinbarte ich einen Termin, er holte uns von zuhause ab und so fuhren wir mit Florian wieder in den Wald. Unsere Holzstämme wurden nun mit einem „Hiab", einem hydraulischen Kran zum Aufheben und Einladen der Stämme, auf den Transporter gehoben. Anschließend fuhren wir zu einem alten Sägewerk samt Mühle, das mit Wasserkraft eines Baches angetrieben wurde und in dem nur mehr bei Bedarf Holz geschnitten wurde. Der Besitzer betrieb diese Säge zu dem Zeitpunkt als Hobby und aus Nostalgiegründen, sein gelernter und ausgeübter Beruf war Rechtsanwalt. Da ich ihn gut kannte, ersuchte ich ihn, unser Holz dort ausnahmsweise zu schneiden, damit Florian den ganzen Ablauf sehen und mitverfolgen kann. Alleine das Einschalten des Gatters der Säge, mit all diesen Geräuschen, und der Lärm des Antriebes waren fast furchterregend. Selbst für einen Erwachsenen ist der Vortrieb, das Zuschneiden der Holzstämme auf die richtige Dimension und noch dazu mit der alten Technik immer wieder ein Erlebnis. Ein ganz kleiner Teil des Holzes wurde mit meinem Autoanhänger dann in die Bahnhofstraße transportiert und kleinere Teile wurden auf meiner Hobelbank zugerichtet und gehobelt. Aus diesen Holzteilen baute ich mit Florian ein großes Regal für unsere Schuhablage zusammen, die heute noch in Betrieb ist.

CHRISTBAUM

Umweltbewusst wie wir waren, hatte ich für Weihnachten etwas ganz Besonderes vor: ein „lebender" Christbaum, den ich am Heiligen Abend von der Terrasse ins Wohnzimmer transportieren wollte und der dann das ganze Jahr draußen steht und wächst. Ich kaufte einen großen Eternittrog, Gartenerde, eine wunderschöne, etwa 1,5 Meter hohe Tanne mit Wurzeln und transportierte alles mit einem kleinen Flaschenzug auf unsere Terrasse im ersten Stock hinauf. Die Terrasse ist 40 Quadratmeter groß und südseitig gelegen. Sie war mit schönen Sträuchern bepflanzt und an das Haus angrenzend standen noch zwei ganz große Oleandersträucher, in den Farben Weiß und Lachs. Am Tag vor dem Heiligen Abend wollte ich meinen neuen, lebenden Christbaum in unser Wohnzimmer transportieren. Es war unmöglich, denn es stellte sich sofort heraus, dass er nicht mehr zu bewegen und transportieren war, er war einfach zu schwer. In diesem Jahr hatten wir dann zwei Christbäume: einen im Wohnzimmer und einen auf der Terrasse.

KANAL

Im Hauptkanal in der Bahnhofstraße trat eine Verstopfung auf, die sich bis zu unserem Haus fortsetzte. Ich rief daher eine Kanalreinigungsfirma, die mit einem speziellen Rohr die Verstopfung wieder beheben sollte. Der nur für diesen Zweck ausgerüstete LKW kam direkt zur Einfahrt unseres Hauses, wo sich auch der Schacht zum Hauptkanal befand. Der Fahrer dieses Fahrzeuges bediente die Steuerung und ein Arbeiter steckte die Druckleitung in den Kanalschacht hinein. Der spezielle Kopf dieses Rohres arbeitete sich mit großem Wasserdruck zur Verstopfung hin und das Problem war nach kurzer Zeit erledigt. Ich gab dem Fahrer ein Bier, damals war das noch ganz selbstverständlich, und er trank inzwischen davon. Sein Kollege versuchte noch, Reste des Kanals mit dem Druckschlauch zu reinigen, dürfte dabei aber zu weit zur Öffnung des Kanalschachts herausgekommen sein. Der Fahrer, der danebenstand, schaute noch mit dem Kopf in den Schacht hinunter und dann schoss die ganze Brühe aus dem Kanal heraus. Dabei wurden mit riesigem Druck Kanalreste und Wasser aus dem Schacht geschleudert. Die Reste landeten noch im zweiten Stock des Hauses auf dem Balkon und fielen dann auf unsere Terrasse, einiges davon auf dem Kopf des Fahrers. Das ganze Gesicht war schon vorher völlig verdreckt und er konnte kaum etwas sehen, denn seine Augen wurden ebenfalls getroffen. Er schaute mit seinen Resten des Klopapiers und den anderen duftenden Teilen schrecklich aus. Keine der zuschauenden Personen konnte bei diesem Schauspiel ernst bleiben und alle brüllten vor Lachen. Der Fahrer wischte mit der Hand sein Bier ab und trank dann Rest der Flasche aus. Sein Kollege, der durch sein Missgeschick diesen Saustall verursacht hatte, fing zu laufen an und war dann unauffindbar.

HAUSDACH

Das Hausdach in der Bahnhofstraße war eher ein flach und die Halterung für den Fahnenmast befand sich am äußersten Rand des Daches. Bei verschiedenen Anlässen wurde von mir die österreichische Fahne aufgezogen, allerdings sollte man dabei vorsichtig sein, denn man fällt hier nur einmal vom Dach. Auch kleine Reparaturen führte ich am Dach selber aus, habe mich aber selbst nie gesichert. Ich dachte auch nie daran, denn ich kannte keine Höhenangst und dachte mir auch nicht dabei. Anders war Lisi, sie hatte jedes Mal Angst, dass ich runterfallen könnte.

Beim nächsten Mal, als ich wieder auf das Dach steigen musste, wollte sie dabei sein, um mich zu sichern. Ich hatte ein altes Seil zuhause, das ich auf den Dachboden mitnahm und ich hängte mich dann selbst an. Lisi sicherte nun das Seil an einem Holzsteher am Dachboden, wickelte es nochmals herum und war dann ganz beruhigt, denn nun war ich gesichert. Ich konnte es aber einfach nicht glauben und musste dabei immer wieder lachen. Lisi hatte vor lauter Aufregung die Länge des Seiles falsch berechnet, denn ich hätte mindestens 20 Meter hinunterfallen müssen, bis sich das Sicherungsseil gespannt hätte, vom Dach bis zum Boden waren es nur 12 Meter.

TONIS PROBLEME

Mir selbst ging es damals gesundheitlich immer schlechter, was mit mehreren Dingen zusammenhing. Angefangen hat das Ganze mit Schlafstörungen. Ich konnte nicht einschlafen und blieb daher immer länger wach. Schlief ich kurz ein, wurde ich nach einer Stunde wieder wach und konnte auch nicht mehr weiterschlafen. Den ganzen Tag war ich dann wie gerädert und extrem müde. Mein früherer Hausarzt empfahl mir, einen Kurs für Autogenes Training zu besuchen, den ein Neurologe abhielt, der mir unheimlich gefiel und auch viel brachte. Das Autogene Training habe ich zwar beibehalten und auch Jahre danach immer wieder geübt und trainiert, aber meine Beschwerden wurden nicht besser. Um diese nun in den Griff zu bekommen, verschrieb mir mein Hausarzt Valium, das auch rasch wirkte, ich konnte wieder richtig schlafen. In dieser Phase fühlte ich mich auch komplett zufrieden und glücklich, als hätte ich einen Lottotreffer gemacht. Ich war sehr viel mit dem PKW unterwegs, fuhr zu schnell, überholte fast alles und fühlt mich dabei auch noch ganz entspannt und locker. Ich gewöhnte mich schnell an diesen Zustand, er hielt aber nicht allzu lange an und so nahm etwas mehr des Medikamentes. Tat ich das nicht, bekam Schweißausbrüche, fing zu zittern an, hatte Panikattacken und dann noch größere Angstzustände. Beruflich ging es mir gut, ich hatte großen Erfolg, aber gerade das Wochenende war für mich schrecklich.

Ich machte dann einen ganz gravierenden Fehler, als ein Kollege mir empfahl, mich in einem ganz in der Nähe gelegenen Krankenhaus untersuchen zu lassen, denn er hatte dies auch gemacht. Es sei eine „Gesundenuntersuchung", natürlich war ich Privatpatient und der Herr Primar nahm diese Untersuchungen selbstverständlich persönlich vor. Nach den üblichen Analysen stellte er fest, dass ich um sieben Kilogramm zu schwer sei und nun eine Blutuntersuchung mit Kontrastmittel durchgeführt werden müsse. Ich reagierte auf dieses Mittel panisch und die Behandlung wurde abgebrochen. Er vermutete dann, dass ich eventuell einen Herzfehler habe und wollte mich an eine Kollegin, die eine Privatordination hatte, weiterreichen. Ebenso, so empfahl er mir, habe ein weiterer Kollege ebenfalls eine Privatpraxis, bei der auch irgendetwas Anderes untersucht werden sollte. Als meine Frau mich am Nachmittag im Krankenhaus besuchte, war ich komplett zerstört, ich packte alles zusammen und fuhr nach Hause. Nun war das Gegenteil erreicht, was ich wollte; hatte ich doch im Hinterkopf nun das Gefühl, dass ich doch etwas am Herzen hatte!? Außerdem konnte ich das Gefühl nicht mehr loswerden, dass in Krankenhäusern sehr oft die Frage „sind sie Privatpatient oder nicht?" eine sehr große Rolle spielt. Wie schnell eine Operation oder Behandlung stattfindet oder wie lange der Aufenthalt in einem Krankenhaus dauert – diese Entscheidung treffen auch nur Menschen, bei denen das

Finanzielle eine nicht unwesentliche Rolle spielt. Denn bezüglich der Patienten taucht schnell die Frage auf „arm oder reich, gleich oder gleicher."

Ich selbst traue mir zu, zu diesem Thema insofern eine Meinung abzugeben, als ich die längste Zeit selbst Privatpatient war und doch leider so manche Zeit in Krankenhäusern verbringen musste. Dabei habe ich Ärzte, Krankenschwestern oder Pflegepersonal erlebt, die mit großer Hingabe ihren Beruf ausübten, erlebte aber des Öfteren auch das Gegenteil. Das Schlimme dabei ist, dass jemand, der krank oder pflegebedürftig ist, oft nicht die Möglichkeit hat, sich selbst zu artikulieren oder zu beschweren. Denn gerade dann ist man von der Arroganz und den Launen dieser Personen abhängig!

WEISSENSEE-URLAUB

Um ein paar Tage mit der Familie wegzufahren, begaben wir uns an den Weissensee und buchten dort ein kleines Holzhaus. Wir unternahmen Ausflüge, Wanderungen und fuhren mit einem Boot auf den See hinaus. Am späten Abend ging es mir immer schlechter, das Valium wirkte nicht mehr und in der Nacht brauchte ich dann einen Arzt. Wir hatten kein Telefon, es war auch keines in der Nähe und Handy gab es natürlich auch nicht. So lief Lisi den Berg hinunter, um beim nächsten Gendarmerieposten Hilfe zu holen. Dabei stürzte sie und blutete stark an den Beinen. Der zuständige Gemeindearzt, er war Perser, kam vorbei und verpasste mir eine Injektion, dazu verschrieb er noch weitere Medikamente. Doch der Urlaub ging so negativ weiter, denn beim nächsten Ausflug kehrten wir bei einer Jausenstation ein und Michael wollte noch ein Eis. Etwas später musste er sich pausenlos übergeben, war ganz weiß im Gesicht und wir brauchten wieder einen Arzt, der dann eine Lebensmittelvergiftung feststellte. Als es Michael wieder besserging, saß er am nächsten Tag auf einem einen Korbsessel, wippte damit und fiel rückwärts um und schlug auf dem Hinterkopf auf. Er wurde mit dem Roten Kreuz nach Spital an der Drau gebracht und in einem anderen Rettungsauto nach Villach ins dortige Krankenhaus transportiert. Nun wurde sein Kopf untersucht, geröntgt und die Verletzung abgeklärt, dabei stellte sich aber heraus, dass er zusätzlich eine Mittelohrentzündung hatte. Man vergaß aber, die Ohrentropfen gegen die Schmerzen mitzugeben und Lisi durfte mit Michael nach Hause gehen. Sie war ebenfalls mit dem Rettungsauto gekommen, hatte selbst kein Auto dabei und es dauerte sehr lange, bis dies geklärt war und beide wieder zu unserem Ferienhaus gebracht werden konnten. Nach dieser Woche in Kärnten kann ich mit Fug und Recht behaupten, es war der schrecklichste Urlaub, den wir je erlebt haben.

Einige Wochen später musste ich nach Wels ins Krankenhaus, da ein schräg liegender Weisheitszahn operiert werden musste und ich eine Woche in der Zahnabteilung lag. Überrascht wurde ich insofern, als die Oberschwester des Ordensspitals aus Ebensee stammte und bei meiner Einweisung in mein Zimmer kam. Sie fragte, ob ich gerne Bier oder Wein trinke, denn im Krankenhaus schlafe man dann in der Nacht wesentlich besser. Als ich dann am nächsten Tag operiert wurde, kam sie noch vorher in mein Zimmer und machte ein Kreuz über meine Stirn. Sie sagte: „Komm wieder gesund zurück", und ich wurde dann in den OP gebracht.

ZWENTENDORF

Sicherlich auch durch unsere zwei Kinder waren wir felsenfest davon überzeugt, dass die Atomkraft nicht die zukünftige Lösung der Energiefrage sein kann. Gerade in unserem Land, in dem so viel Wasser zur Verfügung steht und vorkommt, sollten wesentliche Fragen zuerst geklärt und überdacht werden. Für uns war aber die Hauptfrage: „Wo sollten später die Brennstäbe gelagert werden?" Bis dahin gab es weltweit keine Lösung und die einzige Möglichkeit wäre gewesen, sie bei uns zu lagern oder ins Ausland zu transportieren, wie es zum Beispiel die Franzosen noch immer praktizieren. Welches Bundesland oder welcher Ort würde in Österreich dafür stimmen, diese Brennstäbe dort zu lagern oder sicher zu verwahren? Selbstverständlich gibt es keine Alternativen zur Entsorgung, doch keiner will das Zeug in seinem Ort oder in der Umgebung haben. Sollte zuerst gebaut und dann später darüber nachgedacht werden oder umgekehrt? „Nichts ist mächtiger als die Idee, deren Zeit gekommen ist." (Victor Hugo, französischer Schriftsteller historischer Romane, wie „Der Glöckner von Notre -Name" oder „Les Miserables")

Die wirklich beste Lösung bestand darin, zuerst die Bevölkerung zu befragen. Diese Volksabstimmung über das Atomkraftwerk Zwentendorf wurde am 5. November 1978 durchgeführt und ergab ein überraschendes Ergebnis: 49,53 Prozent waren für das AKW, 50,47 Prozent dagegen. Bereits das Energiekonzept der Regierung unter Josef Klaus sah den Bau des Kraftwerkes mit einem Siedewasserreaktor vor. Der Baubeschluss für das KKW wurde von der Bundesregierung unter Bruno Kreisky am 22. März 1971 gefällt. Außerdem sah die Energieplanung des Jahres 1976 noch zwei weitere Kernkraftwerke, eines in St.Panteleon, Erla/St.Valentin und das dritte in St.Andrä in Kärnten, vor. Später sagte dann Dr. Bruno Kreisky: „Die Erkenntnis meines Lebens ist, dass man gegen die Atomenergie sein muss." Er sagte aber auch: „Was macht ein Blöder mit Glück?"

Bereits am 1. Dezember 1978 wurde das Kernkraftwerk stillgelegt, war somit die größte Investitions-Ruine der Republik Österreichs und kostete 5,2 Milliarden Schilling, das sind etwa 380 Millionen Euro. Gleichzeitig wurde das neue Atomsperrgesetz verabschiedet, durch das kein Kernkraftwerk ohne Volksabstimmung errichtet werden darf. Es war die Zeitenwende der österreichischen Energiepolitik und ergab ein neues Verhältnis zwischen Politik und der Bevölkerung. Seit der Atomkatastrophe 1986 in Tschernobyl war die Anti-Atom-Politik gesellschaftlich wie auch parteipolitisch einheiliger Konsens. 1999 wurde auch noch das Bundesverfassungsgesetz für ein atomfreies Österreich unterschrieben und es wäre mehr als notwendig, dass auch andere Nationen zu dieser Ansicht kommen.

GÜNTHERS TOD

Wir kauften uns ein neues Auto, einen „Talbot-Simca 1,5 GLS Privileg", ein Sondermodell mit Komfortpaket allen Extras und allem Drum und Dran. Günther, mein Freund, behauptete zwar immer, Privileg sei kein Auto, sondern eine Waschmaschine vom Versandhaus Quelle. Das Auto hatte Fensterheber vorne und hinten, elektrisches Schiebedach und einen Trip-Computer, also einen Bordcomputer. Diese Ausstattung gab es kaum in einem anderen PKW. Der Talbot wurde in Frankreich hergestellt, die Firma wurde von Chrysler übernommen und später von Peugeot. Talbot fuhr sogar in der Formel 1 mit, der Markenname Talbot/Simca wurde 1986 aber eingestellt. Ich hatte das Auto kaum angemeldet, da ersuchte mich mein Schwager, es ihm zu borgen, denn er war über Silvester in Hamburg bei Verwandten eingeladen. Sein Auto war mit Spikes-Reifen ausgestattet und er durfte daher in Deutschland nicht fahren. Wir tauschten die Fahrzeuge und er sollte in einer Woche wieder zurück sein. Selbstverständlich fuhr er noch in eine Waschstraße, wo das Auto dann gereinigt wurde und brachte es dann am Abend zurück. Wir waren bei Günther um 19 Uhr zum Essen eingeladen und fuhren kurz vorher mit dem frisch gewaschenen Auto zu ihm. Ich stellte das Fahrzeug am Parkplatz ab und wollte aussteigen, doch keine der Türen ließ sich öffnen. Sie waren alle zugefroren und wir konnten nicht mehr aussteigen. Der Versuch, ein Fenster zu öffnen, wir hatten ja elektrische Fensterheber vorne und hinten (!!!), schlug fehl. Das elektrische Schiebedach war selbstverständlich auch nicht zu öffnen, es war auch angefroren! Das kann man sich gar nicht vorstellen – wir waren Gefangene im eigenen Auto! Dazu kam damals: Es gab keine Handy – wie kommt man hier raus? Die einzige Möglichkeit, die ich sah; ich startete das Auto, stellte die Heizung auf HEISS und fuhr weg. Den Termin zum Essen konnte ich auch nicht absagen, denn ich konnte Günther und seine Frau ja nicht verständigen. Natürlich wurde es im Auto immer wärmer, denn die Heizung lief auf höchster Stufe und nicht nur die Kinder, sondern auch wir bekamen schon „Hitzewallungen". Nach fast einer Stunde konnte ich die Autotüren wieder öffnen und wir waren befreit! Zum Essen kamen wir dann aber über eineinhalb Stunden zu spät, hatten aber eine gute Ausrede!

Günther hatte immer Schmerzen an den Beinen, denn er hatte sich in Südafrika bei einem Unfall schwer verletzt und spürte einen Wetterwechsel ganz besonders stark. Er war auch in letzter Zeit sehr gereizt und es lief bei ihm nicht alles so rund, wie es laufen sollte. Es war der 19. Mai 1984, ein Samstag, und es wehte sehr starker Föhn, der sich

auch bei uns immer bemerkbar machte. Günthers Frau rief bei uns an und ersuchte mich, ich sollte zu Günther nach Hause kommen. Das Ganze war für mich eher atypisch, denn normalerweise rief er mich an, wenn es ein Problem gab. Ich spürte, dass irgendetwas nicht stimmte und ersuchte Lisi, mit mir mitzufahren. Wir waren mit dem Auto in wenigen Minuten vor Ort, sie wohnten in einem größeren Haus, und klingelten an der Eingangstüre. Seine Frau Christine sagte uns, wir sollten reinkommen, Günther sei gerade im Badezimmer. Ich klopfte an der Türe des Badezimmers an und wollte wissen, warum ich vorbeikommen sollte. Er meldete sich nicht, darum ging ich hinein. Er saß in der leeren Badewanne, hatte noch eine brennende Zigarette in der rechten Hand und in der linken, er war Linkshänder, eine Pistole. Mit dieser hatte er sich gerade in den Kopf geschossen und er blutete aus der Einschussstelle. Ich lief zum Telefon, rief meinen Freund Georg an, er ist Hausarzt, und konnte ihn sofort erreichen. Dann lief ich wieder zu Günther, hielt seinen Kopf in der Hand und spürte sein Herz noch schlagen. Dabei bemerkte ich aber, dass das Projektil nicht durch den ganzen Kopf gegangen war, sondern kurz vor der Austrittsstelle steckenblieb und hier bemerkbar war. Georg war mit seinem Notfallkoffer sofort da und ich sagte ihm, dass Günther noch lebte. Ich hielt ihn noch immer fest in der Hand und spürte weiterhin seinen Herzschlag. Plötzlich bemerkte ich, dass Georg aufhörte, sich um Günther zu kümmern und ich schrie ihn an: „Tu doch etwas!!" Er schaute mich an und sagte: „Günther ist tot." Ich war verzweifelt und schrie: „Günther lebt noch, ich spüre noch immer seinen Herzschlag, er lebt!" Ich konnte das alles nicht verstehen und fassen, war einfach total verzweifelt, hilflos! Georg versuchte mir nun zu erklären, dass das Herz nun langsam zu schlagen aufhört, Günther aber schon tot sei. Ich konnte es einfach nicht glauben und fing zu weinen an. Georg versuchte mich zu trösten.
Nach geraumer Zeit war die Polizei, früher Gendarmerie, im Hause und begann nun mich zum Hergang des Todes von Günther zu befragen. Ich schilderte den Ablauf der letzten Stunde und wurde immer wieder unterbrochen, um genauere Details zu erklären. Es war für mich ein richtiges Verhör und ich musste mich dazu nun auch noch für den Tod Günthers rechtfertigen. In dieser Situation war es

für mich fast unmöglich, ruhig zu bleiben, denn Taktgefühl oder Verständnis fehlte dem Beamten komplett. Eine sehr abfällige Bemerkung des Leichenbestatters beendete dieses „Verhör" des Bezirksinspektors. Er ersuchte mich, ich kannte ihn ja persönlich, ihm dabei zu helfen, Günther in den Sarg zu heben. Wir trugen auch gemeinsam den Holz- Sarg zum Auto des Bestatters und ich musste mich dann hinsetzen, denn meine Füße gaben nach. So etwas war mir noch nie passiert. Am Abend setzten wir uns in unserer Wohnung mit Christine zusammen, ihre und unsere Kinder waren bei meiner Schwester, die in der Nähe wohnte. Diana, die ältere Tochter von Christine und Günther, war damals nicht einmal neun Jahre, hatte aber dieses schreckliche Erlebnis voll miterleben müssen und reagierte für mich fast apathisch. Constanze, das jüngere Mädchen, sie war damals sechs Jahre alt, hatte am nächsten Tag Erstkommunion in der Pfarrkirche in Ebensee. Wir waren auch Taufpaten von Constanze, die die ganze Familie „Stanzi" rief. Nach der Erstkommunion führen wir Mittagessen zum „Berghof", ein damals sehr bekanntes und beliebtes Ausflugsziel in Traunkirchen. Später trafen wir uns mit der restlichen Familie von Günther, bei der auch die Beerdigung besprochen werden musste.

Es war aus heutiger Sicht gesehen für alle Beteiligten eine enorme Belastung und Trauer. Dieses Thema wurde aber von niemandem ausgesprochen, jeder musste daher mit sich selbst fertig werden. Es war halt in dieser Zeit so üblich! Schrecklich!
Wir, Christine und die Kinder, konnten 2004 erstmals über unsere Gedanken zum Tod von Günther sprechen, die wir alle über die vielen Jahre nicht ausgesprochen hatten!! Für mich war dieses Gespräch sehr wichtig, befreiend und tat vermutlich allen sehr gut.

HAINBURGER AU

Sowohl in Zwentendorf als auch in der Hainburger Au entstand in Österreich ein ziviler und gewaltfreier Ungehorsam. Bereits in den 1970er-Jahren hielt ein neues Umweltbewusstsein Einzug bezüglich öffentlicher Umweltanliegen, sie erhielten mehr Aufmerksamkeit nun auch von gesellschaftlicher und politischer Seite. So entwickelte sich in Österreich eine „Anti-Kernkraftbewegung" und „Ökologie-Bewegung", die sich in Vereinen und Bürgerinitiative engagierte. Im Frühling 1983 ließen die neugegründeten österreichischen Umweltorganisationen „Global 2000" und „Greenpeace Österreich" mit einer Aktionswoche gegen den sauren Regen aufhorchen. Eine wesentliche Rolle in dieser Entwicklung spielten die Ereignisse in und um die Besetzung der Hainburger Au und es entstand eine weitere „neue soziale Bewegung". Die Geschichte des Widerstands gegen den Bau eines Wasserkraftwerkes bei Hainburg an der Donau Anfang der 1980er-Jahre begann mit einzelnen Protesten von Bürgerinitiativen und regionalen Umweltaktivisten, die mit Unterschriftensammlungen und Appellen an Politik und Wissenschaft versuchten, auf die bevorstehende Zerstörung des Auwaldes aufmerksam zu machen. Weite Teile des österreichischen Donauufers waren zu diesem Zeitpunkt bereits verbaut und mit Staustufen und Kraftwerken versehen. Das betroffene Gebiet zwischen der Lobau und der slowakischen Grenze war das einzige mehr oder weniger unberührte Stück Donauwald in Österreich. Ähnlich wie bei Zwentendorf machten sich die regierende SPÖ unter Bundeskanzler Sinowatz sowie die Vertreter der Energiewirtschaft und des österreichischen Gewerkschaftsbundes mir zwei Hauptargumenten für den Bau des Kraftwerkes stark: Energiegewinnung und Arbeitsplatzsicherung. Im Februar 1983 startete der „World Wildlife Fund" (WWF) die Aktion „Rettet die Auen". Einige Monate später, im Juli, wurde die „Aktionsgemeinschaft gegen das Kraftwerk Hainburg" gegründet, die aus etwa 20 einzelnen Naturschutzgruppen und Bürgerinitiativen bestand.

Die Österreichische Donaukraftwerke AG erklärte das Kraftwerke Hainburg zum bevorzugten Wasserbauvorhaben durch die oberste Wasserrechtsbehörde und bekam alle behördlichen Genehmigungen. Im Dezember 1984 wurde in der Stopfenreut in Engelhartstellen mit den Arbeiten und Abholzungen der Au begonnen. Obwohl die Kampagne des WWF-Österreich von zahlreichen Umweltorganisationen unterstützt wurde, hielt sich das Interesse der Öffentlichkeit in Grenzen. Der Publizist Günther Nenning und Gerhard Heiligenbrunner, Leiter des Alternativ-Referats der Österreichischen Hochschülerschaft, traten als Initiatoren eines Volksbegehrens zur Erhaltung der Auen und Errichtung eines Nationalparks in Erscheinung, wofür auch der Nobelpreisträger Konrad Lorenz als prominenter Unterstützer gewonnen wurde. Zur Unterstützung des Konrad-Lorenz-Volksbegehrens fand am 7. Mai 1984 im Presseclub Concordia die später so genannte Pressekonferenz der Tiere statt. Im Dezember 1984 organisierte die Österreichische Hochschülerschaft einen Sternmarsch, an dem etwa 8000 Menschen teilnahmen. Mehrere hundert Personen blieben in der Au und erzwangen die Einstellung der Rodungsarbeiten. Am 15. Dezember rannten bei der Livesendung der Samstagabend-Show „Wetten, dass" aus Bremen deutsche Umweltaktivisten von „Robin Wood" mit dem Transparent „nicht wetten – Donauauen retten" vor den gerade sprechenden Wettpaten Bundeskanzler Fred Sinowatz. Als sie von den Ordnern schon fast aus dem Bildbereich gezerrt worden waren, schritt Moderator Frank Elstner mit den Worten "aus meinem Studio wird keiner rausgeschmissen! " ein und gab den Aktivisten die Möglichkeit zu einer kurzen Stellungnahme Die Au wurde zum Sperrgebiet und kurz vor Weihnachten kam es zu dem umstrittenen Polizeieinsatz mit Schlagstöcken. Bei dem Zusammenstoß zwischen 800 Gendarmerie- und Polizeibeamten und etwa 3000 Au-Besetzern wurden auf Seiten der Umweltschützer nach offiziellen Angaben 19 Personen, darunter Angehörige eines italienischen Fernsehteams, verletzt. Am Abend demonstrierten in Wien bis zu 40.000 Menschen gegen das Vorgehen der Regierung und gegen den Kraftwerksbau. Danach wurde von der Bundesregierung ein Rodungsstopp veranlasst und unter Druck der öffentlichen Meinung samt Einfluss der Medien ein Weihnachtsfrieden vereinbart. Tausende Menschen verbrachten die folgenden Feiertage in der Au und der Priester Joop Roeland feierte mit den Aubesetzern den Weihnachtsgottesdienst. Als das Bundesgericht Anfang 1985 weitere Rodungen bis zum Abschluss der laufenden Beschwerdeverfahren verbot, wurde die Besetzung beendet. Im März 1985 wurde das Konrad-Lorenz -Volksbegehren durchgeführt, das von 353.906 Personen unterzeichnet wurde. Am 1. Juli 1986 hob der Verfassungsgerichthof den Wasserrechtsbescheid auf und seit 1996 gehört die Hainburger Au, eine naturbelassene Flusslandschaft an der Donau, zum Nationalpark Donau-Auen.

Der Verlauf der Demonstration und die Art der Beilegung wurden zu einem Markstein des Demokratieverständnisses, aber auch der Energiepolitik in Österreich.

OST – BERLIN FLUGREISE

Ein paar Tage in Berlin zu verbringen, war für mich diesmal ein großer Anreiz, da ich das erste Mal dorthin fliegen wollte. Bisher war ich nur mit dem eigenen Auto hingefahren. Die Ausschreibung durch die Firma bestand darin, gewisse Ziele überzuerfüllen, denn Geschenke gab es sowieso nie. Ziele zu erreichen, war selbstverständlich, sie nicht zu schaffen, wirkte sich eher negativ aus. Was wir eher nicht beachtet hatten, war die Tatsache, dass eine Berlin-Reise zwei Seiten hatte. Ich hätte es aber schon wissen müssen, dass der Unterschied zwischen Berlin-Ost und Berlin-West gravierend war. Westberlin war damals schon der „Westen", natürlich mit großen Einschränkungen, Ostberlin und die DDR, wo ich nicht leben oder wohnen wollte, Ostblock. Ich hatte mir auch schon vorgestellt, welche Sehenswürdigkeiten ich in Westberlin anschauen wollte, die ich bisher nicht kannte. Das kam insofern ganz anders, als wir erfuhren, die Reise gehe nach Ostberlin, wo wir auch wohnen sollten. Natürlich war mir auch sofort klar, diese Reise kostet die Firma nur die Hälfte, seien es Flug, Hotel oder Essen. Vom kleinem Flughafen in Linz-Hörsching aus starteten wir mit einer Iljuschin der staatlichen DDR-Fluggesellschaft Interflug, die Route führte über die damalige Tschechoslowakei. Es gab die meiste Zeit starke Turbulenzen, auf Wunsch wurde Whisky ausgeschenkt. Einige der Teilnehmer, sie saßen vorne im Flugzeug, sangen „glei stürzen wir o", die andere Gruppe weiter hinter sang den Refrain „holadrio"! Die Landung in Berlin Schönefeld war problemlos, dafür fanden ein Kollege und ich unsere Koffer nicht mehr. Dies lag aber nicht am Flughafen, sondern am Flug, bei dem wir reichlich Whisky tranken, wegen der „Flugangst". Es dauerte eine Weile, bis wir unsere Koffer finden konnten, der Bus zum Hotel wartete auf uns und die Fahrt verzögerte sich dementsprechend. Wir wohnten im „Interhotel Stadt Berlin" am Alexanderplatz, Berlin Mitte, und war das damals größte Hotel Deutschlands. Es war einfach für die damaligen Verhältnisse gigantisch: 39 Geschoße, 1000 Zimmer, 2000 Betten und 1000 Mitarbeiter. Was damals als besondere Neuigkeit erwähnt wurde und auch auffiel, war die Tatsache, dass das Hotel einen bemerkenswert schnellen Aufzug hatte. Dies barg natürlich auch Tücken. An der Rezeption erhielten wir die Schlüssel für unsere Zimmer, sie waren im oberen Drittel des Hotels, und gingen mit Koffern zum Lift. Vor uns drängten sich mehr als zehn Leute in den Aufzug, alle Asiaten und ich vermutete, dass diese Männer aus dem kommunistischen Nordkorea kamen. Sie waren alle eher kleiner als ich, was ganz selten vorkommt, und schnatterten so laut wie die Gänse. Als der Lift ganz abrupt wegfuhr und beschleunigte, dürfte Andi, mein Kollege, dies übersehen haben und er setzte seine Luft unkontrolliert frei. Es war so laut, dass augenblicklich das Schnattern aufhörte und Stille einkehrte. Alle schauten auf Andi und er sagte nur: „Männer, müsst ihr nie auch einmal sch....., das kann doch jedem passieren." Keiner sagte ein Wort, alle schauten ziemlich belämmert drein und stiegen dann aus. Das Hotel stand unter der Beobachtung der Hauptabteilung VI des Ministeriums für Staatssicherheit (MfS), Abteilung Touristik. Das MfS versuchte sowohl die Aktivitäten internationaler Gäste zu überwachen als auch nachrichtendienstlich zu nutzen. Oft wurden kompromittierende Situationen konstruiert, unter Einsatz von Prostituierten in audio- und videoüberwachten Hotelzimmern, um die Betroffenen zur Mitarbeit zu „bewegen". In der Panorama-Bar in der 37 Etage waren ausnehmend viele hübsche Frauen, vermutlich alle nur zum „Tanzen" hier. Aufgrund der Kontaktmöglichkeiten mit Reisenden aus dem kapitalistischen Ausland war auch die Hotelbelegschaft überproportional hoch.

Im Oktober 1805 wurde auf dem Paradeplatz vor dem Alten Königstor der russische Zar Alexander I. zu einem Besuch empfangen, anlässlich dessen König Friedrich Wilhelm III. eine Umbenennung des Platzes in Alexanderplatz verfügte. Seine Blütezeit erlebte der Alexanderplatz im 20. Jahrhundert als Verkehrsknotenpunkt mit Straßenbahn, Omnibussen, U-Bahn und S-Bahn. Er war der verkehrsreichste Platz in Berlin und zum Zeitpunkt der Olympischen Sommerspiele 1936 und wurde täglich von 35.000 Fahrzeugen überquert. Nach

Ende des Zweiten Weltkrieges 1945 war das Zentrum Berlins von der Artillerie der Roten Armee beschossen und auch die Gebäudekomplexe am Alexanderplatz waren zerstört worden. Nach Kriegsende, fortan in der sowjetischen Besatzungszone, begann nach der Entrümpelung der Kriegsruinen der Wiederaufbau. Neue Gebäudekomplexe und Bauwerke wurden errichtet und der gesamte Alexanderplatz eine riesige Baustelle.

Der 1969 fertiggestellte Fernsehturm in der Nähe des Alexanderplatzes wurde das Wahrzeichen Ost-Berlins. Er war zu dieser Zeit der zweithöchste Fernsehturm der Welt und ist mit seinen 365 Metern das höchste Gebäude der Bundesrepublik. Mehr als eine Million Besucher genießen jährlich den Blick über Berlin vom Drehrestaurant auf 207 Meter, der ist einfach fantastisch und erlaubt bei gutem Wetter eine Aussicht von bis zu 80 Kilometern. Zu DDR- Zeiten war die Aufenthaltsdauer im „Tele-Cafe" auf 60 Minuten und im Aussichtsgeschoß auf 30 Minuten begrenzt. Jetzt besteht nun auch auf Wunsch die Möglichkeit, über das Standesamt des Bezirks Mitte Trauungen auf dem Turm vorzunehmen. Am oberen Teil des Turmes sind nun 150 verschiedene Antennen für die Fernseh- und Radioübertragungen montiert. Es war auch damals mit ein Grund, dieses als „Fernmeldeturm 32" bezeichnete Bauwerk zu bauen. Denn es diente in seiner Hauptfunktion als Standort mehrerer Rundfunksender, daneben auch als Aussichtsturm mit Restaurant. Da die meisten europäischen Staaten die DDR nicht anerkannten, wurden ihr nur zwei Fernsehfrequenzbereiche zugestanden. Unter diesen Voraussetzungen konnte das Berliner Stadtgebiet nicht mit mehreren kleineren Sendern ausgestattet werden, ohne dass es zu Störungen oder Lücken im Fernsehempfang gekommen wäre. Für eine vollständige und lückenlose Abdeckung war somit ein leistungsstarker Großsender erforderlich. Der damaligen SED (Sozialistische Einheitspartei Deutschlands)-Parteichef Walter Ulbricht entschied 1964 persönlich, den Fernsehturm am Alexanderplatz für die Post der DDR zu bauen. Das markante und stadtprägende Bauwerk hatte natürlich auch politisch nationalen Symbolcharakter. Für mich ist es nicht nur das bekannteste und beste Bauwerk der DDR, sondern auch der beste Beweis, was hervorragende Architekten und Ingenieure in dieser Zeit geschaffen hatten. Der Turm prägt die Skyline dieser Stadt und gilt als Wahrzeichen wie das Brandenburger Tor, das Reichstagsgebäude und die Siegessäule.

Der Brunnen der Völkerverständigung wurde nach der Neugestaltung des Alexanderplatzes errichtet und der Baustil als sozialistische Moderne bezeichnet. Nicht weit entfernt vom Alexanderplatz steht das Rote Rathaus, davor befindet sich der Neptunbrunnen und gilt als einer der prächtigsten Brunnen der Stadt. Man musste sich damals zum Fotografieren oder Filmen anstellen, so groß war der Andrang. Hauptsächlich waren es Russen in Uniform, die in Ostberlin stationiert waren und frei hatten. Viele davon hatten Familien mit und ersuchten uns, Fotos fürs Fotoalbum zu machen. Ich selbst habe auch noch Fotos zu Hause, die ein Russe mit meinem Fotoapparat gemacht hat, auf dem Andi, ein paar Russen und ich zu sehen sind. Auf dem Alexanderplatz wurden auch die alljährlichen Paraden zur Feier der Gründung der DDR abgehalten. Die Urania-Weltzeituhr, die 1969 aufgestellt wurde, ist ein beliebter Treffpunkt für die Berliner und Touristen. Über dem im Boden eingelassenen Steinmosaik in Form einer Windrose befindet sich auf einer Säule mit 1,5 Meter Durchmesser ein dreigeteilter Zylinder, dessen Grundfläche 24 Ecken und Seiten aufweist. Jede der 24 Seiten entspricht einer der 24 Haupt-Zeitzonen der Erde. Weiters wurden auch verschiedenste Objekte und Bauwerke gebaut, unter anderem auch das 120 Meter hohe Interhotel Stadt Berlin (heute Hotel Park-Inn). Langfristig sollte auch dieses Hotel abgerissen und an dieser Stelle sollten drei Hochhäuer errichtet werden. Ob und wann das umgesetzt wird, ist noch unklar – zumal das zum Abriss vorgesehene Hotelhochhaus erst im Jahr 2005 renoviert und erneuert wurde.

Hinter dem Fernsehturm befand sich auch der Palast der Republik, in dem auch die SED-Parteitage abgehalten wurden. „Rockkonzerte für den Frieden", Auftritte von Künstlern wie Harry Belafonte oder Santana fanden dort genauso wie jene von Amateurbands statt. 1987 waren hier 20.000 Zuschauer und 65 Bands und Musiker aus Westeuropa, dazu gehörten unter anderem Udo Lindenberg, der mit der

DDR-Band NO55 spielte. 1983 wurde überraschend während der Veranstaltung „Rock für den Frieden" Udo Lindenberg ein 15-minütiges Konzert vor ausgewähltem FDJ-Publikum erlaubt, nachdem er in seinem Lied „Sonderzug nach Pankow" darüber geklagt hatte, dass ihm Auftritte in der DDR versagt blieben. Die in Aussicht gestellte DDR-Tournee wurde jedoch nicht genehmigt, obwohl er eine Lederjacke an Erich Honecker sandte. Im Jahr 1990 wurde der Palast wegen Asphaltverseuchung geschlossen, bereits zu seiner Bauzeit war davor gewarnt worden, die Stahlkonstruktion (5000 Tonnen) mit Spritzasphalt gegen Feuer zu isolieren.

Das Restaurant „Volkskammer" in Ostberlin war schon damals als Geheimtipp empfohlen worden, denn die ostdeutsche Küche mit traditionellen Gerichten wollten wir auch kennenlernen. Ich bin natürlich kein Maßstab für gewisse Spezialitäten, stehe nicht auf „Gänsekeule", „Karlbader Schnitzel mit gekochtem Schinken, Ananas und Käse" oder „Hausgemachte Solanke mit Zitronenscheiben", ebenso wenig auf „Berliner Lust", „Schweineleber mit geschmortem Zwiebel" oder „Eisbein gepökelt". Da mir dies alles nicht zusagte, wollte ich ein „Jägerschnitzel" bestellen, laut Karte – ein deftiges deutsches Gericht, ein „Jägerschnitzel mit panierter Jagdwurst an Spirelli und Tomatensauce". Ich entschied mich dann für einen „Falschen Hasen", klang auch nach Jagd, war aber ein Hackbraten mit gekochtem Ei und gefüllt in Bratensauce, dazu Buttermöhren, Erbsengemüse und Salzkartoffeln. Dafür entschied ich mich jetzt, denn ich hatte schon einen Riesenhunger! Die mir empfohlene süße Nachspeise, war ein „Kalter Hund", eine Kekstorte mit Kokosfett und Kakao und ein guter Ersatz für Schokolade. Sie leitet sich von den Grubenhunten im Bergbau ab, deren Kastenform an eine Backform erinnert und erinnert andererseits an das Abkühlen im Kühlschrank, die Variante „Kalte Schnauze" verwies darauf, dass die Oberfläche an die feuchte Schnauze eines Hundes erinnert, guten Appetit!! Ich erinnerte mich bei der Gelegenheit daran zurück, dass ich vor Jahren im „Cafehaus Kranzler" in West-Berlin am Kurfürstendamm saß, und dort herrliche Mehlspeisen und Torten vorfand. Leider schloss diese Berliner Institution im Jahr 2000 und ein ehemaliger Kollege vom „Zauner" in Bad Ischl verlor seinen Arbeitsplatz.

Nach dem Essen sprach uns ein Mann an und fragte, ob wir wirklich Österreicher seien, er vermutete dies wegen unserer Aussprache. Er lud uns zu einem Hochzeitfest in die Nebenräume des Lokals ein und wir wurden dort herzlich willkommen geheißen. Für uns ungewöhnlich, da Ostberliner eher eine größere Distanz zu uns „Ausländern" hatten, was mit dem Überwachungsstaat der DDR zusammenhing. Es war ein sehr netter Abend, man lernte Leute aus Ostberlin kennen, die hofften, eher heute als morgen nach Österreich fahren zu dürfen. Ich habe noch in Erinnerung, dass ich nicht daran glauben konnte, dass sich dieses menschenunwürdige System nach vier Jahren schon ändern würde.

Als 1949 die „Deutsche Demokratische Republik" gegründet wurde, also die DDR, dauerte es 40 Jahre, bis die beiden deutschen Staaten wiedervereinigt wurden. Begonnen hatte das unter anderem mit dem Amtsantritt Gorbatschows 1985 und die damit verbundenen internationalen Beziehungen im Ost-West-Konflikt.
Dazu kam noch, dass die „sozialistischen Bruderstaaten" nicht mehr bereit waren, DDR-Bürger nach der Flucht in bundesdeutsche Botschaften auszuliefern und an der Ausreise über Drittstaaten in die Bundesrepublik zu hindern. Zur „Wir-wollen-raus"-Bewegung kam jedoch eine „Wir-bleiben-hier"-Bewegung, die ein Ende der SED-Diktatur durch demokratische Reformen anstrebte. Gotteshäuser waren auch der Ausgangspunkt der Leipziger Montagsdemonstrationen und die Zurückweisung der Staatsmacht auf friedlichem Wege. Es war eine neuartige Revolution. die sich mit der Parole „keine Gewalt" selbst zügelte und nicht zuletzt deshalb ihr Ziel erreichte. Es war die friedliche Revolution, mit der das SED-Regime immer mehr in Bedrängnis geriet und dann folgte noch die Ablöse des Staatschafs Erich Honecker durch Egon Krenz. Mit der Großdemonstration auf dem Alexanderplatz und zwei Tage später, am 9. November 1989, mit der Grenzöffnung der Berliner Mauer, der erzwungenen Auflösung des Stasi-Apparates wurde endgültig das DDR-Regime ausgehebelt. Mit der Maueröffnung, den massenhaften Erkundigungsbesuchen der DDR-Bewohner im Westteils Berlins und in der Bundesrepublik kam dann bald die Wende. Der bisherige Slogan „Wir sind das Volk!"

wandelte sich bald auf „Wir sind ein Volk", die Forderung nach Herstellung der deutschen Einheit. Der fortschreitende Zerfall der staatlichen Ordnung und die politische Instabilität ließen den letzten Ministerpräsidenten der DDR Hans Modrow auf einen Kurs „Deutschland einig Vaterland" einschwenken. Der Termin für die am Runden Tisch vereinbarte freie Wahl zu einer neuen DDR-Volkskammer wurde für den 18. März 1990 festgelegt. Joachim Gauck, der als Rostocker Mitglied des Neuen Forums zunächst seine örtlichen Mitstreiter und Ende Jänner 1990 in Berlin auch die Mehrheit aller Delegierten dieser Bürgerbewegung für die Idee der deutschen Einheit gewonnen hatte, beschrieb die eigenen Gefühle anlässlich der Stimmabgabe zur Volkskammerwahl, die mit einer Wahlbeteiligung von 93,4% stattfand: „Dann kam der Wahltag, am 18. März 1990. Als ich meine Stimme abgegeben hatte, liefen mir die Tränen über das Gesicht. Ich musste fünfzig Jahre alt werden, um erstmals freie, gleiche und geheime Wahlen zu erleben. Und nun habe ich sogar die Möglichkeit, ein wenig an der politischen Gestaltung der Zukunft mitzuwirken." Gauck zog damals als einer von zwölf Abgeordneten für Bündnis 90 in die neue Volkskammer ein. Am 3. Oktober 1990 war es dann soweit: Die Wiederherstellung der deutschen Einheit wurde feierlich vollzogen und landesweit, von einer Vielzahl festlicher Veranstaltungen und Aktivitäten begleitet, um 0:00 Uhr parallel zum Hissen der Bundesflagge das Läuten der von amerikanischen Bürgern 1950 gestiftete Freiheitsglocke vom Schöneberger Rathaus her übertragen, bevor Bundespräsident Richard von Weizsäcker vor dem Mikrofonen verkündete: „Die Einheit Deutschlands ist vollzogen. Wir sind uns unserer Verantwortung vor Gott und den Menschen bewusst. Wir wollen in einem vereinten Europa dem Frieden der Welt dienen".

Als wir am nächsten Tag im Hotel beim Frühstück saßen, ersuchten uns Kollegen aus der Firma, ob wir Geld zum Umwechseln besorgen könnten. Der Grund war, dass die Mark der Deutschen Demokratischen Republik Binnenwährung war und im Außenhandel oder im internationalen Reiseverkehr nicht konvertierbar war. Oder anders gesagt, das DDR-Geld konnte nur in der DDR verwendet werden. Einfuhr oder Ausfuhr von Mark waren verboten und standen unter Strafe.

Ausländisches Geld war im DDR-Einzelhandel in der Regel nicht zugelassen, ausgenommen in Intershops, in denen nur mit harten Währungen (Devisen und Westgeld) bezahlt werden konnte. Reisende aus dem westlichen Ausland mussten als Mindestumtausch einen festgelegten Betrag in DDR-Mark wechseln. Diese Regelung wurde im inoffiziellen Sprachgebrauch als „Zwangsumtausch" bezeichnet. Was in dieser Zeit noch auffiel, war die Tatsache, dass ein reger, nicht erlaubter Umtausch von Geld stattfand. Auf der anderen Seite hatten aber viele Angst, dabei erwischt zu werden. Ich tauschte bei einem Kellner Geld, nicht nur für mich, sondern auch für Kollegen um, als plötzlich eine Tafel mit der Aufschrift „Hier wird nicht mehr bedient" auf unserem Tisch stand. Die meisten von uns verließen augenblicklich das Restaurant, Andi und ich blieben sitzen und warteten auf eine Verhaftung oder Ähnliches. Nach einer längeren Zeit suchte ich eine Serviererin und fragte sie, was diese Tafel am Tisch bedeute. Sie erklärte mir dann, dass ab 10 Uhr vormittags ausnahmslos nicht mehr bedient werde, nicht einmal Wasser. Ich bedankte mich höflich und verließ ganz entspannt den Frühstücksraum.

Mit kleinen Ausflügen und Besichtigungen von Sehenswürdigkeiten in Ost-Berlin verbrachten wir den ganzen Tag. Der Flug vom Flughafen Schönefeld, mit Sicht über die geteilte Stadt, die vielen Seen und Flüsse und dazu das wunderschöne Wetter – um diese Eindrücke festzuhalten, filmte ich mit meiner Kamera und bekam sofort große Probleme. Mir wurde die Kamera im Flugzeug weggenommen, denn Filmen oder Fotografieren war verboten, es hieß, ich würde meine Kamera bei der Landung wiedererhalten. Denn verboten ist verboten und der Osten bleibt der Osten!

Jahre später flogen wir von München wieder nach Berlin, diesmal aber in das freie Berlin! Es war ein „Familienausflug", denn Michael, mein Neffe Andi und seine Frau Doris wollten am Berlin-Marathon teilnehmen. Lisi, Flo, Thomas, der Sohn von meinem Neffen, und ich waren als „Schlachtenbummler" mitgeflogen. Lisi und ich erkannten Berlin fast nicht mehr, waren wir doch das erste Mal seit der Wende hier. Wir wohnten im Hilton Berlin, direkt am Gendarmenmarkt, einen Kilometer vom Brandenburger Tor (nun konnten wir das erste Mal durchgehen) entfernt, ebenso einen Kilometer vom Checkpoint-Charlie und auch nur einen Kilometer war es zum Potsdamer Platz. Eigentlich wollten wir wesentlich mehr von Berlin sehen, dies war uns aber wegen der Laufveranstaltung kaum möglich. Der Start des Marathons direkt am Brandenburger Tor, darüber die Quadriga, war für mich ergreifend und weckte sehr emotionelle Erinnerungen wach. Mit dem Bau der Berliner Mauer 1961 stand das Bauwerk mitten im Sperrgebiet und konnte weder von Westen noch von Osten durchquert werden. Der Pariser Platz, an der Ostseite des Brandenburger Tors gelegen, bildete den Abschluss des Boulevards „Unter den Linden" sowie das Pendant zum „Platz des 18. März". Der Pariser Platz war Sektorengrenze zwischen Ost- und West-Berlin und ab dem Mauerbau Teil des Todesstreifens. Seit der Wende ist der ehemals gesperrte Platz frei zugängig. Richard von Weizsäcker sagte zur Zeit des Kalten Krieges: „Solange das Brandenburger Tor geschlossen ist, ist die deutsche Frage offen." 1987 sprach der US-amerikanische Präsident Ronald Reagan folgenden Satz anlässlich eines Berlinbesuchs vor dem Brandenburger Tor: „Herr Gorbatschow, öffnen Sie dieses Tor! Herr Gorbatschow, reißen Sie diese Mauer ein!" 28 Jahre nach dem Mauerbau wurde das Brandenburger Tor nach der politischen Wende in der DDR am 22. Dezember 1989 unter dem Jubel von mehr als 100.000 Menschen wieder geöffnet.

Der Berlin Marathon fand diesmal am 26. September statt und war ein Straßen- und Volkslauf, an dem erstmals Power-Walker teilnahmen. Bestandteil des Berlin- Marathons, mit damals etwa 20.000 Teilnehmern, waren auch der Inlineskating- Marathon, die Rollschuhfahrer und die Hand-Biker. Es war wirklich eine ganz tolle und gelungene Veranstaltung, an deren Gelingen nicht nur die Teilnehmer des Marathons, sondern auch die Zuschauer einen großen Anteil beitrugen. Es war wirklich ein Volksfest, Bands spielten an der Strecke und die Stimmung und Begeisterung waren einfach gewaltig. Nach Ende der Veranstaltung wollten alle gleichzeitig nach Hause oder ins Hotel. In der U-Bahn war so ein Gedränge und sie war so voll mit Menschen, dass ein Läufer des Marathons mit Kreislaufbeschwerden ohnmächtig wurde, er aber erst umfallen konnte, als mehrere Leute ausstiegen. Berlin und der Marathon, es war schön, dabeigewesen zu sein!

INNERVILLGRATEN

In den Sommerferien 1985 fuhren wir mit den Hubers und deren Kindern eine Woche nach Innervillgraten in Osttirol. Der Ort liegt auf 1400 Metern Seehöhe, wird auch als „Bergsteigerdorf" bezeichnet, die Straße führt weiter zur Oberstaller-Alm, die auf 1883 Metern Seehöhe und an der Grenzge zu Südtirol liegt. Die Obersteller-Alm ist ein Almdorf, das auf baumfreien Hängen liegt und aus uralten Bauernhöfen und Hütten der Villgraten Almen besteht. Es ist ein wunderschönes Wandergebiet und war für unsere Kinder ein ganz besonderes Erlebnis. Wir hatten eine sehr gemütliche Hütte nur für uns, fühlten uns sofort wohl, die Ziegen wohnten einen Stock tiefer und die Toilette stand draußen neben dem Balkon. Geruchsbelästigung gab es keine, denn der Arntal-Bach rauschte direkt neben der Hütte vorbei und sorgte auch immer für frischen Wind. Das hatte öfter dazu geführt, dass im Plumpsklo zwar alles nach unten fiel, das Klopapier aber nach oben „schwebte". Die Geräuschkulisse beschränkte sich auf das Rauschen das Baches in der Nacht, die absolute Ruhe bei Tag, nur das Gebimmel der Glocken der Tiere und keinerlei Autoverkehr. Nur Lisi hatte ein Problem: Sie kann auf einer gewissen Seehöhe nicht mehr schlafen und so versuchte Georg mit all seiner homöopathischen Kunst, dies in den Griff zu bekommen, leider vergeblich. Wir spielten stundenlang mit den Kindern am Bach, errichteten Dämme und leiteten mit großen Steinen den Bach um, bauten uns Badewannen zum Untertauchen und konnten diese auch zur Körperpflege nutzen. Das Wasser war eiskalt, machte aber allen riesigen Spaß, sogar beim Zähneputzen, und das alles ohne Warmwasser! Wir bauten ein Wasserrad und blieben sogar beim Essen am Bach. Wir unternahmen verschiedene Ausflüge, besuchten den Schwarzsee, bestanden dabei die Mutprobe, die Luft anzuhalten und unterzutauchen. Wir sammelten Beeren, suchten Pilze und aßen diese am Abend auch. Wir hatten mitten im August Schneefall, der aber am nächsten Tag schnell schmolz und der Sonnenschein trocknete alles rasch. Mit Seilen und

Sicherungen baute Georg eine lange Seilbahn, die perfekt funktionierte. Im steilen Gelände seilte er die Kinder ab, er selbst hatte eine sehr gute Alpinausbildung, war Bergsteiger, Bergrettungsarzt und hatte viel Erfahrung in den Bergen. Die Kinder waren natürlich voll begeistert und als wir dann noch zu den „Edelweiß" kletterten, war dieses Erlebnis perfekt! Die für uns alle anstrengendste Bergwanderung war der Aufstieg auf das „Degenhorn", bei dem wir dann den Gipfel auf 2960 Metern Seehöhe schafften und von dem wir einen fantastischen Rundblick hatten.

Das Villgratental wurde aber erst richtig bekannt durch das „Wilderer-Drama" von 1982, als ein Jäger im Ort Kalkstein den Holzfäller und Wilderer Pius Walder erschoss. Walder war das jüngste der 12 Kinder von Josef Walder aus Innervillgraten und seiner Frau Anna aus Außervillgraten. Walders Heimatgemeinde besteht aus weit verstreuten Höfen und dem Kirchweiler Kalkstein auf 1640 m Seehöhe. Westlich und südliche der Gemeindegrenze liegt zugleich die Grenze zu Südtirol und aufgrund dieser abgelegenen Lage ist das Tal erst seit 1956 ganzjährig erreichbar. Der Jäger Johann Schett wurde wegen Körperverletzung mit tödlichem Ausgang zu einer Freiheitsstrafe von drei Jahren verurteilt, nach eineinhalb Jahren wurde er vorzeitig entlassen. Der gewaltsame Tod Walders führte zu Spannungen und Konflikten, die sich über Jahre mit Demonstrationen, Schlägereien und gewaltsamen Auseinandersetzungen hinzogen. Als unser Urlaub auf der Oberstalleralm zu Ende ging, fuhren wir nach Innichen in Südtirol. Dort verabschiedeten wir uns von den Hubers, die noch weiter nach Italien reisten.

Ich interessierte mich besonders für diese Gegend, da meine Tante von hier stammte, sie kam 1939 nach Ebensee, lernte dort meinen Onkel kennen und heiratete ihn dann. Ihre Geschichte war eine ganz besondere, so wie die vieler Südtiroler, deren Leben sich mit einem Schlag komplett veränderte:
Die Diktatoren Adolf Hitler und Benito Mussolini schlossen 1939 das sogenannte Hitler/Mussolini-Abkommen und dieses zwang die Südtiroler, sich zu entscheiden, ob sie in ihrer Heimat bleiben wollten, mit

der Konsequenz, dass sie sich damit einer verschärften Italienisierung aussetzen müssten, die womöglich sogar eine Umsiedlung nach Sizilien zur Folge gehabt hätte, oder für das „Deutsche Reich" optieren wollten, dem Österreich durch den Anschluss von 1938 eingegliedert war. 86,6 Prozent (166.488) entschieden sich für die „Option", aber nur etwa 75.000 übersiedelten tatsächlich. Der Großteil von diesen landete in Österreich und insbesondere in Nord- und Osttirol, Salzburg und eine Gruppe verschlug es nach Ebensee. Bei Kriegsende saßen die Südtiroler Auswanderer zwischen allen Stühlen: Italien verwehrte ihnen die Rückkehr, da sie ja keine italienischen Staatsbürger waren. Die Reichsbürgerschaft gab es nicht mehr. Die wiedererstandene Republik Österreich kehrte zu ihrem Staatsbürgerschaftsrecht von 1938 zurück, in dem die Südtiroler dann als Ausländer galten. Somit waren die Auswanderer staatenlos und nirgendwo willkommen. Als Übergangslösung wurden sie teilweise in Lagern untergebracht. Erst mit der Zeit löste sich das Problem, indem Italien eine größere Anzahl von Rückkehrwilligen wiederaufnahm, andere Auswanderer den Verbleib in Österreich vorzogen und der österreichische Staat in den Jahren 1950 und 1954 die Hürde für den Erwerb der österreichischen Staatsbürgerschaft beseitigte.

TSCHERNOBYL

Am 30. April 1986 freute ich mich schon auf meinen neuen, wetterfesten Tischtennistisch aus Aluminium, den ich an Nachmittag zusammenbauen wollte. Ich hatte gerade mit der Arbeit begonnen, als es leicht zu regnen begann. Da ich am Abend wieder im Büro sein musste, arbeitet ich weiter, obwohl es immer stärker regnete. Ich hätte zwar mein Auto aus der Garage herausfahren und alle Teile des Tischtennistisches ins Trockene tragen können, doch mein Eifer war nicht zu stoppen. Ich hörte auch nicht auf, als der Regen immer stärker wurde und es richtig zu schütten begann. Ich war von Kopf bis Fuß nass und wie immer, wenn es schnell gehen sollte, traten beim Zusammenbau Probleme auf und er dauerte dadurch etwas länger. Es machte mir überhaupt nichts aus, denn der Regen fühlte sich nicht kalt an, da die Außentemperatur angenehm war. Als ich mit der Montage fertig war, ging ich ins Badzimmer, um zu duschen, und blieb dann den ganzen Abend im Büro.

Am nächsten Tag waren wir am Abend bei unseren Freunden eingeladen, sie hatten drei Kinder, mit denen wir Ausflüge unternahmen und auch Urlaube machten. Wir sprachen natürlich fast ausschließlich über die Nuklearkatastrophe in Tschernobyl. Georg hatte einen Geigerzähler und wollte ihn bei seinem Haus testen und vorführen. Es regnete wieder leicht und er hielt diesen Geigerzähler in die Regentonne des Hauses. Es ratterte gewaltig und das Messgerät schlug sehr stark aus. Jetzt wurde uns erst bewusst, dass unser Gebiet durch den Regen stark kontaminiert wurde. Wie sich dann herausstellte, war nach dem Reaktorunfall der radioaktive Staub über weite Teile des Bundesgebietes, vor allem auf das südliche Oberösterreich, Salzburg, Steiermark und Kärnten niedergegangen. Vor allem Jod 131 und Cäsium 137 blieben als Aerosole lange in der Atmosphäre und zogen als „Wolke" zunächst nach Nordwesten mit Kurs auf Skandinavien. In Schweden wurden die ersten erhöhten Werte festgestellt. Über der Ostsee wechselte die Wolke ihre Richtung und zog nach Südwesten über Polen, Tschechien nach Süddeutschland, Österreich und dann wieder über die Niederlande auf die Nordsee. Österreich gehörte 1986 in Mitteleuropa zu den besonders stark betroffenen Gebieten, denn ein Großteil der radioaktiven Partikel aus der Luft ging durch die starken Regenfälle dort nieder. Sieghard Hasler, Abgeordneter zum Nationalrat und Feuerwehrchef von Klagenfurt, war im April 1986 Mitglied eines Krisenstabes: „Wir waren alle perplex, damit hat kein Mensch gerechnet, aber man wusste gar nicht, was Radioaktivität bedeutet".

Die Nuklearkatastrophe begann am Block 4 des Kernkraftwerker Tschernobyl, nahe der Urkainischen Stadt Prypjat, einer Stadt mit über 50.000 Einwohnern. Es war das erste Atomkraftwerk der Ukraine, wurde zwischen 1970 und 1983 erbaut und galt in der Sowjetunion der 1980er-Jahre als Musteranlage. Bei einer durchgeführten Simulanabschaltung eines vollständigen Stromausfalles kam es auf Grund schwerwiegender Verstöße gegen die Sicherheitsvorschriften zu einem unkontrollierten Leistungsanstieg, der zur Explosion des Reaktors führte. Am 26. April schleuderten zwei Explosionen im Atomreaktor Tschernobyl radioaktives Material in die Atmosphäre. Innerhalb der ersten zehn Tage nach der Explosion wurde eine Strahlung von mehreren Trillionen Becquerel freigesetzt und gelangte so in die Erdatmosphäre. Am 28. April 1986 wurde im mehr als 1200 Kilometer entfernten Kernkraftwerk Forsmark in Schweden aufgrund erhöhter Radioaktivität auf dem Gelände der Anlage automatisch Alarm ausgelöst. Der Verdacht richtete sich nach der aktuellen Windrichtung gegen eine kerntechnische Anlage auf dem Gebiet der Sowjetunion. Am 29. April sprachen erstmals sowjetische Quellen von einer Katastrophe mit zwei Todesopfern. Internationale Medien berichteten erstmals ausführlich über den Unfall. Am 30. April wurden im sowjetischen Fernsehen Fotos vom Unglücksort gezeigt. Am 1. Mai lieferte ein französischer Erderkundungs-Satellit Fernsehmedien Aufnahmen der nuklearen Rauchfahne über den Reaktor. Am 6. Mai konnte man die Freisetzung der Spaltprodukte weitgehend unterbinden. Bis November 1986 wurde ein aus Stahlbeton bestehender provisorischer Schutzmantel, der meist als „Sarkophag" bezeichnet wird, errichtet.

Bei diesem Atomkraftunfall, dem größten nuklearen Unfall seit der Nutzung der Atomenergie, wurde 400 Mal so viel Radioaktivität freigesetzt, wie durch die Atombombe von Hiroshima. Die betroffenen Gebiete der Ukraine und Weißrußlands werden teilweise bis zu 24.000 Jahre lang radioaktiv verstrahlt sein. Je nach Studie geht man von schleichenden gesundheitlichen Spätfolgen und von 500 bis 16.200 Toten aus, die zumindest statistisch auf dieses Ereignis zurückzuführen sind. Ewald Pantosa, Strahlenschutzbeauftragter des Landes Steiermark: „Bestimmte Krebsarten wie Leukämie oder Schilddrüsenkrebs lassen sich auf die große Strahlenbelastung von damals zurückführen." 800.000 Personen – sogenannte Liquidatoren -waren über einen Zeitraum von drei Jahren an den Aufräumarbeiten beteiligt, mindestens 13.000 davon starben innerhalb von 10 Jahren. Tschernobyl gilt als verheerendste Nuklearkatastrophe der Geschichte, mit mindestens 120.000 Toten. Österreich ist von 31 Atommeilern, alle innerhalb von 200 Kilometern Entfernung, umgeben.

Mit Unterstützung der „Europäischen Zentralbank für Wiederaufbau und Entwicklung" wird nun ein neuer Schutzmantel mit einer riesigen Stahlkonstruktion über den „Sarkophag" gebaut, der im Beton bereits Brüche aufweist. Sie wird fast dreimal so groß wie der Petersdom, sollte 2017 fertiggestellt sein und damit das berühmt-berüchtigte Bauwerk darunter verschwinden. Denn unterhalb der maroden Hülle stecken immerhin noch 200 Tonnen geschmolzener Kernsprengstoff und Unmengen radioaktiven Staubes. Bräche der „Sarkophag" zusammen, trüge der Wind als erstes diesen Staub davon. Da wäre kein lokales Problem mehr, sondern würde auch andere Staaten treffen. Wegen des Konflikts im Osten der Ukraine musste für alle Nuklearanlagen das Sicherheitsrisiko erhöht werden, auch für Tschernobyl. Der unerklärte Krieg mit Russland fordert Opfer. Es gibt Tote, Verwundete und die Zahl der Binnenflüchtlinge wird auf eine Million geschätzt. Und Kriege kosten Geld, das die Ukraine nicht hat. Das Land steht nach vielen Jahren der Misswirtschaft am Rande des Staatsbankrotts. Renten werden gekürzt, die Inflation explodiert, Tschernobyl steht nicht oben auf der Agenda. Prypjat, nur vier Kilometer vom Atomkraftwerk Tschernobyl entfernt, hatte fast 50.00 Einwohner. Heute hat Prypjat 0 Einwohner!

Und nun noch etwas ganz Besonderes und Tolles:
Tschernobyl – Reise (2 Tage):
Unberührtes ausprobieren, Unerkanntes fühlen (!!!), Unbeugsames sehen. Die Exkursion in die abgeschlossene Tschernobyl-Zone ist eine der hinreißendsten Erfahrungen jedes Abenteurers, Liebhabers von Adrenalinreisen oder des leidenschaftlichen Fotografen. Der Preis des Tschernobyl – Ausfluges (2 Tage) für eine Person ist € 280,- (Gruppen von 4 oder mehr Passagieren erhalten einen Rabatt von € 30,- pro Person. Der Preis ist ENDGÜLTIG, keine versteckten Kosten!! ** Der beste Preis für den Besuch in der Tschernobyl – Zone! Umgerechnet bezahlen Sie per Stunde in Tschernobyl € 9,- für einen eintägigen Ausflug würden Sie dreimal so viel bezahlen!

Was bekommt man für sein Geld?
– keine Vorauszahlung – wir vertrauen Ihnen
– niemals hungern – volle Verpflegung– Zeit – unsere Gruppen sind
immer die ersten, die die Sperrzone betreten und die Letzten, die
sie verlassen – P ostkarten Service – wir geben Ihnen Tscherno-
byl-Postkarten und senden eine umsonst für Sie
– 100% Geld zurück
– freundliche Behandlung !!! – wir werden Sie nicht vergessen, auch
nicht nach der Tour! Sie sind dann ein Teil der Tschernobyl-Fami-
lie – Geigerzähler – Sie können ihn während der Tour jederzeit umsonst nutzen
– es ist immer ein Verantwortlicher dabei, um für Ihren Komfort und
Ihre Sicherheit zu sorgen??
– und eine Überraschung … wir können es Ihnen nicht sagen, weil es
sonst keine Überraschung mehr ist …

(Vieleicht ist man dann für das ganze Leben lang verstrahlt und die eigene Urne muss als verseuchter Sondermüll entsorgt werden!)

FLORENZ 1987

Es begann mit einer nicht einmal dreistündigen Busreise auf der Inn-
talautobahn in der Nähe von Innsbruck, als unser Fahrer aus unbe-
kanntem Grund immer wieder auf die Pannenspur kam. Auf die Frage,
warum er immer die Spur wechsle, sagte er dann, er müsse kurz einmal eine Rast einlegen, er sei ziemlich müde. Bei der nächsten Rast-
station blieben wir stehen und es stellte sich dann bald heraus, warum er jetzt schon so müde war. Als wir in Oberösterreich mit dem
Bus abfahren wollten, war unser eigentlicher Busfahrer nicht erschienen und so musste dieser Fahrer einspringen. Was wir nicht wussten,
er war gerade mit seinem Bus aus Griechenland angekommen und
völlig übermüdet. Es gab natürlich nur die eine Lösung: Wir mussten
nun auf einen neuen, ausgeschlafenen Fahrer warten, um die Fahrt
fortsetzten zu können. Nach dieser doch langen Wartezeit, konnten
wir mit dem neuen Fahrer weiterfahren, denn wir wollten in die Toskana. Unser Ziel war Florenz und so ging es über Bozen, Verona, Mo-

dena und Bologna. Florenz ist die größte Stadt der Toskana und hat etwa 370.000 Einwohner Das historische Zentrum von Florenz mit seinem Reichtum an Museen, Palästen und Denkmälern zieht Jahr für Jahr Millionen von Touristen an und wird auch als eine der schönsten Städte der Welt bezeichnet. Zahlreiche Kunstschaffende und Geistliche waren hier beheimatet. Leonardo da Vinci verbrachte große Teile seines Lebens in Florenz, Michelangelo als Hofmathematiker in den Palästen der mächtigen Dynastie der Familie Medici. Die bekanntesten Museen sind die Uffizien, der Palazzo Pitti, mit einer hervorragenden Sammlung, und auch die Kathedrale Santa Maria del Fiore.

Wir wohnten in einem sehr schönen Hotel mitten in der Stadt. Ein Tipp des Hotelpersonals war, wir sollten mit der Straßenbahn fahren, um die Stadt noch näher kennenzulernen. Außerdem seien die öffentlichen Verkehrsmittel in Florenz gratis, da der Bürgermeister Kommunist sei. Wir glaubten das alles ohne Hinterfragen. Also nützten wir alle dieses Angebot, lobten den Bürgermeister und dass der Kommunismus doch seine Vorteile hätte. Natürlich brauchten wir keine Tickets für die Straßenbahn und stiegen auch ohne zu fragen ein. Wir erfuhren erst am Abend im Hotel, dass auf Fahren ohne Ausweis eine saftige Strafe steht und die Straßenbahn-Tickets natürlich zu bezahlen gewesen wären. Ob der Bürgermeister Kommunist war, haben wir dann gar nicht hinterfragt und waren froh, dass wir nicht kontrolliert wurden. Wer uns diesen Tipp gegeben hatte, wusste auch keiner, er war aber jedenfalls nicht weiterzuempfehlen! Zu den besonderen Sehenswürdigkeiten zählt zweifellos eine Besichtigung des Palazzo Vecchio, der heute als Rathaus dient und der Ponte Vecchio, der ältesten Brücke über den Arno. Sie ist den Touristen bekannt als „Goldbrücke", auf der sich die überdachten Gänge mit den kleinen Läden zahlreicher Juweliere befinden.

Die Toskana ist bekannt für ihre hügelige Landschaft, die sich besonders durch die vielen Pinien, Säulenzypressen, Olivenbäume und Weinreben auszeichnet. Wirtschaftlich lebt diese Region vom Tourismus, dem Anbau von Wein, der Gewinnung von Olivenöl und dem Kunsthandwerk.

Natürlich war der Schiefe Turm von Pisa eine der Hauptattraktionen in der Toskana, ist er doch das wohl bekannteste geneigte Gebäude der Welt und Wahrzeichen von Pisa. Der Turm war als freistehender Glockenturm für den Dom in Pisa geplant, aber nach der dritten Etage begann sich der Turm zu neigen. Der Grund für seine Schieflage waren der lehmige Morast und der Sand, der sich unter der Last des Gewichtes verformte. Hundert Jahre später wurden die oberen vier Stockwerke mit einer geringeren Neigung weitergebaut und somit erreichte das Bauwerk die endgültige Höhe von 55 Metern. Die sieben Turmglocken werden aus statischer Vorsicht nur noch mittels innenliegender elektromagnetischer Schlaghämmer angeschlagen. 1990 musste der Turm für Besucher gesperrt werden, da die Schräglage zu gefährlich wurde. Es gab eine weltweite Aufforderung an Baustatiker, die besten Lösungen zur Stabilisierung auszuarbeiten und einzureichen. Nach 13-jährigen Sanierungsmaßnahmen konnte der Turm 2001 für Touristen wieder geöffnet werden.

Als wir am Vormittag in Pisa beim Schiefen Turm ankamen, erfuhren wir, dass es eine Wartezeit von etwa zwei Stunden geben werde. Nachdem wir die Karten gekauft hatten, kehrten wir in einem kleinen Lokal ein, in dem wir natürlich Wein aus der Toskana bestellten. Die Mischung aus der beträchtlichen Hitze und Weinkonsum am späten Vormittag führte natürlich bald zu einer ausgelassenen Stimmung. Als wir dann den Treppenaufgang mit Marmorplatten hochstiegen und sich dort kein Geländer zum Festhalten befand, musste ich mich voll auf den Weg nach oben konzentrieren. Auf der anderen Seite könnte man ohnehin nicht weit fallen, da die Leute hinter uns nach oben drängten und die anderen von oben kommend und nach unten wollten. Nachdem wir an der Glockenebene angekommen waren, mit dem ersten Blick über Pisa, ging es weiter zu einem ganz schmalen Ausstieg zur obersten Aussichtsterrasse. In ihr ist ein festes Eisengeländer verankert und man kann mit einem Rundgang den Blick über die ganze Stadt werfen. Vor mir krochen drei Japanerinnen am Boden herum, denn sie hatten unheimliche Angst hinunterzufallen. Aus diesem Grunde packte ich eine davon am Gürtel ihrer Jeans und hob sie in die Höhe. Sie schrie aus Leibeskräften vor

Angst, dabei wollte ich ihr nur auf die Beine helfen, damit sie einen besseren Ausblick über die Stadt hätte. Als wir die Aussichtsterrasse über den sehr engen Ausstieg wieder verlassen wollten, blieb ein korpulenter Kollege dort stecken, da eine sehr dicke Frau heraufkommen wollte. Durch das Hin- und Hergeschiebe löste sich der „Stau" aber bald in Wohlgefallen auf.

Nun ging es weiter an der toskanischen Küste ans Tyrrhenische Meer, in das Seebad Viareggio, um uns dort abzukühlen. Der Weg über Lucca führte uns dann nach Pistoria, einer Industriestadt, die aber auch große Baumschulen beherbergt. Am nächsten Tag fuhren wir nach San Gimignano. Die „Stadt der Türme", mit mittelalterlichem Stadtkern, ist eines der meistbesuchten Ziele in der Toskana. Als wir dann in Siena ankamen, wurde uns klar, dass diese Stadt eine der schönsten Städte der Toskana und Italiens ist. Bekannt ist auch, dass seit dem Mittelalter ein Pferderennen am zentralen Platz, dem „Piazza del Campo", ausgetragen wird und eine sehr große Bedeutung für Siena hat. Zweimal im Jahr treten zehn der 17 Bezirke der Stadt gegeneinander an. Interessant ist auch der Dom von Siena und der Sitz der ältesten noch existierenden Bank der Welt.

Neun Jahre später kamen wir noch einmal in die Toskana, nach Prato, diesmal aber zum Angeln. Der Grund war, dass eine Städtepartnerschaft zwischen Prato und Ebensee 1987 unterzeichnet wurde und bis heute diese Verbindung hält. Die Mentoren hinter dem Projekt waren Prateser, welche 1944 in Folge eines Arbeitsstreikes verhaftet, nach Mauthausen deportiert und in das Nebenlager Ebensee verlegt wurden. Weniger als die Hälfte der inhaftierten Prateser hat die Befreiung 1945 erlebt. Nach anfänglichen Besuchen zwischen offiziellen Repräsentanten aus Prato und Ebensee wurde aus organisatorischen Gründen ein Partnerschaftsverein gegründet. Ab diesem Zeitpunkt wurden verschiedene Aktivitäten gesetzt: Schulaustauschprojekte, gemeinsame Ferienaufenthalte der Pfarrjugend, Besuche von Orchestern und Sportvereinen. All die genannten Aktivitäten hatten das gemeinsame Anliegen, die Vergangenheit zwischen Ebensee und Prato aufzuarbeiten. Der Vorstand vom Sportfischerverein Ebensee wurden vom Vorstand des Fischervereins Prato eingeladen und man veranstaltete ein gemeinsames Wettfischen am Ufer des Bisenzio, in der Provinz Prato. Der Bisenzio ist ein 47 Kilometer langer Fluss in der Region Toskana, der die Provinzen Prato und Florenz durchquert und in den Arno mündet. Der Fluss führte in dieser Zeit wenig Wasser, war teilweise verschmutzt und zum Fischen nicht gerade einladend. Dementsprechend war auch die „Ausbeute" des Fanges, also fast null. Trotzdem war es eine sehr gelungene Veranstaltung, die Dolmetscherin bemühte sich redlich, hatte aber natürlich vom Fischen keine Ahnung. Der große, wunderschöne Pokal, den wir gewannen, war uns direkt peinlich. Die Einladung zum gemeinsamen Essen im Freien bei der Kirche in Prato, die schönen Ausflüge in der näheren Umgebung und die Herzlichkeit der Italiener bleiben für mich immer in Erinnerung. Der Ausflug nach Vinci, der Besuch des Geburtsortes von Leonardo da Vinci, hat für mich den größten Eindruck hinterlassen. Er war Architekt, Maler, Bildhauer, Mechaniker, Ingenieur und Naturphilosoph. Er gilt als einer der berühmtesten Universalgelehrten aller Zeiten. Sigmund Freud schrieb in seinem Büchlein „Eine Kindheitserinnerung des Leonardo da Vinci": „Er glich einem Menschen, der in der Finsternis zu früh erwacht, während die anderen noch alle schliefen."

Jede unserer Erkenntnis beginnt mit den Sinnen – Leonardo da Vinci.

Etwas, das uns allen jedenfalls in Erinnerung blieb, war unser Busfahrer. Nach drei Tagen in der Stadt fand er immer wieder unser Hotel nicht mehr, obwohl das ganz einfach war und jeder Passagier den Weg schon kannte. Immer wenn wir dann im Hotel angekommen waren, applaudierten alle im Bus; wie in einem Flugzeug, nach einer Bruchlandung.

ST.WOLFGANG

Ein Bekannter aus St.Wolfgang, der in derselben Branche arbeitete, erzählte mir, dass er den Bootsführerschein machen werde, und fragte, ob ich nicht auch mitmachen wolle. Ich war sofort dabei, bin ist doch auch am See aufgewachsen und wollte den Kurs samt Prüfung schon länger machen. Was mich auch zusätzlich reizte, war nicht nur der Kurs, sondern auch die Möglichkeit, bei einer Wasserschischule schon vorher trainieren zu können. Sie hatten ein schnelles amerikanisches Boot, eine Master-Craft mit mehr als 300 PS, das für alle Arten des Wassersportes prädestiniert ist. Wir zogen mit diesem Boot sehr gute Wasserschiläufer, der Großteil waren aber Anfänger. Da sich der Wolfgangsee schnell erwärmt und nicht wellenreich ist, hatte man nicht nur auf die anderen Boote, sondern auch auf Surfer, Paddler und Schwimmer, manche waren mitten auf dem See anzutreffen, zu achten. Daher war volle Konzentration erforderlich und man kam dabei selbst ins Schwitzen. Es gab kaum eine bessere Art, als unter diesen Voraussetzungen mit einem Motorboot fahren zu lernen. Es gab klarerweise auch Pannen beim Parasailing: Von einem Anfänger der Wasserschischule wurde ein sehr bekannter Top-Manager mit dem Motorboot gestartet, er sollte mit dem Flugschirm gezogen werden. Der Start fand vom Strand aus statt und funktionierte so, dass der Kunde ein paar Meter vom Ufer aus mitlaufen musste, dann den Schirm in die Luft hob und schnell an Höhe gewann. Das Motorboot startete, der Kunde fing zu laufen an, stolperte am Schotter des Strandes und fiel dabei zu Boden. Der Motorbootfahrer zog den Kunden aber weiter, natürlich am Schotterstrand, bis der Schirm an Höhe gewann. Nach Ende des „Rundfluges" hatte der Kunde am ganzen Körper den sogenannten „Schotterausschlag" inklusive sehr lädierter Badehose. Die Verschuldensfrage war dann auch nicht bekannt oder geklärt, ebenso die Frage, ob dieser Kunde je wieder einen Parasailingflug buchen würde.

Der Kurs war interessant, sehr lehrreich und man musste tatsächlich viel Theoretisches lernen. Die Ausbildung und die Prüfung beinhalteten die Berechtigung, Dampfschiffe bis zu 20 Metern Länge und Motorschiffe bis 370 kW zu lenken. Ich bin heute noch froh darüber, diese Ausbildung gemacht zu haben, lernte man doch den richtigen Umgang mit den Booten und dem nassen Element, auch bei widrigen Umständen, besser kennen.

Übrigens: Der Inhaber der Wasserschischule war immer braungebrannt, sah immer sehr gut aus und hatte ein überzeugendes Auftreten. Er war des Öfteren in Amerika, fuhr in St. Wolfgang einen Rolls

Royce (vermutlich nur ausgeliehen) und wurde von der Gendarmerie wegen eines Vergehens angehalten. Er sprach nur englisch, die zwei Gendarmen nicht. Bei dieser „Amtshandlung" war natürlich eine Verständigung kaum möglich und nach längerem Hin und Her patzte einem Beamten der Kragen und er sagte zu seinem Kollegen: „Lass ihn fahren, diesen Trottel!"

FISCHERVEREIN

Für den Fischerverein in Ebensee mit seinen etwa 300 Mitgliedern war ich ab Mitte der 70er-Jahre im Vorstand tätig. Wir hatten damals ein ganz kleines Areal im Trauneck von den Österreichischen Bundesforsten direkt am See gepachtet. Hier waren Holzstege in den See geschlagen worden, um die Fischerboote ankern zu können. Da immer mehr Fischer einen „Stegplatz" haben wollten, versuchte ich, das Areal samt Seezugang bei den Bundesforsten zu erweitern, was mir auch gelang. Wir hatten dann wesentlich mehr Platz und konnten daher weitere Piloten aus Lärchenstämmen in den See schlagen und dadurch weitere Bootsplätze schaffen. Nachdem ich meine Buben von Klein auf zum Fischen mitgenommen hatte, war es irgendwo selbstverständlich, den anderen Kindern auch Fischen beizubringen. Von unserem Fischerverein aus gab es damals nicht die Möglichkeit, Kinder und Jugendliche im Verein aufzunehmen, oder sie am Vereinsleben teilhaben zu lassen. Aus dieser Situation heraus entstand der neu geschaffene „Jugendwart", den ich damals übernommen hatte. Dabei hatte ich bis zu 40 Kinder zu betreuen, mit denen ich einmal im Jahr das Jugendpreisfischen am Wolfgangsee veranstaltete. Mit Unterstützung von Erwachsenen, die auch ihre Autos für den Transport zur Verfügung stellten, war es eine sehr beliebte und nette Veranstaltung, die bis heute nicht mehr wegzudenken ist. Nachdem wir mittags die Fischerei beendeten, fuhren wir anschließend zum Gasthaus „Schwarzer Adler", wo ich immer einen Raum reserviert hatte. Es gab dann eine große Siegerehrung mit Pokalen, Urkunden und anschließend eine kleine Jause mit Getränken. Interessanterweise ist ein Großteil der Kinder, die damals dabei waren, noch immer aktiv bei unserem Verein, inzwischen auch mit ihren eigenen Kindern.

Als Jahre später die Gemeinde Ebensee den Ferienpass für Kinder einführte, erklärte ich mich dazu bereit, mit allen Kindern aus unserem Ort am Offensee fischen zu gehen. Am nächsten Tag wurde ich von der Gemeinde angerufen, die den Ferienpass veranstaltete, dass sich schon über achtzig Kinder gemeldet hätten, um beim Fischen dabei zu sein. Ich musste nun erwachsene Vereinsmitglieder finden, die sich unter der Woche freinahmen und sich bereiterklärten, je fünf Kinder beim Fischen zu betreuen und ihnen mit Rat und Tat zur Verfügung zu stehen. Die Verantwortung ist dementsprechend, sind doch alle Kinder am Wasser und die Verletzungsgefahr nicht zu unterschätzen. Außerdem waren viele Kinder dabei, die noch nie gefischt und auch keine Ahnung hatten. Ich hatte allerdings nicht bedacht, dass so viele Kinder keine Angelruten hatten und ich sie mir bei Vereinskollegen ausleihen musste. Wir markierten diese Ausrüstungsgegenstände nun und schrieben sie an, um ein Chaos nach dem Ende der Veranstaltung zu verhindern. Ich brauchte zusätzlich Fischermaterial wie Schnüre, Haken und andere Kleinigkeiten, die ich großteils bei mir im Kombi meines Autos verstaut hatte. Außerdem besorgte ich mir bei den Bundesforsten einen Schlüssel, um die abgesperrten Eisentore aufsperren zu können und so konnte ich mit meinem Auto rund um den See fahren und dort als Serviceman und Problemlöser zur Verfügung stehen. Zu guter Letzt hatte ich über 100 Kinder, die dann noch eine Jause bekamen, so würde ihnen dieser Tag sicherlich in Erinnerung bleiben. Denn Fischen ist kein Hobby, es soll eine Leidenschaft sein!!

Der ehemalige Obmann des Vereines, also der „Ehrenobmann", ein älterer Herr, kam eines Tages nach dem Mittagessen in unser Hafengelände und klagte über starke Übelkeit. Die steigerte sich immer mehr, er war aschfahl im Gesicht und kurz vorm Erbrechen. Es stellte sich dann heraus, dass seine Frau mittags seine Lieblingsspeise „Schweinsbraten" zubereitet hatte. Nach dem Essen, seine Frau war nicht in der Küche, ging er zur Bratenpfanne, in der noch ausreichend Bratenfett schwamm, das normalweise sehr gut schmeckte und noch ganz warm war. Er holte sich Weißbrot und tunkte es in dieses Schweinefett ein. Was er nicht wusste, war, dass seine Frau vorher schon die Pfanne mit

einem Geschirrspülmittel behandelt hatte und dieses „Pril-Gemisch"
mit Bratenfett ein gutes Mittel war, die Bratpfanne problemlos zu reinigen. Obwohl es ihm am nächsten Tag wieder besserging, machte er
in Zukunft einen großen Bogen und diese Pfanne.

Es ergab sich etwas später wiederum die Möglichkeit, durch ein auf-
gelassenes Grundstück der Bundesforste unseren Vereinsplatz zu erweitern. Es kam uns insofern entgegen, als wir eine Slip-Anlage dringend brauchten, um unsere Boote zu Wasser lassen zu können. Als
ich dieses Vorliegen bei den Bundesforsten einbrachte, ersuchte ich
gleichzeitig um einen Termin, um vorab dieses Areal in natura zu be-
gutachten. Bei diesem schlug ich auch vor, ein ebenfalls angrenzendes Grundstück anzuschließen, das großteils mehr als zwei Meter
über dem Wasserspiegel liegt. Dieser Teil war überhaupt nicht gepflegt, eher einer Mülldeponie gleichend. Das spielte deswegen eine
große Rolle, da dieser Teil sonst brachlag und die Bundesforste ein
gepflegtes Grundstück erhalten und noch dazu Einnahmen erzielen
würden. Bei dieser Besprechung, es waren drei Vorstandsmitglieder
unseres Vereines anwesend, bekamen wir nun auch überraschend die
Zusage dieser Erweiterung. Ein kleiner Teil dieses Grundstückes lag
zwar auf Gemeindegrund, wir hatten aber nach Rücksprache beim
Bürgermeister dafür auch grünes Licht bekommen.
Durch diese überraschend schnelle Möglichkeit, konnten wir nicht
nun die Slip-Anlage in Angriff nehmen, sondern auch neue Stege auf
diesem Grundstück errichten. Der Bedarf an Anmeldungen für einen
Bootsplatz war ungebrochen und so konnten wir nun dem Großteil
der neuen Bewerber diese Möglichkeit bieten. Alle Wasserrechtsver-
handlungen wurden von mir, wie bisher, mit der Bezirkshauptmannschaft und dem Naturschutz der Landesregierung abgewickelt. In diesen Verfahren konnten wir eigentlich nur positive Erfahrungen erleben
und wurden von diesen Behörden immer unterstützt.
Aus dieser guten Zusammenarbeit entstand dann der Plan, um die
Errichtung einer Fischerhütte auf dem neuen Areal anzusuchen. Bislang war dies nicht denkbar gewesen, denn unser bisheriger Grund
war extrem hochwassergefährdet und daher ungeeignet. Da die Vor-
gespräche positiv verliefen, ließ ich einen Plan der Hütte zeichnen,

die natürlich zur Gänze aus Holz bestand. Nach der Baubewilligung konnten wir nun mit dem Ausheben der Erde und dann der Betonierung des Fundamentes beginnen. Helfer hatten wir genug, ebenso gleichviele Zuschauer. Nach ein paar Tagen konnten wir mit dem Holzaufbau beginnen und mit der Dachschalung samt Deckung waren wir bald im Trockenen. Die Fenster und Türen hatte ich schon vorher bestellt, die Holzschalungen für außen und innen ebenfalls.

BOOTSBAU

Nun wollte ich mir auch selbst ein Boot anschaffen, ein neues konnte ich mir nach dem Hausbau nicht leisten. Ich kannte einen Fischerkollegen, der ein Fischerboot hatte, welches sich auch als Familienboot optimal eignete. Also versuchte ich, ein solches zu erwerben, was aber nicht möglich war, da die Produktion dieser Boote eingestellt wurde und keiner ein gebrauchtes verkaufen wollte.

Obwohl österreichische Boote in verschiedenen Varianten und Größen angeboten wurden, mussten die meisten Bootshersteller ihre Betriebe schließen. Grund dafür war die Einführung einer „Luxussteuer" auf 30 Prozent, unter anderem auch für Boote oder Jachten. Da ich der damaligen Einstellung der Produktion nachging und nach Konkursmasse Ausschau hielt, kam ich auf die Firma „Polylux" in Niederösterreich, die nun Polyester-Teile für Lichtkuppeln herstellt und damals eine Firma in Salzburg kaufte, die diese Boote herstellte. Ich rief dort an und man erklärte mir, dass man zwar noch alte Teile der ehemaligen Firma hätte, diese aber kaum noch brauchbar seien. Es sei nur mehr eine Bootsschale vorhanden, die brauchbar wäre, das Verdeck aber sei völlig kaputt. Ich ersuchte, dass diese Schale trotzdem mit vier Schichten noch polyestert wurde und bestellte gleich eine zweite dazu, die mein Neffe haben wollte. Als die Schalen fertig waren, holte ich sie bei der Firma ab, kaufte dann 50 Liter Harz, zwei Liter Härter und 50 Quadratmeter Matten. Am nächsten Tag begann ich mit den Holzverstrebungen des Rumpfes, die ich mit Polyester verkleidete. Dann baute ich das Boot kontinuierlich auf und achtete penibel darauf, dass es hundert prozentig stabil und sicher ist. Anleitung oder Ahnung für den Bootsbau hatte ich nicht im Geringsten, der Einzige, der mir dazu Anregungen und Tipps zur Stabilität gab, war mein Neffe. Er hatte die Matura, ist Finanzbeamter und war in den Ferien Matrose bei der „Traunsee-Flotte", ist aber kein exzellenter Schwimmer. Ich selbst war überzeugt, dass der Bootsbau keine so große Kunst sei, man muss sich nur trauen, das Problem so gut wie möglich zu lösen. Dies hat sich irgendwo bestätigt, denn mein Boot, Baujahr 1984, war jedes Jahr im Wasser, schwimmt nach wie vor, hat etliche Stürme überlebt und manche beneiden mich wegen seiner Stabilität. Das Deck baute ich mit Holzstreben und Mahagoni-Bootsbausperrholz aus, ein paar Schichten Bootslack garantierten für die Wasserfestigkeit. Dazu baute ich die Sitzbank aus wasserfesten 3-Schicht-Platten, sie wurde gepolstert und mit Lehne versehen. Ich konstruierte eine Windschutzscheibe, die im Handel nicht erhältlich war. Dann kaufte ich mir einen Yamaha 8 PS-Außenbordmotor, den Bootsführerschein hatte ich schon und baute dann noch eine Lenkung mit Steuerung ein, dazu eine Beleuchtung für die Nacht. Das Boot hat eine Länge von 5,10 Metern, ist 1,80 Meter breit und hat eine Tragkraft für fünf Personen. Nach Abnahme und Überprüfung durch die Landesregierung wurde mein Boot bei der Bezirkshauptmannschaft Gmunden mit dem Bootskennzeichen 0-21.908 angemeldet. Fertig!!

Während des Ausbaus meines Bootes kam meine Schwester vorbei, sie war gerade einkaufen und trug eine große, schwere Tasche voller Lebensmittel. Als auch dann Lisi vorbeikam, legte sie die Tasche ab und tratschte mit ihr. Beide waren so vertieft in ihr „Gespräch", dass meine Schwester nicht bemerkte, wie ich ihr drei schwere Steine aus dem Garten in ihren Einkaufskorb packte. Als sie diesen dann aufhob, jammerte sie zwar darüber, dass sie heute eine besonders schwere Tasche tragen müsse, ging aber nach Hause. Es dauerte nicht lange, bis sie bei uns anrief und sich dann bei mir für die Steine bedankte. Sie freute sich auch darüber, dass sie einen so netten Bruder habe.

Mit meinem neuen Boot wollte ich natürlich auch am Wolfgangsee fischen gehen und habe dazu einen „Fischerfreund" eingeladen. Mit dem Auto, Bootsanhänger samt Boot führ ich zur Slip-Anlage nach St. Wolfgang, um das Boot ins Wasser zu lassen. Es fing gewaltig zu regnen an, wir hatten aber entsprechende Regenbekleidung mit und fuhren auf den See hinaus. Da der Regen nicht nachließ, entschieden wir uns dann, mit dem Boot nach Zinkenbach zu fahren, um dort vom Ufer aus weiterzufischen. Wir hatten auch hier kein Anglerglück und unterhielten uns über die sonst sehr fängige Stelle, an der wir gerade angelten. Alfred, mein Fischerfreund, stand mit den Watstiefeln im Wasser, drehte sich zu mir um und wir unterhielten uns weiter. Was er nicht sah, war ein hinter ihm fahrendes größeres Linienschiff, welches hohe Wellen verursachte, die sich hinter ihm auftürmten und immer näher kamen. Meine Warnung ignorierte er vollkommen und ich sah, was auf ihn zukam. Ich konnte mich einfach vor lauter Lachen nicht beruhigen, worauf er behauptete, ich sei nicht ganz „dicht". Die Welle war so stark, dass er das Gleichgewicht verlor und zur Gänze ins Wasser fiel. Jetzt wusste er plötzlich, warum ich so lachen musste. Es war insofern nicht tragisch, als wir ohnehin schon nass waren (er besonders) und die Wassertemperatur nicht mehr so kalt war.

Ein paar Jahre später fuhr ich mit einem Freund, der sein kleines Fischerboot am Wolfgangsee liegen hatte, auf den See hinaus. Es war Anfang März, das Wasser eiskalt und wir ruderten Richtung Seemitte, um dort auf Seesaiblinge zu fischen. Wir ankerten dort auf ungefähr 50 Metern Tiefe, als starker Nebel einfiel, der immer dichter wurde. Als dann noch plötzlich Wind aufkam und die Weller immer höher schlugen, wollten wir zum Ufer zurückrudern. Es funktionierte aber überhaupt nicht mehr, da wir im starken Nebel weder das Ufer noch andere Punkte ausnehmen konnten, um uns zu orientieren. Es war ein sehr mulmiges Gefühl, auf diesem kleinen Boot mit starkem Wellengang und ohne jede Orientierung zu rudern. Wir versuchten nur mehr, mit dem Wind so gut wie möglich mitzufahren und uns treiben zu lassen, Kentern in dieser Situation wäre fatal gewesen. Denn bei einer Wassertemperatur von 10 Grad konnte man auch nicht lange schwimmen, wohin auch? Um Hilfe zu rufen, war sinnlos, denn durch den Nebel konnte uns auch keiner sehen. Als wir dann eine Glocke der Kirche von St. Wolfgang läuten hörten, wussten wir in etwa, wo wir uns befanden und ruderten Richtung Ufer.

RINDBACH HAUSBAU

In der Bahnhofstraße wurde die Wohnqualität für uns immer schlechter, da wir in der Nacht immer öfter durch verschiedene Lärmquellen geweckt wurden, daher war das Durchschlafen kaum mehr möglich.

Unser Schlafzimmer im ersten Stock grenzte direkt an die stark frequentierte Bahnhofstraße und wir hatten auch nicht die Möglichkeit, in den ruhigeren Teil des Hauses zu übersiedeln, denn das war technisch nicht möglich. Wir hatten bei Tag im Ortszentrum schon immer starkes Verkehrsaufkommen mit all den Nachteilen, mit denen man in dieser Lage auch rechnen muss. Doch in der Nacht, meistens um ein Uhr, kam regelmäßig ein LKW, um die Waren für das Lebensmittelgeschäft des Nachbarhauses auszuladen. Transportiert wurden diese Waren nur fünf Meter von unserem Schlafzimmer und dem Kinderzimmer entfernt. Die Lieferung erfolgte mit einem Transportwagen mit Laufrollen, der mit dem hydraulischen Lift des LKW heruntergefahren wurde und dabei einen dementsprechenden Lärm erzeugte. Der extreme Lärm begann aber damit, dass die Rollen die Einfahrt der mit Waschbetonplatten gepflasterten Zufahrt entlanggeschoben wurden und die verschiedenen Waren auf dem Transportwagen herumsprangen. Auch wenn man einen sehr tiefen Schlaf hätte, man stand dann senkrecht im Bett und konnte auch nicht mehr sofort einschlafen. Ab fünf Uhr kam der LKW mit der Milch, die damals noch in Glasflaschen transportiert wurde, die einen entsprechenden Lärm verursachten. Gleich anschließend kam das Bierauto, natürlich ausschließlich mit Glas-Bierflaschen, die ebenfalls gewaltig schepperten. Danach kamen die Angestellten, die alle Waren, Flaschen und Kisten in das Geschäft transportierten. Nun war es Zeit aufzustehen und dann ausgeruht zur Arbeit zu gehen.

Gleich uns gegenüber war das Postamt mit der Telefonzelle, die Tag und Nacht frequentiert wurde, denn Handy gab es damals noch nicht. Gerade in der Nacht war das besonders störend, wenn eine zweite Person vor der Telefanzelle war und dabei die Türe offenblieb, damit diese dann das Gespräch mithören konnte. Dabei waren auch sehr oft Leute, die zuhause anriefen und glaubten, je entfernter die Gegend, desto lauter müsse man schreien. Eines der schlimmsten und störende

Geräusche kam von dort, wo man es überhaupt nicht erwarten würde – von der Bank!

Es begann mit den Bankomat-Stellen, die Tag und Nacht geöffnet und auch in der Nacht stark frequentiert sind. Fast jeder, der in der Nacht Geld abhebt, lässt sein Auto laufen, die meisten mit eingeschalteter lauter Musik, und das nicht nur einmal in der Nacht. Es gab keine Möglichkeit, dieses Problem zu lösen. Weder würde die Bank den Bankomaten in der Nacht abschalten noch würden die Bankomat-Kunden ihr Auto während der Geldausgabe abstellen und die Radios dann auch ausschalten. Noch dazu kam, dass immer mehr, hauptsächlich Jüngere, gerade in der Nacht Geld abhoben.

Die Bank wollte in der Bahnhofstraße ihr Geschäft erweitern und brauchte daher mehr Räume, die im Erdgeschoss nicht mehr zur Verfügung standen. Es gab dabei zwei Möglichkeiten: Wir verkaufen den ersten Stock des Hauses und bauen ein neues Haus, die zweite Möglichkeit bestand darin, dass die Bank überhaupt wegzieht und ein neues, größeres Objekt erwirbt oder neu baut. Wir wohnten nun siebzehn Jahre hier und das ganze Haus müsste ohnehin in Kürze renoviert werden. Allein aus diesem Grunde würden enorme Kosten anfallen, die Qualität des Hauses aber für uns nicht gravierend verbessern. Allein die neuen Fenster mit Wärmedämmung und Schallisolierung würden zwar die Heizkosten senken, die Lärmbelastung aber nicht gravierend verbessern. Aus dieser Überlegung hätte es nur Sinn gemacht, das ganze Haus auch wärmedämmend und schallmäßig völlig zu verbessern. Sobald man aber ein Fenster kippt, würde der ganze Lärm wieder in den Wohnungen sein. Die gesamte Heizung müsste auf Gas umgestellt, ein Lift eingebaut und das Dach samt Terrasse, erneuert werden. Alle Böden des Hauses müssten herausgerissen, eine Fußbodenheizung eingebaut und die alte Zentralheizung ersetzt werden. Wegen der neuen Gasleitungen müssten die bestehenden Pflastersteine der Einfahrt, der gesamten Zufahrt herausgenommen und neu verlegt und verbaut werden.

Aus diesen Überlegungen heraus stand für uns fest: Wir bauen uns ein neues Haus in der Ortschaft Rindbach. Das Grundstück hatten wir schon vor ein paar Jahren erworben, als damals unsere Bausparverträge ausliefen und wir daher das Geld zur Verfügung hatten. Die Lage ist wunderschön, ruhig und in See-Nähe. Es gab mehreren große Probleme, das größte aber: Wir müssten über den Winter das neue Haus bauen, mit der Bank wurde vertraglich vereinbart, dass wir aus unserer Wohnung bis zum Juni des Folgejahres ausziehen. Der Grund war der, die Bank musste dafür sorgen, dass ihre Umbauarbeiten bis zum kommenden Weltspartag abgeschlossen sein müssen. Es kamen daher auch sehr viele andere Schwierigkeiten dazu, die in kürzester Zeit entschieden und auch gelöst werden mussten. Um dies alles auch wirklich in Ruhe überlegen und planen zu können, bot sich die Woche in den Sommerferien am Ossiacher See optimal an.

Wie in den letzten Jahren mieteten wir von einem Kunden einen alten Wohnwagen und fuhren damit nach Kärnten. Ich fuhr damals einen Toyota Tercel Kombi, auf dem ich unser kleines Boot am Dachträger befestigte. Im Wohnwagen hatten wir auch unsere Fahrräder und Surfer verstaut. Am Campingplatz konnten wir unseren Wohnwagen immer direkt am See abstellen, Vorzelt hatten wir keines, es war Sommer und für eine Woche würde sich der Aufwand auch nicht lohnen. Die sonstige Ausrüstung im Wohnwagen war eher sehr bescheiden und nicht für eine „Großküche" ausgelegt. Daher gingen wir des Öfteren in ein angrenzendes Restaurant, es war damals ein Betrieb der Gewerkschaft. Wir unternahmen manche Ausflüge in der Umgebung, verbrachten aber den Großteil am Campingplatz und am See, auf dem ich natürlich mit unserem Boot täglich fischen ging. Da unsere Buben mit ihren neuen Freunden den ganzen Tag sehr beschäftigt waren, hatten sie für uns keine Zeit, was uns überhaupt nicht störte. Sie konnten beide gut schwimmen, was uns das Wichtigste war. Ich begann nun mit dem Planen des neuen Hauses, hatte mir genügend Papier, Bleistift und Radiergummi mitgenommen, um meine Vorstellungen grob zu entwerfen. Schon nach dem ersten Hausbau in der Bahnhofstraße hatte ich mir immer wieder Zeitschriften wie „Schöner Wohnen" oder ähnliche Fachzeitschriften gekauft. Die Neuerungen im Hausbau und auch in der Innenausstattung entfachten stets großes Interesse, obwohl ich eigentlich nicht vorhatte, noch ein zweites Haus zu bauen. Nun konnte ich mich tatsächlich auf diese neue Ge-

gebenheit einstellen, freute mich schon darauf und konnte mich nun dabei richtig „austoben".

Zuerst war am Grundstück festzustellen, wo das Haus hingebaut werden sollte, auch in Abstimmung mit dem Sonnenauf- und Untergang. Da wir dann in der Nähe unseres Sees wohnen würden, musste die Position des Hauses auf die Windrichtung abgestimmt werden. Wir hatten das ganze Jahr vom See her viel Wind, sodass die seeseitigen Wände breiter dimensioniert werden mussten, denn gerade im Winter spielt die Isolierung eine große Rolle. Der wichtigste Punkt aber war die Hochwassersituation in Bezug auf unser neues Haus, das nur etwa 100 Meter vom Traunsee entfernt liegt und bei Normalstand maximal vier Meter Höhenunterschied zum Wasserspiegel aufweist. Ich versuchte schon damals beim Grundkauf festzustellen, inwieweit ältere Hauser in unserer Nähe von größerem Hochwasser betroffen waren und dabei Schaden erlitten. Damals informierte ich mich auch über den Pegelstand des Sees bei Hochwasser und die Höhe der „Jahrhundert-Hochwasser". Außerdem fließt in unmittelbarer Nähe der Rindbach zum See, der aber bei längeren Regenfällen ein reißender Fluss wird und dabei sogar unser Haus beschädigen könnte. Es war uns auch von Anfang an klar, dass aus diesen Gründen das Haus ohne Keller gebaut werden musste. Das Gebäude selbst zeichnete ich im Landhausstil, unserer Gegend angepasst und das Erdgeschoß mit Ziegel gemauert. Neben der Küche der Erker mit Esstisch, daneben das Wohnzimmer mit Lese-Raum, ein kleines Büro, Speise, WC und westseitig ein Wintergarten. Das Obergeschoß in Holzbauweise samt Holztramdecke, Schlafzimmer und Kinderzimmer sollten beidseitig einen großen Balkon haben. Gästezimmer, Bad, WC und Nebenraum für Wäsche waren für den ersten Stock vorgesehen. Im Dachboden waren ein großer Warmwasserboiler und daneben die Solaranlage geplant. Das Dach sollte mit roten Dachziegeln gedeckt werden, so etwas hatte ich mir schon bei einem Bekannten angeschaut, der diese Ziegel aus Bayern bezogen hatte. Als Mittelpunkt des Hauses sollte ein großer Kachelofen fungieren, der auch mehrere Räume im Obergeschoss beheizt und als Wärmequelle dient. Als Hauptheizung musste ich leider auf eine Ölheizung zurückgreifen und da wir keinen Keller hatten, sollte ein kleinerer Öltank im Erdgeschoß reichen.

In unserer Gegend gab es noch kein Erdgas, die Wärmepumpen waren noch nicht ganz ausgereift und für eine Pellets-Heizung hatten wir zu wenig Stauraum. Ich plante dazu noch eine Solaranlage mit drei Sonnenkollektoren über der Gaupe, die uns dann durch die Sonne das Warmwasser gratis liefern sollte. Außerdem ließ ich noch einen Brunnen schlagen, mit dem ich unter anderem auch die Blumen und Sträucher im Garten bewässern konnte. Unser Grundwasser hat Trinkwasserqualität und könnte selbstverständlich auch für die Versorgung im ganzen Haus verwendet werden. Den kleineren Teil des Hauses plante ich mit einer Doppelgarage, Werkstätte und Heizung. Im oberen Teil des Hauses war ein großes Kinderzimmer samt Balkon und Fitness- Raum vorgesehen. Wir ließen eine Wünschelruten-Geherin kommen, die unser Haus nach Wasseradern und „Störzonen" prüfte. Wir hatten sie damals schon gebeten, nach der Krankheit von Florian, in der Bahnhofstraße die Schlafräume zu überprüfen. Daneben machte ich mir immer wieder Skizzen, Aufzeichnungen, um Ideen oder Vorstellungen einzubringen und niederzuschreiben. So hatte ich in dieser Urlaubswoche in verhältnismäßig kurzer Zeit das Grundkonzept des Hauses fertig und fand später einen ausgezeichneten Spezialisten, der es dann auch umsetzte und zeichnete. Als er den Plan unseres Hauses fertig hatte, baute ich es naturgetreu 1/100 in Sperrholz mit allen Details nach. So konnte man auch jeden Raum von allen Seiten wieder auseinandernehmen, dadurch bekam man einen noch besseren Überblick über die Details des Hauses.

Aber kurz vor dem Ende des Urlaubes, hatten wir aber noch ein erschreckendes Erlebnis am See. Eine kleine Reparatur eines Wasserskibootes stand an, so fuhr der Inhaber der Schule mit einem Mechaniker auf den See hinaus, um an der Einstellung des Motors zu arbeiten. Dabei wurde der Motor abgestellt und nach einiger Zeit wieder gestartet. In der Zwischenzeit schwamm ein Urlauber direkt unter dem Heck des Bootes vorbei und wurde dabei von der Schraube des Motors erfasst und überfahren. Dabei wurde ihm ein Fuß abgetrennt und die Bergung am See dauerte entsprechend lange. Dieser tragische Vorfall drückte sehr auf die Stimmung und beschäftigte auch Tage später noch die Einheimischen und die Urlaubsgäste.

Ende September fand die Bauverhandlung des Hauses durch die Behörde statt, bei der unsere neuen Nachbarn ebenfalls eingeladen waren. Den positiven Naturschutzbescheid hatten wir eine Woche vorher zugestellt bekommen und somit nun auch die Gewissheit, in der 100-Meter-Zone des Sees bauen zu können. Mir war aber sehr wohl bewusst, dass ein Hausbau im Winter mit seinen kurzen Tagen und seiner Unberechenbarkeit eine große Herausforderung darstellte. Es könnte Tage geben, an denen wegen der tiefen Temperaturen nicht betoniert werden kann oder an denen viel Schnee fällt und somit das Dach dann unmöglich mehr gedeckt werden kann. Fast dasselbe Problem hatte ich ja schon beim Hausbau in der Bahnhofstraße und schaffte es auch damals. Denn Buddha sagt: „Wenn du ein Problem hast, versuche es zu lösen, kannst du es nicht lösen, dann mache kein Problem daraus."

Der Aushub und die Bodenplatte waren überhaupt kein Problem, es ging zügig voran, denn das schöne Wetter spielte uns in die Hände. Die tragenden Mauerteile für das Erdgeschoß wurden bei strahlendem Sonnenschein aufgestellt und parallel dazu wurden die Holzteile für den Dachstuhl in einer Halle des Sägewerks zugeschnitten und abgebunden. Sobald die Zimmerleute am Abend nach Hause gingen, fing ich mit Michael und Joe an, die Holztrame und Teile zu streichen, ebenso konnten wir am Wochenende diese Arbeiten in der Halle fortsetzen.

Am ersten Montag nach „Michaeli" wurden die Arbeiten in den Handwerksbetrieben, Geschäften, Büros und Behörden eingestellt, es war „Liachtbradl-Montag". Es war ein alter Brauch, dass damals die Handwerker nun bei der Arbeit am Nachmittag wieder das Licht oder die Kerzen anzünden durften, es war ja Herbstzeit. Denn in den Sommermonaten wurde im Freien oder ohne Lichtquellen gearbeitet, um Geld zu sparen. Von den Ersparnissen stiftete der Meister oder „Betriebsherr" einen Braten mit Bier oder Wein. Noch vor dem Zweiten Weltkrieg wurde in großen Teilen Österreichs dieser Tag gefeiert, im Salzkammergut und in Salzburg blieb er bis heute erhalten. Eine Sonderstellung hat er in Bad Ischl inne, dort ist er traditionell mit einer Ehrung von Altersjubiläen verbunden und wurde explizit in die UNESCO- Liste des immateriellen Kulturerbes aufgenommen. Bestandteil ist ein festlich begangenes Jahrgangstreffen, alle Jubiläumsteilnehmer aus Ischl, die runde Geburtstage wie 50er, 60er, 70er und älter umfassen, werden in der Innenstadt mit einem Umzug gefeiert. Als Abschluss finden eine Kranzniederlegung und die anschließende Heilige Messe in der Pfarrkirche statt.

Die Fundamente der Garage wurden betoniert, die Wasserleitung zum Haus verlegt und die Banderder ebenfalls eingegraben. Der große Kachelofen mit der Lüftungsanlage, der gemauerte Küchenofen samt Heiztasche für eine Holzbefeuerung und der offene Kamin im Wohnzimmer wurden mit dem Hafnerbetrieb besprochen und bestellt. Der Liefertermin für die Fenster und Türen des Hauses wurden mit 1. Dezember festgelegt und Pönale vereinbart. Ich war überzeugt, dass diese Arbeiten bald in Produktion gingen, bekam aber vierzehn Tage später den Anruf, dass diese Pönale nicht tragbar seien, denn man hätte so viel Arbeit. Sollte ich trotzdem darauf bestehen, würde der Auftrag sofort storniert. Für mich bestand nun auch keine Möglichkeit mehr, einen anderen Hersteller zu finden, der in dieser kurzen Zeit liefern könnte. Ab Mitte Oktober wurde ab 18 Uhr bei Scheinwerferlicht gearbeitet und meine Maurer arbeiteten täglich bis 20 Uhr. Über die Garage wurde nun die Kronendecke gelegt, geschalt und dann mit Eisenflechtarbeiten abgeschlossen. Gleichzeitig wurden die Kamine höher gezogen und in derselben Woche mit dem Betonpumpwagen die Decke der Garage betoniert. 1000 Laufmeter Holzschalungen mussten zwei Mal gestrichen werden und den Großteil dieser Arbeiten konnte ich nur am Abend oder am Wochenende durchführen. Bei Tag konnte ich vom Büro kaum weg, versuchte aber immer wieder, am Nachmittag auf der Baustelle zu sein, Lisi unterstützte mich im Büro, so gut es ging. Meistens hatte ich um sieben Uhr früh und auch am Wochenende die Maurer oder Handwerker auf der Baustelle, sehr oft kam ich erst nach 22 Uhr nach Hause. Der Hausbrunnen wurde mit Freunden selbst geschlagen und dann händisch zum Haus gegraben. Von einem Bekannten konnte ich Lärchenholz erwerben, er hatte es für sich selbst gekauft, schon eine Zeit gelagert, sodass es ganz trocken war Dies lieferte ich zum Sägewerk, um es säumen und hobeln zu lassen. Die Lärchenbretter in verschiedenen Dimensionen dienten dann später hauptsächlich für den Aufbau der Tramdecken im Erdgeschoß des Hauses. Nachdem wir die erforderlichen Teile des Dachstuhles zwei Mal gestrichen hatten, kamen am nächsten Tag die Zimmerleute auf die Baustelle, sie verlegten die Holzbalken der Tramdecken, die mit einem LKW angeliefert wurden. Anschließend wurde mit den Dachstuhlarbeiten begonnen und es begann heftig zu regnen, daher mussten die Zimmerleute Vorbereitungsarbeiten in der Sägewerkshalle der Firma vornehmen. Trotz Regens wurden am nächsten Tag die Dachstuhlarbeiten auf der Baustelle fortgesetzt, weiters die Verbindung zwischen Haupthaus und Garage aufgemauert. Am nächsten Tag wurden die Dachziegel angeliefert, sie kamen aus Bayern und waren mir wegen ihrer Qualität von Bekannten empfohlen worden. Die Teile der Fenster mussten nun mit Plastikplanen abgedichtet, die Außentüren mit Holz provisorisch zugeschlagen werden, denn der Wetterbericht kündete einen Wetterumsturz an. Es begann richtiges Winterwetter, mit starkem Schneefall und Wind, trotzdem wurde am Dach weitergearbeitet. In den nächsten zwei Tagen änderte sich das Wetter insofern, als es empfindlich kälter wurde, der Wind und der Regen sich noch verstärkten. Die Blindstöcke, also die Teile der Innentüre, wurden von einer kleinen Tischlerei geliefert, die auf diese alten Türen spezialisiert war. Die Kupferbleche für die Tropfläden wurden angefertigt, ein großes Alu-Gerüst aufgestellt und die Holzriegelwände im Obergeschoß mit Holz zugeschalt. Am Dachstuhl wurde nun mit der Holzschalung, der Dachpappe und der Arbeit an den Dachlatten begonnen, und wiederum setzten starke Regenschauer ein. Die Hafner begannen nun mit dem Setzen der Kachelöfen, die Maurer mit dem Aufbau der Zwischenwand-Mauern und dem Hochziehen der Kamine. Die Spengler und die Dachdecker arbeiteten noch am Dach, bei eisigem Regen, Wind und Schneefall. Inzwischen war der Dezember eingekehrt, zeitweise hatte ich 14 Leute gleichzeitig auf der Baustelle, Dachdecker und Spengler arbeiteten trotz starken Schneefalls am Dach weiter. In den Innenräumen des Hauses stellte ich Heizlüfter auf, denn es war auch inzwischen sehr kalt geworden. Die Kamine wurden grob verputzt und die „deutschen

Ziegel" für den Aufbau der Tramdecke geliefert. Inzwischen wurden die Fenster und Außentüren ebenfalls geliefert und sollten so schnell wie möglich eingebaut werden, denn es herrschte starker und böiger Wind. Die Eisentraversen sollten für das Stiegenhaus eingebaut werden, doch diese mussten erst zusammengeschweißt werden. Ich hatte vor ein paar Jahren einen Schweißkurs besucht, einen Monat lang, zwei Mal in der Woche. Es interessierte mich einfach, da ich von Metall, außer mit dem Eisenflechten beim Hausbau in der Bahnhofstraße, wenig Ahnung hatte. Nun kam mir dies zugute und ich erinnere mich noch heute, dass ich bis Mitternacht die Traversen zusammengeschweißt hatte, denn am nächsten Tag waren die Handwerker darauf angewiesen, sie sollten nicht aufgehalten werden.

Am nächsten Tag besorgte ich bei der Baufirma einen Hochdruckreiniger mit Warmwasser, um für die restlichen Dacharbeiten den Schnee vom Dach entfernen zu können, was aber nicht gelang. Dann setzte wieder starker Schneefall ein. Um endlich mit dem Dachdecken zu beginnen, versuchten wir, das Dach abzuschaufeln, abzukehren und mit dem Heißwasser-Kärcher einen Teil des Daches vom Schnee zu befreien. Nach einiger Zeit mussten wir diese Vorhaben leider wieder abbrechen, es war einfach nicht machbar, da wieder starker Schneefall einsetzte. Wir arbeiteten daher wieder im Haus und ein Spezialist im Holzstiegen- und Schalungsbau, begann mit der Schalung unserer Wendeltreppe, wobei ihm sein Sohn half. Drei Tage später konnten wir nun die Schalung des Stiegenhauses ausbetonieren, ein Mischwagen lieferte das Material. Ich hatte in den nächsten Tagen wieder verschiedene Handwerker im Hause und konnte dabei auf der Baustelle große Fortschritte machen. Es setzte in den nächsten Tagen wieder starker Schneefall ein und Außenarbeiten waren daher unmöglich. Es war ein besonderes Gefühl, als der Ofensetzer Mitte Dezember das erste Mal den Kachelofen einheizte und damit nun auch die angenehme Wärme im Haus Einzug hielt. Denn es hatte in der Nacht vorher schon minus 15 Grad Außentemperatur, wodurch wir auch die Maurerarbeiten ein paar Tage vorher im Haus einstellen mussten. Unser Ofensetzer, den Lisi damals beim Roten Kreuz als Zivildiener kennenlernte, hatte ein paar Jahre später einen tödlichen Unfall bei der

Holzarbeit. Durch den Kachelofen, der nun täglich beheizt wurde, konnten nun auch die Innenausbauten fortgesetzt werden, gleichzeitig wurde auch mit dem Heizungsbau begonnen. Am 24. Dezember vormittags arbeiteten noch zwei Maurer auf der Baustelle, außerdem wurde der offene Kamin zum ersten Mal beheizt. Ende des Jahres herrschte herrliches Wetter und so konnten wir mit dem Eindecken des Hauses beginnen. Freunde und Bekannte halfen uns dabei und bei wunderschönem Winterwetter wurde nun unser Dach komplett eingedeckt. Der Strom wurde ins Haus eingeleitet, die Elektroinstallationen konnten beginnen und ebenso das Verlegen der Wasserleitungen. Anschließend wurden die Stemm- und Verputzarbeiten durchgeführt und die Elektroinstallationsarbeiten abgeschlossen.

Es war die Faschingswoche, unsere vier Maurer und ein Helfer arbeiteten noch bis zum Samstagabend. Lisi und ich hatten vor, nach den Handwerkern den Rohbau zu verlassen und nach Hause zu fahren. Als wir aber in das halbfertige Wohnzimmer kamen, brannte schon der offene Kamin, wie in den letzten Tagen. Plötzlich stand der Jausentisch, gedeckt mit weißem Tischtuch und schöner brennender Kerze, mitten im Raum. Die Jause, Kuchen, Süßigkeiten, Gläser und Sekt standen auf dem Tisch, wir waren sprachlos. Es waren die Maurer, die sich diese liebe Geste einfallen ließen. Wir setzten uns zusammen, freuten uns und hatten einen schönen Abend. Außerdem wurde Lisi eine Pralinenschachtel „Mon Cheri" geschenkt, diese Pralinen sind normalerweise mit Kirschlikör und der „Piemont-Kirsche" gefüllt und die Hülle besteht aus Zartbitterschokolade. Lisi wurde aufgefordert, gleich die Pralinenschachtel zu öffnen, was sie natürlich auch tat. Nachdem sie den ersten Bissen im Mund zergehen lassen wollte, musste sie diesen sofort wieder ausspucken, denn in der „Mon Cheri" war statt des Kirschlikörs und der „Piemont-Kirsche" Knoblauch! Die Frau des Maurerpoliers hatte sich die Mühe gemacht, eine ganze Packung zu präparieren und dabei derart perfekt gearbeitet, dass auf den ersten Blick nichts zu erkennen war. Diese „Köstlichkeit" wurde nun als „Jugo-Mon Cheri" angeboten, das hatte den Hintergrund, dass drei der Maurer aus Ex-Jugoslawien stammten, ebenso die Frau mit dieser guten Idee. Man merkte auch hier wieder, dass alle ein gutes

Verhältnis zu uns hatten und der Spaß nicht kurz kam. Wir vergessen auch nicht, dass unsere Arbeiter teilweise sogar am Sonntagvormittag bei uns werkten, um unser Haus in dieser kurzen Zeit fertigzubringen. Übrigens: „Mon Cheri" – (französisch mein Liebling), werden weltweit vertrieben und die „Piemont-Kirsche" existiert gar nicht, nur die Marke, angelehnt an den Hersteller, die Familie Ferrero. Trotz des Namens Piemont kommen die Kirschen nicht etwa aus Italien, sondern sie werden schlicht zugekauft. Bekannt wurden bisher drei mögliche Herkunftsorte: Polen, Chile und Ortenau in der BRD.

Im ersten Stock des Hauses wurden nun die Holzriegelteile aufgestellt, mit Rock-Wolle ausgekleidet und dann mit der Sichtholzschalung verkleidet. Ein Zimmermann, stammte aus dem damaligen Jugoslawien, er war Bosnier und arbeitete schon längere Zeit beim Sägewerk meiner Holzbaufirma im Ort. Er war fleißig, zuverlässig und wir verstanden uns sehr gut. Rasim arbeitete nach Dienstschluss und auch am Wochenende, wenn er nicht zur Familie nach Bosnien fuhr, bei mir auf der Baustelle. Sein größtes Problem war die rasende Eifersucht, die ich nicht näher erläutern möchte und dazu die Mentalität seiner jugoslawischen Herkunft. Er war Muslim, aber kein „echter", denn zur Jause bevorzugte er Wurstsemmel, Leberkäse, Schinken und natürlich Bier; nach der Arbeit und am Abend scharfen Schnaps. Darum erklärte er mir immer wieder, dass Allah dies alles nicht sehe, wenn der Himmel bewölkt sei oder es regne. Er war auch überzeugt, dass er unter einem Dach oder im Haus nicht gesehen werden könne, vielleicht hatte er sogar Recht damit. Als Fahrzeug hatte er einen weißen, gar nicht alten Ford-Bus mit acht Sitzplätzen, der für ihn aus mehreren Gründen optimal war. Zwei- bis dreimal im Monat, natürlich übers Wochenende, fuhr er in seine Heimat zur Familie und bei dieser Gelegenheit nahm er immer sieben Landsleute, sogenannte Gastarbeiter mit, die damit wie in einem Taxi bequem transportiert wurden. Unter den Sitzbänken und in den Stauräumen wurden Kaffee und Zigaretten „geschmuggelt", die in Bosnien wesentlich teurer waren. Wenn er bei einer Kontrolle an der Grenze mit dem Kaffee erwischt wurde, konnte dies immer mit den Grenzern „geklärt" werden. Es war ja die Zeit, vier Jahre vor dem Bosnienkrieg 1992, als Jugoslawien noch großteils als Staat bestand. Auf der Rückreise nach Österreich wurde Schnaps mitgenommen, denn kontrolliert wurden hauptsächlich die Pässe der Gastarbeiter. Rasim und ich teilten uns des Öfteren die Autos, denn wenn ich sperrige Güter zu transportieren hatte, fuhr ich mit dem „Taxi-Bus". Mit nicht einmal 50 Jahren starb er in Ebensee während der Arbeit auf Grund eines Herzinfarktes.

Über die Holztramdecken wurden unterhalb der Böden im ersten Stock gebrannte rote Ziegel ausgelegt. Sie sollten im Boden nicht nur schalldämpfend wirken, sondern auch das Raumklima und die Wärme des Hauses beeinflussen. Nun wurde auch die Fußbodenheizung im Erdgeschoß verlegt und dann konnte gleich der Estrich betoniert werden. Nach der erforderlichen Aushärtung konnten nun verschiedene Bereiche der Wohnung mit „Terracotta-Fliesen" verlegt werden, ebenso die Doppelgarage samt Nebenräumen, diese wurden dann mit Steinzeug-Boden, verfliest. In den restlichen Räumen des Erdgeschoßes wurden verschiedene Holzböden verlegt, der Erker zum Beispiel mit acht Millimeter starkem Lärchenholz.

Als das Wetter wärmer wurde und kein Frost mehr zu erwarten war, konnten nun die Außenverputz-Arbeiten in Angriff genommen werden. Nebenbei wollte ich noch meiner Maurerpartie einen Streich spielen, denn die „Jugo-Mon Cheri" hatte ich noch in guter Erinnerung. Für ihre Baufirma waren diese Leute wichtig, sie waren schon jahrelang dort beschäftigt, hatten ein sehr gutes Arbeitsverhältnis und standen äußerst loyal zur Firma. Sie völlig durcheinanderzubringen, war ganz einfach. Sie fuhren täglich mit dem Firmenbus, er war auf der Vorder- und Rückseite mit dem Logo der Baufirma beklebt, zu meiner Baustelle. Ich befestigte darüber ein Logo einer kleinen Baufirma, die übrigens schon ein paar Jahre zuvor in Konkurs gegangen war. Ihnen fiel den ganzen Tag lang nicht auf, dass sie mit dem Fahrzeug der „Konkurrenz- Firma" unterwegs waren. Sie wurden tatsächlich darauf angesprochen, warum sie nun bei einer anderen Firma arbeiteten. Sie wussten nicht, warum die Leute auf diese Idee kamen und merkten erst am Abend, dass sie eine falsche Firmentafel spazierenfuhren. Sie waren entsetzt und nun stand es eins zu eins.

Da an unserer neuen Straße noch kein Kanalanschluss vorhanden war und dieser noch länger dauern konnte, es gab noch nicht einmal eine Planung der Gemeinde, wurde eine Senkgrube mit Dichtheitsprüfung vorgeschrieben. Diese wurde nun in Angriff genommen, um die Kanalanschlüsse im Haus fertigstellen zu können.

In der Küche wurden nun die Tramverkleidung samt Dunstabzug und die Kücheneinrichtung montiert. Die selbe Tischlerei lieferte die Bänke und Tisch des Erkers, die Garderobe und erledigte auch den Zusammenbau der Wendeltreppe.

Mitte Mai waren die Arbeiten der Bauarbeiter fast abgeschlossen, als am Abend alle Arbeiter, Handwerker, Helfer und Freunde unerwartet bei uns vorbeikamen. Jeder hatte eine Einladung für die „Richtfeier am 11.5.1989 um 18:30 Uhr" mitgenommen. Darauf stand: „Das Haus ist fertig – der Bauherr dankt! P.S. Jause mitnehmen!" Unterschrieben natürlich mit meiner gefälschten Unterschrift. Sie kamen alle, natürlich alle mit eigener Jause, mit Getränken und einer für mich gemachte Torte, auf der stand: „Buchegger, lass das schmecka!"

Ich war völlig perplex und Lisi sprachlos, denn bisher hatten alle, die bei uns waren, die Jause und Getränke selbstverständlich gratis bekommen. Es war wirklich ein unerwartetes, wunderschönes Fest, das zuerst draußen auf der Terrasse und dann in unserer neuen Wohnung stattfand. Es dauerte bis lang nach Mitternacht und Flo musste am Folgetag nicht einmal zur Schule gehen.

Unsere Einrichtung der alten Wohnung wurde samt dem gesamten Inventar kontinuierlich in das neue Haus transportiert und das dauerte klarerweise noch ein paar Tage. Der Ausbau des Nebengebäudes, samt großem Kinderzimmer, Fitnessraum, die Solaranlage und auch die beiden Balkone wurden ein Jahr später fertig gestellt.

GEBURTSTAGSÜBERRASCHUNG

Eigentlich hatte ich für den Garten in weiterer Folge ein Biotop geplant, mit kleineren Fischen und Wasserzuleitung, es war einfach nur eine Idee von mir. Ich bin Ende Jänner geboren und bekomme daher in dieser Zeit immer Besuch, weil man mir zum Geburtstag gratuliert. Es waren in etwa zehn bis zwölf Freunde und Bekannte bei uns im Haus und die Stimmung war dementsprechend ausgelassen.

Um diese Zeit war es schon längst dunkel und es lag Schnee, als es an der Haustüre läutete. Ein Fahrer eines großen LKWs stand vor der Türe und fragte mich, ob diese Adresse richtig sei, was ich bejahte. Er müsse nun die Bestellung für den Gartenteich, die ich bestellt hatte, abliefern. Natürlich sagte ich ihm sofort, dass dies ein Irrtum sei und ich auf keinen Fall etwas bestellt hätte. Er ging zum LKW, den Motor stellte er natürlich nicht ab, er ließ ihn laufen. Es war ein großer Dreiachskipper, voll mit ein paar Tonnen Schotter, der Fahrer gab mir den Lieferschein mit meinem Namen samt Adresse. Er müsse jetzt die Ware abliefern und ich solle ihm sagen, wohin er den Schotter abkippen könne. Gleichzeitig lud er diverse Teile und Polokal-Rohre für den Gartenteich aus und begann mit dem Entladen, beziehungsweise Abkippen des Schotters, direkt vor unserer Doppelgarage. Außerdem sei es kurz vor 19 Uhr und er sei gar nicht mehr bereit, darüber zu diskutieren, denn er wolle nach Hause. Ich drehte fast durch, das konnte doch nicht wahr sein! Plötzlich fing der Fahrer zu lachen an, stellte den LKW ab und wünschte mir alles Gute zum Geburtstag! Es war dann eine sehr lange Geburtstagsfeier!

HAARAUSFALL

Ich war mit dem Hausbau „fertig", nicht ganz fertig, aber zumindest mehr als geschafft. Das Büro lief gut, ich konnte aber all die Arbeit kaum mehr bewältigen und war daher am Abend und am Wochenende gezwungen, Liegengebliebenes aufzuarbeiten. Die sehr starke Belastung über Monate hatte an mir gezehrt, nun glaubte ich, dass der starke Druck nachlassen und schön langsam abfallen würde. Es traf auch tatsächlich zu und ich konnte wieder auf den „Normalbetrieb" umschwenken. Zu diesem Zeitpunkt hatte ich auch das Gefühl, nun alles geschafft zu haben und doch kam es wieder anders. Beim Duschen und Haarewaschen bemerkte ich plötzlich, dass ich dabei unzählige Haare verlor und diese nun büschelweise ausfielen. Da ich immer einen sehr starken Haarwuchs hatte, war dies natürlich besonders belastend für mich. In kürzester Zeit verlor ich ganze Büschel von Haaren am Kopf und der war stellenweise kahl. Als ich zum Arzt ging, stand sofort fest: Es handelte sich um einen „kreisrunden Haarausfall" (Alopecia areata) und die Behandlung könnte länger dauern. Bis heute gibt es keine Therapie gegen den kreisrunden Haarausfall, die diese Krankheit ursächlich heilen kann. Selbst nach einer wirksamen Therapie kann man nicht verhindern, dass das Haar eventuell wieder ausfällt. Man leidet erheblich unter den kahlen Stellen am Kopf – vor allem, da sie oft auch für andere sichtbar sind. Manche Kunden erkannten mich kaum mehr, da ich nun völlig anders aussah und die noch verbliebenen Haare ganz dünn waren. Ich wollte dann nicht mehr die Wohnung verlassen, fing an, mich abzuschotten und nur mehr, wenn unbedingt nötig, in die Öffentlichkeit zu gehen. Die Ursachen könnten emotionaler und körperlicher Stress, Ängste und Depressionen sein. Ebenso eine Fehlfunktion des Immunsystems oder eine schwere Erkrankung scheinen als Ursachen auf. Sicherlich ist es eine Autoimmun-Erkrankung und hat keine erbliche Ursache. Von manchen Ärzten wurde das „bloße Abwarten" der Erkrankung vorgeschlagen, da gewisse Medikamente starke Nebenwirkungen haben könnten. Als Betroffener versuchte ich natürlich alles, um eine schnelle Verbesserung und Heilung dieser Krankheit zu finden. Von einer praktischen Ärztin, die damals in ihrer Jugend bei einer Gymnastikgruppe aktiv war, erfuhr ich, dass sie des Öfteren nach Ebensee kam. Sie lebte und arbeitete in Wien, spezialisierte sich vor allem auf die Homöopathie, mit der sie vielen medizinisch helfen konnte. Nach meinem ersten Gespräch mit ihr, verschrieb sie mir pflanzliche Medikamente, die ich täglich nehmen sollte. Auf meine Frage, wie lange ich nun auf eine Besserung beziehungsweise Heilung warten müsse, gab sie mir die Auskunft, dass ich mit einem Zeitraum von etwa einem Jahr rechnen müsse. Ich hingegen sagte ihr, ich hätte nicht so lange Zeit und würde sicher in einem halben Jahr wieder gesund sein.

Wir waren mit der Firma ein paar Tage in Budapest, ich lief ohne Kappe durch die Stadt, als mir ein „Sandler" oder Bettler nachlief. Ich setzte mich kurz auf eine Stufe hin, um ihm etwas Geld zu geben. Irgendwer von der Gruppe machte dabei ein Foto von mir und dem „Sandler". Als wir wieder zuhause waren, wurde mir dieses Foto geschickt und ich war tatsächlich entsetzt. Jeder, der mich nicht kannte, würde mich sofort als „Sandler" bezeichnen, denn ich schaute wirklich so aus, wenn nicht noch schlimmer. Ich hatte fast überhaupt keine Haare mehr und die, die ich noch hatte, standen kreuz und quer vom Kopf. Bei diesem Foto wurde mir erst richtig klar, dass ich eigentlich abgebildet war, mich aber selbst nicht mehr erkannte. Auch heute noch tut es mir weh, wenn ich dieses Foto sehe. Interessanterweise trat dann auch tatsächlich in dieser Zeit langsam eine Besserung ein und ich bekam auch wieder ein paar „neue" Haare. Als ich wieder in meinem Karate-Klub zum Training kam, wurde ich (mit den weniger Haaren) von allen herzlich begrüßt und willkommen geheißen.

ISTANBUL

Im Herbst 1990 flogen wir dann mit der Firma nach Istanbul, zu der Zeit hatte ich zwar noch wenige, aber doch schon wieder etwas Haare. Unter dem Motto „Istanbul, Tor zum Orient" landeten wir am Flughafen Istanbul-Atatürk, früher auch Yesilköy, einem der größten Flughäfen Europas. Der neue Flughafen Istanbul, der nördlich vom bestehenden an der Schwarzmeerküste errichtet wird, soll dann nach Fertigstellung zu den größten Flughäfen der Welt zählen. Mit dem Reisebus fuhren wir zum Ibrahim-Pascha-Palast, der auch ein kleines Museum für islamische Kunst beinhaltet und wo ein kurzer Rundgang erfolgte. Anschließend gab es den ersten orientalischen Willkommensgruß: Türkischer Mokka, Tee, Süßigkeiten, Raki, Wein und Meze. Wir wurden auch eingeführt in die Sitten und Bräuche des Orients, Ess- und Trinkgewohnheiten, wir lernten den Umgang mit der Nargile, der Wasserpfeife, die nicht besonders meinen Geschmack traf, ich blieb bei Marlboro. Die Türken haben viele Gewohnheiten, von denen sie ungern lassen – sie haben immer Zeit für Tee, Kaffee, aber die Wasserpfeife nimmt die absolute Vorrangstellung ein. Die Tavla, das Mundstück der Nargile, hängt immer an den Lippen der „Nargileci". Das antike Backgammon ist bei den Türken gleichfalls sehr beliebt. Zu guter Letzt muss aber auch noch der Raki erwähnt werden. Raki ist ein türkisches Nationalgetränk aus Weintrauben mit Anissamen zur Aromatisierung. Raki wird in der Regel als Aperitif mit Wasser verdünnt oder auf Eis getrunken. Beim Vermischen mit Wasser oder durch starkes Kühlen erhält das Getränk typisches milchig-trübes Aussehen, weswegen es von Einheimischen mit Augenzwinkern auch „asla sütü" (Löwenmilch) genannt wird. Der Prophet hat den Alkohol verboten … gegen Milch hat er sicher nichts einzuwenden! Das ist jener hochprozentige Anisschnaps, der nach Sonnenuntergang (meistens schon früher), genossen wird – entweder pur oder verdünnt mit Wasser.

Mit einem Motorboot wurden wir nun zum Hotel Aden gebracht, das auf der asiatischen Seite von Istanbul liegt. Zum Abendessen besuchten wir das Restaurant Borsa, ein Grillspezialitäten-Restaurant im Jachthafen von Fenerbahce, wo auch der bekannte Fußballklub Fenerbahce-Istanbul seine Heimat hat, der zu den erfolgreichsten türkischen Vereinen zählt. Am nächsten Morgen fuhren wir wieder mit dem Motorboot auf die europäische Seite der Stadt, besichtigten den Topkapi Palast mit den weltweit bekannten Sammlungen von unschätzbarem Wert. Es ist schwierig zu beschreiben, in welchem Prunk die Herrscher des Osmanischen Reiches gelebt haben und welche Unmengen von Schätzen sie besessen haben. Die ehemalige Sultanresidenz, den Topkapi Sarayi, nur als Schloss oder Palast zu bezeichnen, wäre schlichtweg bescheiden. Der Topkapi Sarayi ist eine eigene Stadt, die sich auf etwa 700.000 Quadratmeter Fläche erstreckt und die damals von Tausenden bewohnt wurde. Ein verwirrender Komplex von Innenhöfen, Pavillons, Moscheen, Bibliotheken, Wohnungen, Bädern, Gärten, Stallungen und selbstverständlich dem Harem, den wir auch besichtigten.

Vermutlich waren die Damen zu dieser Zeit am Wochenmarkt einkaufen oder shoppen. Ich glaube auch, dass sie am Nachmittag eher zuhause sind, da müssen sie sicherlich die Hausarbeiten erledigen, die Wäsche waschen und bügeln. Bis zu 60 Frauen unterhielt der Harem in seiner Blütezeit, bewacht von schwarzen und weißen Eunuchen. Doch über allen thronte nicht nur der Sultan, sondern auch die „Valide Sultan", die Mutter des jeweiligen Herrschers. Sie war die Herrin über die Eunuchen, Zofen, Konkubinen, Hauslehrerinnen, Haremsdamen und Lieblingsfrauen. Auch wenn heute all die Teppiche, Kissen, Tücher, goldenen Möbel und Lampen, die schönen Frauen nicht mehr zu sehen sind, lässt sich dennoch erahnen, welche Pracht und Herrlichkeit dieser Ort ausgestrahlt haben muss – spätestens aber, wenn man die Schatzkammer betritt, mit all den Juwelen, dem mit 1000 Smaragden besetzter Thron, dem Topkapi Dolch … Topkapi Serail, wörtlich „Kanonentor-Palast" (warum, weiß ich nicht) war Jahrhunderte lang der Wohn- und Regierungssitz der Sultane, sowie das Verwaltungszentrum des Osmanischen Reiches. Der Palast ist mit seiner Lage, dem beispiellosen Panorama auf Istanbul, den Bosporus und das Goldene Horn einer der Höhepunkte dieser Reise.

Am Nachmittag um 14:00 Uhr war der Start der Oldtimer-Rallye, dafür standen amerikanische PKW aus den 40er- und 50er-Jahren bereit, pro Team durften sich fünf bis sechs Personen im Auto befinden, einschließlich türkischem Lenker. Wenn jemand schon in Istanbul mit einem Taxi mitfuhr, erlebte er Dinge, die er lange nicht vergaß. Wenn es aber um die Ehre und das Fahrkönnen der Türken ging, war das eine eigene Liga! Es war einfach unvorstellbar, was sie mit den alten Amischlitten aufführten, die immerhin schon im Schnitt 70 Jahre auf dem Buckel hatten. Vermutlich hätten diese Vehikel weder TÜV (Technischer Überwachungsverein) in Deutschland noch das §57a-„Pickerl" in Österreich bekommen. Sie hatten keinen Sicherheitsgurt, dafür aber komplett abgefahrene Reifen. Ganz zu schweigen von den übrigen Mängeln wie Sprüngen an der Windschutzscheibe, Beifahrertüren, die nicht mehr zu öffnen und mit einem Strick festgebunden waren, (man muss halt nur bei den anderen Türen aussteigen), Bodenplatten, die komplett durchgerostet waren und fehlende Nackenstützen, die es sowieso damals nicht gab. Man musste ja nicht mitfahren und stieg freiwillig in diese Monster ein, so etwas konnte man sich doch nicht entgehen lassen. Voraussetzungen: Gottvertrauen, furcht- und angstlos zu sein, aber vorher noch genügend Raki getrunken zu haben und nachher die Auferstehung zu feiern. Unser Fahrer, ein etwas korpulenter Mann in ärmellosem, weißem Unterleibchen (zirka eine Woche bereits getragen) und einem dreckigen Handtuch unbekannter Farbe um den Nacken, schwitzte bereits stark, es war ein warmer Tag Mitte September. Er war ein netter Kerl, verstand uns überhaupt nicht und wir ihn auch nicht. Der Versuch, sich etwa auf Englisch zu unterhalten, endete mit einem Sprachgemisch aus Türkisch und Vorarlberger Dialekt. Dies erinnerte mich an ein Firmenseminar, bei dem zwei Vorarlberger Mitarbeiter Dialekt sprachen, wir aber dieses „Deutsch" unmöglich verstehen konnten. Es wäre auch interessant zu wissen, was unser Fahrer über UNS dachte, als er unseren Dialekt aus den Alpen hörte, erst recht, wenn er das Jodeln hören und als Draufgabe auch noch Schuhplattler sehen könnte: Er würde sich vermutlich totlachen.

Der Start der Rallye erfolgte am Parkplatz der Oldtimer-Boliden, wir waren einigermaßen angespannt, denn wir kannten uns in Istanbul überhaupt nicht aus, hatten kein Navigationsgerät, auch keinen Routenplaner, dies alles gab es damals noch nicht. Was wir hatten: einen vermutlich sicheren Fahrer, der vor sich hin brummte, hoffentlich die Stadt kannte und uns dorthin bringen sollte (hoffentlich nicht in den Himmel), wo wir hinmussten, um das Ziel zu erreichen und wir wollten die Oldtimer-Rallye gewinnen! Die erste Etappe: Wir starteten, der Motor brummte auf, in einer scharfen Linkskurve ging es zur Uferstraße, der Seemauer entlang, diese wurde im fünften Jahrhundert nach Christus erbaut und ist zusammen mit der Landmauer 21 Kilometer lang. Wir fuhren am berühmten Fischmarkt Kumkapi vorbei und mussten uns nach dem „Aksaray" – Schild richten. Dort bogen wir rechts ab, die Reifen quietschen und wir fuhren auf der Uferstraße dem Marmarameer entlang, in Richtung altes Stadtzentrum. Am Aksaray-Platz, einem der wichtigsten Zentren der Altstadt, befindet sich die Valide-Moschee, die man gleich nach der Unterführung sah. Gleich nach der Unterführung ging es nach rechts, vorbei am Rathaus und an der Prinzenmoschee aus dem 16. Jahrhundert. Wir fuhren bis zur nächsten großen Kreuzung mit Ampel, wo wir nach rechts abbogen. Somit erreichten wir eine enge Straße mit alten Holzhäusern – typisch für diesen alten Stadtkern. Sch…ade, wir hatten uns verfahren – unser Fahrer fuhr dennoch seelenruhig gegen die Einbahn einer schmalen Straße, wurde natürlich von allen angehupt und beschimpft. Er verzog keine Miene, wischte sich den Schweiß ab und tat so, als hätten wir einen Fehler gemacht. Nun waren wir wieder auf dem richtigen Weg und nach kurzer Zeit hatten wir die Süleyman Moschee erreicht. Wir stiegen aus, begaben uns zum Vorhof, wo wir schon empfangen wurden, und erhielten weitere Anweisungen. Für die zweite Etappe fuhren wir zurück zur Hauptstraße, an der sich das Rathaus befand (Belediye). Gleich nach der Prinzenmoschee (Sehzad-Camii) nach rechts, vorbei am Valenz-Aquädukt, welches im vierten Jahrhundert erbaut wurde und einst 1000 Meter lang war, bis hinunter ans Goldene Horn (Halic). Wir fuhren jetzt nicht über die Atatürk-Brücke, die wir vor uns sahen, sondern bogen am Fuße der Brücke rechts ab und fuhren an der großen Parkanlage vorbei, bis zur Galata-Brücke (Galata-Köprüsü). Rechts, direkt am Platz vor der Brücke, sah man die große Tauben-Moschee und wir überquerten dann die Brücke nach Karaköy. Wir fuhren vorbei an der Kanonengießerei auf der linken Seite und an der Nusretiye-Moschee auf der rechten Seite und erreichten durch stetes Geradeausfahren entlang dieser breiten Hafenstraße die absolute Höchstgeschwindigkeit dieser Rallye und waren fast am Dolmabahce-Palast. Bei dem Uhrturm (Saar Kulesi) vor dem Palast wurden wir von unserer Teambetreuung erwartet und auf die dritte Etappe geschickt.

Wir fuhren an der Mauer des Palastes die Hauptstraße entlang und erreichten den Stadtteil Besiktas. Der Fahrer schwitzte und wischte sich sein Gesicht im Handtuch ab. Auf der rechten Seite befand sich das Marinemuseum, im Vorbeifahren waren im Garten einige Kanonen zu sehen. Gleich danach kam ein Mausoleum und Denkmal, welches zu Ehren Barbaros-Hayrettin Pasa, Admiral der türkischen Marine im 16. Jahrhundert, erbaut wurde. Unmittelbar nach dem Mausoleum sah man das Straßenschild Ankaras und fuhr in dieser Richtung bergauf. Der Motor brummte verdächtig laut, das musste vermutlich so sein. Entlang des Barbaros-Boulevard ging es weiter bis zu grünen Straßenschildern, die auf die Autobahnausfahrt Richtung Ankara hinwiesen. Diese Strecke fuhren wir bis zur Bosporus-Brücke, genossen die schöne Aussicht zu beiden Seiten und unser Fahrer musste die Mautgebühr für unsere Fahrt entrichten. Er hatte vorher schon das Geld von der Reiseleitung in US-Dollar bekommen, zahlte aber mit Türkischer Lira. Wir bleiben auf der Autobahn bis zur Ausfahrt Camlica, gekennzeichnet durch ein gelbes Schild, und fuhren weiter bis zum Camlica-Hügel (Camlica-Tepesi). Es ist der bekannteste Aussichtshügel von Istanbul und hat den schönsten Überblick über beide Teile der Stadt, Europa und Asien. Man sah die Silhouette mit dem Kuppeln und Türmen der Moscheen, die Wasserarme, die die Stadt umschlingen, das Goldene Horn, den Bosporus und das Marmarameer. Wir wurden dort erwartet und hatten unser Ziel erreicht – gewonnen hatten ALLE! Ein Zertifikat bescheinigte uns die Teilnahme an der Oldtimer-Rallye und die ehrenvolle Aufnahme in den „Club der Istanbul-Insider". Wegen der besonders hervorragenden Ortskenntnisse wurde uns die Mitgliedschaft auf Lebenszeit verliehen. Ich bin mir aber sicher, dass trotz dieser Ehrung keiner von uns zu unserem Hotel zurückgefunden hätte. Gott sei Dank, es gab ja Taxis und unser Fahrer wartete schon! Wir traten aber die Rückfahrt ins Hotel mit dem Bus an. Das Abendessen fand im Hidiv Kaski Palast auf der asiatischen Seite Istanbuls, inmitten einer riesigen Parkanlage, statt – mit direktem, wunderschönem Ausblick auf den Bosporus. Mit Musik, Siegerehrung und Preisverleihung durch die Firma endete dieser aufregende Tag.

Am nächsten Tag gab es am Vormittag eine Stadtrundfahrt mit der Besichtigung der Blauen Moschee oder Sultan Ahmet Cami. Sie ist heute die Hauptmoschee der Stadt – die einzige mit sechs Minaretten, ein Privileg, das ursprünglich nur der Moschee von Mekka zustand. Den Beinahmen die „Blaue Moschee" hat sie von den überwiegend blauen Kacheln, mit denen sie innen bis unterhalb der oberen Fenster verkleidet ist und die zu den schönsten der alten türkischen Keramik zählen und mit blauen Ornamenten bemalt sind. Anschließend waren wir beim Hippodrom, dem Sultan Ahmet Meydani-Platz, der unter Kaiser Septimus Severus nach dem Vorbild des Circus Maximus begonnen und später von Kaiser Konstantin zu einer Breite von 120 Metern und einer Länge von 400 Metern ausgebaut wurde. Das Hippodrom war die Pferderennbahn im antiken Konstantinopel, war das sportliche und soziale Zentrum der Hauptstadt des Byzantinischen Reiches. Schließlich gab es für über 100.000 Menschen Platz, es war Zentrum des öffentlichen Lebens und auch Stätte blutiger Aufstände und Hinrichtungen. Aus dem einstigen prunkvollen Stadion ist heute eine gepflegte Parkanlage geworden, zu sehen sind noch der ägyptische Obelisk, die Schlangensäule und die Gemäuer-Säule. Dann fuhren wir zur Hagia Sophia. Die Hagia Sophia, die Kirche der göttlichen Weisheit, gilt als die schönste der Christenheit. Sie ist eines der berühmtesten Bauwerke der Welt und die vielleicht bedeutendste Schöpfung byzantinischer Kunst. Sie ist die viertgrößte Kirche der Welt, ist ungefähr 80 Meter lang, über 70 Meter breit – ihre imposante Kuppel mit einem Durchmesser von 30 Metern erreicht eine Scheitelhöhe von 85 Metern. Die Hagia Sophia – sie war zuerst Kirche, später Moschee und seit 1935 Museum – ist eine der ganz besonderen Sehenswürdigkeiten Istanbuls, die seit langer Zeit Menschen aus aller Welt anzieht. Berühmt ist sie besonders wegen ihrer großartigen Mosaiken.

Am Nachmittag stand eine Bootsfahrt mit einer privaten Yacht am Bosporus auf dem Programm und wir befuhren die 30 Kilometer lange Wasserstraße, die das Mittelmeer mit dem Schwarzen Meer verbindet. Links und rechts vom Bosporus erschienen einige berühmte Wahrzeichen der Stadt – auf der europäischen Seite der langgestreckte, prachtvolle Dolmabahce Palast, der Yildiz Palast mit seinen herrlichen Parks, die eindrucksvolle Burg Rumelihiari, auf der asiatischen Seite das Schloss Beylerbbeyi, das kleine Schloss Göksu und die Burg Anadolohisari. Dazwischen lagen gepflegte Parks mit kleinen Kaffees, Palästen, Villen und den schönen Yalis, jene hölzernen, alten Sommerhäuschen, die seit jeher die Bosporuslandschaft zieren. Daneben auch die luxuriösen Villen und Anwesen der türkischen „Oberschicht".

Am Nächsten Tag war der Besuch des Bazars angesagt. Er ist ein Stück Stadtgeschichte, weniger im architektonischen als im wirtschaftlichen Sinn. Gemeint ist der Carali Carsi, der Große Bazar – das ökonomische Herz Istanbuls, ein Staat im Staate. Istanbuls überdachter Bazar ist ein Kosmos aller erwerbbaren Güter des Orients. Ununterbrochen schoben sich die drängelnden Massen vorbei an den Verkaufsständen, begleitet von sämtlichen Düften des Morgenlandes. Rund 4000 Händler machten hier auf etwa fünf Hektar Fläche ihre Geschäfte, eingeteilt in Gildengassen: Gold- und Silberschmiede, Teppichhändler, Gerber, Geschirr- und Lederwaren und unzählige andere Gewerbe mehr. Aber es herrschte kein Konkurrenzkampf. Wer bereits ein

Geschäft gemacht hatte, verwies etwaige Kunden an Kollegen. Selbstverständlich durfte gehandelt werden, Geldüberweisungen wurden im Bazar schneller erledigt, als von einer amtlichen Bank, zuverlässig, per Handschlag und ohne Papierkrieg. Empfehlenswert war ein Führer durch das Gewirr von über 80 Bazarstraßen. Wenn jemand verlorenging, traf man sich wieder bei einem der vier nummerierten Tore des alten Bazars, in der Mitte des Großen Bazars.

Wir besuchten am Abend das Cagaloglu Hamam, das bekannteste und größte Bad von Istanbul, mit Baden, Schwitzen und Massagen – ein unvergleichliches Erlebnis. Empfangen wurde man von einem breitschultrigen, wohlwollend lächelnden Bademeister samt seinen Helfern, anschließend wurde die Kleidung gegen ein kariertes Tuch, das um die Hüfte gebunden wurde, getauscht. Dann klapperten wir mit hölzernen Pantinen zum heißen, dampfenden Herzstück des Hamams, dem Kuppelsaal. Ordentlich ausgeschwitzt, dreimal eingeseift und mit kaltem und heißem Wasser ebenso oft abgewaschen, begann jener Teil, den man als türkische Art des Massierens bezeichnen kann. Die Massagen waren oft an der Schmerzgrenze und die „Masseure" arbeiteten und kneteten, was das Zeug hielt. Nachher wurde man noch ordentlich gewaschen und kam auf die warmen Bänke, auf denen man sich ausruhen konnte. Was mir auffiel, war die Tatsache, dass jeder, ob Mann oder Frau, von oben bis unten mit demselben Badelappen eingeseift und abgerieben wurde. Ich glaube, sie hatten im ganzen Bad nur einen. Für die Damen gab es noch eine besondere Überraschung. Die karierten Tücher wurden zum Abschluss mit Schwung heruntergezogen, es folgte ein Klaps auf den nackten Po und fertig. Zum Abschluss gab es offenes Buffet, Getränke, Musik und Bauchtänzerinnen.

Als wir am späten Abend ins Hotel zurückkamen, es war schon nach 22.00 Uhr, machten wir noch einen kleinen Spaziergang zum Meer und in die angrenzenden Straßen des Hotels. Die Gegend war ruhig, nicht so hektisch wie bei Tag, wir sahen aber auch Leute, die im Freien übernachteten und teilweise vor Häusern, in Decken eingehüllt, schliefen. Istanbul bei Nacht, die andere Seite der Stadt.

In einem Schuhgeschäft sah ich am nächsten Tag Herrenschuhe, die mir gut gefielen, und ging hinein, um sie zu probieren. Ich wurde sehr freundlich empfangen, man bot mir sofort Tee und ich probierte die Schuhe an, die ich dann auch kaufte. Was ich erst später bemerkte, war, dass man meine Frau überhaupt nicht beachtete und ihr auch keinen Tee anbot. Nachdem ich bezahlt hatte, gaben die Verkäufer meiner Frau aber die Schuhschachtel, die sie tragen sollte, was sie aber ablehnte. Also musste ich sie SELBER tragen! Das ist der Unterschied zwischen Europa und Asien, zumindest in der Türkei.

Außerdem kaufte sich dann meine Frau etwas später einen Pulli, den sie damals noch mit unserem 1000-Schilling-Schein bezahlte, da sie zu wenig türkisches Geld eingesteckt hatte. Sie bekam das veraltete türkische Pfund zurück, wobei bei der Einführung der Währungsumstellung 2005 eine Million alter türkischer Lira zu einer neuen türkischen Lira umgewechselt worden war. Sie bekam daher viele „Millionen" alter türkischer Pfund zurück, diese waren aber überhaupt nichts wert.

Dieser Aufenthalt in Istanbul, mit all den verschiedenen Erlebnissen und Eindrücken dieser schönen Stadt, die perfekte Organisation und das ganze Rundherum blieben aber trotzdem in ganz schlechter Erinnerung. Es geschah ein schrecklicher Vorfall und ein bitterer Nachgeschmack blieb, den ich bis heute nicht aus dem Kopf bringe. Einen Tag vor der Abreise fuhren wir noch mit dem Bus zum Hotel in den asiatischen Teil von Istanbul über die Bosporusbrücke, die auch Brücke der Märtyrer des 15. Juli heißt. Sie ist die viertgrößte Hängebrücke der Welt, mit sechs Fahrspuren, zwei Notspuren und einem Fußweg. Die Fahrtrichtung der Hauptspuren war nicht festgelegt, sondern wurde je nach Tageszeit und Wochentag dem Verkehrsfluss angepasst. An Werkstagen führten morgens vier Spuren von Ost nach West, um den Berufsverkehr von Asien nach Europa, wo sich die meisten Arbeitsplätze befinden, zu bewältigen. Da der Abendverkehr einsetzte, fuhren wir mit dem Bus auf der ganz rechten Seite der vier Spuren, mit herrlichem Blick über das Goldene Horn. Die Brücke ist 64 Meter hoch, sodass auch große Schiffe wie Flugzeugträger, Öltanker und Kreuzfahrtschiffe problemlos unter ihr passieren können. Zwei Autos vor uns blieb ein PKW plötzlich stehen, der Fahrer stieg aus, ließ die

Autotüren offen, wir vermuteten eine Panne des Fahrzeuges. Doch der Mann kletterte auf das Brückengeländer und sprang in die Tiefe. Wir sahen dann noch, dass kleinere Boote, die sich in der Nähe des Selbstmörders befanden, im Meer zu suchen begannen. Wir konnten auch längere Zeit mit dem Bus nicht mehr weiterfahren, da das Auto direkt in unserer Fahrspur stand und nach geraumer Zeit erst abgeschleppt werden musste.

Sieben Jahre später waren wir nochmals in der Türkei, ebenfalls in der Nähe von Istanbul, am Marmara-Meer. Wir hatten unsere Söhne mit, wohnten in einem Fünf-Sterne-Hotel, einer Traumanlage mit verschiedenen Pools und direkt am Meer. Die ganze Hotelanlage, mit Restaurants und eigenem Casino, war aus Sicherheitsgründen hermetisch abgeriegelt, man konnte nur über ein streng bewachtes Tor hinein- oder hinauskommen. Außerhalb der Anlage war nur „Pampas", man hatte auch dort nichts zu suchen. Wir besuchten trotzdem einmal das nächste Lokal, als wir dann unsere Konsumation zahlen wollten, verrechnete man uns das Vierfache, mit der Begründung, dass dies einfach zu zahlen sei. Erst mit der Androhung, wir würden die Polizei rufen, konnte dieses Problem gelöst werden. Am Eingang zum Casino stand ein Schild in mehreren Sprachen: „Messer und Schusswaffen sind bei der Rezeption abzugeben!" Florian musste zurück ins Hotelzimmer, um eine andere Hose anzuziehen, denn seine war eine Jeans, Krawatte trug er ohnehin, denn es herrschte Krawattenpflicht. Eintritt musste bezahlt werden, für den man dann auch automatisch Jetons bekam, ebenso waren sämtliches Essen und Trinken frei, Zigaretten oder Raucherutensilien ebenfalls. Einige Leute spielten mit sehr hohem Einsatz, ich vermutete, es waren sehr reiche Türken, die hier im Hotel wohnten. Da ich selbst nicht spielte, beobachtete ich eine Frau, die alleine mit sehr hohem Einsatz und Risiko an einem Roulette-Tisch spielte.

Wir waren viel am Pool, machten auch kleine Ausflüge in die Stadt, aber trotzdem würden wir eine solche Art Urlaub nie wieder machen.

ROTES KREUZ

Durch Martin, unseren Neffen, der hauptberuflich beim Roten Kreuz in Ebensee arbeitet, kam Lisi als nebenberufliche Mitarbeiterin zu dieser Organisation. Nach der Ausbildung arbeitete sie einmal in der Woche als Rotkreuz-Schwester und war sowohl für den Innen- als auch für den Außendienst eingesetzt. Hauptsächlich fuhr sie als „Schwester" in den Rettungsautos mit, bei Unfällen oder Kranken- transporten. Es waren auch Aktionen dabei, die für Rettungskräfte nicht alltäglich sind. Lisi und der Fahrer des Rettungsautos hatten ge- rade einen Patienten im Krankenhaus abgeliefert, wurden aber mittels Funk verständigt, dass in der Nähe eine Frau zu transportieren sei. Es stellte sich heraus, dass diese Patientin von Bad Ischl nach Linz in das Wagner-Jauregg-Krankenhaus in die Psychiatrie zu transportieren sei. Als sie in der Kuranstalt ankamen, die Patientin war dort auf Rehabili- tation, war der Arzt schon bei ihr und behandelte sie.

Sie wurde in das Rettungsauto gebracht und auf der Rettungsliege an- geschnallt, um bei einem Unfall auch gesichert zu sein. Kaum waren sie weggefahren, fing die Patientin zu randalieren an, schrie, kratzte, biss und spuckte auf Lisi. Wie sich dann herausstellte, hatte die Pa- tientin in der Kur einen Mann kennengelernt, dieser wollte aber die- se Beziehung abbrechen. Aus diesem Grunde drehte die Frau durch, verwechselte aber Lisi mit dem Mann und es war ein weiter Weg bis zur Nervenklinik.

Das Rote Kreuz in Ebensee organisierte auch jährlich einen Ausflug, der meistens über das örtliche Reisebüro organisiert und bei dem auch die Busfahrt inkludiert war. Verschiedene Städte waren das Ziel dieser Reisen, wie zum Beispiel Triest, Budapest oder Bregenz, meist war ich mit von der Partie. Ganz oben stand stets die Kostenfrage des Ausfluges, sodass, wenn möglich, auch alle mitfahren konnten. Es wurden dabei auch immer wieder Kompromisse gemacht und Lö- sungen gefunden, so auch bei der Reise nach Prag, die nicht weiter- zuempfehlen war. Wir fuhren mit dem Autobus nach Prag, wohnten aber außerhalb der Stadt. Das „Hotel", es waren sogar zwei neben- einanderstehende Objekte, die mehrgeschoßig waren und von au- ßen mehr als abgewohnt aussahen. Wir wohnten in den Obergeschoßen des Hotels, die Liftfahrt zu den Zimmern stellte immer wieder eine Herausforderung dar, da der Lift nach allen Seiten an den Mauern streifte. Es sah so aus, als sei das ganze Haus ohne Wasserwaage gebaut worden. Als wir ins Zimmer kamen, eines in bestenfalls 2- Stern-Kategorie, musste ich auf die Toilette und jemand im Nachbarzimmer ebenfalls. Das Interessante an dieser Toilette war, dass dazwischen nur ein Lüftungsteil mit Durchlass bestand und daher jede Bewegung des Nachbarn mitzuverfolgen war. Die Dame neben mir verrichtete gerade ihre Notdurft samt den Nebengeräuschen und ich saß gleich daneben und hielt die Luft an. So etwas hatte ich noch nie erlebt. Warum der Spiegel des Waschbeckens so hoch aufgehängt wurde, dass ich mich nicht sehen konnte, hängt nicht nur mit meiner Körpergröße zusammen, ich hätte locker 1,90 Meter groß sein müssen. Völlig sprachlos waren wir, als wir von unserem Fenster aus hinuntergeworfene WC-Muscheln samt Klodeckel sahen, die schon längere Zeit dort lagen, warum, wissen wir nicht. In dem Hotelgebäude neben uns wohnten ausschließlich Asiaten, wir vermuteten, es waren Vietnamesen. Als wir nun beim Abendessen saßen, erlebten wir eine neue Überraschung. Da wir schon Durst hatten, bestellten die meisten ein Bier, am besten natürlich ein Budweiser, wir waren ja in Prag. Das bestellte Menü begann mit einer süßen Nachspeise, dazu kamen die Biere, allerdings kein Budweiser und lediglich drei Flaschen – für 16 Personen! Dann kam das Hauptmenü und nach dem Abservieren anschließend eine Suppe. Andere Länder, andere Sitten! Am nächsten Tag fuhren wir nach Prag, um diese Stadt näher kennenzulernen. Bei dieser Gelegenheit wollte ich auch den Hauptbahnhof sehen, welcher um 1900 Kaiser-Franz-Joseph-Bahnhof hieß, der historische Haupteingang und die Jugendstil- Eingangshalle interessierten mich besonders. Genug gesehen hatte ich dann, als ein „Sandler" von der zweiten Etage der Halle auf uns herunterpinkelte. Die Stadtbesichtigung mit der gesamten Gruppe wurde dann durch einen Zwischenfall unterbrochen. Ein zirka 12jähriges Mädchen mischte sich unter unsere Gruppe und versuchte, eine Handtasche zu stehlen oder dabei etwas zu entwenden. Das Kind stellte das aber so ungeschickt an, dass es mehrere Leute unserer Gruppe bemerkten. Unter anderem ein Rettungskollege, er ist Polizist, der das Mädchen zur Rede stellte, was aber alleine von der Sprache nicht möglich war. Alle standen rund um das Mädchen und es wurde heftig darüber diskutiert. Da dabei nichts herauskam und das Mädchen davonlief, legte sich die Aufregung. In diesem Augenblick rief eine Frau unserer Gruppe, dass ihre Handtasche fehle. Dann wurde uns klar: Das Mädchen war nur ein Lockvogel und lenkte die Gruppe nur ab, damit der Dieb die Handtasche hinter der Frau in Ruhe entwenden konnte.

AMPFLWANG

Wie bei fast allen Firmen steht natürlich ein Betriebsausflug am Programm und so fuhren wir dem Autobus nach Ampflwang im Hausruckwald, das früher durch Braunkohleabbau immer mehr an Bedeutung gewann. Bereits in den 60er-Jahren wurde der Ort zu einer Fremdenverkehrsgemeinde erklärt und der Kohleabbau Jahre später eingestellt. Seit dieser Zeit wandelte sich der Industrieort zu einer Tourismusgemeinde und ist heute vor allem für sein Engagement im Reittourismus bekannt. Das Dorf der 600 Pferde bietet für Pferdeliebhaber zu jeder Jahreszeit eine Vielzahl von Freizeitaktivitäten in den weitläufigen Wäldern um den Ort an. Es beherbergt außerdem das größte Islandpferdegestüt Europas und das Reitzentrum Hausruckhof, das Ausbildungs- und Urlaubsreitgebiet in Österreich. Warum ich damals mitfuhr, ist mir bis heute noch ein Rätsel, hatte ich mit Pferden bisher keinerlei Berührungspunkte, geschweige denn, davon eine Ahnung. Den Ort kannte ich nur vom Durchfahren mit dem Auto, wenn ich von Vöcklabruck nach Ried im Innkreis fahren musste. Es war für mich auch irgendwie beruhigend zu wissen, dass der Großteil der Leute bei unserem Ausflug nur der Unterhaltung wegen mitfuhr und sie sicherlich keine begnadeten Turnierreiter waren. Manche nutzten aber die Gelegenheit, da sie schon etwas Erfahrung hatten, in der Halle, auf kleineren Pferden in den Sattel zu steigen und ein paar Runden dort zu reiten. Der Nachmittag und auch die Unterhaltung waren nicht gerade nach meinem Geschmack, das änderte sich nach einer Lautsprecherdurchsage aber rasch. Dabei wurde verkündet, dass erfahrene Reiter, die Betonung lag aber auf „erfahrene" Reiter, nun die Möglichkeit hätten, eine Stunde lang ins Gelände auszureiten. Nachdem ich auch schon etwas getrunken hatte, meldete ich mich sofort als erfahrener Reiter für diesen Ausritt an. Andreas, ein Kollege von mir, ebenfalls. Er behauptete zwar, er habe schon auf einem alten Ackergaul gesessen, sei aber dabei von einem Bekannten zu Fuß begleitet worden. Ich selbst hatte noch nie ein Pferd angegriffen, denn mich beschlich ein mulmiges Gefühl, eher etwas Angst davor. Noch dazu hatte ich vor gar nicht langer Zeit im Fernsehen einen Film gesehen, bei dem ein „ganz wilder Hengst" jeden Reiter abwarf und dann noch zu Tode trampelte. Schrecklich! Trotzdem wollte ich es einfach einmal probieren, auf einem Pferd zu sitzen und loszureiten. Wie hieß es doch: Das Glück der Erde liegt auf dem Rücken der Pferde.

Nur eine kleine Anzahl von Reitsportinteressierten hatte sich zusammengefunden und freute sich darauf, endlich loszureiten. Es waren große Pferde, für mich aber besonders, denn wie sollte ich als Anfänger ohne Stehleiter überhaupt in den Sattel kommen? Es war wirklich sehenswert, wie „elegant" ich nun mit Unterstützung von zwei Helfern ganz oben saß und nicht wusste, wie ich mich nun hier oben festhalten konnte. Sie lachten natürlich alle und viele glaubten ja, ich spiele nur den ganzen Zirkus und warteten darauf, dass ich mich nun auch verkehrt auf das Pferd setze. Ich fand zwar schnell die Steigbügel, die mir nun etwas Halt gaben, konnte aber nicht mehr fragen, wie das mit dem „Lenken" funktionieren sollte, denn die ganz Gruppe ritt nun weg, natürlich auch mein Pferd, ohne mein Zutun. Der Start ging mir eindeutig zu schnell und ich verlor dabei auch noch den Zügel. So hielt ich mich an der Mähne des Pferdes fest, merkte aber gleich, dass das Pferd mich überhaupt nicht brauchte und einfach mit der Gruppe mitlief. Übersehen hätte ich bald den Ast eines Baumes, unter dem das Pferd durchlief, ich konnte gerade noch den Kopf einziehen. Als dann die Reitergruppe begann, in den Galopp überzugehen, war für mich nun der Zeitpunkt gekommen, wo ich nur mehr versuchte, bei diesem Tempo nicht vom Pferd runterzufallen. Was noch dazu kam, war der schmerzhafte Rhythmus zwischen dem Pferd und meinem Hintern. Es schmerzte höllisch – wir passten einfach nicht zusammen! Ich konnte auch nicht stehenbleiben und absteigen, denn ich kannte den Befehl dafür nicht, Bremse gab es auch keine. Als dann noch über Hindernisse gesprungen wurde, lag ich schon fast waagrecht am Pferd und wurde nun nicht mehr am Hintern, sondern an meiner empfindlichsten Stelle weichgeklopft. Ich, der erfahrene Reiter, musste nun eine Stunde lang diese Qualen durchhalten und kurz vor unserem Ziel lief mein Pferd, ohne meine Erlaubnis und ohne stehenzubleiben, über die Bundesstraße. Ich war nicht nur geschafft, ich war komplett fertig und zitterte am ganzen Körper. Nicht einmal vom Pferd absteigen konnte ich alleine und dabei musste mir dann auch noch geholfen werden. Da das Pferd stark schäumte, glaubte ich, dass es so geschafft und fertig sei wie ich, doch das war überhaupt nicht der Fall. Wie ich dann erfuhr, fing das Pferd nach einer Weile aus dem Maul zu schäumen an und das lag daran, dass das Gebiss leichten Druck auf die Laden (das Stück des Zaumzeuges, das dem Pferd ins Maul geschoben wird) ausübt. Dies regt die Ohrspeicheldrüsen an und der Speichelfluss wird als Schaum sichtbar. Nun hatte ich endlich wieder Boden unter den Füßen, konnte aber kaum stehen, denn Aufreiten bedeutet in der Reitersprache, sich wund zu reiten. Es tritt bei meist ungeübten Reitern auf und wird vor allem durch zu lange, unkontrollierte Ritte und falsche Kleidung verursacht. Die beste Abhilfe: bequeme Reithose tragen und die schmerzenden Stellen mit Hirschtag einreiben, was ich aber beides nicht hatte!

Anschließend ging ich wie ein geschlagener Hund vom Platz und versuchte nur noch, mich nicht mehr bewegen zu müssen. Und eines ist ganz sicher: Als Pferdeflüsterer werde ich sicherlich auch keine Karriere machen können.

SCHOTTLAND 1991

„Highland Games der Wiener Allianz", unter dem Motto: Wer Erfolg hat, fliegt! Mit einem Luxusbus fuhren wir zum Münchner Flughafen, um nach Glasgow zu fliegen. Mit einer kurzen Zwischenlandung in Birmingham, wir mussten dabei aussteigen, das Gepäck auschecken und dann wieder mit dem Gepäck einsteigen. Das hatte natürlich auch einen triftigen Grund, es gab Sicherheitsmaßnahmen, die in Verbindung mit Terroranschlägen auf Flugzeuge standen:

Im Dezember 1988, drei Tage vor Weihnachten, startete eine Boeing 747 der US-amerikanischen Fluglinie „Pan American World Airways" vom Flughafen London Heathrow zum Kennedy Airport in New York. Im Jumbo-Jet befanden sich auf seinem letzten Flug 242 Passagiere und 16 Besatzungsmitglieder. Nachdem die Boeing 747 den Flughafen hinter sich gelassen hatte, steuerten die Piloten nach Norden in Richtung Schottland und erreichten die Reiseflughöhe von 9.400 Metern. Als sie vom schottischen Luftraumüberwachungszentrum in Prestwick übernommen wurden, stellte der zuständige Fluglotse Kontakt mit den Piloten her. Captain McQuarrie antwortete: „Guten Abend, Scottish (kurz für „Scottish Control") Clipper eins null drei, wir erbitten Ozean-Freigabe. Dies war das letzte Lebenszeichen von Bord der Maschine.

Durch eine Explosion in der Boeing 747 wurde das ganze Flugzeug zerstört, dabei starben 260 Menschen und das Wrack stürzte auf die schottische Kleinstadt Lockerbie und richtete ein wahres Inferno an. Es war kurz nach 19 Uhr, als plötzlich ein hohes, schrilles Pfeifen die Luft erfüllte, in ohrenbetäubenden Donner überging, schließlich eine Detonation – und dann ein gewaltiges Feuer. Die Flügel und der mittlere Rumpfteil des PanAm-Jumbos „Maid of the Seas" waren genau auf die kleinen Einfamilienhäuser gestürzt, wobei 11 Bewohner ums Leben kamen. In den Tanks der 747 befanden sich 91.000 Kilogramm Kerosin, das sich explosionsartig entzündete. Der Aufschlag riss einen 47 Meter langen Krater in den Boden und verursachte Brände, die bis in die Morgenstunden des nächsten Tages andauerten. Die Explosion war derart gewaltig, dass sogar ein Seismograph ein Erdbeben mit der Stärke 1,6 auf Richterskala verzeichnete.
21 Häuser verschwanden direkt beim Aufprall oder wurden so schwer beschädigt, dass sie später abgerissen werden mussten. Mindestens zwei Menschen, eine Flugbegleiterin und ein männlicher Passagier, überlebten den Absturz aus 9.500 Metern Höhe zwar zunächst, verstarben jedoch noch am Unfallort. Maschinen- und Leichenteile landeten verstreut über mehrere Quadratkilometer. Die Hintergründe des Anschlages sowie die wahren Täter sind bis heute unklar. Im Mai 1989 berichtete die "Washington Post" unter Berufung auf die CIA,

dass der Iran hinter dem Anschlag stehe und über eine von Damaskus aus operierende palästinensische Terrorgruppe habe ausführen lassen. Zwischen den USA und dem Iran herrschte Eiszeit. Nur ein halbes Jahr vor dem Lockerbie-Anschlag hatte die USS Vincennes, ein US-amerikanisches Kriegsschiff, einen Airbus A 300 der Iran Air abgeschossen, weil die Besatzung die Maschine angeblich mit einer – wesentlich kleineren – F-14-„Tomcat" verwechselt hatte. Dieser Vorfall löste internationale Proteste aus, dennoch weigerte sich der damalige US-Präsident Georg W. Bush (sen.), sich im Namen der USA zu entschuldigen. Im Gegenteil, die an den Abschussentscheidungen beteiligten Offiziere wurden befördert, der Kapitän der USS – Vincennes für „außerordentliche Pflichterfüllung" ausgezeichnet. Damit hätten iranische Kräfte durchaus ein Motiv für einen solchen Anschlag gehabt. Auch der übergelaufene iranische Geheimdienstmitarbeiter Abolgashem Mesbahi bestätigte dies. Trotzdem wurde diese Spur nicht weiterverfolgt und Mesbahi von keinem mit dem „Fall Lockerbie" betrauten Gericht jemals angehört. Stattdessen beschuldigten die USA und Großbritannien am 14.Novermber 1991 plötzlich Libyen, hinter dem Anschlag zu stecken und forderten die Auslieferung der beiden Verdächtigen libyschen Geheimdienstangestellten Abdelbaset Ali Mohamed Al Megrahi und Lamen Kalifa Fhimah. Die Hintergründe dafür, dass die in den Iran führende Spur niemals weiterverfolgt wurde, dürften in der Politik zu suchen sein. Im Jahr 1991 hatte sich der Iran während des Golfkrieges den USA gegenüber neutral verhalten. Sollte sich nun herausstellen, dass der Iran für den Anschlag auf die PanAm verantwortlich war, hätte dies zu ernsten politischen Verstimmungen führen können. Viele Experten sind daher der Ansicht, dass es für Großbritannien und die USA daher schlichtweg „bequemer" war, Libyen stattdessen zum Sündenbock zu stempeln. Libyens Staatschef Muhammar al Gadaffi lehnte eine Auslieferung seiner beiden Staatsbürger strikt ab, woraufhin der UN-Sicherheitsrat im Jänner 1992 gegen Libyen Sanktionen verhängte. Diese wurden später – aufgrund der weiterhin bestehenden Weigerung, die beiden Geheimdienstleute auszuliefern – wiederholt verschärft. Im Dezember 1998 stimmte Libyen unter internationalem wirtschaftlichem Druck der Auslieferung seiner beiden Bürger zu, die im April 1990 einem schottischen Gericht auf niederländischem Boden übergeben wurden. Nach jahrelangem Streit um seine Auslieferung an die britischen Behörden, zu der Libyen aufgrund von Sanktionen mehr oder weniger genötigt worden war, wurde einer der Angeklagten im Jahr 2001 schließlich von einem schottischen Gericht in den Niederlanden für schuldig befunden, das Attentat auf PanAm 103 geplant und durchgeführt zu haben und zu lebenslanger Haft verurteilt, während ein zweiter Angeklagter freigesprochen wurde. Laut einem Urteil schottischer Strafgerichte sei der Anschlag ein staatsterroristischer Akt libyscher Geheimdienste gewesen, was nach verschiedenen Eingaben und eidesstattlichen Erklärungen bezüglich der Glaubwürdigkeit von Zeugen und manipulierter Beweise (zehn Jahre später!!?) erneut von schottischen Gerichten überprüft wurde.

„Austrian Wings", das österreichische Luftfahrtmagazin, schrieb in seiner Ausgabe vom 22.8.2009: „Punktlandung: Megrahi – das Bauernopfer der Lockerbie Tragödie?" Nur ein Mann, der libysche Geheimdienstoffizier Abdas Bassit Ali Mohammed el Megrahi wurde für die Tat verantwortlich gemacht und zu lebenslanger Haft verurteilt – doch vieles sprach für einen Justizirrtum, oder, schlimmer noch, für einen politisch motivierten Prozess, in dem ein Unschuldiger zum Sündenbock gemacht wurde. Am 20.August 2009 wurde der an Prostatakrebs im Endstadium leidende Abdul Bassit Ali Mohammed el Magrahi aus der Haft in Schottland entlassen und durfte in seine Heimat Libyen zurückkehren – aus humanitären Gründen, „um zu sterben", wie es hieß. Keineswegs bedeutete seine Freilassung das Eingeständnis eines Justizirrtums – dies wurde von offizieller schottischer Seite immer wieder bekräftigt. Hillary Clinton, Außenministerin der USA, und einige Angehörige von Lockerbieopfern – ebenfalls vornehmlich aus den Vereinigten Staaten – kritisieren diesen Schritt, tatsächlich war er allerdings längst überfällig, denn Megrahi konnte nach allem, was bisher über den Fall bekanntgeworden war, keinesfalls (alleiniger) Attentäter gewesen sein. Verurteilung trotz Ungereimtheiten und Beweisfälschung:
Auch der Chef der Schweizer Firma Mebo, aus deren Fertigung angeblich Elektronikteile der Bombe stammten, versuchte vor Gericht

darzulegen, dass die gefundenen Teile nicht aus jener Lieferung stammten, die an Libyen gegangen war. Das Gericht ignorierte seine Aussage schlichtweg. Solche und ähnliche Vorgänge zogen sich wie ein roter Faden durch das gesamte Verfahren, an dessen Ende die Verurteilung Megrahis stand, die er selbst als „Schande" bezeichnete. Dr. Hans Köchler, der das Verfahren für die Vereinten Nationen beobachtete, sprach angesichts dieses Prozesses, welcher bestenfalls einer totalitären Diktatur, nicht jedoch eines modernen demokratischen Rechtsstaates würdig war, von einem „glatten Fehlurteil" und von einem „politisch motivierten" Ablauf. Wörtlich sagte er dazu in einem aktuellen Interview mit der österreichischen Tageszeitung „Die Presse" unter anderem: „Wenn dieses Urteil jemand bei mir als Seminararbeit eingereicht hätte, dann wäre das ein Nicht genügend gewesen, wegen Inkonsistenz des ganzen Argumentes." Und genau das war es nach dem derzeitigen Stand der Erkenntnisse wohl auch, ein politisch motiviertes Fehlurteil – die Spuren, die nach Syrien, Palästina oder den Iran führten, wurden, obwohl überdeutlich, nicht verfolgt, stattdessen lastete man die gesamte Schuld dem Angeklagten an, der im Jahr 1988 Sicherheitschef der libyschen Fluglinie auf Malta war. Äußerst bequem für die USA – die sich jetzt am lautesten über die Freilassung Megrahis empörten – denn mit seiner Verurteilung schienen auch die unangenehmen Fragen nach einer möglichen Verstrickung amerikanischer Gemeindienste in die Explosion an Bord des PanAm-Jumbos ad acta gelegt werden zu können. Immerhin befanden sich, wie anhand der Passagierliste nachgewiesen werden konnte, auch fünf CIA-Agenten an Bord (das Magazin GEO berichtete im Jahr 2000 ausführlich darüber), und es war ein offizielles Geheimnis, dass solche Flüge mitunter für verdeckte Drogentransporte aus dem Nahen Osten in die USA genutzt wurden. „Nur nicht im Dezember 1988", wie die US-Seite verlautbarte. Megrahi, für den sich selbst viele Hinterbliebene von Opfern einsetzten und die Initiative „Gerechtigkeit für Megrahi" gründeten, versuchte mehrfach erfolglos, eine Wiederaufnahme seines Verfahrens zu erreichen. Die Forderungen des Prozessbeobachters Dr. Köchler nach einer neuen, eingehenden Untersuchung der Vorgänge ignorierte die schottische Justiz ebenfalls. Wie angespannt das Fliegen in dieser Zeit war, stellten wir beim

Rückflug von Glasgow nach London Heathrow fest. Es war ein wunderschöner Tag, wir flogen Richtung Meer hinaus, als heftige Turbulenzen auftraten und das Flugzeug durchgeschüttelt wurde. Als wir auf Reiseflughöhe waren, beruhigten sich der Flieger und wir auch. Ich war sowieso beim Fliegen immer sehr angespannt und wollte mir gerade bei der Stewardess einen Whisky bestellen, als der Feueralarm im Cockpit ausgelöst wurde. An den Flugbegleitern merkten wir, dass sie nicht besonders entspannt wirkten, dennoch nicht hektisch, aber voll konzentriert arbeiteten. Wir wurden aufgefordert uns anzuschnallen. Bei Lisi und mir begann ein Film abzulaufen, wir dachten an unsere Buben und dass sie alleine zuhause sind. Als der Kapitän sich meldete und bekanntgab, dass ein Passagier in der Flugtoilette geraucht habe, fiel uns ein Stein vom Herzen. Manche waren auch der Ansicht, dass dieser „Raucher" am besten aussteigen sollte, noch dazu war er ein Kollege von uns.

Wir landeten nach dem Hinflug in Glasgow und fuhren dem Bus nach Edinburgh, wo wir vor unserem Hoteleingang durch Dudelsack-Musikanten und Welcome-Cocktail empfangen wurden. Das Braid Hill Hotel ist wie ein wunderschönes altes schottisches Schloss, das 1886 gebaut wurde, der Blick streifte über Edinburgh, die Pentland und den Firth Of Forth. Wir wohnten im ersten Stock des Hauses, im Zimmer fand sich ein Wasserkocher für verschiedene Tees und daneben eine Hosenpresse (sollte das Zimmermädchen heute frei haben?). Im Gang befand sich eine elektrische Schuhputz- und Poliermaschine, früher war die Dienerschaft für diese niedrigen Dienste zuständig, denn der Butler hatte ja eine Führungsfunktion in dieser Hierarchie. In den 70er-Jahren verkauften wir ein Produkt unter dem Motto „Kennen Sie das Gefühl der Geborgenheit?", hier traf es zu. Wir fühlten uns richtig wohl und sicher, ließen daher unser Fenster einfach offen, auch in der Nacht. Nach dem schottischen Frühstuck (nicht nach meinem Geschmack) starteten wir auf Entdeckungstour nach Edinburgh, besuchten die Altstadt, das Edinburgh Castle und das Holyrood House (die Residenz der Queen, wenn sie in Schottland weilte). Zum Lunch ging es in das „Hawes Inn" in South Queensferry Village mit traumhaftem Blick über den Firth Of Forth. Anschließend gab es unterschiedliches

Damen- und Herrenprogramm, die Damen entdeckten beim Shopping Burberry´, Jenner´s, ...auf der Princes Street, Victoria Street und vieles mehr. Für uns Herren ging es zur Kostümprobe, vorher noch mit einem Beer-Tasting in einen alteingesessenen Pub und wir landeten bei „Greoffrey Taylor" auf der Royal Mile. Wir wurden in dem Geschäft dieses traditionellen Outfitters zum wahren Schotten. Warum sogleich unsere Kleider von Kopf bis Fuß genau passten, wussten nicht einmal unseren Damen. Als diese Reise fixiert wurde, gab Michael meine Kleider- und Schuhgroße an das Reisebüro weiter, es war auf Firmenreisen spezialisiert und sendete die Daten nach Edinburgh zu diesem Outfitter. Es war alles schon vorbereitet und nachdem wir uns zur Gänze ausgezogen hatten, blieb uns nur noch die eigene Unterwäsche. Nun begann das für uns „ungewohnte" Ankleiden, bei dem es auch eine große Unterstützung gab. Gleichzeitig wurde uns erklärt, welche Teile wofür getragen werden, und im Schnelldurchlauf der Hintergrund dieser schottischen Tracht.

Der Kilt oder Schottenrock gilt als das typisch schottische Kleidungsstück mit Tartan-Muster und wird in Schottland nur von den Männern getragen. Der Kilt wird, je nach Trageanlass, aus vier bis acht Metern Wollstoff gefertigt und über die Hüfte gewickelt, das obere, lose Ende wird dann mit einer Gürtelschnalle aus Metall fixiert. Der untere Teil des Kilt wird mit einer Sicherheitsnadel (der sogenannten „Kilt Pin") festgehalten, es ist ein schweres Emblem, das oft das Clanwappen, den schottischen Löwen, die Distel oder ein Schwert zeigt. Damit soll verhindert werden, dass der Kilt durch Wind oder starke Bewegung nach oben geweht wird. Weiters erhielten wir eine Jacke und eine Weste, eine Krawatte, oder einen Sporran, das ist ein Beutel aus Leder oder Fell, der als Geldbeutel dient, da der Kilt keine Taschen hat, und der an der Vorderseite herunterhängt.

Die Kilt-Hose sind schwere, knielange Wollstrümpfe, die unter dem Knie gefaltet werden und ein kleines, buntes Stückchen Stoff, das in den Umschlag der Kilt-Hose gesteckt wird. Dann noch ein Dolch, der in einen Strumpf gesteckt wird und zu guter Letzt Halbschuhe, sie werden Gillie Brogues genannt, deren Schnürsenkel um die Waden geschlungen und festgebunden werden. Als die ersten von uns fertig angezogen waren, war ich überrascht, dass dieses Gewand allen hervorragend passte und gut aussah. Nun kamen die nächsten zum Ankleiden. Jetzt konnte es losgehen! Als wir auf die Straße kamen, merkten wir vier, dass wir als die Einzigen in dieser Tracht herumliefen, die Schotten waren ganz normal angezogen und merkten wahrscheinlich auch sofort, dass bei uns etwas nicht stimmte. Sie kannten es vermutlich am Gesichtsausdruck, denn ein richtiger Schotte schaut nicht so komisch aus der Wäsche wie wir. Es ist vergleichbar mit unserer Tracht in Bad Aussee, wenn die „Wiener Gäste" sich als Ausseer verkleiden und auch so dreinschauen. Da wir doch etwas unsicher waren, „flüchteten" wir sofort in den nächsten Pub und waren froh, dass es in diesem Lokal etwas schummriger war. Als wir an zwei Frauen vorbeigingen, sie saßen an der Theke, griff eine im Vorbeigehen „unbewusst" nach unten, Richtung Kilt. Die Reaktion für uns war verblüffend, denn automatisch zuckt man zusammen, wenn man nur eine Unterhose anhat und es darunter „zieht". Die zwei Frauen konnten sich darüber köstlich amüsieren und lachten, denn es dürfte üblich sein, zu testen, ob man unter dem Kilt eine Unterhose trägt oder nicht. Was trägt man(n) unter dem Kilt? Diese Frage ist vermutlich fast so alt, wie der Kilt selbst und ist noch immer nicht beantwortet. Tatsache ist, dass die schottischen Krieger damals tatsächlich nichts darunter anhatten, denn im Mittelalter gab es noch keine Unterwäsche. Im Vertrauen auf den doch schweren Kilt und keinen zu starkem Wind, der nach oben weht und das darunter Verborgene preisgibt. Einige Traditionalisten schwören auch heute noch darauf, dass man unter dem Kilt nichts trägt. Denn es heißt auch: „Es ist die Zukunft Schottlands", was Ihnen jeder Schotte bestätigt. Beim berühmten 3. Bataillon des Royal Regiments of Scotland, der sogenannten Black Watch, ist es heute noch üblich, unter dem Kilt nichts zu tragen. Nachdem wir zwei schottische Bier getrunken hatten, waren wir der Ansicht, dass wir es dem Royal Regiment of Scotland gleichtun und die Unterhosen ausziehen sollten. An einer kleinen, nicht einsehbaren Unterführung zogen wir dann unsere Unterhosen aus und steckten sie in den „Sporran" ein. Aus Sicherheitsgründen hatte man dann auch wieder die Möglichkeit, die Unterhose anzuziehen, sollte tatsächlich ein stärkerer Wind aufkommen oder es ohne Unterhose zu kalt sein.

Es war seltsam, es zog tatsächlich mehr als erwartet unter dem Kilt. Das Ungewohnte war auch, dass man beim Sitzen darauf achten soll- te, die Beine nicht wie üblich, auseinanderklaffen zu lassen, sondern geschlossen zu halten, so wie die Frauen das machen. Nach gar nicht langer Zeit konnten wir das neu Gelernte den Gegebenheiten prob- lemlos anpassen und uns so ähnlich wie ein halber Nudist fühlen. Nach diesem aufregenden Nachmittag ging es am Abend zu einer Kneipentour, wo wir die interessantesten und außergewöhnlichsten Pubs von Edinburgh kennenlernten. Das Timelimit: Frühstück! Am nächsten Vormittag fuhren wir zum berühmten Scone Palace, dem früheren Krönungsort der schottischen Könige – Macbeth bis Ro- bert the Bruce – anschließend folgte eine exklusive Führung durch den Landsitz des Earl of Mensfield. Mittags gab es Buffetlunch im Cri- cket Pavillon, dazu Dudelsackklänge und die Teameinteilung für die Highland Games. Die Gruppen erhielten Namen zur Identifikation und marschierten zum Cricket Ground, dem großzügigen Schlosspark von Scone Palace.

Dann erfolgte der Start zu den Highland Games: Der Ursprung der Highland Games geht auf eine Zeit zurück, da der König die Clans (Familie oder Sippe) zum Wettstreit in verschiedenen Sportarten zu sich rief, um die stärksten und besten Männer für seine Armeen auszuwählen. Die Highland Games bestehen aus Tänzen, Dudel- sack-Wettspielen und traditionellen Sportarten. So zum Beispiel: Hin- dernislauf, Baumstammwerfen – es ist ziemlich sicher das populärste und spektakulärste Ereignis – nicht die Weite zählt, sondern wie ele- gant der Stamm geworfen wird. Beim Tauziehen geht es nicht um die Kraft, sondern Teamwork ist das Geheimnis. Beim Hammerwerfen ist ebenfalls nicht nur Kraft, sondern Technik gefragt und beim Haggis Hurting geht es darum, welches Team den Schafmagen, das schotti- sche Nationalgericht, am weitesten wirft. Die einzelnen Teams mussten gemeinsam alle verschiedenen Aktivi- täten bewältigen. Die wurden von professionellen Athleten (schotti- sche Landesmeister!) vorgeführt und auch überwacht. Es war tatsäch- lich eine große Herausforderung für uns, denn jeder gab sein Bestes, um das Team bestmöglich zu unterstützen. Diese Highland Games bildeten den Höhepunkt der Reise, denn es waren nicht nur die sportlichen Aktivitäten gefordert, sondern hauptsächlich der Teamgeist und der Zusammenhalt dieser Mannschaft. Die Siegerehrung war entsprechend emotional und noch dazu hatte unser Team gewonnen. Als Siegermannschaft erhielten wir eine Flasche schottischen Whisky, acht Jahre alt!

Am Abend wurden wir vom Hotel mit schwarzen, englischen Taxis abgeholt (wie vornehm) und zur Town Hall, dem Rathaus von Edinburgh im Zentrum der Stadt, gebracht. Den Empfang nahm der „Senior Councilor" John Wilson, der Bürgermeister von Edinburgh, vor. Im Rathaus fand auch die Siegerehrung der Firma mit Galadiner und allem Pipapo statt. Der nächste Tag wurde mit einer Bootsfahrt auf dem Loch Lommond und einem Lunch auf Inchmurrin Island, einer Insel mit ganz außergewöhnlicher Atmosphäre, zugebracht. Am Abend ging es zur Glenturret Whisky Distillery, der ältesten Whisky-Brennerei Schottlands. Sie wurde 1775 gegründet, doch bereits vorher existierten an dieser Stelle zahlreiche illegale und kleine Brennereien. Mit der Einführung und Besteuerung von Whisky begann nämlich eine lange und turbulente Geschichte des Schmuggels. Die illegale Whisky-Brennerei boomte, dabei waren die Schmuggler angesehene Leute in der Gemeinschaft. Auch die Glenturret Distillery war ursprünglich in den Handel von Schmugglern verwickelt, die den Whisky illegal nach England lieferten, da sie dort keine Steuern zahlen mussten. Daraus erklärt sich auch der Standort der Brennerei. Die Hügel auf beiden Seiten des River Turret boten einerseits einen ausreichenden Schutz, andererseits auch exzellente Aussicht. „The Glenturret Pure Malt Scotisch Whisky", der traditionsreichste schottische Whisky, gewann international schon viele Preise.

Wir erfuhren die Herstellung des einzigartigen schottischen Malt-Whiskys und absolvierten im Anschluss ein Whisky-Blind-Tasting, bei der das Alter der angebotenen Whiskysorten geraten werden konnte. Nach dem Dinner im Smuggler Restaurant der Glenturret Destillerie gab es die Kiltparty, direkt neben der Whisky-Bar. Natürlich war es dann einfach, bei traditioneller schottischer Musik und Tänzen, auch selbst mitzumachen. „Haste ye back", wer Schottland einmal erlebt hat, kommt wieder. Was mich wunderte, war die Tatsache, dass wir ausschließlich wunderschönes Wetter hatten und egal, was man vom schottischen Wetter erwartet, man wird fast immer falsch liegen. Wir flogen nun wieder nach Hause, aber zuerst landeten wir in London Heathrow. Nachdem wir umgestiegen waren und in einem anderen Flugzeug saßen, sagte ein Kollege, dass gerade ein Wagen mit Koffern vorbeifuhr und einer dieser Koffer genau so aussah wie seiner. Als wir in München landeten, war sein Koffer nicht dabei und er war entsetzt, denn er musste feststellen, dass in seinem Koffer die Autoschlüssel lagen. Der Koffer wurde dann nach über einer Woche wiedergefunden.

PETERS TOD

Es war Mitte Mai und wir waren bei Gartenarbeiten beschäftigt, als ein Gendarmerieauto des Postens Ebensee vor unserem Haus stehenblieb. Es war nicht ungewöhnlich, da bei unserem Versicherungsgeschäft öfter Nachfragen oder Auskünfte für die Gendarmerie erforderlich waren. Meist waren es eher belanglose Sachen, sei es der Einzug eines Kennzeichens wegen Nichtbezahlung einer Prämie oder Auskünfte über einen Verkehrsunfall eines meiner Kunden. Wir kannten alle Gendarmen des Postens und hatten ein sehr gutes Einvernehmen. Der Postenkommandant stieg aus seinem Dienstauto aus, nahm seine Kappe und setzte sie auf, was nichts Gutes erahnen ließ. Er fragte mich, ob mein Bruder oder meine Schwägerin zu erreichen seien, was ich verneinte. Sie seien auch telefonisch nicht erreichbar und vermutlich in Bad Goisern bei einer Veranstaltung. Er müsse mir nun die schreckliche Mitteilung machen, dass Peter, ihr zweiter Sohn, bei einem Motorradunfall tödlich verletzt wurde. Er sei in der Steiermark mit seinen Motorradfreunden auf der „Hohentauern" Bundesstraße B114 unterwegs gewesen, zu Sturz gekommen und gegen eine Leitplanke geprallt. Ein Fremdverschulden liege nicht vor.
Ich erreichte nun aber Andreas, den älteren Sohn meines Bruders, dem ich die Todesnachricht überbringen musste. Meinen Bruder konnte ich erst am nächsten Vormittag erreichen und spürte auch, dass der Tod von Peter sein Herz gebrochen hatte.

GOLDRUSH LASSING

„Stürzen Sie sich ins Abenteuer – auf den Spuren von Jack London! Versetzen Sie sich zurück ins Jahr 1892, als Gold die einzige Versicherung und eine Allianz von großem Wert war. Ganz Yukon lag damals im Goldrausch-Fieber und jetzt sorgt das Valley in den Old Austrian Mountains wieder für Schlagzeiten. Eifrige Goldgräber stießen dort neuerlich auf Gold. Die Sensation ist perfekt! Abenteurer aus aller Welt strömten ins Goldgräber-Camp Klondike. Da ist kein Weg zu lang, kein Pfad zu steil. Auch Sie haben sich entschlossen, Ihr Glück zu versuchen und meistern die steinigsten Pfade. Nur gemeinsam gelingt es Ihnen, das harte Leben abseits der Zivilisation zu meistern. Der Besuch des nahegelegenen Goldgräberlagers bringt etwas Abwechslung. Im Camp gibt es die Schürfausrüstung für die bevorstehende Goldsuche und stärkenden Proviant."

Das Ganze klang natürlich mehr als verlockend, als dieses Abenteuer von der Allianz angeboten wurde. Das Ziel war Lassing in der Steiermark, das auf 750 Metern Seehöhe liegt und vermutlich fremdenverkehrsmäßig forciert werden sollte. Die Suche nach Gold hat in der Steiermark Tradition.

Im Zuge der Bauarbeiten für die Staustufe bei Deutschfeistritz kam Gestein aus tieferen Erdschichten zum Vorschein. Ein gewisser Herr Urban, damals noch Mineralien-Sammler, wollte diese Gelegenheit nutzen, um nach Nephrien – das sind jadeartige Steine – zu suchen. Gefunden hat er keinen einzigen, dafür aber Gold! Er hatte sich vom Goldrausch packen lassen. Es sollte nicht zu seinem Nachteil sein. Im Mürztal gelang Urban und seinen „Mit-Buttlern" im Jahr 2006 nämlich ein Jahrhundertfund. Mehr als 800 Gramm landeten bei Langenwang an nur einem Wochenende in der Schüssel. Gegenwert nach heutigem Goldkurs: mehr als 30.000 Euro! Hier war das Bachbett kurz zuvor umgegraben worden – eine alte Wehranlage musste saniert werden. Urban fand damals das größte Nugget, das jemals aus einem steirischen Fluss geholt wurde: 2,53 Gramm schwer! "Sonst bin ich froh, wenn ich an einem ganzen Tag ein zehntel Gramm finde…" Was fast schon in Vergessenheit geraten ist: Bereits im 18. Jahrhundert waren Zigeuner die Mur heraufgekommen, um Gold zu waschen. Auch Bauern hatten sich in den harten Wintermonaten so etwas dazuverdient. „Je weniger Wasser die Mur führt, desto besser – sobald die Schneeschmelze einsetzt, ist die beste Zeit vorbei", sagt Urban. In den 30er-Jahren des vorigen Jahrhunderts berichtete eine Zeitung von einer „Sensation" im österreichisch- ungarischen Grenzgebiet. 50 Kilogramm Gold seien gefunden worden. Diese Meldung löste einen wahren Goldrausch aus. Tausende kamen, um ebenfalls ihr Glück zu suchen. Doch es war eine Falschmeldung! 50 Gramm hätte es eigentlich heißen sollen – dem Schreiber war ein Fehler unterlaufen.

Wer das Einmaleins des Goldwaschens erleben will: Im obersteirischen Pusterwald etwa kann man sich in diese hohe Kunst einweihen lassen. Pusterwald hat sich auf den Goldwaschtourismus eingestellt und bietet günstiges Goldwaschen und Goldschürfen an. Ich selbst wollte schon immer Gold in den Flüssen oder Bächen suchen und besorgte mir daher eine Schürfausrüstung beim „Camp". Am Vortag der Anreise kam Lisi am Abend auf die ganz besondere Idee: Vor längerer Zeit wurde ihr ein Goldzahn gegen eine andere Legierung ersetzt, das Gold gab ihr dann ihre Zahnärztin mit nach Hause. Da ich ja am nächsten Tag beim Schürfen ziemlich sicher war, kein Gold zu finden, bearbeitete ich in meiner Werkstätte den Goldzahn mit dem Hammer und klopfte ihn dann als Goldklumpen zurecht. Er sah wirklich wie ein echter Goldnugget aus, es war auch echtes Gold. Am nächsten Tag ging es nun los: Am Döllersbach in Lassing suchten nun eine ganze Menge Leute ihr Glück beim Goldwaschen. Neben mir fünf Kollegen, die in meiner unmittelbaren Nähe eifrig die Goldwaschpfanne hin- und herschüttelten. Ausdauer, Geduld, Glück und natürlich nicht das Können, sondern das „Nachhelfen" spielte eine äußerst wichtige Rolle. Denn Goldwaschen ohne Goldfund ist nur die halbe Miete. Ein ganz lauter Schrei von mir, ich hatte in meiner Wanne als Erster Gold gefunden. Die anderen ließen alles stehen und rannten zu mit hin, GOLD!!!
Fast von allen dieselbe Reaktion: „Darf ich ihn angreifen?" „Selbstverständlich!" Fast jeder wollte ihn angreifen, manche nahmen meinen „Nugget" (den Goldzahn von Lisi) in den Mund und drückten mit den

Zähnen darauf herum. Vermutlich war es ein Test, ob er wirklich echt war! Normalerweise testet man durch den Druck mit den Zähnen, ob die Spagetti „al dente", also bissfest gekocht (wörtlich übersetzt: „für den Zahn") oder eine Spur zu hart sind. Es kamen immer mehr Leute dazu, um diesen Goldfund zu bestaunen, ein Einheimischer wollte mit einer Apothekerwaage vorbeikommen, um das Gewicht abzuwiegen. Ein Anderer rief neben mir bei der „Kleinen Zeitung" in Graz an, und wollte für die Presse Fotos machen. Nun bekam ich tatsächlich „Schiss" und versuchte, so schnell wie möglich den Fundort zu verlassen. Ich wollte auch auf keinen Fall im Ort Hoffnungen erwecken, nachdem, was gerade hier passiert war. Also rückte ich mit der Wahrheit heraus und erklärte nun jedem, dass der „Nugget" ein Goldzahn meiner Frau sei und ihr gehöre, ich hätte ihn nur ausgeliehen. Das war natürlich Tagesgespräch und alle, ob sie wollten oder nicht, mussten lachen.

Dazu kam, dass das Signal zum Abtransport des Goldes ertönte und der Trek mit Planenwagen und Rössern sich in Bewegung setzte. Eine abenteuerliche Fahrt durch wilde „Schluchten" und eine aufregende Landschaft stand bevor, das Trecking-Erlebnis schlechthin. Geschafft! Wir waren im Western-Saloon angekommen. Mit Bier, Whisky vom Fass, saftigen Steaks, flotter Klaviermusik, Square-Dance, Dixieland- und Western-Musik wurde die glückliche Ankunft gebührend gefeiert. Der „Goldrausch" endete in der „Nicht-Ranch", mit Jazz-Brunch, rustikalem Buffet und mitreißendem Dixieland-Jazz.

Sechs Jahre später ereignete sich das Grubenunglück in Lassing, bei dem zehn Bergleute eines Rettungstrupps, die ausgerückt waren, um einen verschütteten Bergmann zu retten, ihren Tod fanden. Am 17. Juli 1998 brach der First einer illegal abgebauten Sohle ein und verursachte einen Schlammeinbruch mit Wasser. An der Oberfläche war dies daran erkennbar, dass ein Haus im Ortstein Moos, unter dem sich das Bergwerk befand, langsam versank. Der Krater wurde immer tiefer und größer, insgesamt wurden zwei Häuser zerstört und 18 beschädigt. Ein 24-jähriger Bergmann wurde wahrscheinlich beim ersten Schlammeinbruch in einer Jausenkammer verschüttet. Der telefonische Kontakt brach ab und ein Rettungstrupp aus neun Bergleuten

und einem Geologen fuhr in den Berg ein. Als ein weiterer Schlammeinbruch die Grube implodieren ließ, begann der „Horror in Zeit-
lupentempo". Der Kontakt zum Rettungstrupp brach ab, der Krater
wuchs, Lichter gingen aus, Laternenmasten standen schief. Bald hieß
es, es gebe keine Rettung mehr für die elf Verschütteten. Spezialboh-
rer aus Deutschland wurden von der Werksleitung wieder abbestellt.
Zehn Tage später wurde der Bergmann Heinzl in erstaunlich gutem
Gesundheitszustand gerettet, das „Wunder von Lassing". Die zehn
Männer der Bergmannschaft blieben im Berg und wurden für tot erklärt. Das Grubenunglück besiegelte nach rund 100 Jahren das Ende
des Talkabbaus in Lassing, das Bergwerk wurde geschlossen.

TSCHECHISCHE PFERDE

„Als Böhmen noch bei Österreich war" lautete das Motto der Siegerehrung der Abschlussmeister der Wiener Allianz, Landesdirektion
Oberösterreich. So bekam ich die Einladung im Mai 1993. Wir starteten mit dem Bus in Wels und fuhren nach Budweis, wo eine kleine
Stadtführung am Programm stand. Dabei wurde an die tausendjäh-
rige Geschichte Böhmens erinnert, die ja untrennbar mit der österreichischen verbunden ist. Böhmen zählte über Jahrhunderte neben
Österreich zu den Kernländern der Habsburger-Monarchie. Eine Ver-
schmelzung der Menschen und ihrer Kultur war unausweichlich und
ist noch heute in unserem täglichen Leben erkennbar. Erst in der Zeit
des braven Soldaten Schwejk (1918) kam es zur Loslösung vom österreichischen Kaiserreich. Doch die Schaffung von Grenzen konnte
die historische Verbindung nicht auslöschen, die Spuren einer bewegten gemeinsamen Geschichte und mehr über diese Zeit zu erfahren,
war sehr interessant. Blasmusik, Powidltatschkerl und Budweiser-Bier
sind uns ebenso ein Begriff wie Ottokar Premysl, Hussitenkrieg und
Wallenstein.

Von der Geschichte im Schnelldurchgang ging es weiter zur Besichtigung der Brauerei „Budweiser Budvar". Budweiser Bürger-Bräu war
die Bezeichnung für das Bier des bürgerlichen Brauhauses Budweis,
welches schon 1795 von den deutschen Bürgern der Stadt Budweis
in Böhmen gegründet wurde. Wir wurden empfangen von einer Blas-

musikkapelle, anschließend gab es eine Führung mit einem Braumeister durch die Produktionsstätte, Bierverkostung und kleinen Imbiss. Dieses Bier war für mich immer eines meiner Lieblingsbiere, ist aber nicht zu verwechseln mit „Budweiser", einer US-amerikanischen Biermarke, die dort allgemein als „Bud" bekannt ist. Diese Brauerei gehört aber dem Braukonzern Anheuser-Busch Companies. Weiter ging die Busfahrt zum barocken Jagdschlösschen „Ohrada", das Anfang der 60er-Jahre vom Landwirtschaftsmuseum Prag übernommen und wo ein Museum des Forstwesens und Fischfangs eingerichtet wurde. Auf dem Schlossbalkon wurden wir durch eine Gruppe Jagdhornbläser in historischen Gewändern empfangen. Mit Salutschüssen einer Kanone, Vorführung mit Jagdvögeln und von Fechtkünsten durch die Wallenstein-Soldaten kamen wir dann endlich zum Mittagessen. Es gab ein südböhmisches Jagdessen. Was denn sonst im dieser Umgebung? Spaghetti waren sicherlich nicht im Menüplan. Nach dem Essen hatten wir nun die Auswahl, eine Spazierfahrt entlang der böhmischen Teiche nach Hluboka oder eine Kutschenfahrt mit Fiaker, für die ich mich entschied. Es sollte in das Jagdgebiet des „Schwarzenberg-Besitzes" gehen.

Nach dem Essen kam ich etwas zu spät zu den Kutschen und hätte beinahe die Abfahrt versäumt. Eine Geschäftsstellenmitarbeiterin rief mir zu, dass bei ihnen in der ersten Kutsche noch ein Platz frei sei, wo ich auch gleich einstieg. Etwas irritierte mich allerdings gleich, die zwei Pferde vor unserer Kutsche schienen extrem unruhig und nervös. Immer wieder versuchte der Kutscher, sie zu beruhigen, was aber nicht gelang. Schließlich sprang er von der Kutsche ab, um sie besser in den Griff zu bekommen, dabei fing er an, die Pferde mit der Peitsche zu schlagen. Außerdem stellte er sich vor die Tiere, da sie kaum mehr zu bändigen waren. Plötzlich gingen sie durch, nahmen dabei den Kutscher mit und dieser hing zwischen den zwei Pferden. Er kam dabei zu Sturz, ließ die Zügel los und wurde von der Kutsche überrollt. Da es leicht bergab ging, die Straße auch noch asphaltiert war, wurden wir immer schneller. Ich rief noch, wir sollten abspringen, was ich auch tat. Die Geschäftsstellenmitarbeiterin aus Gmunden sprang zwar ab, aber gegen die Fahrrichtung. Dadurch stürzte sie

nach hinten, schlug mit dem Hinterkopf auf der Asphaltstraße auf und
überschlug sich noch zweimal. Ich rannte zu ihr hin, sie war bewusstlos, legte ihren Kopf auf meine Hand und sah, dass sie aus den Ohren, dem Mund und aus der Nase blutete. Ein Mitarbeiter der Landesdirektion, der auch zu Hilfe eilte, hielt eine Jacke zum Schutz gegen
die Sonne über sie. Neben mir blieb ein älteres Auto stehen, aus dem
eine Frau herbeieilte, um zu helfen. Sie sei Ärztin, habe aber keinen
Arztkoffer mit, nur einen Erste-Hilfe-Koffer aus dem Auto, dieser war
schon ziemlich vergilbt. Es dauerte auch nicht lange, dass ein Ret-
tungs-Hubschrauber landete und dieser brauchte einige Zeit, um sich
um die Schwerverletzte zu kümmern. Sie musste zuerst notversorgt
werden, sonst hätte man sie nicht abtransportieren können. Als der
Helikopter abgeflogen war, erfuhr ich, dass die zwei, die in der selben Kutsche wie wir gesessen hatten, in einen Acker hinausgeschleu-
dert wurden. Sie waren beide erheblich verletzt, ich selbst hatte ein
halbes Jahr ziemliche Rückenschmerzen durch den Sprung, ging aber
nicht zum Arzt zur Behandlung. Die Pferde überrannten noch ein Ge-
leise einer Lokalbahn und blieben dann in einem kleinen Wald, mit
der komplett kaputten Kutsche stehen. Was dem Kutscher passiert ist
oder ob er verletzt wurde, weiß ich nicht. Wie sich dann später herausstellte, waren die Pferde erst vor kurzem aus Russland zugekauft
worden, und ob sie für das Kutschenfahren geeignet waren, kann ich
auch nicht sagen.

Wir wurden dann von unserem Autobus abgeholt und nach Cesky
Krumlov, dem früheren Krumau gebracht. Das Ende der Veranstaltung
fand im Renaissance-Haus „Rüze" statt. Das Galadiner, die Siegerehrung und eine musikalische Untermalung interessierten niemanden
mehr. Die schwerverletzte Mitarbeiterin blieb noch wochenlang im
Krankenhaus in Tschechien und wurde dann in das Wagner-Jauregg
Krankenhaus nach Linz überführt. Durch die Schwere ihrer Verletzung konnte sie beruflich nicht mehr arbeiten und wurde dann in
Frühpension geschickt.

DRESDEN 1994

Dresden wollten wir auch einmal gerne besuchen und im Zuge einer organisierten Reise hatten wir nun auch die Möglichkeit dazu. Diese führte mit einem Reisebus durch die Tschechische Republik über Budweis, Pilsen und Marienbad. In Karlsbad machten wir eine längere Pause und gingen in ein Restaurant essen. Vor dem Lokal saß ein Mann in einem alten Rollstuhl und bettelte. Daneben stand eine Frau, sie schob den Rollstuhl und die meisten von uns gaben ihnen etwas Geld. Als wir dann im Lokal saßen, wurden wir von unserem Busfahrer darauf aufmerksam gemacht, auf unser Geld aufzupassen, denn es komme hier oft zu Diebstählen. Als wir nach über einer Stunde das Lokal verließen, sahen wir in der Nähe den Rollstuhlfahrer, doch diesmal saß die Frau im Rollstuhl und der Mann schob ihn. Das ist gelebte Geschlechterteilung!

Auf der Bundesstraße E442, von Komotau, Brüx, Teplitz- Schönau bis Aussig, einer Stadt mit über 90.000 Einwohnern, war sehr viel Verkehr. Auf dieser Strecke sahen wir immer häufiger Prostituierte stehen, ihr „Hauptgeschäft" waren die LKW-Fahrer. Wir mussten über den regen Verkehr lachen, waren dann aber entsetzt zu sehen, dass teilweise ihre Männer auf die Kinder, die teilweise noch im Kinderwagen lagen, aufpassten. Viele Mädchen waren ganz jung, eher Kinder, die diesem „Geschäft" nachgingen. Diese Gegend war entsetzlich – die Häuser in einem komplett heruntergekommenen und verwahrlosten Zustand, die Umgebung wie eine Mondlandschaft, denn es gab nur abgestorbene Bäume im Erzgebirge/Riesengebirge. Denn die ursprünglich vorherrschenden Laub- und Mischwälder waren in früheren Jahren abgeholzt und größtenteils durch Fichten-Monokulturen ersetzt worden. Wegen der Luftverschmutzung und Bodenübersäuerung stark geschädigt, war an vielen Stellen der Wald großflächig abgestorben. Die Ursache dafür lag in der geographischen Lage im „schwarzen Dreieck", einer Region um das deutsch-polnisch-tschechische Dreiländereck, in der eine große Zahl von Elektrizitätswerken, die von Braunkohle betrieben wurden, existierte. Zwar wurden deren Schwefeldioxydemissionen, die hauptsächlich für den sauren Regen verantwortlich sind, sowie die Emission vieler anderer Luftschadstoffe, seit Beginn der 1990er-Jahre reduziert. Das Waldsterben, das bereits in den 1970er-Jahren eingesetzt hatte und bis Ende der 1980er-Jahre seinen Höhepunkt erreichte, konnte dennoch nicht vollständig gestoppt werden.

Wir waren im Sudetengebiet, dem Grenzgebiet der damaligen Tschechoslowakei zu Deutschland sowie zu Österreich und es war überwiegend deutschsprachig. Aus Aussig wurden 1945/1946 aufgrund der Benes-Dekrete etwa 53.000 Deutsche vertrieben oder „zwangsumgesiedelt". Es gab am 31. Juli 1945 das Aussig- Massaker gegen die deutsche Zivilbevölkerung, bei dem die Menschen erschossen, in einem Löschwasserspeicher ertränkt oder von der Elbebrücke gestoßen und im Wasser beschossen wurden. Anstelle der Deutschen zogen Tschechen aus dem Landesinneren, Kriegsflüchtlinge aus dem Ausland, Slowaken und Roma, die teilweise aus Rumänien und der Sowjetunion kamen, in der Stadt ein.

Nachdem wir Deutschland erreicht hatten, ging es über Glashütte, die Stadt der bekannten und exklusiven Uhrenfabrik, weiter über die Stadt Freital und wir erreichten dann Dresden. Ich war 1964 schon einmal hier, bin aber nur mit dem Auto durch die Stadt gefahren. Natürlich hatte sich diese Stadt grundlegend verändert, es lagen auch 30 Jahre dazwischen. Man merkte in der Stadt eine gewisse Aufbruchstimmung, das Ende der DDR-Zeit war nun auch schon wieder vier Jahre her. An allen Ecken und Enden wurde gebaut, es gab so viel nachzuholen, hatte doch der Arbeiter- und Bauernstaat schon lange kein Geld mehr gehabt. Wir merkten auch sofort die positive Stimmung in der Stadt, hauptsächlich an den Menschen. Wir besuchten die Altstadt, die Ruine der Frauenkirche, die im Februar 1945 schwer beschädigt wurde und dann ausbrannte. In der DDR blieb ihre Ruine erhalten und diente als Mahnmal gegen Krieg und Zerstörung. Als wir dort waren, erfuhren wir, dass in diesem Jahr der Wiederaufbau der Kirche beginnen und 2005 fertiggestellt werden sollte. Wir besuchten die Brühlsche Terrasse, genannt auch der Balkon Europas, die sich etwa 500 Meter an der Elbe erstreckt. Die katholische Hofkirche, sie entstand nahezu gleichzeitig mit der evangelischen Frauenkirche, die 300 Meter entfernt steht, prägt den Neumarkt. Das Residenzschloss ist heute Heimstätte von fünf Museen und eines der ältesten Bauwerke der Stadt. Dresdner Zwinger nennt man einen Gebäudekomplex mit Gartenanlage, sein Name geht auf die im Mittelalter übliche Bezeichnung für einen Befestigungsteil zwischen äußerer und innerer Festungsmauer zurück. Er erfüllte schon bei Baubeginn keine dem Namen entsprechende Funktion mehr. Der Zwinger ist neben der Frauenkirche das bekannteste Baudenkmal Dresdens. Die alte Synagoge, sie war die größte Synagoge Deutschlands, wurde von den Nazis 1938 im Zuge des Novemberpogroms zerstört und eine neue erst 2001 errichtet. Bei unserer Stadtführung wurden wir von einer älteren Dame begleitet, die in Dresden wohnte und seit ihrer Kindheit dort lebte. Als es um das Thema der Luftangriffe auf Dresden ging und sie zu erzählen begann, wollte sie zuerst Folgendes erklären: Die Geschichte dieser Katastrophe hatte zwei Seiten, die der Sieger und die der Verlierer. In der Nacht vom 13. auf den 14. Februar 1945 warfen 770 britische Bomber in zwei Angriffswellen tausende Sprengsätze und Brandbomben auf Dresden ab. Die Altstadt wurde fast vollständig zerstört, der militärische Nutzen und die völkerrechtliche Bewertung des Flächenbombardements werden bis heute von den Historikern diskutiert, vor allem, ob sie als Kriegsverbrechen zu werten sind, denn der Angriff richtete sich vornehmlich gegen die zivile Bevölkerung. Diese Angriffe verstärken erheblich die Kritik an der Luftkriegsführung der Westalliierten seit 1942, besonders an der britischen Area Bombing Directive. Dem Nachtangriff folgte am 14. Februar ein Tagesangriff von 311 B-17-Bombern der USAAF mit 100 bis 200 zusätzlichen Begleitjägern. Wegen einer Wetterfront wichen zwei Bombergruppen etwa 100 Kilometer südwestlich vom Kurs ab und bombardierten nach Ausfall des Anflugradars einen Ortsteil von Prag, im Glauben, es sei Dresden. Am 15. Februar stürzte die ausgebrannte Frauenkirche ein und am selben Tag bombardierten 211 amerikanische B-17-Bomber das gesamte Gebiet. Orkanartige Feuerstürme zerstörten ganze Stadtteile und in der extremen Hitze schmolzen Glas und Metall. Der starke Luftsog wirbelte große Gegenstände und Menschen umher oder zog sie ins Feuer hinein. Sie verbrannten, starben durch Hitzeschock und Luftdruck oder erstickten in den Luftschutzkellern. Wer sich ins Freie retten konnte, war auch dort dem

Feuersturm und den detonierenden Bomben ausgesetzt. Am Hauptbahnhof von Dresden und in den Elbwiesen, wo in langen Treks Flüchtlinge aus dem Osten Deutschlandes ankamen, hielten sich tausende Flüchtlinge, hauptsächlich Frauen, Kinder, Alte und Verwundete, auf, die in die Stadt flüchteten, um Schutz zu finden. Dann waren sie dieser Hölle ausgesetzt und viele starben.

Wie viele in diesen Tagen tatsächlich ums Leben gekommen sind (waren es 27.000 oder wesentlich mehr?) wissen nicht einmal die Historiker oder Experten. Am Abend, nachdem wir uns von der Stadtführerin verabschiedeten und zum Hotel zurückfuhren, war klar für mich, was mir in Erinnerung bleiben würde, es war das Inferno von Dresden.

Die letzte Stadt vor der Heimreise war die Besichtigung der Stadt Meißen und die Führung in der staatlichen Porzellanmanufaktur, deren Gesellschafter der Freistaat Sachsen ist. Die weltweit führende Porzellanmanufaktur, deren Symbol die gekreuzten Kurzschwerter sind, gehört zu den international bekanntesten deutschen Luxusmarken.

ROM

Wir hatten schon längere Zeit vor, ein paar Tage nach Rom zu fliegen und diese Stadt kennenzulernen. Der Flughafen Rom Fiomicini, der auch den Beinahmen „Leonardo de Vinci" (als Anerkennung der Tatsache, dass er den ersten Helikopter skizzierte) trägt, liegt etwa 30 Kilometer außerhalb der Stadt. Da die Flüge sehr teuer waren und wir fünf Personen, hätten wir immer zwei Taxis nehmen müssen, um vom Flughafen zu unserem Hotel zu kommen. Dieses hatten wir schon im Vorhinein gebucht und Lisi hatte sich wirklich viel Zeit genommen, für uns ein Programm für diese Stadt vorzubereiten und zu organisieren. Wegen meines neuen Autos entschieden wir uns aber dann, nicht zu fliegen, sondern mit dem PKW zu fahren. Ich hatte mir damals einen neuen Audi A6 gekauft, der nicht nur geräumig, es war ein Kombi, sondern auch eine schöne Reiselimousine war. Außerdem konnte ich mich mit Michael abwechseln, da Lisi im Ausland nicht gerne fährt, schon gar nicht auf den Autobahnen. Ich selbst fuhr damals sehr gerne Auto und auch die Entfernung, es waren zirka 1000 Kilometer, machte mir nichts aus, ich freute mich darauf. Die Hälfte der Strecke fuhr Michael und als wir das kleine Hotel erreichten, waren wir von diesem ganz begeistert. Durch die Inhaberin eines Reisebüros kamen wir auf diese Adresse und sie erzählte uns, dass sie bei jedem Romaufenthalt selbst hier immer wohne.

Die nächsten Tage besichtigten wir das Kolosseum, das Forum Romanum, die Spanische Treppe und auch den Petersdom, der für mich den gewaltigsten Eindruck hinterließ. Natürlich gingen wir auch zum Trevi-Brunnen, einem der Sehenswürdigkeiten Roms und seit der Antike ununterbrochen Wasser führend. Ein Volksglaube sagt, dass es Glück bringe, Münzen über die Schulter in den Brunnen zu werfen. Eine Münze führe zu einer sicheren Rückkehr nach Rom, zwei Münzen dazu, dass der Werfer sich in einen Römer oder eine Römerin verliebe, drei Münzen würden zu einer Heirat mit der entsprechenden Person führen. Lisi hat als Erste die Münze über die Schulter geworfen, traf aber einen Amerikaner direkt auf den Kopf (auf die Birne), der ganz überrascht war. Lisi entschuldigte sich höflich und sie warfen dann gemeinsam diese Münze in den Brunnen. Vermutlich hatte er Angst, dass Lisi ihn nochmals auf den Kopf trifft. Also warf sie dann die zweite Münze, aber meines Wissens hat sie sich nicht in einen Römer verliebt und eine dritte Münze warf sie nicht mehr, da sie ja schon verheiratet war, mein Glück!

Ursprünglich war es der Brauch, einen Schluck aus dem Brunnen zu trinken, um wieder nach Rom zurückzukehren. Auf diesen Schluck haben wir gerne verzichtet. Übrigens: Die Münzen werden regelmäßig von Bediensteten der Stadt aus dem Wasser gefischt. Im Jahr 2013, dem letzten Jahr vor der Restaurierung, kamen so 1,2 Millionen Euro zusammen und die wurden an die Caritas gespendet. In Fellinis „La Dolce Vita" aus dem Jahr 1966 nimmt Anita Ekberg zusammen mit Marcello Mastroianni ein nächtliches Bad im Brunnen. Diese ist eine der bekanntesten Szenen der Filmgeschichte, sie hat nicht unwesentlich zur Beliebtheit des Brunnens bei Touristen beigetragen. Die vielen anderen Sehenswürdigkeiten, das gute Essen, die „Gelassenheit der Italiener" ?? und das Chaos beim Autoverkehr haben uns beeindruckt. Das Wort Chaos kommt aus dem Griechischen und bezeichnet den Zustand völliger Unordnung und Verwirrung, das Gegenteil von Ordnung (wie bei uns!?). Rom war wirklich eine Reise wert und blieb uns immer in guter Erinnerung, denn mir passierte folgendes: Nach der Abreise vom Hotel fuhr ich in Richtung Bologna, der Hauptstadt der Region Emilia-Romagna. Bologna trägt auch den Beinamen „La Grassa" (die Fette), denn hier isst man gerne und reichlich. Sie ist auch die Heimat der Tortellini, eine weitere Spezialität ist die Mortadella, eine Wurstspezialität aus Schweinefleisch, nicht aber unbedingt der Diät förderlich. Charakteristisch sind auch die zwei schiefen Türme, Pisa hat nur einen! Meine Erklärung: Entweder gab es beim Bau dieser Türme starken Wind oder die italienischen Mauerer tranken zu viel Rotwein, oder beides! Bologna ist außerdem ein großer Verkehrsknotenpunkt, die eine Autobahn führt nach Modena, Richtung Gardasee, der andere Richtung Venedig, wohin ich fahren sollte. Wegen des starken Verkehrs (es war dann immer meine Ausrede) bog ich auf die A 45 ab, Richtung Imola. Es ist mir von Motorsportveranstaltungen wie zum Beispiel dem Formel 1-Rennen bekannt, dann fuhr ich weiter nach Rimini. Der Verkehr wurde weniger, es war auch noch nicht Badesaison, doch schon ein sehr heißer Tag. Gabi, die damalige Frau meines Sohnes, sagte, dass es zudem immer wärmer werde, was sie nach geraumer Zeit wiederholte und wir auch bestätigten. Der Verkehr wurde nochmals weniger und wir suchten ein Restaurant, da wir alle schon großen Hunger hatten. Beim nächsten blieben wir stehen und kehrten ein. Wir waren alleine im Lokal und vermutlich der Besitzer brachte uns die Speisekarten. Es dauerte eine Weile, bis wir alles bestellt hatten und der Wirt hatte es nicht eilig. Das Warten erscheint immer länger, gerade wenn man hungrig ist. Doch dann kam der Wirt mit einer schwarzen Riesenpfanne Spaghetti herein und stellte sie auf unseren Tisch. Irgendwie waren wir sprachlos, hatten wir doch alle etwas Anderes bestellt und inzwischen hatten wir nur mehr „Hunger". Die Spaghetti waren einfach herrlich, wir behaupteten dann später, die besten, die wir jemals gegessen haben. Vor dem Weiterfahren wollte ich noch ein paar kleine Oleander abschneiden, um sie zuhause zu vermehren. Sie wachsen überall, teilweise sogar als Sichtschutz auf den Autobahnen. Die schönen Farben der Blumen sind für mich gleichbedeutend mit Süden, Sonne, Wärme und Urlaub. Ich machte aber sofort einen Schritt zurück, denn die wunderschönen

Sträucher waren von oben bis unten komplett verlaust. Ich fuhr weiter und Lisi behauptete, sie hätte auf der linken Autobahnseite ein Schiff gesehen, was mir nur ein abfälliges Lächeln abrang. Die anderen dösten vor sich hin und als Lisi dann wieder behauptete, sie hätte schon wieder ein Schiff gesehen, wurde ich etwas lauter. Ich erklärte ihr, dass es auf der linken Seite der Autobahn, wenn man nach Österreich fährt, keinen größeren See gebe, außer den Gardasee. Und da fahren wir nicht hin! Plötzlich sah ich das Meer! Mit mehreren Schiffen und auf der linken Seite der Autobahn!! Ich konnte es nicht glauben. Wie sich dann herausstellte, waren wir fast in Ancona, einer Hafenstadt mit 100.000 Einwohnern. Sie ist ein wichtiger NATO-Stützpunkt, von dem im Bosnienkrieg eine internationale Luftbrücke nach Sarajevo bestand. Durch meinen perfekten Orientierungssinn war ich von Bologna nicht nach Hause, sondern den „Stiefel" entlang auf der anderen Seite wieder Richtung Süden gefahren, wo es immer wärmer wird!! Ohne Kommentar drehte ich um und fuhr Richtung Norden, nach Hause, wo es meistens immer kälter ist. Nun hatte ich ein neues Problem. Wir hatten kaum mehr Lire für die Heimreise, mussten aber noch tanken und unsere Schillinge wurden in Italien nicht angenommen. Außerdem gab es auf den Autobahntankstellen noch keine Bankomaten, um Geld zu wechseln. Mit Ach und Krach schafften wir es doch noch in unser Österreich, wo wir das Auto wieder volltanken konnten. Wenn jemand mit dem Auto eine Rom- Reise vorhat, kann er sich selbstverständlich bei mir melden, denn ich habe Italienerfahrung. Noch besser: Er fliegt!

VERSICHERUNGS-GESCHICHTEN

Als ich 1971 in der Versicherungsbranche anfing, war das Autogeschäft zwar schon vorhanden, aber erst am Anfang. Der Großteil der Einwohner in Ebensee hatte noch kein Auto, sehr viele keinen Führerschein, der Großteil waren Frauen. Ältere Semester fuhren Moped oder überhaupt nur mit dem Fahrrad. Es war die Zeit, in der ich hauptsächlich nur Mopeds anmeldete und von der Konkurrenz im Ort belächelt wurde, denn das „Moped-Geschäft" bringe nichts, außer viel Arbeit. Am Anfang stimmte es, sie hatten Recht. Ich sah auch sonst wenige Möglichkeiten, mein Geschäft schneller aufzubauen, da die bestehenden Versicherungsverträge meistens längere Laufzeiten hatten. Obwohl ich mich sehr bemühte, war es schwierig, neue Kunden zu gewinnen. Das häufigste Argument war, sie wollten erst sehen, wie lange ich überhaupt in dieser Branche bleibe. Es stimmte auch, denn alle meine Vorgänger waren ja aus diesem Geschäft wieder ausgestiegen. Also spezialisierte ich mich auf die „Moped-Kunden", mit der Unterstützung eines Mopedhändlers vor Ort, dessen vorherige Betreuung eher schlecht gewesen war. Für ihn war es eine Erleichterung und so konnte ich ihn als nebenberuflichen Mitarbeiter auf Provisionsbasis gewinnen. Er verkaufte im Jahr an die 300 neue Mopeds, viele gebrauchte und ausschließlich Puch- und KTM-Fahrzeuge. Ich fuhr daher drei- bis viermal in der Woche zur Bezirkshauptmannschaft Gmunden, um diese Fahrzeuge anzumelden und dann zu versichern. Es war ein Defizitgeschäft, denn ich trug die Kosten der Fahrt und der Zeit, die im Schnitt drei Stunden am Vormittag ausmachte. Die Provision für mich im Mopedgeschäft war entsprechend gering, den Großteil kassierte der Händler. Der Grund, warum ich das alles trotzdem machte, war der: Ich gewann fast täglich Neukunden, kam über deren bestehende Versicherungsverträge ins Gespräch, die ich dann großteils betreuen und servicieren konnte. Außerdem lernten mich dadurch die Leute besser und schneller kennen. Ich ersuchte sie auch, wenn sie mit meiner Arbeit zufrieden seien, mich weiterzuempfehlen. Was außerdem eine ganz große Rolle spielte: Die Mopedkunden wurden älter, kauften Autos, viele älteren Frauen machten den Führerschein, die Jungen sowieso, und der Großteil kam dann zu mir, um die Fahrzeuge zu versichern.

Es dauerte, aber die Rechnung ging auf. So konnte ich kontinuierlich meinen „Bestand" aufbauen, der über die KFZ-Sparten wie Haftpflicht-, Kasko-, Insassen- und Rechtsschutzversicherungen führte. Immer mehr dazu kamen die sogenannten „Edelgeschäfte", wie Wohnungs-, Haus-, Unfall-, Kranken und Lebensversicherungen. Ich konnte alle Sparten von Versicherungen abdecken, da dies alles im Programm der Allianz möglich war. Gewerbekunden konnte ich gewinnen, ich versicherte LKWs, Boote und deckte auch Spezialversicherungen ab. Mir machte das Versicherungsgeschäft riesigen Spaß, ich musste sehr viel lernen, in jeder Hinsicht, und war inzwischen auf mehrere Sparten spezialisiert.

Natürlich gab es auch eine zweite Seite des Geschäftes: fast keine Freizeit mehr, auch samstags und sogar sonntags im Einsatz zu sein. Sehr oft musste die Familie darunter leiden, Urlaub gab es wenig, da meist das „Geschäft" Vorrang hatte. Meine größte Schwierigkeit aber war: Ich wollte es allen Recht machen, versuchte einen Mittelweg zu finden, das funktionierte aber teilweise nur halbherzig! Eine Lösung dieses Problems war für mich kaum zu finden. Was sollte ich machen, wenn in der „Freizeit" ein Kunde einen Autounfall hatte und er mich anrief, ihm zu helfen? Keine Frage! Was sollte ich mit einem Kunden machen, der einen Rohrbruch meldete und ganz verzweifelt war, da die Wohnung schwamm? Sollte ich ihm sagen, er solle morgen anrufen, da sei ich wieder im Dienst? Oder wenn ein Kunde im Haus einen Blitzschaden meldete, bei dem die Teile noch herumlagen, ich aber mit der Familie beim Abendessen saß? Keine Frage? Für mich keine Frage, denn das war mein Beruf und dafür war ich da. Dann fühlte ich mich verantwortlich, gerade wenn der Kunde ein Versicherungsproblem hatte, verzweifelt war oder Hilfe brauchte. Ja, das war 30 Jahre mein Beruf und mein Leben. Ja, ich würde es wieder so machen! Verantwortung zu übernehmen, schnell zu entscheiden und das Problem abzuwägen. In meinem Geschäft hatte ich vieles erlebt, Positives und auch Negatives.

Dazwischen lagen auch Geschichten, bei denen ich nicht weiß, ob sie zum Lachen oder Weinen sind: Ein Autokunde, er war auch mit dem Wohnhaus und dem Wohnungsinhalt bei mir versichert, musste für ein paar Tage ins Krankenhaus. Er war um die 50 Jahre alt, fuhr einen VW Polo, sehr gepflegt und gehegt, es durfte mit diesem Fahrzeug niemand fahren, nicht einmal seine Frau. Da sie auch den Führerschein besaß, fuhr sie OHNE Wissen ihres Mannes in den Ort einkaufen, er war ja im Krankenhaus. Durch ein Missgeschick steifte sie auf der Beifahrerseite eine Mauer, bei der das Auto beschädigt wurde. Sie kam zu mir ins Büro, war den Tränen nahe und wusste nicht, ob ihr Mann eine Kaskoversicherung abgeschlossen hatte. Leider hatte er keine und so versuchte ich, ihr Problem zu mildern, denn der Mann sollte von dieser Sache nichts erfahren. Ich rief sofort bei der VW-Werkstätte an, erklärte die Situation und ersuchte sie, sofort mit der Reparatur zu beginnen. Es funktionierte alles tadellos. Der Schaden war einen Tag vor der Rückkehr ihres Mannes vom Krankenhaus behoben. Eine große Erleichterung für sie, als sie den Polo bei der Werkstätte abholen konnte. Ihr nächster Weg führte zu mir ins Büro, sie wollte sich bedanken. Ich freute mich darüber und wünschte ihr noch alles Gute. Genau gegenüber meinem Büro hatte sie den Polo abgestellt und stieg ein. Dabei klemmte sie beim Einsteigen den Sicherheitsgut ein und öffnete dabei nochmals die GANZE Fahrertüre. Ein knapp vorbeifahrender PKW hatte die Türe erfasst, mitgenommen und sie flog auf die Straße. Die Frau stieg OHNE Türe aus und kam komplett geschockt wieder zu mir ins Büro zurück. Ich habe mich zwar bemüht, nicht zu lachen, aber am liebsten wäre ich davongelaufen.

Natürlich passierten auch schreckliche Unfälle, bei denen beide Kunden bei mir versichert waren. Eine damals etwa 50-jährige Frau, sie war Witwe, fuhr mit ihrem Auto aus der Garage und wollte im Rückwärtsgang auf die vorbeiführende Gemeindestraße einfahren. Ein 16-jähriger Mopedfahrer, ich hatte sein Moped erst ein paar Tage zuvor angemeldet, fuhr ungebremst auf das Auto auf, stieß mit seinem Kopf gegen die betonierte Gartenmauer und wurde dabei schwerstens verletzt. Nachdem ich angerufen wurde, fuhr ich zum Haus der Autolenkerin, um ihr bei der Schadensabwicklung zu helfen. Ich war dann anschließend bei den Eltern des Mopedfahrers, um auch sie so gut wie möglich zu unterstützen. Die komplette Aufnahme des Unfalles, über den es später am zuständigen Gericht zur Verhandlung kam, wurde über die Gendarmerie abgewickelt. Ich hatte dabei sowohl mit der Autolenkerin als auch den Eltern des Mopedfahrers täglich Kontakt. Diese kamen sogar am Abend bei mir im Büro vorbei, nachdem sie vom Unfallkrankenhaus in Salzburg nach Hause kamen. Ein paar Tage später verstarb ihr Sohn an den schweren Kopfverletzungen und mir machte dieser Unfall sehr zu schaffen, da ich zu beiden Seiten emotionelle Bindung hatte.

Ein weiterer Unfall, der mir in lebhafter Erinnerung ist, war jener mit einem VW Golf GTI auf der Autobahn in Bayern, bei dem das Fahrzeug von der Straße abhob und der Beifahrer damals so schwer am Kopf verletzt wurde, dass er wochenlang um sein Überleben kämpfen musste und nachher völlig neu beginnen musste. Zu beiden, Fahrer und Beifahrer, habe ich nach wie vor einen besonders guten Draht.

Ebenso ein Motorradunfall außerhalb von Ebensee, bei dem der Fahrer überlebte, aber wochenlang im Koma lag und die Eltern mich sehr oft im Büro besuchten. Als er das erste Mal wieder ansprechbar war, ersuchte er seine Mutter, sie sollte ihm Unterlagen für ein neues Motorrad mitnehmen. Die Mutter drehte dann fast durch!

Ich hatte einen Arbeitsunfall in der Landwirtschaft mit tödlichem Ausgang zu bearbeiten, bei dem sowohl der Bauer als auch der Verunglückte meine Kunden waren. Diese überaus tragische Situation, bei der auch Außenstehende des Öfteren ein Urteil abgaben, verlangte viel Fingerspitzengefühl und auch Verständnis dieser Tragik.

Besonders war auch der Fall, als ein Kunde mit einem Gipsfuß zu mir ins Büro kam, um die Schadensmeldung zu machen, und dann stellte sich folgendes heraus: Er war mit seinem Paragleiter am Zwölferhorn gestartet und bei der Landung in St.Gilgen auf einem Autodach gelandet. Das Auto wurde stark beschädigt, die Haftpflichtversicherung für den Paragleiter, die er bei mir abgeschlossen hatte, kam für den Schaden auf. Er aber war unverletzt geblieben! Auf meine Frage, warum er dann einen Gipsfuß trage, erzählte er mir, er sei, nachdem er den Autobesitzer eruiert hatte, nochmals mit der Seilbahngondel auf das Zwölferhorn gefahren und bei der Landung mit dem Gleitschirm in St.Gilgen habe er sich das Bein gebrochen. Das sei noch zu melden, denn er habe Gott sei Dank auch die Unfallversicherung bei mir abgeschlossen. Schreckliches Detail: Ein paar Jahre später starb er beim Schifahren unter einer Lawine.

Sogar einen „Geisterfahrer-Unfall" hatte ich mit einer betagten Kundin, als sie auf der Westautobahn unterwegs war und der entgegenkommende Porschefahrer ausweichen musste. Dabei kam er von der Autobahn ab und wurde schwer verletzt. Obwohl die Verursacherin durch Verwirrtheit den Unfall verursacht hatte, konnte ihr der Führerschein nicht abgenommen werden. Sogar über die zuständige Behörde versuchte ihre Familie, den Führerscheinentzug zu bewirken, es dauerte aber trotzdem noch eine längere Zeit.

Eine sehr kurze Fahrt hatte ein Lenker eines Moped-Autos, nachdem ich dieses Fahrzeug angemeldet hatte. Nach der Einweisung und Erklärung dieses „Geschoßes" fuhr er vom Mopedhändler weg und nach genau 150 Meter weiter war das Fahrzeug ein Totalschaden, denn er fuhr zu schnell in die erste Kurve.

Unheimliches Glück hatte der Fahrer eines Holztransporters, als er eine Zuggarnitur der ÖBB übersah und mit ihr zusammenstieß. Es war natürlich ein Totalschaden des LKW, welcher auch über die Vollkaskoversicherung abgedeckt war.

Ein völlig unverständliches Verhalten legte ein junger Autofahrer an den Tag, der in kürzester Zeit zwei Autounfälle verursachte und vorher schon Mopedunfälle hatte, alle mit Eigenverschulden. Es war dann auf der B145, in der Nähe von Ebensee, als er eine Autokolonne überholte und dabei den entgegenkommenden Motorradfahrer samt seiner Frau übersah, was tragisch endete. Beide wurden schwerstens verletzt und mussten wochenlang im Krankenhaus bleiben und dort behandelt werden. Als der Verursacher zu mir kam, um die Schadensmeldung zu machen, sagte er dann, die zwei hätten einfach Pech gehabt. Nach solch einer Aussage musste ich mich zusammennehmen, um ruhig zu bleiben, denn so viel Gefühllosigkeit und Dummheit muss man erst wegstecken.

Einen sehr kuriosen Unfall hatte ich zu bearbeiten, als ein Kunde von mir mit über 40 Jahren bei seinem Kroatien-Urlaub einen Herzinfarkt hatte und dort verstarb. Der Bestatter musste nun den Verstorbenen in Kroatien mit seinem Leichenwagen abholen, der auch bei mir versichert war. Für die Überführung eines Toten nach Österreich sind eine Menge Formalitäten und Behördenwege erforderlich. Als er mit seinem Bestattungswagen in Kroatien wegfuhr, herrschte starke Bora, die mit starkem Wind und Regengüssen verbunden ist. Dabei kam der Bestatter mit seinem Wagen von der Straße ab, was einen Totalschaden des Fahrzeuges zur Folge hatte. Es musste nun ein anderer Leichenwagen gebracht werden, um den Sarg umzuladen und diesen nach Österreich zu bringen. Der Totalschaden des verunglückten Fahrzeuges wurde durch einen Sachverständigen aus Klagenfurt abgewickelt, welcher nach Kroatien fuhr und das Wrack dort besichtigen konnte. Die Abrechnung der Vollkaskoversicherung des Leichenwagens konnte in kürzester Zeit abgewickelt und erledigt werden. Übrigens: Nissan bietet mit dem „Leaf" auch einen Elektro-Leichenwagen an, unter dem Motto: Lautlos zur letzten Ruhe!!!

Am Vormittag hatte ich eine ältere Dame im Büro, um Versicherungs-Angelegenheiten mit ihr zu besprechen. Da unser Büro an der Bahnhofstraße lag, war auch dementsprechend viel Verkehr. Ein Geräusch, nicht laut, aber sehr störend, brachte mich soweit, dass ich das Gespräch meiner Kundin unterbrach und dem Laut nachging. Es war ein Pfeifton, der ausgesprochen unangenehm war und extrem störte. Die Kundin fing selbst an, mir bei dieser Suche zu helfen. Als ich gerade versuchte, unter dem Schreibtisch weiterzusuchen, rief die Dame, es sei IHR Hörapparat, von dem das Geräusch kam, die Batterien dieses Gerätes gingen zur Neige.

Eine andere Kundin aus der Neubaugasse rief mich an, ich sollte vorbeikommen, da sie einen Schaden zu melden hätte. Sie war bei mir haushaltsversichert und erzählte mir, dass im Fernsehen eine Informationsreihe der AUVA (Allgemeine Unfallversicherungs-Anstalt) gelaufen sei, und sie diese gesehen hätte. Es gehe bei diesem Spot um die Vermeidung von Unfällen im Haus und in der Wohnung. In ihrer Küche war die Glühbirne des Lampenschirms defekt und musste ausgetauscht werden. Sie dachte zwar noch an den Spot der AUVA, ging aber dann selbst ans Werk. Sie war eher klein, sehr korpulent und wollte wie sonst auch alles selbst machen. Also stieg sie auf den Küchensessel, konnte die Glühbirne aber nicht erreichen und stellte auf den Küchensessel noch ein Stockerl und stieg darauf. Beim Wechseln der Birne verlor sie das Gleichgewicht (nicht Übergewicht!), hielt sich noch am Lampenschirm fest, der nachgab und die Kundin fiel in die Glasscheibe der Küchentüre. Ihr gesamtes Hinterteil wurde dabei zerschnitten und ihr Ehemann leistete mit Handtüchern Erste Hilfe, denn sie blutete stark. Sie wurde im Krankenhaus genäht und verbunden. Bei der Unfallschilderung in ihrer Wohnung musste sie selbst über dieses Missgeschick lachen, drehte sich um und zeigte mir ihre zerschnittene Rückseite. Jetzt war ich perplex!! Diese Geschichte hätte auch anders ausgehen könnten! Die Unfallschilderung war aber noch nicht zu Ende, da die Kundin den Lampenschirm beim Sturz mitgenommen und dabei die Stegleitung der Installation mitsamt dem Putz heruntergerissen hatte. Die Schäden an der Küchendecke mussten dann von einem Elektroinstallateur und einem Maler wieder in Ordnung gebracht werden.

In meinem Geschäft war natürlich auch ein gewisses „Kundenservice" inkludiert, oder anders gesagt, ob Kunde oder nicht, ich versuchte ihnen zu helfen. Am häufigsten waren es Schadenserledigungen, die mich gar nicht betroffen hätten, Ausfüllen und Erledigungen von Finanzamtformularen, Kopieren und Telefonate. Es waren auch manchmal Anrufe unter dem Titel „Beratungstätigkeit für Versicherungsfragen", die aber in Wirklichkeit nur dazu dienten, sich das Herz auszuschütten. Es gab viele, die alleine waren, deren Kinder außer Haus wohnten und für die Eltern keine Zeit mehr hatten, sie hatten keinen Ansprechpartner, in jeder Hinsicht. Ab und zu waren Gespräche nach Schicksalsschlägen notwendig, um die Hinterbliebenen zu trösten, Mitleid auszudrücken und sie zu beruhigen, aber manchmal auch Streitigkeiten zu lösen und, was vorkam, auch zu versuchen, eine Ehe zu „kitten".

Sie sprachen mich teilweise an, sie mit dem Auto mitzunehmen, da sie selbst kein Fahrzeug hatten oder schon zu alt waren, um selbst zu fahren. Unter anderem eine Frau, ich kannte sie schon von Kind auf, welche etwas außerhalb von Ebensee wohnte und die nach Hause wollte. Ich fuhr damals fast täglich zur Bezirkshauptmannschaft

Gmunden, um Fahrzeuge anzumelden, und auf dem Weg dorthin nahm ich sie öfter mit meinem Auto mit. Sie war schon eine sehr betagte Dame und in letzter Zeit nicht mehr ganz so „dicht", wie es sein sollte. Ich bin gerade am Morgen sehr geruchsempfindlich, das heißt, sobald ich meinen „Fahrgast" im Auto sitzen hatte, musste ich schleunigst das Autofenster aufmachen, die Witterung spielte dabei keine Rolle. Die Fahrtstrecke war nicht einmal einen Kilometer, doch ich konnte nicht so lange die Luft anhalten, obwohl ich es versuchte. Da beim letzten „Transport" nun auch ihr Sitz nass wurde, hatte ich mich entschlossen, einfach früher nach Gmunden zu fahren, da sie zu dieser Zeit sicher noch beim Einkaufen beschäftigt war.

Es gab aber auch Kunden, die im reiferen Alter körperlich so fit waren, dass sie noch mit über 80 Jahren auf ein hohes Gerüst kletterten, aber dann doch herunterfielen. Im Krankenhaus wurde ein Bruch festgestellt und bei der Visite fragte der Primar, wie es dem Patienten jetzt gehe und ober er schon einmal in einem Krankenhaus gewesen sei (mit über 80!). Ja, er sei schon einmal drinnen gewesen und auf die Frage des Arztes, was er gehabt hätte, antwortete er, er habe dort seinen Nachbarn besucht. Der Primar schüttelte den Kopf und verließ das Krankenzimmer.

Eine reifere Frau rief mich an, ich sollte bitte vorbeikommen, da sich ihr Mann den Fuß gebrochen hätte, sie aber keinen Führerschein besaß. Sie hatten sämtliche Versicherungen bei mir abgeschlossen, unter anderem auch eine Familien- Unfallversicherung. Als ich an der Tür läutete, humpelte mir der Mann mit Gipsfuß und zwei Krücken entgegen. Ich nahm die Unfallmeldung auf und bei der Schilderung seines Unfalles kam es ins Stocken. Er wusste nicht recht, wie er das Ganze schildern oder formulieren sollte, wurde etwas rot im Gesicht, seine Frau schaute woanders hin und ich hatte das Gefühl, es sei ihr peinlich. Er sagte mir dann, es sei ihm sehr unangenehm darüber zu sprechen, aber es hätte sich folgendermaßen zugetragen: Seine Frau saß in der Badewanne und er wollte ebenfalls mit hinein. Bei dieser Aktion rutsche er in der Badewanne aus und brach sich dabei seinen Fuß. Ich tröstete die beiden noch, denn es hätte ja noch weitaus

Schlimmeres passieren können, wenn man zum Beispiel auf den Kopf falle. Jetzt merkte ich den beiden an, dass ihnen nun ein Stein vom Herzen fiel.

Da das „Fahrzeuggeschäft" immer mehr wurde, hatte ich einmal in der Woche einen Sachverständigen der Allianz bei mir im Büro, der die KFZ-Haftpflicht- und Kaskoschäden vor Ort bearbeitete und erledigte. Meistens fuhren wir zu den Stellen hin, an denen die Unfälle geschehen waren und die nicht von der Gendarmerie aufgenommen wurden, um die Situation näher kennenzulernen. Manchmal haben wir auch die Betroffenen des Unfalls eingeladen, um aus ihrer Sicht den Schaden zu schildern. Einer der Kunden war in Ebensee geboren und über Jahre auch mit mir befreundet. Er hieß Vladimir Mustafa B., seine Eltern stammten aus dem ehemaligen Jugoslawien und sein Auto musste wegen eines Kaskoschadens besichtigt werden. Bevor wir zu ihm hinfuhren, sagte ich dem Sachverständigen, er solle ganz langsam mit dem Kunden sprechen, damit der Kunde ihn auch besser verstehen könne. Als wir dort waren, begann der Sachverständige ganz langsam zu sprechen und bemühte sich sehr, damit dieser ihn auch gut verstehe. Es klang dann auch genauso, wie ein Österreicher mit einem Gastarbeiter spricht, der nicht Deutsch kann. Der Kunde hörte eine Weile zu und fragte mich dann im Ebenseer Dialekt, was denn dieser Sachverständige habe, er spreche so komisch. Der Sachverständige sei aus Linz und könne nicht anders, sagte ich ihm! Der Sachverständige musste auch später noch über unsere Episode lachen und sprach von da an „normales Deutsch".

Einer der größten Kunden war eine Transportfirma, bei der nicht nur alle LKWs, Anhänger, Sattelauflieger und PKWs bei mir versichert waren, sondern auch die Fahrer der Fahrzeuge und auch das ganze Firmen- und Privatgeschäft. Der Schwerpunkt dieser Firma verlagerte sich immer mehr auf den Transport in die Vereinigten Arabischen Emirate, mit Schwerpunkt Saudi-Arabien. Durch den Bauboom in dieser Region wurden hauptsächlich Waren der Baubranche von Österreich oder Deutschland nach Asien transportiert. Das lukrativste und auch gefährlichste Geschäft war aber der illegale Transport von Whisky und

Spirituosen, die in dieser Region striktest verboten sind. Wer im muslimischen Land Saudi-Arabien Wein oder Spirituosen besitzt oder sogar konsumiert, muss mit sehr harten Strafen rechnen. Wer nur kleine Mengen bei sich hat, wird öffentlich ausgepeitscht. Im Gegensatz zur Todesstrafe, die darauf steht, wenn man eine größere Menge Alkohols oder andere Drogen bei sich hat, kommt die Auspeitschung fast noch einem milden Urteil gleich. Alkohol nach Saudi-Arabien zu schmuggeln kommt einem Todesurteil gleich, wurde aber trotzdem immer wieder riskiert.

Hinter geschlossenen Palasttüren wurde aber Alkohol getrunken, gefeiert und selbst Prostituierte befanden sich hier. In Wikileaks-Enthüllungen „Das Nachtleben im Untergrund floriert" schrieb der Diplomat des US-Konsulates: „Die volle Bandbreite westlicher Laster ist verfügbar, Alkohol, Drogen, Sex – aber alles hinter verschlossenen Türen. Alkohol ist in Saudi-Arabien offiziell verboten und wird auf dem Schwarzmarkt teuer gehandelt. Von Anstands-Überwachern keine Spur, wenn solche Partys mit Mitgliedern der königlichen Familie stattfinden oder von ihnen ausgerichtet werden", heißt es bei Wikileaks. Allerdings gibt es in Saudi-Arabien tausende von Prinzen – insgesamt werden die Angehörigen der Herrscherfamilie auf etwa 10.000 geschätzt. Die Ausschweifungen von Mitgliedern der Herrscherfamilie sind einer der Gründe, warum Osama bin Laden den al Sauds den Krieg erklärt hatte. Er warf der Familie vor, sich mit ihrem Lebensstil und ihrer Politik vom Islam abgewandt zu haben. Jeder aufrechte Muslim habe daher die Pflicht, dieses Regime zu stürzen. Es wurden fünf neue Sattelzugfahrzeuge und dazu die Sattelauflieger angekauft, natürlich alle in der gleichen Farbe und Ausstattung. Die Fahrzeuge wurden mit Wiener Kennzeichen angemeldet und dazu das Wichtigste – die roten Deckkennzeichen für die Sattelauflieger oder Anhänger. Denn wer in Österreich einen ausländischen Anhänger ziehen wollte, musste das ausländische Kennzeichen mit der roten Nummer abdecken. Außerdem musste der Antragssteller von nicht zum Verkehr zugelassenen Anhängern, die von einem Kraftfahrzeug mit österreichischem Kennzeichen gezogen werden sollten, glaubhaft machen, dass der Anhänger mit dem Kraftfahrzeug im Ausland gezogen wird. Es legitimierte auch gleich das Ziehen eines nicht zugelassenen Anhängers im Ausland. Das hinterlässt natürlich sehr viel Spielraum über diese Auslegung und konnte nach „Bedarf" genutzt werden. Diese Deckkennzeichen wurden auch in Asien verwendet, zwar ohne Versicherungsschutz aus Österreich, doch im arabischen Raum kennt sich diesbezüglich sowieso niemand aus. Noch schwieriger wird dann eine Übersetzung von Deutsch auf Arabisch oder umgekehrt.

Der ganze Aufwand und auch diese Planung hatten natürlich einen besonderen Hintergrund: Es sollte tatsächlich Whisky von Österreich nach Saudi-Arabien transportiert werden und zwar in größeren Mengen. Aus diesem Grunde „ergab" es sich, dass fast alle Sattelauflieger nur eine Ware beförderten und zwar Gipskartonplatten für den Innenausbau in Saudi-Arabien. Dazu wurde eine große, leerstellende Halle angemietet, in die die Sattelauflieger samt Ladung hineinfahren konnten. Die meiste Arbeit war dann das Ausschneiden der Gipskartonplatten, um darin die Whisky-Kartons zu verstauen. Es waren ganz wenige Leute in diese Sache eingeweiht, das hätte bei Auffliegen dieser Aktionen katastrophale Folgen gehabt, speziell in Saudi-Arabien. Über längere Zeit funktionierte dieses „Geschäft" ohne Probleme, musste dann aber beendet werden, da dem Auftraggeber das Risiko zu gefährlich wurde.

In dieser Zeit wurden auch dringend LKW-Fahrer gesucht, die mit ihrem Fahrzeug auf diversen Baustellen in Saudi-Arabien arbeiten wollten. Die Bezahlung war mehr als verlockend und so fanden sich bald zwölf Fahrer, die sich dazu bereiterklärten. Es waren auch private Unternehmer dabei, die sich von diesem Geschäft bessere Zukunftsaussichten versprachen, da die Frächter-Branche nicht gerade rosigen Zeiten entgegensah. Ich hatte damals in unserer Umgebung sämtliche Frächter oder Fahrer unfallversichert, um im Ausland zumindest dieses Risiko abzudecken. Die Fahrzeuge wurden mit verschiedenen Gütern, großteils aus Österreich, beladen und diese wurden dann nach Saudi-Arabien gebracht. Geplant war, dass nach drei bis vier Monaten die Fahrer mit den Fahrzeugen nach Österreich zurückkommen sollten, um anschließend wieder mit neuen Gütern hinunterzufahren. Es bestand auch die Möglichkeit, die Fahrzeuge unten zu lassen und die Fahrer kurzfristig heimzufliegen. Alles funktionierte am Anfang tadellos, doch traten immer mehr Schwierigkeiten in der Organisation auf. Fahrer mussten des Öfteren tagelang auf die Beladung der Güter warten und Bezahlung der Fahrer wurde immer mehr zur Nervensache. Das Warten auf neue Ladungen, die Unzuverlässigkeit, die Zahlungsmoral und dann noch das heiße Klima trugen dann dazu bei, dass immer mehr Fahrer resignierten und nach Hause fuhren. Größere Fahrzeugreparaturen, horrende Reparaturkosten und dazu noch der Geldmangel trieb manchen dazu, ohne Fahrzeug zurückzukommen. Dabei verloren manche sogar den LKW, denn ein kaputtes oder beschädigtes Fahrzeug kaufte niemand. Unterm Strich war dieses „Abenteuer" ein großes Verlustgeschäft und manche verloren sogar ihre Existenzgrundlage.

Natürlich hatte ich auch Kunden, teilweise sogar gute Freunde von mir, die mit Waffenschmuggel ihr Geld verdienten, dabei aber erwischt wurden und danach ihr Leben neu ausrichten mussten. Ich hatte einen ausgesprochen netten Kunden, von dem man nie glauben würde, dass er eine Frau vergewaltigt hatte und der dafür jahrelang eingesperrt wurde. Einen weiteren Kunden, der im großen Stil Rauschgift nach Österreich brachte und das dort auch gehandelt hatte, er saß dafür zehn Jahre im Knast.
Ein jahrelanger Kunde verkaufte von Singapur aus Computerteile nach Russland, diese durften damals wegen der Sanktionen in Europa und Amerika nicht verkauft werden. Obwohl er sogar kurze Zeit eingesperrt und von der österreichischen Staatspolizei sogar überwacht wurde, konnte ihm kein Vergehen nachgewiesen werden, da diese Geschäfte in Südostasien abgeschlossen wurden. Durch die guten Kontakte zu Russland verlieh man ihm angeblich auch eine hohe militärische Auszeichnung und er wurde von vielen als „Oberst" bezeichnet. Er hatte eine Daca, ein Sommerhaus in Moskau und gewisse andere Privilegien, wie einen eigenen Pass. Er organisierte sogar von Moskau aus ein Treffen mit guten Freunden beim „Schwarzen Adler" in Ebensee, bei dem er dann am Abend verschiedene russische Spezialitäten auftischte.
Eine Geschichte von ihm, die fast unglaublich klingt, trug sich bei einer Autofahrt Richtung Polen durch die damalige Tschechoslowakei zu. Mit drei guten Freunden fuhr er auf Einladung eines Tisch-

tennis-Trainers, der längere Zeit in Ebensee sportlich tätig war, nach Polen, um ihn in seinem neu gebauten Haus zu besuchen. Am Weg durch die damalige Tschechoslowakei wurden sie bei einer Polizei-Kontrolle aufgehalten und sollten Strafe zahlen, den Grund dafür kannten sie nicht. Der „Oberst" schlief hinten im Kombi, er hatte am Vortag zu viel getrunken und wurde bei dieser Kontrolle wach. Er stieg aus, sprach ein paar Worte mit den Polizisten, ging mit ihnen etwas abseits der Straße, er gab ihnen vermutlich Geld. Bevor er wieder ins Auto einstieg, ging er zum Polizeiauto, pinkelte darauf und sagte zu den dreien: „Wir können weiterfahren". Natürlich traute sich keiner wegzufahren, erwarteten sie doch größte Schwierigkeiten nach diesem Vorfall. Die Polizisten stiegen in ihr Auto ein und fuhren weg. Wie er das gemacht hatte, war sein Geheimnis, er kletterte wieder in den Kofferraum des Kombis, machte die Augen zu und schlief ein. Für alle, die dabei waren, ist es bis heute ein Rätsel, warum die Polizisten nicht einschritten.

Natürlich durfte auch ein junger Bankräuber, der sein geraubtes Geld in einem großen Blumentopf versteckt hatte, in meinem großen Kundenstock nicht fehlen. Er tat mir aber irgendwie leid, hatte er doch sein ganzes Leben selbst zerstört.

Ein ehemaliges großes Gasthaus wurde renoviert und zu einem Swinger-Club umgebaut, der dann von mir versichert wurde. Dadurch lernte ich alle Räumlichkeiten kennen, ebenso den genauen Ablauf in einem solchen Betrieb. Ich hatte wieder etwas Neues dazugelernt und sah diesen Geschäftszweig von da an mit anderen Augen.

Mehr als zum Lachen gab es auch, als eine Kundin, sie war Witwe, von ihrer Freundin gebeten wurde, sie und ihren Mann zum Urlaub nach Kroatien mitzunehmen, da beide kein Auto hatten. Der Mann war zwar finanziell gut situiert, hatte allerdings ein großes Problem, er trank. Wie zuhause, trug er auch in Kroatien seine kurze Lederhose, samt Jagdhemd und Hut. Es war Hochsommer, er kam gerade mehr als angeheitert aus einem Lokal in Strandnähe und suchte seine Frau, denn er hatte Bauchschmerzen. Er dürfte einen Virus erwischt haben, sicher nicht vom Trinken, und torkelte den Strand entlang. Entweder stolperte er, oder es nahm ganz einfach seinen Lauf, im wahrsten Sinne des Wortes und so ging alles in die kurze Lederhose. Diese war zwar seitlich dicht, nicht aber weiter unten und so verbreitete er in dieser Hitze rasch einen Geruch, als sei eine Kläranlage explodiert. Das Wichtigste aber war, seinen „Jagdhut" nahm er auf keinen Fall ab, denn er wollte keinen Sonnenbrand riskieren. Meine Kundin erzählte mir dann, sie würde nie mehr mit diesem Ehepaar auf Urlaub fahren und zuhause bleiben.

NEUES BÜRO

Da wir zu dritt im Versicherungsbüro arbeiteten und sowohl Kunden als auch wir bei manchen Gesprächen „unter vier Augen" sein wollten, suchte ich nach einem neuen, größeren Büro. Es sollte in der Nähe unseres jetzigen Standortes sein, mehr Räumlichkeiten und unbedingt Parkplätze für unsere Kunden haben, für Sachverständige und auch für uns selbst. Außerdem hatte ich schon vorher mit vielen unserer Kunden gesprochen und die Frage gestellt, was für sie in einem neuen Lokal ganz wichtig sei. Es sei die Zeit für persönliche Beratung und Verkauf, und – ganz wichtig – der Kunde wolle ganz in der Nähe unseres Büros parken. Unter dem Motto: Sie kommen mit dem Auto, parken dort, erledigen Ihre Versicherungsangelegenheiten und gehen nachmittags spazieren. Auf der Suche nach einem neuen Standort und diesen Vorgaben führte ich ein Gespräch mit den Solvay-Werken, die seit mehr als 100 Jahren mitten im Ort ihr Firmenareal hatten. Solvay ist eine weltweit tätige Unternehmensgruppe mit Sitz in Brüssel, die in dem Bereich Chemie, Kunststofferzeugung und Pharmaindustrie tätig ist. Der Großteil der Betriebswohnungen der Solvay-Häuser stand bereits leer, da die Wohnqualität nicht mehr dem heutigen Standard entsprach. Teilweise standen die Häuser bereits leer, wurden aber als Privatwohnungen nicht mehr vermietet, da sie an das Firmengelände angrenzten. Die ersten vier Häuser der Bahnhofstraße, nur fünf Minuten von unserem jetzigen Geschäft entfernt, boten sich als Bürostandort optimal an. Das erste Haus stand nicht mehr zur Debatte, da der Abrissbescheid schon vorlag und eine neue Bankfiliale dort errichtet werden sollte. Das nächste Haus war noch zu vermieten, doch ein Solvay-Mitarbeiter bewohnte noch das Erdgeschoß bis zu seiner Pensionierung, erst dann musste er ausziehen. Die anderen zwei Häuser waren schon an Firmen verpachtet worden und so blieb nur mehr das eine Haus für die Verpachtung übrig. Diese drei Häuser, alle im gleichen Baustil und um die Jahrhundertwende gebaut, waren für je sechs Betriebswohnungen errichtet worden. Die voll ausgebauten Kellerabteile wurden hauptsächlich für die Kohle-, Holz- und auch Heizöllagerung von den Bewohnern des Hauses verwendet. Der letzte Mieter unseres Hauses hatte vorher in seinem Kellerabteil Schlangen gehalten und ich war mir nicht ganz sicher, ob er dann auch alle in seinem Terrarium gehaltenen Tiere mitgenommen hatte. Auch nachdem er aus der Wohnung ausgezogen war, hatte ich jahrelang ein mulmiges Gefühl, wenn ich in den Keller ging, ob sich nicht doch eine Schlange versteckt hätte. Eigentlich war das Haus für unseren Bürobedarf viel zu groß und es hätten zwei Wohnungen des Hauses genügt, das wurde aber von der Solvay nicht genehmigt und abgelehnt. Also gab es nur die Variante, das ganze Haus zu mieten oder auf alles zu verzichten. Da sich auch in der Nähe überhaupt keine Möglichkeit anbot, ein Büro zu mieten, fiel die Entscheidung, das ganze Haus zu pachten, leichter. Was noch dazu kam, waren die vielen Parkplätze an der Rückseite des Hauses, die selbstverständlich bei der Miete inkludiert waren. Nun stand fest, im Erdgeschoß des Hauses sollte die ehemalige Wohnung in zwei Büroräume und ein WC umgebaut werden, dasselbe sollte im ersten Stock passieren. Für die zweite Wohnung im ersten und auch für die Wohnungen im zweiten Stock hatte ich eine gewerbliche Vermietung ins Auge gefasst. Die größte Aufgabe war aber die Renovierung des ganzen Hauses, samt Umbau auf neue Büros. Dies alles musste ich in Eigenregie bewältigen, da meine finanziellen Möglichkeiten sehr beschränkt waren.

Ein sehr großes Handicap war auch, dass für alle Investitionen die Mehrwertsteuer in dieser Branche nicht abgeschrieben werden konnte, dass ich nicht wie ein Unternehmer behandelt wurde. Also war mir von Haus aus auch bewusst, dass der Hauptanteil der Arbeiten nur nach Büroschluss und an den Wochenenden möglich war. Wie immer, hatte ich auch diese enorme Herausforderung vollkommen unterschätzt, in dem Glauben, ich würde den Umbau schneller und einfacher schaffen, was sich aber als Trugschluss herausstellte. Wäre mir das alles von Anfang an vollkommen bewusst gewesen, hätte ich es trotzdem gemacht, denn ich bin bis heute leidenschaftlicher Optimist oder nur dumm. Begonnen hatte ich damit, den Abtransport einer großen Menge an eingelagerter Kleidung durch eine Hilfsorganisation zu organisieren, was verhältnismäßig schnell stattfand. Außerdem waren in allen Räumen liegengebliebene Gegenstände und auch Müll zu entsorgen. In vier Wohnungen des Hauses mussten die ganzen Spanplatten abmontiert und entsorgt werden, durch die damals die großen Räume abgetrennt worden waren, wodurch ein weiteres Zimmer entstand. In fast allen Räumen des Hauses wurden auch die Spanplatten der Decken entfernt, um wieder auf die ursprüngliche Deckenhöhe zu kommen. Diese wurden damals abgesenkt, um die Räume besser heizen zu können. Fast alle Räume des Hauses waren zigfach tapeziert und das musste daher abgeschabt und neu verputzt werden. Die bestehenden Wasserrohre und Leitungen mussten entfernt und durch neue ersetzt werden. Die gesamte Elektroinstallation wurde entfernt und neu verlegt, ebenso die Zählerkästen. Ich selbst hatte zweimal innigsten Kontakt mit den Stromleitungen und schlug dabei fast einen Salto. Doch es war nicht das erste Mal und ich hoffe, dass ich irgendwann immun gegen den Stromschlag werde. Sogar eine neue Leitung für die Stromzufuhr musste gegraben werden, da Solvay eine eigene Stromversorgung hatte, die von uns aber nicht genutzt werden konnte. Geheizt wurden die Räume mit Nachtstrom oder Ölheizung, die vom Keller aus betrieben wurde. Eine Alternative gab es nicht, denn Erdgas war in Ebensee noch nicht angekommen, der Betrieb und die Nutzung einer Wärmepumpe wären optimal gewesen, doch auch aus Kostengründen nicht leistbar. Alle Böden wurden neu verlegt, die Innentüren mussten gekauft werden, die Fenster ausgebessert und neu gestrichen werden, ebenso alle Räume samt Stiegenhaus. Die Hausfassade musste ausgebessert werden und bekam eine neue Farbe, ebenso die Außenfenster und die Holzverschalungen am Dach. Auf drei Seiten des Hauses wurden am Rand Steinplatten verlegt, im ersten Stock des Hauses wurde im Eingangsbereich eine große, beleuchtete Firmentafel montiert und an der Süd- und Nordseite das Firmenlogo aufgebracht. Nachdem auch alle Beleuchtungen innen und außen montiert, die Telefon- und Computeranschlüsse in den Büroräumen verlegt und verkabelt waren, blieb nur mehr der Einkauf neuer oder gebrauchter Büromöbel übrig. Alle bisher verwendeten Gegenstände wurden in das neue Büro mitgenommen, manche gebrauchten Teile kaufte ich preisgünstig bei anderen Büros ein, die sich ganz anders und neu einrichteten. Das Einzige, was ich mir leistete, war meine komplette Büroeinrichtung, die ich bei IKEA kaufte, nach Hause transportierte und dann zusammenbaute. Der Abschluss der Arbeiten war das Montieren der Vorhangschienen samt Vorhängen. Nun konnten wir endgültig in unser neues Büro übersiedeln und ich war nach diesem Arbeitsmarathon ausgepumpt, aber glücklich. Ich hatte wochenlang keinen freien Tag mehr, sogar samstags oder sonntags kam ich kaum vorm späten Abend nach Hause und hatte schon wieder ein Ziel: eine Wohnung im zweiten Stock auszubauen und einzurichten.

Der Grund, warum ich das vorhatte, war einfach: Florian studierte in Wien, eine kleine Wohnung hier einzurichten, bot sich optimal an. Ich versuchte nun, da ich schon ausreichend Erfahrung im „Bau" hatte, es möglichst alleine zu schaffen. Dabei richtete ich neben dem WC ein schönes Bad ein, legte für die drei Räume einen neuen Holzboden, montierte eine kleine Küchenzeile mit Elektroherd und Kühlschrank. Ins Wohnzimmer kam ein offener Kamin, die Fenster und Türen wurden neu gestrichen und alle Räume ausgeweißt. Nur die Wasserinstallationen, die Fliesenleger- und Elektroinstallationen hatte ich machen lassen, den Rest erledigte ich alleine. Kurz vor der Fertigstellung meines „Projektes", ich kann mich noch genau daran erinnern, es war ein später Nachmittag an einem Sonntag bei wunderschönem Wetter, schaute Michael mit seiner Julia vorbei. Ich strich gerade das Balkongeländer vor der neuen Wohnung mit dem Grün, das sich ich im ganzen Haus auf den Holzteilen durchzog und ich sagte: „Was für ein schöner Tag, den habe ich gar nicht bemerkt." Michael schaute mich an und sagte: „Du bist selbst schuld!", womit er zu hundert Prozent Recht hatte.

FRANKREICH

Bei einem Kurzurlaub mit der Allianz, mit vorhergegangener Ehrung (warum, weiß ich nicht mehr), fuhren wir mit einem Reisebus nach Elsass, in den Osten Frankreichs. Es war eine Gegend, die ich bisher nicht kannte und wo ich vermutlich nicht mehr hingekommen wäre. Alleine schon wegen des Essens musste ich nicht dort hinfahren, aber ich bin diesbezüglich kein Maßstab. Wir waren einen Tag in Straßburg, das jetzt Sitz zahlreicher europäischer Einrichtungen, unter anderem dem Europarat, Europaparlament, dem Europäischen Gerichtshof für Menschenrechte, des Europäischen Bürgerbeauftragten und des Eurokorps ist. Aufgrund dessen versteht sich Straßburg als „Hauptstadt Europas" und ist die größte Stadt des Elsass. Wir fuhren dann weiter auf der Elsässer Weinstraße, die sich auf einer Länge von 170 Kilometern erstreckt. Es war eine Reise durch die Weinbaugebiete mit Besichtigungen historischer Städte und Orte, dazwischen mit Wein- und Sektverkostungen.

An den Hängen des Elsass herrschen optimale Bedingungen für den Weinanbau. Das warme und trockene Klima begünstigt die Reifung der elsässischen Reben, die bekannt sind für die französischen Weine und für Sekt. Bei einer Besichtigung und Verkostung eines Winzerkellers erlebte ich das erste und einzige Mal, dass zu den Weinproben nicht Brot, sondern „Germgugelhupf" kredenzt wurde. Alle probierten dieses Gebäck zum Wein, denn man vertrug diesen dann besser, aber es hat eine fatale Auswirkung: Die Mischung aus Wein und Germgugelhupf fängt in kürzester Zeit an zu „arbeiten" und es entstehen gewaltige Blähungen, die kaum mehr zu bewältigen sind. Gerade im Autobus, mit 50 Insassen, hat das schlimme Folgen und ist mehr als peinlich. Der einzige Vorteil war: Es waren alle betroffen! Für die Küche des Elsass wurde uns eine besondere Spezialität empfohlen, der Baeckeofe. Wer Glück hat, findet ein Restaurant, das sich die Mühe macht, diesen Eintopf zuzubereiten, wurde uns versprochen. Früher kam dieses Essen in jedem Haushalt am Samstag auf den Tisch. Typischerweise werden Rind, Lamm und Schweinefleisch sowie gegebenenfalls Schweinefüße (!?!), verschiedene Gemüse und trockener Weißwein zwölf Stunden lang mariniert. Das Ganze landet im

Bäckerofen (Le Baeckeofe), damit die Hausfrau Zeit für den Hausputz hat! Anschließend wird die Speise zwei bis drei Stunden im Ofen zusammen mit Lauch und Kartoffeln gegart. Die Zubereitung erfolgt in speziellen ovalen Tonterrinen. Das Gericht erhielt seinen Namen vom Ofen des Bäckers. Dorthin brachten früher die Frauen des Dorfes ihre Terrinen, wenn ihnen die Arbeit wenig Zeit ließ und um die Restwärme seines Ofens auszunutzen. Wir fuhren eine Zeit lang durch ein engeres Tal und hielten bei einem großen alten Haus, dort wurden wir schon mit Musik empfangen. Es war ein großes Wirtshaus, das Lokal war vermutlich Anfang der 70er-Jahre eingerichtet und seither nicht verändert worden. Die Bänke, Tische, die Vorhänge, die Tapeten des Raumes, wie von damals und als „Tüpfchen" auf dem I, eine Discokugel, die an der Decke befestigt war und sich dabei drehte.

Der Sohn des Hauses war der Musiker, eine Ein-Mann-Kapelle, er spielte mit seinem Keyboard, mit elektronischer Unterstützung und Verstärkung. Natürlich war unser Eintopf rechtzeitig vorbestellt und fertig. Alle warteten gespannt auf dieses Essen. Begleitet wurden wir von der Tanzmusik des Hauses, vermutlich zur Einstimmung auf das Festmahl. Als der Deckel der Terrine aufgemacht wurde und ich das Essen sah, hatte ich schon gegessen, ohne es zu probieren. Für mich war es grauenhaft: Ganz oben auf dem Eintopf schwammen Schweinefüße und als Krönung zeigte sich ein kleiner Schweinekopf mit Ohren. Ehrlich gesagt, bei so einem Essen wird mir schlecht, na ja, manche lieben so eine Spezialität! Ich sah dann, wie der Großteil zugriff und fast allen der Eintopf schmeckte, denn wie gesagt, ich bin eine Ausnahme.

Statt des Essens wollte ich einen Schnaps bestellen, was ich normalerweise nie tat, doch jetzt brauchte ich einen. Das Ehepaar, vermutlich die Besitzer des Lokals, war von der Kleidung her ebenfalls nicht auf dem Laufenden, vergleichbar mit dem ersten Golf GTI, aber unheimlich nett. Da das Winken mit der Hand und gelegentliche Zurufe keine Wirkung zeigten, es war sehr laut im Lokal, stand ich auf und wollte mir den Schnaps bei der Wirtin selbst bestellen. Sie sprach deutsch und sagte nur: „Wenn du einen Schnaps haben willst, musst du mit mir tanzen", was ich dann auch tat. Ich hätte gerne noch einen zweiten Tanz mit ihr gemacht und einen zweiten Schnaps bestellt, doch sie musste gleich wieder arbeiten. Jetzt versteht man auch die Aussage, am Anfang dieser Elsass-Schilderung, dass ich hierher nicht nochmals kommen muss, zumindest nicht wegen der Spezialität des Elsass, dem Baeckerofen.

SEEFELD / TIROL

Unter dem Motto „Herzklopfen" fing ein verlängertes Wochenende Mitte September an, das verschiedenste Aktivitäten beinhalten sollte.

Wir wohnten in einem großen Hotel in Seefeld in Tirol, das auf etwa 1200 Metern Seehöhe liegt und mehrmals Austragungsort der Olympischen Winterspiele war. Es ist auch so eines der Wintersportzentren Österreichs mit zwei Schisprungschanzen, Biathlonanlage, Loipe für Schilanglanglauf und Rennstrecke für Slalom und Riesenslalom. Auch für den Sommersport gab es verschiedene Möglichkeiten und Aktivitäten, unter anderem auch eine asphaltierte Rollerskistrecke. Begonnen wurde beim Hochseilgarten neben der Casino-Arena, dem Fußballstadion des Ortes, unter dem Motto „no risk, but fun". Es ist auch leicht zu verwechseln mit dem Motto „no risk, no fun" und wird das auch oft. Jahre später schrieb die Presse: „Einer der dümmsten Slogans ist „no risk, no fun"! In den Anforderungsprofilen für die besseren Jobs sind „risikofreudig" und „risikobereit" schon fast so gefragt wie die Klassiker „flexibel", „belastbar", „kreativ" und „teamfähig". Die Wörter „fleißig" und „korrekt" kommen nie vor, diese Eigenschaften muss man wohl nur mehr als C-Beamter oder Reinigungskraft haben. Es scheint geradezu, als ob es ein Wert an sich sei, Risiko auf sich zu nehmen. Tatsächlich bereitet es manchen Menschen offenbar Lust, Risiken einzugehen. Es sind wohl dieselben, die das Mittelmaß belächeln, Kompromisse verachten, Vorsicht als Ängstlichkeit werten und am liebsten in Ausnahmesituationen leben und arbeiten. Aber sie können erstens ziemlich nerven mit ihrem Draufgängertum, zweitens neigen sie, wie gesagt, dazu, anderen Menschen generös Risiken aufzubürden. Man tut also gut daran, sie zu bremsen, zu mäßigen und sie einzubinden. Sie dürfen es halt nicht merken. Mit Unterstützung speziell geschulter Betreuer erfuhren wir, was es heißt, die eigenen

Grenzen auszuloten und zu überschreiten. Ein ganz neues Gefühl der Zusammengehörigkeit ließ sich erleben. Eingebettet in die Tiroler Bergwelt, befindet sich der Hochseilgarten (high ropes course – klingt noch gefährlicher!!). In acht Metern Höhe erwarteten uns Übungen, die unseren ganzen Mut erforderten und bei denen die Unterstützung des gesamten Teams erforderlich war. Gesichert und unter Anleitung der erfahrenen Trainer machten wir Erfahrungen, die uns das Alltagsleben nicht bieten kann. „Erkennen und erleben wir, was alles in uns steckt". Mit Übungen wie „Pamper Post", bei der der mutige Kandidat am Sitzgurt hängend und drei Seilen gesichert, auf einen sehr hohen, freistehenden Pfosten gehoben wird und dort auch freihändig stehen soll. Der besondere Kick daran ist, abzuspringen wie ein „Klippenspringer" und von drei Kollegen gesichert, in einem Seil zu landen. Das Wichtigste aber ist das restlose Vertrauen ins restliche Team, es sollte nur nicht schiefgehen!? Oder der „Giant Swing", wo man mit einem speziellen Sitzgurt gesichert und bei einer Schaukel eingehängt wird. Der Rest der Mannschaft zieht diese Person dann noch oben. Der „Schaukler" hat einen Auslösemechanismus, den er selbst betätigen kann. Zieht er an dieser Schnur, schießt er nach unten und schaukelt eine Weile in schwindelnder Höhe. Mit den „Dangle Do", „Tennion Traverse" oder „Multi Vine" sind weitere schwierige Stationen verknüpft und man sollte natürlich Teamfähigkeit beweisen. Natürlich stand auch wieder eine Pferdekutschenfahrt!!! auf dem Programm (diesmal ohne Spätfolgen), die Fahrt ging über den Golfplatz Wildmoos bis zum idyllisch gelegenen Lottensee-Gebiet. Der Lottensee ist ein periodischer See, der nur alle vier bis fünf Jahre auftritt, gespeist durch das Schmelzwasser des vorangegangenen Winters. Anschließend ging es in die naheliegende Lottensee-Hütte, ein einfaches, schlicht gehaltenes Holzhaus mit ausgezeichneter Hausmannskost, dazu Hits aus den 60ern bis zu den 90ern, von Eric Clapton bis U2. Die am nächsten Tag stattfindenden Almwettspiele verweigerte ich, denn der Schubkarren-Schnupftabak- Schnapsproben-Hindernis-Parcours entsprach nicht meinen Vorstellungen oder meinem Geschmack. Um dabei zu sein, war es natürlich notwendig, einen ganz langen und lustigen „Dodelhut" aufzusetzen, also einen überdimensionierten Filzhut mit „Firmen-Logo", damit man noch bescheuerter aus der Wäsche schaute. Abgeschlossen wurde dieser sehr intelligente Wettbewerb mit dem Wettmelken an der Holzkuh „Resi" (die trotz des Namens keine Kellnerin war) und dem Bewerb „Hau den Lukas" – einem großen Holzhammer, mit dem man sich richtig austoben konnte. Nach dem Essen fuhren wir mit dem Bus nach Innsbruck Igls, die Sportstätte der Olympia Bob-, Rodel- und Skeletonbahn. Es war also der Allianz-Adrenalin-Nachmittag. Professionelle Bobpiloten empfingen und erklären uns ihre Heimstrecke und gingen gemeinsam mit uns hinauf zum Start. Faszinierend für mich waren dabei die riesigen, betonierten Eiskanalkreisel mit einer maximalen Kurvenhöhe von sieben Metern, die gesamte Bahn hat eine Höhendifferenz von 100 Metern und eine Gesamtlänge von 1.270 Metern. Beim Starthaus wurden die speziell konstruierten Gästebobs (der Pilot lenkt und bremst) begutachtet und für den Start freigegeben. Für die Fahrt im Olympia-Eiskanal nahmen vier Personen hinter dem Profi-Piloten Platz und der Adrenalinkick schien vorprogrammiert. 2 G wirken im Kreisel auf den Körper ein, mit nahezu 100 km/h donnerte der Bob durch die 14 Kurven und vermittelte absolutes Renn-Feeling. Der erste Lauf machte Lust auf weitere Fahrten, denn es ging mit Kleinlastern den Weg wieder hinauf zum Start für den zweiten Durchgang. In diesem wurde noch schneller gefahren, die Angst war natürlich noch größer und meine Kreuzschmerzen waren noch schlimmer als befürchtet.

1964, bei den Olympischen Spielen in Innsbruck, mussten zwei Sportler ihr Leben lassen. Beim Abschlusstraining am Patscherkofel stürzte der Skiabfahrer Ross Milne, prallte gegen einen Baum abseits der Piste und verlor dabei sein Leben. Bei der Premiere der Rodler auf der Bob- und Rodelbahn in Igls stürzte beim Training der in Polen geborene Brite Kazimirz Skrypecki und starb ebenfalls. Beim Abschlusstraining der Rodler stürzte der Goiserer Sigi Pilz schwer, als er aus der Rodelbahn geschleudert wurde und er musste anschließend längere Zeit um sein Leben kämpfen. Schnell war eine heroische Schlagzeile für diese Piste gefunden: die Strecke der Angst! Sigi wurde beim Bundesheer angestellt, arbeitete dann später am Oberfeld am Dachstein, wo ich ihn bei zwei Waffenübungen kennenlernte, er war Koch und ich Ordonnanz.

Anschließend ging es mit dem Bus wieder zurück nach Seefeld, wo im Hotel Erholung und Wellness angesagt waren. Am nächsten Tag verließen wir Seefeld und fuhren mit dem Bus in die Nähe des Lanser Sees, zum Gasthaus „Zum Wilden Mann". Alleine der Name klang furchterregend, noch schrecklicher wäre ein Gasthaus „Zur Wilden Frau", was es meines Wissens aber Gott sei Dank nicht gibt, aber so etwas Ähnliches: Das Gasthaus Pfeiffenthaler, in der Nähe von Rosenheim, veranstaltete im Juni vorigen Jahres ein Seminar unter dem Motto „Die Wilde Frau, der ungebändigten Lebenskraft wieder begegnen: Üppig, sinnlich und rot präsentiert sich uns die Erde zur Sommersonnenwende. Es ist die Zeit der roten Früchte, der roten Rosen und der roten Lebens- und Liebeskraft in den Frauen. Beitrag: 180,-. Beschränkte Teilnehmerinnen-Anzahl (20 Frauen)." Der „Wilde Mann" ist ein traditionelles Gasthaus und in ganz Tirol bekannt. Nach dem Essen ging es weiter nach Wattens, zu den Swarovski-Kristallwelten. Zum hundertjährigen Unternehmensjubiläum wurde 1995 in Wattens als Touristenattraktion das Museum Kristallwelten eröffnet. Von Swarovsky erbaut und von Andre` Heller konzipiert, sind die „Wunderkammern" der Kristallwelten etwas für Herz und Seele. Klang und Duftbilder, optische Reflexe beanspruchen alle Sinne des Besuchers, der „staunend wie ein Kind..." (Zitat Andre` Heller) durch die Kristallwelten gehen soll. Mittlerweile besuchen durchschnittlich rund 700.000 Besucher pro Jahr die Kunstwelten.

DIE ANKÜNDIGUNG: „7 MONATE"

Ich rauchte zwar nur zehn bis 15 Zigaretten am Tag, war aber gesundheitlich schon ziemlich angeschlagen und hatte immer öfter das Gefühl, ich schaffe alles nicht mehr. Ein Gefühl, das ich bisher einfach nicht gekannt hatte, denn ich glaubte, alles bewältigen zu können. Lautete doch immer meine Devise „geht nicht, gibt's nicht", sie prägte so mein ganzes Leben. Sei es in der Familie, im Beruf oder beim Hausbau, „man schafft alles, man muss einfach ganz fest daran glauben". Und es funktionierte bisher immer.

In den nächsten sieben Monaten gab es eine Serie von Todesfällen und zum Abschluss hatte ich noch „meine Gehirnblutung", die mir fast das Leben kostete. Sie veränderte nicht nur mein bisheriges Leben gravierend, sondern es begann eine Zeit, die wie ein ganz schrecklicher Film ablief und die nicht enden wollte.

Begonnen hatte das Vorjahr mit den häufigen Besuchen in den Krankenhäusern; etwa bei meinem Schwiegervater, der gesundheitlich immer größere Probleme bekam, da seine Venen in den Beinen nicht mehr durchblutet waren. Er, der seit seinem 14. Lebensjahr durchgehend rauchte, bekam nun leider seine Rechnung präsentiert, indem ein Teil seines Beines amputiert werden musste. Ein paar Monate vorher versuchte noch meine Schwiegermutter, ihn zu überreden, er sollte mit dem Rauchen aufhören, was in dieser Situation sowieso keinen Sinn mehr hatte. Doch es blieb nicht dabei, da die Heilungsaussichten keinen Erfolg brachten, wurde schon über die Abnahme des ganzen Beines gesprochen. Zuerst musste aber sein Gesundheitszustand wieder besser werden, da sonst keine Operation möglich war. Zu dieser kam es dann leider nicht mehr, da er Anfang Dezember 2000 im Krankenhaus verstarb. Er sagte mir ein paar Tage vorher, er würde so gerne noch eine Zigarette rauchen, ich möge es ihm bitte ermöglichen. Ich schob ihn mit seinem Bett aus dem Krankenzimmer und zündete ihm seine letzte Zigarette an, wobei ich ihm helfen musste, da er schon so schwach war.

Einen Monat später musste mein Schwager ebenfalls ins selbe Krankenhaus gebracht werden, da er an einem Fuß eine blutende Wunde hatte und dabei großen Schmerzen bekam. Sein Zustand verschlechterte sich sehr rasch, und obwohl die Ärzte alles versuchten, konnten sie sein Leben nicht mehr retten. Die Ursache seines Todes dürfte ein Keim gewesen sein, der dann zum Tod meines Schwagers führte. Er selbst war jahrzehntelang Nichtraucher und wurde wie mein Schwiegervater 72 Jahre alt.

Vier Monate später stürzte mein Bruder und zog sich dabei eine Kopfverletzung zu. Daher musste er ebenfalls in das Krankenhaus Bad Ischl eingeliefert werden, in dem mein Schwiegervater und auch mein Schwager verstorben waren. Er war nur zur Untersuchung und Beobachtung dort und sollte bald wieder entlassen werden, als er plötzlich bewusstlos wurde. Als ich ihn besuchte, lag er bereits im Sterben und kam auch nicht mehr zu Bewusstsein. Mir blieb nur mehr die Möglichkeit, bei ihm zu sitzen und seine Hand zu halten. In genau fünf Monaten drei Begräbnisse im engsten Familienkreis, ich konnte es kaum mehr fassen. Ich glaube auch bis heute noch, dass diese gravierenden Ereignisse sicherlich gemeinsam mit den anderen Faktoren zu meiner Gehirnblutung beitrugen, die ich dann einen Monat später erlitt. Wenn ich jetzt, nach dieser langen Zeit, zurückdenke, war es fast vorhersehbar, diesen Druck nicht mehr bewältigen zu können. Die Luft war nun zur Gänze ausgelassen worden und dabei viel von mir kaputtgegangen.

„Eines Tages wirst du aufwachen und keine Zeit mehr haben für die Dinge, die du immer wolltest. Tu es jetzt." – Paulo Coelho.

Es war das Ende und doch der Anfang des neuen Lebens.

Schon am nächsten Tag, nachdem mich Michael von Großsgmain nach Hause gebracht hatte, musste ich mit dem Rettungsauto ins Krankenhaus Vöcklabruck zur Augenuntersuchung. Ich merkte schon bei den Augentests in Großgmain, dass ich immer schlechter sah. Die Untersuchung in der Augenabteilung war jedes Mal sehr schmerzhaft und bereits, als ich noch im Krankenhaus Gmunden lag, durchgeführt worden. Schon damals wurde ich mit der Rettung in die Augenabteilung des Krankenhauses Vöcklabruck gebracht, da Gmunden keine derartige Abteilung besitzt. Es war damals das erste Mal, dass ich mit Begleitung und Unterstützung eines Rettungssanitäters, nur mit Hilfe eines Rollstuhles, in den achten Stock des Krankenhauses in Vöcklabruck gebracht wurde. Nachdem ich dann in den Warteraum gebracht und dort „abgeliefert" wurde, fuhr die Rettung wieder zu einem anderen Einsatz. Die Sanitäter informierten noch eine Schwester, dass ich nach meiner Behandlung mit der Rettung zurück in das Krankenhaus Gmunden gebracht werden sollte. Ich selbst konnte mich kaum richtig ausdrücken, wartete schon über vier Stunden auf meinen Rücktransport und ich saß nun alleine im Wartezimmer, das vorher voll mit Patienten war. Sie hatten mich einfach vergessen! Mir wurde damals das erste Mal richtig bewusst, wie hilflos das Gefühl ist, wenn man sich nicht artikulieren kann, ein Gefühl, mit dem ich dann jahrelang konfrontiert war und das oft sehr wehtat!

Diesmal, ein paar Wochen später, fuhr ich schon alleine mit dem Lift in den achten Stock des Krankenhauses und konnte mich schon etwas besser ausdrücken. Wenn ich Stress hatte, bekam ich aber sofort große Probleme mit dem Sprechen und war dann wieder rasch sprachlos! Der wöchentliche Besuch in der Augenabteilung mit intensivem Augentraining bewirkte zwar eine leichte Verbesserung meines Auges, wurde aber für mich immer belastender. Die Ursache war der Transport mit dem Rettungsauto des Roten Kreuzes, der in Ebensee begann. Meistens waren wir vier Personen, drei Krebspatienten und ich. Es war das Fahrzeug, das als „Bäderbus" bezeichnet wurde und mit dem man zum Krankenhaus nach Vöcklabruck und nicht zum dortigen Hallenbad transportiert wurde. Nach diversen Behandlungen ging es dann wieder nach Hause. Sehr zu schaffen machte mir aber der Umstand, dass jeder Krebspatient, mit dem ich zusammen unterwegs war, in kürzester Zeit verstarb.

FREMDENLEGION

Nach ein paar Tagen bekam ich unerwarteten Besuch, mit dem ich nie gerechnet hätte und den ihn auch nie persönlich getroffen hatte. Wir kannten uns nur am Telefon, hatten aber öfter lange Gespräche und tauschten die meisten Informationen mittels Fax aus. Es ging um die große Bootssteg-Anlage aus Aluminiumteilen, für die ich ein Angebot samt Planung einholte. Die Schwierigkeit bestand darin, dass dieser Bootssteg für 40 Boote geplant werden sollte, einen enormen Druck, auch bei Stürmen, aushalten sollte und in 30 Metern Tiefe verankert werden musste. Die bisher besichtigten und bestehenden Anlagen auf den verschiedenen Seen und auch an der Donau entsprachen nicht unseren Vorstellungen. Durch einen Fischerkollegen erfuhren wir, dass ein Österreicher, er stammte aus Ebensee, solche Bootsstege in Frankreich baut, und nahmen mit ihm Kontakt auf. Wir verstanden uns von Anfang an sehr gut, waren gleich per Du, der Kontakt wurde natürlich immer intensiver und dadurch entstand auch eine sehr persönliche Beziehung. Ein Vorstandsmitglied unseres Vereines, das für die Technik zuständig war, besuchte ihn in Frankreich, um alles vor Ort zu besprechen. Die Planung, der Bau der Anlage, der Kostenvoranschlag und alle Details wurden besprochen. Ich wickelte dann alle Behördenwege ab, nahm Kontakt zu den diversen Stellen auf, wie der Landesregierung, der Bezirkshauptmannschaft, dem Naturschutz, den Bundesforsten, dem Wasserrecht, den Berufsfischern, der Gemeine und holte die Zustimmung der Anrainer ein. Ich bin heute noch überrascht, wie schnell und unbürokratisch das alles funktionierte. Nachdem unser Vorstand alles abgesegnet hatte, die Kostenfrage geklärt war, bestellten wir die komplette Anlage, die dann in Frankreich gebaut wurde. Die Lieferung kam pünktlich, es funktionierte alles und für den Zusammenbau des Bootssteges hatten wir genügend Helfer. Wer aber fehlte, war der Firmeninhaber, also der, der den Aluminium-Bootssteg entwickelte und dann baute. Da gab es ein kleines Problem: Er durfte nicht nach Österreich zu unserer Einweihung des Bootssteges einreisen!

Die ganze Geschichte begann damit, dass er als junger Mann bei der Fremdenlegion in Frankreich als Söldner angeworben wurde. Österreicher, die in den Militärdienst eines fremden Staates eintreten, verlieren dann die österreichische Staatsbürgerschaft. Das Mindestalter des Legionärs war siebzehneinhalb, er verpflichtete sich auf fünf Jahre. Interessant war auch, dass zu Beginn der Dienstzeit jeder Legionär eine Lebensversicherung für eine Person seines Vertrauens erhielt. Sie werden als Kämpfer ausgebildet und entscheiden sich dann für ein Fachgebiet wie: Fallschirmspringer, Scharfschütze, Panzerfahrer, Maschinengewehr-Schütze, Pionier, Minenräumer oder Spezialist für Kampftechniken verschiedenster Art. Die Legion ist einer der härtesten Militärverbände und hat den Ruf nicht umsonst, als „Knochenmühle" bezeichnet zu werden. Erwin Rosen schrieb im Spiegel-ONLINE-Projekt Gutenberg einen Bericht über die „Erinnerungen und Eindrücke in der Fremdenlegion". Dabei war ein Kapitel der „Stufenleiter der Strafen" gewidmet, die bei verschiedenen Delikten den Fremdenlegionär erwarten.

Vor gar nicht langer Zeit wurde mit einer ganz besonderen Art von Strafe operiert, die damals in der Fremdenlegion gerade für Deserteure recht häufig zur Anwendung kam. Es war das „Silo" und die „crapaudine". Das Silo bestand aus einem trichterförmigen Loch im Boden, ungefähr vier Meter tief, oben am Rande breit, nach unten spitz verlaufend. Ein richtiger Trichter. In dieses Loch, das als Einzelzelle galt, wurde der Übeltäter hineingeworfen, in einen dünnen Drilllichtanzug gekleidet, ohne Decke, ohne jeden Schutz vor Regen und Sonne, vor der Hitze des Tages und der Kälte der Nacht. Liegen konnten die Delinquenten niemals, denn das untere Ende des Loches maß nur einen oder zwei Fuß im Quadrat. Stehend zusammengekauert, verbrachten sie Tage und Nächte. Der Unrat häufte sich an, der Regen goss herab und die Sonne brannte in das Loch. Wenn sie endlich aus dem Silo herausgeholt wurden, konnten sie weder stehen noch gehen und mussten ins Hospital getragen werden. Man erzählte in der Fremdenlegion, dass General de Negrier es war, der diese fürchterliche Strafe abschaffte. Bei einer Inspektion in Saida fand er in langer Reihe nebeneinander fünfzehn Silos, alle mit Gefangenen besetzt. Er befahl sie herauszuholen und sie brachen zusammen, als sie in die frische Luft kamen. Da ließ der General sämtliche Silos vor seinen Augen zuschütten und ordnete an, dass die Silos niemals wieder angewandt werden dürften. Primitiver, aber fast noch brutaler, war die crapaudine. Der zu Bestrafende wurde in einem Bündel zusammengeschnürt und in eine Ecke geworfen. Man band ihm Hände und Füße auf dem Rücken zusammen, bis der Körper eine Art Halbkreis bildete. Tag und Nacht lag solch ein crapaudinaire hilflos da, unfähig sich zu rühren. Er konnte sich höchstens mit unendlicher Mühe von einer Seite auf die andere wälzen. Eine Viertelstunde pro Tag wurde er losgebunden und bekam Brot zu essen und Wasser zu trinken. Ein Tag und eine Nacht in der crapaudine genügten, um einen starken Mann für längere Zeit bewegungsunfähig zu machen – mehrere Tage bedeuteten Siechtum. Auch diese Strafe ist abgeschafft worden. In einer milderen Variante lebt sie noch fort: Im Feld und auf Märschen werden Vergehen durch Anbinden nachtsüber an zwei in den Boden geschlagenen Holzpfählen bestraft. Heutzutage tragen die Strafen der Fremdenlegion nicht mehr den grausamen Charakter von früher.

Nach 1945 rekrutierte Frankreich ehemalige deutsche Soldaten für die französische Fremdenlegion. Viele meldeten sich aus Kriegsgefangenenlagern und aufgrund der desolaten wirtschaftlichen Lage in der Heimat. Darunter waren ehemalige Angehörige der Waffen-SS, die mit dem Eintritt die Möglichkeit bekamen, eine neue Identität anzunehmen. Diese Möglichkeit gab es auch für Franzosen, die während des Zweiten Weltkrieges in der 33.Waffen-SS-Grenadier-Division „Charlemagne" gedient hatten sich durch den Dienst in der Legion rehabilitierten.

Der typisch deutsche Legionär war zu jung, um noch in der Wahrmacht gedient zu haben. Viele strömten in den Dienst des Nachbarlandes, weil sie arbeitslos waren. Andere wollten die Welt kennenlernen und Abenteuer erleben, wie mein Bekannter. Dennoch gilt noch heutzutage, wer einmal in der Legion war, der hatte mit seinem alten Leben abgeschlossen. „Wir kämpften nicht für Frankreich, wir kämpften für die Legion!"

Seit 1946 kam es in Indochina zu kriegerischen Auseinandersetzungen mit der kommunistischen Unabhängigkeitsbewegung Viet Minh. Aufgrund politischer Erwägungen kamen dort nur Zeit- und Berufssoldaten der französischen Armee, Elitetruppen wie die Legion und die neuen Fallschirmeinheiten neben indonesischen Hilfstruppen zum Einsatz. Die Legion gehörte zu den am stärksten involvierten Einheiten und verzeichnete in Indochina die schwersten Verluste, die sie jemals in einem Krieg hinnehmen mussten – mehr als 11.000 Tote. Gleichzeitig wurde Indochina für zahlreiche Fremdenlegionäre zur zweiten Heimat, da sie sich dort wegen des hohen Solds Opium und Geliebte leisten konnten. Lange Zeit gab es auch für Frauen die üblichen Fünf-Jahres-Verträge der Legion. Sie durften dienen – als Prostituierte in militärisch organisierten Bordellen. 1946 wurden Bordelle in Frankreich verboten. Kurz nach dem Ende des Indochina-Konflikts war die Legion ab Herbst 1954 im Algerienkrieg engagiert. Die Truppe umfasste Anfang der 1960er-Jahre gegen Ende des Algerienkrieges bis zu 35.000 Mann und wurde kontinuierlich auf den gegenwärtigen Stand von rund 7700 Mann reduziert. Bis Ende 1980 haben mehr als 600.000 Menschen aller Nationen in der Legion gedient, über 36.000 kamen in dieser Zeit ums Leben.

Es ist ein militärischer Großverband, gegenwärtig bestehend aus Freiwilligen aus über 150 Nationen, die als Zeitsoldaten Dienst in den

Streitkräften Frankreichs leisten. Sie gehören zum französischen Heer und im Sinne des Völkerrechts gelten sie als reguläre Soldaten und unterstehen dem Staatspräsidenten. Die Fremdenlegion wird weltweit dort eingesetzt, wo der französische Staat seine Interessen militärisch wahrt oder verteidigt, sei es mit UN-Mandat, unter NATO-Oberbefehl, mit EU-Mandat, um französische Staatsbürger aus Gefahr zu retten oder historischen Verpflichtungen aus der Kolonialzeit nachzukommen. Dabei ist der Einsatz der Fremdenlegion völkerrechtlich nicht anders zu bewerten als der des Militärs anderer souveräner Staaten. Die Ausrichtung und der militärische Zweck haben sich von der einstigen Kolonial- zu einer Kriseninterventionstruppe und schnellen Eingreifreserve gewandelt, die zum Teil über die besonderen Fähigkeiten von Spezialeinheiten verfügt, wie Kommandoeinsätze, Häuserkampf, Terrorismusbekämpfung und Fernaufklärung. Legionäre werden nicht mehr wie früher ausschließlich in Kriegen, sondern überwiegend zur Kriegsverhinderung im Rahmen von UN- oder NATO-Missionen (z.B. in Bosnien, Kosovo, Afghanistan), zur Friedenschaffung und -erhaltung, zur Rettung gefährdeter Menschen, zu humanitärer Hilfe, zur Wiederherstellung von Infrastruktur und zur Katastrophenhilfe (z.B. nach dem Tsunami 2004) eingesetzt.

Eine Gedenktafel im Hauptquartier der Fremdenlegion in Aubagne bei Marseille listet die Kriegsschauplätze auf, an denen die Legion eingesetzt war, unter anderem:
Krimkrieg 1854 bis 1855, auch türkisch-russischer Krieg. Es war ein militärisch ausgetragener Konflikt von eurasischem Ausmaß, zwischen dem Russischen Kaiserreich und dem Osmanischen Reich. Das Kaiserreich Frankreich, Großbritannien und ab 1855 auch das Kaiserreich Sardinien kamen dem Osmanischen Reich zu Hilfe. Durch ihr Eingreifen verhinderten Großbritannien und Frankreich, dass Russland sein Gebiet zu Lasten des zerfallenden Osmanischen Reiches vergrößerte.

„7 MONATE"

Mit dem weltweit bekannten Familienkartenspiel „UNO" versucht nun Lisi das erste Mal, mit mir wieder Karten zu spielen. „UNO" ist für Menschen ab einem Alter von sechs Jahren gedacht, genau für mich richtig und vergleichbar mit Mau-Mau, was ich auch nicht kannte. „UNO" (italienisch und spanisch für eins) gefiel mir insofern, als die Karten bunte Farben, manche auch Zahlen haben. Da ich aber die Farben nicht wusste und kaum kannte, ging es mir mit den Zahlen genauso, denn ich war mit diesen nach wie vor auf Kriegsfuß. Auch später noch, als wir dann mit den Kindern spielten, hatte ich große Probleme damit, da ich natürlich sehr oft die Farben verwechselte oder die Karten falsch zählte. In den Grundregeln hieß es, wer die vorletzte Karte ablegt, muss „UNO" rufen, woran ich meistens nicht dachte und was ich vergaß. Dieses „Kinderspiel" war für mich sehr deprimierend, weil ich dabei vollkommen bewusst miterleben musste, wie weit ich in meinen Träumen von der Realität entfernt war.

Ganz große Schwierigkeiten hatte ich sehr lange Zeit – ab und zu auch heute noch – mit der „Wortfindung", gerade bei Stress oder Aufregung. Dabei kann ich mir nur mit der Umschreibung eines Wortes helfen, die aber oft schwer zu finden ist. Am leichtesten funktioniert es, wenn Lisi als Dolmetsch mir zu Hilfe kommt oder als Übersetzerin einspringt. Wenn ich alleine damit zurechtkommen muss, hilft mir am ehesten, eine „Eselsbrücke" zu schaffen, um hier darüberzukommen. Eine Hilfe von außen ist meist nicht möglich, da die meisten ja nicht wissen können, was ich will. Es bleibt mir dann nur mehr die Suche dieses Wortes, indem ich Buchstaben von A bis Z im Kopf durchsuche und mich dabei vollkommen konzentriere. Es kann manchmal eine Zeit lang dauern, aber finden werde ich das Wort schließlich doch. Eine Logopädin in Großmain erzählte mir, dass sie mit ihrem Freund am Wochenende einen Ausflug mit dem Motorrad unternommen hatte, sie aber den Pass, über den sie fuhren, nicht mehr wusste und auch den Namen nicht mehr kannte. Sie waren von Salzburg nach Oberösterreich und in die Steiermark gefahren, sie schloss aber den Pass-Gschütt und Pötschen-Pass aus, die sie von früher her kannte. Ich sah zwar den Pass in meinem „Kopf", bin auch oft schon darübergefahren, doch der Name fiel mir nicht ein. Als ich am Abend im Zimmer war, suchte ich noch immer diesen Pass und konnte daher auch nicht schlafen, da er mich im Kopf so beschäftigte. In der Nacht fiel er mir dann ein, es war der „Koppen-Pass" und ich schlief zufrieden ein. Als ich am nächsten Tag wieder „Logo" hatte, freute ich mich schon darauf, der Therapeutin den Pass nennen zu können. Sie schaute mich an, sagte: „Welcher Pass?" – an dieses Gespräch vom Vortag erinnerte sie sich nicht einmal mehr. Vielleicht sollte sie bei MIR eine Stunde nehmen.

Ein Ereignis, welches ich auch nicht vergessen werde, war der Besuch bei unserem Enkelkind Julia, die damals drei oder vier Jahre alt war. Es war zum Bettgehen und Julia fragte mich, ob ich ihr noch von ihrem Buch vorlese. Lesen war für mich sehr mühsam, da mir nach wie vor verschiedene Wörter fehlten oder ich sie verwechselte. Obwohl ich mich sehr bemühte, musste ich jedes Wort ganz langsam lesen und trotzdem machte ich immer wieder Fehler. Daher „stotterte" ich das Kinderbuch, diese Geschichte herunter und war über mein „Vorlesen" selbst entsetzt. Ich fing zu schwitzen an, Julia korrigierte kein falsches Wort und tat so, als sei das alles ganz normal. Das Einzige, was sie sagte: „Opa, wenn du willst, lese ich jetzt die Geschichte weiter", was sie auch tat. Sie konnte zwar noch nicht lesen, kannte aber diese Geschichte auswendig, und das ohne Fehler.

Die letzten Monate wurde ich großteils von meiner Familie und den Therapeuten „behütet" und musste unbedingt das selbstständige Leben wieder lernen. Die ersten großen Einkäufe alleine machte ich am Samstagmorgen, wenn ich zum Bäcker fuhr, um Brot oder Gebäck zum Frühstück einzukaufen. Unter der Woche hatten wir unser Roggenbrot zu Hause, das Lisi immer für die ganze Woche besorgte. Ich musste zuvor schon versuchen, die richtigen Wörter für den Broteinkauf zu finden, was mir fast nie gelang. Ich wusste zwar, wie das Brot aussieht, das ich ja immer am Wochenende esse, konnte aber den Namen nicht zuordnen. Wir kauften immer Semmeln, Salzstangen und „Weckerl", schrieb mir diese Namen mit Stückzahl mit Unterstützung von Lisi auf einen kleinen Zettel, den ich nun immer in der Geldbörse eingesteckt hatte. Die Bäckerei war um diese Zeit immer sehr stark frequentiert und so musste ich mich natürlich anstellen. In unserem Ort kennt man die meisten Leute persönlich, tauscht ein paar Worte aus und manche sind zu dieser Zeit noch nicht ganz wach. Je näher ich an die Reihe kam, desto mehr musste ich mich auf meinen Einkauf konzentrieren, hatte meinen „Schummelzettel" in der Hand und immer einen Zehn- oder Zwanzig-Euroschein eingesteckt, denn Zahlen mit Wechselgeld war für mich einfach nicht möglich. Mir ist es öfter passiert, dass ich in der Hektik meinen „Schummelzettel" nicht gleich fand und dann einfach nur auf die gewünschten Brote mit dem Finger hinzeigte. Meistens bekam ich dann Sprachprobleme, fing zu schwitzen an und regte mich auch dementsprechend auf. Was mich wahrscheinlich mein „neues Leben" lang immer begleiten wird, ist die ganz starke Unsicherheit, die natürlich nicht steuerbar ist. Bei fast allen Tätigkeiten, die ich verrichte, ist im Hintergrund auch die Angst allgegenwärtig, dabei Fehler zu machen und mich dann auch nicht richtig ausdrücken zu können. Mit einher geht die fehlende Sicherheit, bestenfalls eine „geborgte Sicherheit", sie kann sich rasch und ohne Vorwarnung verflüchtigen. „Kennen Sie das Gefühl der Geborgenheit?" – Ja, ich kannte es und diesen Slogan der damaligen „Wiener Allianz"-Werbung, der sich gut mit dem Namen „Sicherheit" verkaufen ließ. Diese Sicherheit habe ich komplett verloren und seither nicht mehr gefunden.

Dazu kamen dann noch Ereignisse, die die schon mühsam aufgebaute und geglaubte Sicherheit völlig auf den Nullpunkt brachten. Einer dieser Vorfälle passierte mir in Gmunden auf dem Rinnholzplatz, als mich auf dem Gehsteig gehend ein Autofahrer mit dem Außenspiegel seines SUV streifte und ich dabei zu Sturz kam. Zwei Passanten halfen mir wieder auf die Beine, der Autolenker stieg aus und beschimpfte mich, ich sollte mehr aufpassen und fuhr davon. Ich konnte nichts sagen, denn mir fehlten einfach die Worte, um mich bei meinen Helfern zu bedanken. Sie sagten mir noch, dass sie selbst so aufgeregt waren und nicht einmal das Autokennzeichen registriert hätten. Ich wollte nur eines – so schnell wie möglich nach Hause.

Die Einschränkungen und Behinderungen waren mir großteils bewusst, es kamen aber immer wieder neue dazu. Die Gedächtnisdefizite besserten sich immer mehr, die Gesichtsfeldausfälle waren aber nicht mehr reparabel. Seien es verschiedene handwerkliche Arbeiten, Fußballspielen, Tischtennis oder auch Schifahren, dies alles schien nicht mehr möglich. Sehr zu schaffen machte mir meine Langsamkeit, sowohl beim Denken als auch beim Handeln, und ich kann auch nicht vorhersehen, ob sich diesbezüglich etwas positiv ändern wird.

Im Frühling luden uns Georg und Phoebe ein, mit ihnen und drei anderen Freunden nach Kroatien mitzufahren. Es war eine so nette Geste von den beiden uns mitzunehmen, hätten wir doch alleine gar nicht die Möglichkeit gehabt, irgendwohin auf Urlaub zu fahren. Sie hatten dort ein kleines Haus einer österreichischen Schriftstellerin gemietet, welches ganz in der Nähe des Meeres lag. Es war in der Nähe von Pula, wohin wir auch zu Fuß wandern konnten. Mir ging es in dieser Zeit nicht gerade gut, ich war ganz schnell erschöpft und musste mich nach dem Abendessen bereits schlafen legen. Wir unternahmen Ausflüge, gingen spazieren, aber zum Baden im Meer war es einfach noch zu kalt. Der Ausflug nach Rovinj führte uns durch die Sehenswürdigkeiten dieser wunderbaren und historischen Stadt. Wir kehrten auch in dem kleinen Restaurant, dem „Ancora" ein, das in der Altstadt direkt am Meer liegt. Die ganzen Jahre, die wir dann in der Nähe von Rovinj wohnten, war es für ein Muss, dieses Lokal zu besuchen und dort zu essen. Es bedeutet für uns immer die Erinnerung an unsere „schlechte Zeit", die sich dann, Jahr für Jahr, immer positiver entwickelte. Wir schreiben auch von dort jedes Mal eine Postkarte an Georg, der vor ein paar Jahre seine an Krebs erkrankte Frau verlor.

FORREST GUMP

Je häufiger ich mit diesen Problemen konfrontiert war und sie auftauchten, desto öfter wurde ich an den Film „Forrest Gump" erinnert, den ich vor ein paar Jahren im Kino sah. Die Verfilmung des gleichnamigen Romans von Winston Groom wurde mit insgesamt sechs Oscars und drei Golden Globes ausgezeichnet. Für die Darstellung der Figur des Forrest Gump erhielt Tom Hanks einen Oscar als bester Hauptdarsteller. Es ist mir bis heute nicht möglich, diesen Film nochmals zur Gänze anzusehen, da er mich zu sehr beschäftigt und aufwühlt. Der Film beschreibt in Episoden, wie Forrest Gumps Leben verläuft: Als Kind wird vor seiner Einschulung ein Intelligenzquotient von nur 75 festgestellt und er muss außerdem wegen eines Wirbelsäulenleidens Beinschienen tragen. Dies macht ihn zu einem leichten Opfer für Hänseleien seiner Altersgenossen. Mut macht ihm indes seine Mutter, die sich vom Spott ihrer Umwelt nicht beeindrucken lässt und entschlossen ist, Forrest eine gute Ausbildung zu ermöglichen. Im Laufe seines Lebens begegnet er berühmten Persönlichkeiten, hat besondere sportliche Fähigkeiten, die ihm mehrmals in seinem Leben zugutekommen. Er erhält dadurch trotz seiner eingeschränkten intellektuellen Fähigkeiten die Möglichkeit, ein Studium zu absolvieren. Er meldet sich freiwillig zur Army, wo er den ebenfalls begrenzt begabten Afroamerikaner Bubba kennenlernt, der sein „bester guter Freund" wird. Gump wird zum Mustersoldaten und Kriegshelden in Vietnam und erhält die höchste militärische Auszeichnung der amerikanischen Regierung. Er erhält sie durch auffallende Tapferkeit und Furchtlosigkeit bei Lebensgefahr weit über die Pflichterfüllung hinaus im Gefecht gegen einen Feind der Vereinigten Staaten. Er rettet dabei mehreren verwundeten Kameraden das Leben, darunter auch seinem Vorgesetzten, Leutnant Dan Taylor, der beide Beine verliert. Dieser wäre lieber an der Front gestorben, anstatt mit dieser Behinderung weiterzuleben. Einem Versprechen folgend, dass er seinem in Vietnam gefallenen Freund Bubba gegeben hat, wird er erfolgreicher Garnelen-Fischer und baut zusammen mit Dan Taylor ein Shrimps-Imperium auf. Taylor investiert mit dem Profit in Aktien, wodurch Gump schließlich Millionär wird. Durch sein Leben und seine Erzählung zieht sich als roter Faden die Geschichte seiner Beziehung zu Jenny, seiner Jugendfreundin, deren Leben durch Misshandlungen und sexuellen Missbrauch durch ihren Vater gezeichnet ist. Forrest träumt davon, sie zu heiraten. Sie taucht in seinem Leben immer wieder unerwartet auf, um ebenso unvermittelt wieder zu verschwinden. Beim letzten Besuch verbringen beide eine gemeinsame Nacht, als sie Tags darauf verschwindet. Jenny lädt ihn später ein, sie zu besuchen und er erfährt, dass er einen Sohn hat, der ebenfalls Forrest heißt, der aber im Gegensatz zu seinem Vater sehr intelligent ist. Forrest und Jenny heiraten, nachdem sie ihm eröffnet hat, dass sie an einer unheilbaren Krankheit leidet. Sie stirbt bald nach der Hochzeit, Gump sorgt nun allein für ihren gemeinsamen Sohn.

Es ist nicht nur die Handlung des Films, die mich ansprach, auch der Soundtrack und die Musik von Alan Silvestri, vor allem zeigt er immer wieder das Leben eines Menschen mit geistigen Einschränkungen auf. Für Jonas Keller von „zelluloid.da" ist Forrest Gump „ein fantastischer, faszinierender Film, den man gesehen haben muss, voller Herz und Humor, ein modernes Märchen, das bewegt, denn die Welt ist nicht mehr gleich, wenn man sie mit den Augen von Forrest Gump gesehen hat".

**Viele kennen ihre eigenen Schwächen nicht,
aber so viele kennen ihre eigene Stärke nicht.** – Jonathan Swift

FAHRNAU

Da ich auch körperlich nicht gerade in „Bestform" war, weder Kraft noch Ausdauer hatte, fing ich an, alleine kleine Stecken zu gehen. Dabei musste ich auf den Forststraßen besonders darauf achten, nicht zu stolpern. Die erste richtige Herausforderung und das erste Konzentrationstraining begann damit, einen sehr steil angelegten Weg, großteils mit hohen Holstufen und Holzgeländern, hinaufzusteigen. Es war der Aufstieg entlang des Rindbach-Wasserfalles, den ich bewältigen wollte und der oberhalb zu einer Forststraße führte. Zusätzlich nahm ich mir vor, den ganzen Aufstieg ohne Mithilfe der Hände zu schaffen und mich nirgendwo festzuhalten. Dies barg natürlich die große Gefahr, auf den nassen Holzstufen auszurutschen und in den Wasserfall abzustürzen. Zur Sicherheit hatte ich lediglich die Möglichkeit, mich beim Sturz am Holzgeländer festzuhalten, doch das Allerwichtigste war, mich voll auf jede Holzstufe zu konzentrieren und darauf zu achten, das Gleichgewicht nicht zu verlieren. Das Hochsteigen auf den hohen Stufen, die ungewohnte körperliche Anstrengung und die Aufregung bewirkten einen sehr hohen Puls, den ich mit langsamem Gehen und Stehenbleiben kaum in den Griff bekommen konnte. Oben auf der Forststraße angelangt, konnte sich mein Puls wieder beruhigen und ich ging dann mit einer großen Zufriedenheit wieder nach Hause. Ich ging diesen Steig ein paar Mal in der Woche hinauf, später dann auch hinunter, was bei Regenwetter über die nassen Stufen sicherlich noch schwieriger war. Die Angst dabei abzustürzen, verletzt zu werden und das Leben zu verlieren, machte mir die wenigsten Sorgen, hatte ich doch nichts mehr zu verlieren. Gleichzeitig hatte ich noch in dieser Zeit die Möglichkeit, Logo- und Ergo-Stunden im Krankenhaus Gmunden zu bekommen. Leseübungen, Malen, Zeichnen und auch diverse Aufgaben, die ich alleine bewältigen musste, standen am Programm. So hatte ich die Vorgabe, gewisse Räume des Krankenhauses, wie zu Beispiel die Küche, zu suchen und auch alleine zu finden. Dabei konnte ich Schwestern, sonstiges Personal und auch Patienten um den Weg fragen. Der Rückmarsch zu meinen Therapeuten war für mich damals gar nicht so leicht und ich fühlte mich dabei wie ein „Suchhund", der dann auf eine Belohnung wartete. Was sie mir nicht sagten, war die Tatsache, dass eine Betreuerin mich im Hintergrund beobachtete und mir im Notfall hätte helfen können.

Träume werden nur dann wahr, wenn du deine Augen schließt. Aber Wünsche gehen in Erfüllung, wenn du deine Augen öffnest! Das für mich Faszinierende waren die Übungen mit den verbundenen Augen. Dabei musste ich Gegenstände wie Ziffern und Zahlen, in verschiedenen Größen und Formen, mit den Fingern ertasten und die Lösungen finden. Ich bekam dadurch auch die Möglichkeit und das Gefühl, diese Formen zu betasten und zu ergreifen, ähnlich wie das Lernen der Blindenschrift. Diese Form des „Lernens im Kopf" übte ich besonders gerne und freute mich immer schon auf die nächste Therapiestunde. Für mich war es nicht nur Lernen, es war auch das Empfinden und das Fühlen, das sich in meinem Inneren abspielte. Denn mit dem Herzen sieht und erkennt man Dinge, wofür andere blind und die verborgen sind.

FUSCHLSEE

Von meinen Fischerfreunden wurde ich immer wieder angehalten, mit ihnen fischen zu gehen. Mit ihrer Hilfe wurde mein Boot wieder an den Traunsee transportiert und auf meinem Stegplatz verankert. Ich freute mich schon darauf, nun wieder am See zu sein und dabei auch zu angeln. Die Freude währte nur kurz, denn als am See die ersten Wellen kamen, wurde ich schwindlig und hatte große Probleme mit dem Gleichgewicht. Aus diesem Grunde versuchte ich, einen See zu finden, der nicht so anfällig für starken Wellengang ist. Der Wolfgangsee, auf dem ich auch früher mit meinem Boot fischte, hatte den Nachteil, dass hier kaum Bootsliegeplätze zur Verfügung standen oder Plätze frei waren. Auf der Suche nach einem für mich optimalen See kam ich auf den Fuschlsee, bei dem alle Voraussetzungen passten. Er ist einer der wunderschönen Seen in unserer Nähe, ist mit dem Auto in vierzig Minuten erreichbar und ein Bauer, der direkt am See sein Grundstück hatte, vermietete mir einen Bootsplatz. Mit einem angemessenen Betrag konnte ich nun das Boot das ganze Jahr dort lagern und war überglücklich. Der Fuschlsee ist auch eines der beliebtesten Gewässer im Salzkammergut und für den Fang von Seesaiblingen, Renken und Hechten überall bekannt. Den Großteil des Tages über ist er windstill, hat eine ausgezeichnete Wasserqualität und ist eines der saubersten Gewässer Österreichs. Die Wassertemperatur im Sommer beträgt 24 Grad, die mittlere Tiefe 35 Meter und die Länge des Sees 4,2 Kilometer. Den ganzen Tag mit Freunden am Wasser, fischen, die Jause und die Getränke an Bord und erst nach Sonnenuntergang nach Hause fahren – was für ein Leben! Ich verbrachte daher drei wunderbare Jahre am See, bis ein nächtliches Unwetter diese Zeit beendete. Dabei wurde der ganze Liegeplatz meines Bootes durch einen in der Nähe liegenden kleinen Bach verwüstet und komplett zerstört.

Als ich das dabei unbeschädigte Boot wieder zu mir nach Hause bringen wollte, half mir Florian und so fuhren wir mit dem Auto zu meinem Bootsplatz. Ich ruderte das letzte Mal am Fuschlsee zur Slip-Anlage, an der Florian mit dem Auto schon auf mich wartete. Als ich mich mit dem Boot näherte, konnte sich Flo vor lauter Lachen nicht mehr halten, um mir zu sagen, dass wir unseren Bootsanhänger zu Hause vergessen hatten. Dieser „Bootstransport" bleibt mir auch immer in Erinnerung.

Meine Gleichgewichtsschwierigkeiten haben sich immer mehr gebessert und das Fahren mit dem Boot bei höherem Wellengang bereiteten mir keine Schwierigkeiten mehr. Ab nun an konnte ich wieder das Boot am Traunsee problemlos benutzen.

POLEN

Georg und Phoebe organisierten eine Kajaktour im oberen Ende Polens, zu der sie mich auch einluden. Wir fuhren mit dem Auto nach Wien, wo Georgs Eltern wohnten, und vom damaligen Ostbahnhof ging es weiter mit der Bahn über Tschechien nach Polen. Von dort aus fuhren wir über Warschau nach Augustow, wo wir für eine Nacht in einer Frühstückspension wohnten. Diese Stadt mit etwa 30.000 Einwohnern ist ein Kurort im Nordosten Polens, wird auch „Venedig des Nordens" genannt und ist bekannt für diverse Wassersportmöglichkeiten. Augustow liegt nur 60 Kilometer von Weißrussland entfernt, grenzt gleich an Litauen und daneben liegt die russische Enklave Oblast Kaliningrad (Königsberg). Abgesehen von der freien, internationalen Ostsee, von Litauen und Polen umgeben, spielt das Gebiet für Russland eine wichtige Rolle für seine baltische Flotte. Die Verbundenheit mit der Sowjetunion ist immer noch groß in Kaliningrad, größer als in vielen anderen Landesteilen Russlands. Dabei war die Region auf dem besten Weg, sich den Nachbarstaaten Polen und Litauen anzunähern, eine Brücke Russlands zum Westen, zur Europäischen Union zu werden. Doch nun hat die Ukraine-Krise alle Bemühungen auf eine engere Partnerschaft zunichtegemacht. In kaum einem anderen Teil Russlands leidet die Bevölkerung so stark unter dem Konflikt mit dem Westen. Denn die Enklave ist alleine nicht lebensfähig, sie ist von Importen aus Russland und den Nachbarstaaten abhängig. Im 19. Jahrhundert wurde die künstliche Wasserstraße, der Augustow-Kanal, erbaut, benannt nach der von ihr durchquerten Stadt, er führt über polnisches und weißrussisches Gebiet. Die Arbeiten dauerten 16 Jahre und der Kanal erreichte eine Länge von 101 Kilometern. Um die Überwindung der Höhendifferenz von 55 Metern zu erreichen, wurden dabei 18 Kammerschleusen gebaut. Dieser Wasserweg wird heute nur noch für den Wassersport genutzt und wurde für die Liste als UNESCO- Welterbe vorgeschlagen. 1939 bis

1941 war Augustow von sowjetischen, anschließend bis 1944 von deutschen Truppen besetzt. Die Stadt wurde während dieser Zeit zu 70 Prozent zerstört und verlor einen großen Teil ihrer Einwohner. Im Juli 1945 verhafteten sowjetische Einheiten in der Gegend von Augustow in der sogenannten „Razzia von Augustow", im Rahmen der Bekämpfung des polnischen antikommunistischen Untergrundes, ungefähr 7000 Personen und verhörten sie unter Gewaltanwendung. Etwa 600 der Gefangenen wurden in unbekannte Richtung verschleppt und ihre Todesursache wurde bis heute nicht aufgeklärt. Es war das größte Verbrechen des kommunistischen Regimes nach dem Ende des Zweiten Weltkrieges in Polen.

Der Nationalpark von Wigry, zwischen den Städten Suwalki und Augustow, hat als besonderes Prunkstück den größten See in Wigry. Der ist verbunden mit allen Wasserwegen und glasklaren Gewässern des gesamten Parks. Der Hauptzufluss des Wigry-Sees ist der Fluss Czarna Hanca, den wir mit den Kajaks befuhren, wobei wir von einem einheimischen Führer aus Augustow begleitet wurden. Dies ist insofern ganz wichtig, da dieses Seen- und Wassergebiet riesig und die Orientierung, gerade durch das Mäandern der Flüsse, kaum alleine möglich ist. Wir waren durchschnittlich sechs bis sieben Stunden täglich mit dem Kanu unterwegs und hatten dabei auch gemütliche Teilstrecken, bei denen wir uns treiben lassen konnten. Die erste Etappe auf dem Wigry-See konnten wir nutzen, um uns ans Paddeln zu gewöhnen und dabei besichtigten wir ein Barockkloster des ehemaligen Kamaldulenser Ordens. Am Ende jeder Etappe, der Treffpunkt war vereinbart, legten wir mit den Kajaks an, bauten die Zelte für die Nacht auf und saßen dann am Lagerfeuer. Verpflegt wurden wir meist bei Bauern, die direkt am Fluss wohnten und wo wir das Abendessen und das Frühstück bekamen. Wir wurden mehr als verwöhnt, bekamen schon zum Frühstück die deftigsten Delikatessen und die fettesten Spezialitäten. Die Menschen hatten dadurch ein kleines Zusatzeinkommen, das sie dringend brauchten, denn der Großteil dieser Bauern lebte am Existenzminimum. Es war für mich erschreckend, unter welchen Bedingungen sie über die Runden kommen mussten, da sie von der Landwirtschaft nicht leben konnten. Wir übernachteten am Grundstück einer Familie, waren beim Abendessen und auch beim Frühstück in ihrem kleinen Bauernhaus. Sie hatten eine kleine Landwirtschaft mit einer Kuh, mit Hühnern und Gänsen und ernährten sich von den üblichen landwirtschaftlichen Produkten und dem Gemüse aus ihrem eingezäunten Garten. Hier wohnte Opa, der kaum eine Pension hatte, seine Frau lebte nicht mehr, das Ehepaar, beide um die 50 und arbeitslos, zwei Kinder um die 20, beide keinen Beruf und natürlich auch keine Arbeit. Eine Unterhaltung war kaum möglich, da alle nur polnisch sprachen, doch für Opa gab es nur ein Thema: Karel Wojtyla, den damaligen Papst. Er zeigte uns immer wieder verschiedenste Fotos, fuchtelte damit freudestrahlend herum, er war in seinem Element, ein richtiger Papst- Fan. Wir erlebten einen Kirchgang am Sonntagvormittag, bei dem viele Leute vor der Kirche standen und dem Gottesdienst lauschten, da drinnen kein Platz mehr frei war. Das zu Polen und der katholischen Kirche.

Da ich die ganzen Tage alleine paddelte, war ich jeden Abend dementsprechend müde und geschafft. Auf der längsten Etappe der Tour mussten wir wegen eines aufkommenden Gewitters noch schneller paddeln, um unser Ziel zum Übernachten zu erreichen. Der Donner kam immer näher, der Himmel verdunkelte sich immer mehr und wir schafften es gerade noch, aus dem Wasser zu kommen und unsere Zelte rasch aufzubauen. Die ersten Regentropfen fielen, der Wind wurde immer stärker und wir konnten uns in die Zelte retten. Dann brach das starke Gewitter los. Ich kann das Ganze nur nacherzählen, da ich trotz der vielen Blitze und des Getöses sofort einschlief. Am nächsten Morgen wurde ich wach und keiner konnte glauben, dass jemand bei diesem Unwetter schlafen konnte. Rundherum versuchten alle anderen, das Innere der Zelte trocken zu halten, denn es regnete auch in der Nacht fürchterlich. Ich auf jeden Fall war gut ausgeschlafen und freute mich auf den neuen Tag.
Wir befuhren auch einige Waldseen, unter anderem auch den Serwysee, bei dem wir auf einer Insel übernachteten. Eine kürzere Teilstrecke beinhaltete eine Wanderung in den Augustower-Urwald und wir versuchten ihn schnell zu verlassen, da die Mücken unerträglich waren. Die Banja, die russische Sauna am Abend, ließ uns bald die

Mückenstiche vergessen, denn die Temperatur in dem kleinen Dampf-
bad erreichte 80 Grad. Am sechsten Tag, von Jalowy Rog nach Plas-
ka, mussten wir vier große Schleusen befahren, mit kleinen Kanus
gewöhnungsbedürftig, da sich auch größere Schiffe in der Schleusen-
kammer befanden. In Serwy-Swoboda endete unsere Kajakfahrt und
ich war ganz glücklich, dieses Abenteuer problemlos geschafft zu haben. Wir wurden dann mit den Autos wieder nach Augustow gebracht
und am Abend gingen wir in ein Restaurant essen, was nach der def-
tigen Verpflegung wieder ganz guttat. Am nächsten Tag fuhren wir mit
dem Zug nach Warschau, wo wir die Altstadt auch noch besichtigten
und von wo wir dann die Rückreise nach Wien antraten.

PKA

Über eine physikalische Therapie lernte ich die PKA, also eine Pri-
vate- Kranken-Anstalt in Gmunden, kennen. Physiofit ist eine medizinisch fundierte Trainingstherapie, die in den Räumen der PKA angeboten wird. Diese Heilgymnastik arbeitet mit manuellen Hilfen
und Geräten, wie Ball, Seil, Laufband und Fahrrad- Ergometer. Sie
wirkt positiv auf Atmung, Stabilität, Mobilität und Dehnbarkeit, Kraft,
Kraft-Ausdauer, Haltung und Gang. Die erste Zeit wurden das Einzel-
training und die Übungen mit Therapeuten durchgeführt, etwas später
dann alleine, allerdings überwacht. Nach gar nicht langer Zeit stellten sich die ersten Erfolge ein und so nahm ich mir eine Jahreskarte,
um hier weiter drei bis vier Mal in der Woche zu trainieren. In diesen
mehr als zweieinhalb Jahren Training machte ich gewaltige Fortschritte in jeder Hinsicht und fühlte mich sowohl körperlich als auch seelisch in bester Verfassung.

Fünfzehn Minuten entfernt von unserem Haus befindet sich eine
Forststraße, die teilweise steil, aber kontinuierlich ansteigt und wo
sich auch kein Haus, sondern nur eine Jagdhütte befindet. Mein Ziel
war immer ein Jagdhaus auf der Fahrnau, die auf 861 Metern Seehöhe
liegt und wohin die gesamte Gehzeit etwas über drei Stunden beträgt.
Diese Forststraße wird kaum befahren, da sie eine Schranke absperrt,
die nur von Berechtigten mit einem Forstschlüssel zu öffnen ist. Ich

ging diesen Weg fast vier bis fünf Mal in der Woche und war immer ganz alleine unterwegs. Dieses Alleinegehen hatte für mich noch einen großen Vorteil: Es gab so viel Zeit nachzudenken! Als besonderes „Konzentrations-Training" versuchte ich, ganz am Rande der unbefestigten Forststraße zu gehen, die teilweise senkrecht 30 Meter zum Bachbett des Rindbaches abfällt und dabei keinen Fehler verzeiht. Es war für mich eine ganz besonders bewusste Herausforderung, es war das Gehen an der Grenze zum Absturz. Im Winter, wenn diese Forststraße nicht mehr geräumt wurde, ging ich trotz starken Schneefalls und Windes bis zu meinem Ziel, zur Fahrnau, hinauf. Dabei musste ich bei drei kritischen Stellen darauf achten, dass jederzeit, wie alle Jahre wieder, Lawinen die Forststraße verschütten könnten. Es war auch nicht „Gottvertrauen", denn an diesen glaubte ich nicht mehr, es war eben nur pure Dummheit, die mich leitete. Doch mit diesem Gefühl konnte ich gut leben, denn auf die Sicherheit legte ich keinen großen Wert mehr. Wenn ich dann manchmal fast in der Dunkelheit nach Hause kam, war ich zwar müde, doch dem Gefühl sehr nahe, alles zu schaffen, wenn man nur will.

„Man weiß nicht immer genau, was man will, aber genau zu wissen, was man nicht will, ist manchmal ein Anfang."

Manchmal nahm ich den „Leih-Hund" unserer Nachbarin mit, es war „Tessi", eine etwas reifere Golden Retriever-Dame, die sich jedes Mal riesig freute, wenn ich mit ihr ging. Er strahlte eine Ruhe aus, war gut erzogen und auch ausdauernd. Zu trinken war weder für den Hund noch für mich jemals etwas mit, da in dieser Gegend genügend reines Quellwasser zur Verfügung stand. Ohne aber lange zu überlegen, ging ich von der Fahrnau weiter zum Offensee und von dort über die Landesstraße wieder nach Ebensee zurück. Es war Spätherbst und es begegnete uns kaum ein Fahrzeug. Was ich unterschätzte, war diese doch große Belastungsprobe für die Ausdauer des Hundes. Er wurde nach fast 30 Kilometern extrem müde, ging immer langsamer und legte sich dann einfach auf den Boden. Mit Streicheln, gutem Zureden und immer mehr Pausen kamen wir kaum weiter, ich konnte ihn aber unmöglich tragen, denn er wog zirka 30 Kilogramm. Ich schaffte es noch bis zu meinen Schwiegereltern, von wo ich meine Frau anrief, sie sollte den Hund mit dem Auto abholen. Ich selbst ging aber ohne den Hund zu Fuß nach Hause, was immerhin noch eine Stunde Gehzeit ausmachte.

SCHWEDEN

Wie schon im Vorjahr organisierten und planten Georg und Phoebe unsere Paddel-Reise, diesmal nach Skandinavien. Es ging nach Schweden, an den südschwedischen Fluss Tidan, der im Hochland entspringt und durch die Ebene Västergötslands nach Norden fließt. Er hat seinen Ursprung im See Strängseredsjön und ist 170 Kilometer lang.

Mit den Autos ging es nach München, von dort mit dem Autoreisezug im Schlafwagen entspannt und bequem nach Norden, am Morgen kamen wir in Hamburg an. Eine Verbindung von österreichischen Bahnhöfen aus war damals nicht möglich und interessanterweise hat auch die deutsche Bahn aus Kostengründen die Autoreisezüge größteils eingestellt. Von Hamburg aus fuhren wir mit unseren Fahrzeugen nach Kyrkekvarn in Schweden, einen Ort mit etwa 700 Einwohnern, von wo auch unsere Paddeltour beim dortigen Kanuzentrum des Ortes begann. Franz, der auch schon in Polen dabei war, wollte sich noch eine Kleinigkeit in dem nahen Geschäft des Ortes besorgen, bei dem sich auch das Tourismusbüro befand. Dort arbeitete ein bildhübsches Mädchen, groß, blond, mit blauen Augen, das Bild einer jungen Schwedin. Franz hatte längere Zeit in Schweden gearbeitet, daher konnte er sich ein wenig in der Landessprache verständigen, natürlich sprach er die junge Dame auf Schwedisch an. Vorher erklärte er mir noch, dass in seiner Zeit viele hübsche Schwedinnen so aussahen und begann, natürlich sehr holprig, sich auf Schwedisch zu unterhalten. Manche Worte fielen ihm nicht mehr ein und so unterbrach ihn die „Schwedin" ganz höflich, er könne ruhig deutsch mit ihr sprechen, da sie selbst Deutsche sei und nur in den Ferien hier arbeite. Nach der Übernachtung in einer etwas größeren Blockhütte trat gleich bei der Übernahme der Boote ein doch großes Problem auf, da zwei unserer Boote nicht dicht waren und bei denen Wasser in das Innere eintrat. Es stellte sich aber bald heraus, dass die Verleihfirma die neuen Boote nicht für uns, sondern für die Tagesvermietung verwendet hatte. Obwohl die Firma auf Kanufahrten und Wildnisabenteuer spezialisiert war, hätte man uns zugemutet, mit den alten, defekten und nicht sicheren Booten tagelang zu paddeln, was kein besonders gutes Zeugnis für das KC Kyrkekvan hinterließ. Nachdem wir nun doch die neuen Boote bekommen und alles Gepäck wasserdicht auf dem Boot verstaut hatten, konnten wir lospaddeln. Es lag nun eine Strecke von 160 Kilometern vor uns und unser Ziel war der Ort Mariestad mit 15.000 Einwohnern. Er liegt an der Mündung unseres Flusses Tidan, der schließlich in das Binnenmeer Vättern mündet. Gleich am Anfang wurde unser Fluss breiter, wir überquerten kleinere Seen und später wurde der Fluss immer öfter durch Mühlenwehre oder kleine Kraftwerke unterbrochen. An diesen Stellen mussten wir die Boote durch die manchmal rutschigen und matschigen „Pampas" tragen. Von Vorteil war aber, dass wir als Gruppe uns gegenseitig unterstützen und helfen konnten. Der nächste größere Ort war das nette Kleinstädtchen Tidaholm mit zirka 8.000 Einwohnern, es liegt zwischen den beiden großen Seen Vänern und Vättern. Die noch junge Ortsgeschichte wird im Zusammenhang mit der industriellen Entwicklung im Tidaholm Museum auf der Vulcanönt anschaulich geschildert, dazu gehören Autos von „Tidaholms buk" aus den 20er-Jahren. Sobald wir die Stadt verlassen hatten, waren wir wieder in dieser menschenleeren Gegend, die am Anfang ungewohnt war, mir aber sehr gut gefiel. Ich paddelte als Einziger mit einem Einsitzer-Boot, meist als Erster unserer Gruppe, und genoss es, die Geschwindigkeit des Wassers zu erleben, bevor man das stärkere Rauschen vor Stromschwellen wahrnahm. Da wir diesmal, anders als in Polen, keinen Guide dabeihatten, bekamen wir vom Kanuzentrum eine Mappe mit Übersichts- und Detailkarten der Tour, samt Tourenprofil und Hinweisen. Die Kartenbeschreibung sah dann so aus: „9D SO, SV; 8D SO, NO; 8ENV, SV" und so weiter, dazu noch die Informationen, wie „9: Baltak: Am Ostufer aussetzen, Portage ca. 200 m, (Portage bezeichnet man eine Stelle, an der Kajaks über Land transportiert werden), dahinter Stromschwellen bis Bälteberga." Ganz wichtig waren auch die Hinweise der Ausstiegsstellen und Infos für Übernachtungsplätze mit eventuellen Lagerfeuerstellen.

Diese mussten wir des Öfteren auch am Rande des Flusses im Gelände suchen, um dort geeignete Plätze für unsere Zelte zu finden. Wir legten mit den Booten für die Nacht an, jeder suchte sich dann „seinen" Zeltplatz in der Umgebung aus, um sich dann „häuslich" niederzulassen und zu schlafen. Ich bewohnte ein kleines Einmannzelt, es brauchte am Kajak kaum Platz und war in ein paar Minuten aufgestellt. So suchte ich mir einmal am Abend einen Platz an einer Lichtung aus, etwas abseits von den anderen (wegen des Schnarchens!?) und schlief dann wie immer schnell ein. Den ganzen Tag zu paddeln machte mich dementsprechend müde. Gleich nach dem Abendessen, wie immer am Lagerfeuer, ging ich in mein Zelt und hatte als Unterlage eine Schaumstoff-Matte, auf der sehr gut schlafen war. Ich wurde am Morgen wegen des Lachens der anderen wach und öffnete den Reißverschluss des Zeltes. Rund um mein Zelt, direkt vor mir, standen fünf Kühe und starrten mich alle an. Sie hatten wahrscheinlich noch nie einen schnarchenden Österreicher gesehen!

Nach einiger Zeit kamen wir zu einem kleinen See, anschließend wurde der Fluss auch teilweise breiter. Zu den nächsten weit verstreuten Häusern gehörte Blikstorp, das bei unserer Reise 206 Einwohner zählte und in dem im Zweiten Weltkrieg Munition hergestellt wurde. Der Hauptort der gleichnamigen Gemeinde heißt Hjo, das erinnerte mich eher dem Namen nach an einen Ort in Thailand oder Kambodscha. Er ist Verbindungshafen auf dem Weg von Västergötland nach Östergötlang, natürlich für mich ganz einfach, denn ich verstand nur Bahnhof. Wir paddelten dann später stundenlang in einer Gegend, wo links und rechts des Flusses ausschließlich eine Art Sumpfgebiet zu sehen war. Um uns herum war alles flach, weit und breit standen keine Bäume, nur ab und zu einzelne Sträucher. Wir merken schon bald, dass sich ein stärkeres Gewitter ankündigte, doch wir sahen keine Möglichkeit, irgendwo Schutz zu suchen. Es fing gewaltig zu regnen an, doch das Schlimmste waren die Blitze, die in der Nähe einschlugen. Wir waren hilflos den Elementen ausgesetzt, saßen in den Kajaks, nicht einmal auszusteigen war auf dem matschigen Untergrund möglich. Als wir eine kleine Sträuchergruppe vor uns sahen, versuchten wir, dort hinzukommen und uns unterzustellen. Dieser

Versuch brachte kaum etwas und als der starke Regen nachließ, paddelten wir weiter.

Der nächste Ort war Tibro, der Name setzt sich aus dem Fluss Tidan und dem schwedischen Wort „bro", also Brücke, zusammen, der Ort zählt 8.000 Einwohner. Wir mussten nach der ersten Straßenbrücke aus dem Fluss aussteigen, da große Stromschnellen zu umgehen waren. In der Nähe, 20 Kilometer nördlich, liegt der moderne Industrieort Skövde mit 34.000 Einwohnern, bekannt außerdem als bedeutende Garnisonstadt, für seine Hochschule und das Krankenhaus. Wegen der vielen Möbel herstellenden Betriebe wird es auch als das Möbelzentrum Schwedens bezeichnet und beheimatet kleine Schreinereien ebenso wie große Möbelfabriken. Aber auch andere Produktionsbetriebe wie Volvo oder Rockwool finden sich hier, erwähnenswert ist zudem das Übungsgelände für Einsatzkräfte für die theoretische und praktische Ausbildung für Feuerwehr, Rettungsdienste und Militär aus ganz Europa.

Die Fließgeschwindigkeit des Flusses verringerte sich immer weiter und nach einiger Zeit tauchten die ersten Schilfhalme auf, die immer dichter wurden und eine Höhe von zwei bis drei Metern erreichten. Wir waren in Schwedens Wildnis am See Östen, der sieben Quadratkilometer groß ist, doch der Zufluss war so stark verschilft, dass wir bald nicht mehr wussten, wo wir wieder aus dem Schilfgürtel hinausfinden sollten. Zuerst versuchte jeder auf eigene Faust, den richtigen Weg zu finden, doch das Schilf wurde immer dichter und so bestand auch die Gefahr, dass wir uns aus den Augen verlieren. Außerdem war es fast unmöglich, mit dem Kajak in diesem Gewirr rückwärts zu fahren und so blieben wir alle beisammen. Wir hatten in Kürze überhaupt keine Ahnung mehr, wo wir waren und wohin wir paddeln sollten. Eine Orientierung, wie zum Beispiel ein kleiner Hügel oder Berg, war nicht zu sehen, sondern nur ganz hohes Schilf. Es schien auch nicht möglich, im Wasser zu waten und um Hilfe zu rufen, denn es gab keine Handyverbindung. So suchten wir, so blöd es auch klingt, den See nach Stellen ab, wo das Schilf weniger dicht wurde. Nach langer vergeblicher Suche begannen wir, uns vollkommen ruhig zu verhalten, keinen Paddelschlag mehr zu machen und das Wasser des

Sees zu beobachten. Nach geraumer Zeit bemerkten wir eine ganz leichte Strömung, der wir nun mit den Kajaks folgten und fanden nun auch den freien Teil des Sees. Wir trafen hier keinen Menschen am Wasser, paddelten den See entlang und erreichten nach 23 Uhr unseren Übernachtungsplatz, wo wir Feuer machten und das Abendessen zubereiteten. Eine für mich neue Erfahrung waren die hellen Nächte in Schweden, selbst in der Nacht wurde es niemals ganz dunkel und so fuhr ich nach Mitternacht mit meinem Boot hinaus, um nach Hechten zu fischen.

Doch ohne Erfolg, denn auch die Hechte müssen einmal schlafen. Die letzte Etappe führte uns zu unserem Zielort Mariestad und zur Mündung unseres Flusses Tidan, der in den See Vänern fließt. Der Ort hat etwa 15.000 Einwohner und ist wegen seiner alten und gut erhaltenen Häuser in der Altstadt bekannt. Er beherbergt aber auch Industriebetriebe im Bereich Haushaltswaren, wie Elektrolux, weiters Betriebe der Papiererzeugung und Möbelherstellung.

Mit den Autos des Kanuzentrums aus Kyrkekvarn wurden wir samt unseren Kajaks abgeholt und zu unseren eigenen Fahrzeugen gebracht. Von hier aus fuhren wir wieder zur Fähre nach Dänemark, wo wir, nachdem wir auf einem Campingplatz übernachtet hatten, über Deutschland nach Hause fuhren.

Diese Reise trug für mich wesentlich dazu bei, in jeder Hinsicht Neues zu lernen, wieder selbstständiger zu werden, der Zukunft etwas positiver und entspannter entgegenzublicken und keine Angst mehr zu haben. Es war aber besonders die „Freiheit", die ich hier empfand, und dazu die Erkenntnis, dass alles möglich ist, wenn man nur will. Denn im „neuen Leben" habe ich nichts zu verlieren, sondern nur etwas zu gewinnen.

**„Freiheit ist nur ein anderer Begriff,
nichts zu verlieren zu haben, doch nichts bedeutet nichts,
Süßer, wenn es nicht umsonst ist."**
Me and Bobby McGee
– Songtext von Kris Kristofferson und Fred Foster
– Gesungen von Janis Joplin wurde der Song ein Welthit

Einen völlig unerwarteten und nicht geplanten Hubschrauber-Flug nach Salzburg hatte ich Anfang Dezember 2005. Zu Lisi, die Ende November Geburtstag hat, kamen immer außer der Familie auch Freunde, um dieses Fest zu feiern. Am Vortag hatten wir schon Besuch und kamen erst lange nach Mitternacht ins Bett, am nächsten Tag wurde es noch länger und ich war am Vormittag dementsprechend müde, normalerweise für mich kein großes Problem. Wir saßen gerade beim Frühstück, als ich plötzlich einen Krampfanfall erlitt, zu Sturz kam und kurz bewusstlos war. Lisi verständigte die Rettung, der Rettungshubschrauber, der im Ort stationiert war, landete gleich in der Nähe unseres Hauses. Als der Notarzt bei mir eintraf, konnte ich schon wieder mit ihm sprechen und wurde dann nach Salzburg in die Christian-Doppler-Klinik geflogen. Gleich nach der Landung am Dach des Hauses wurde von einer Ärztin Schlafmangel als Ursache vermutet, doch die wahre Ursache war unter anderem eine Medikamenten-Umstellung. Das bisherige Medikament war nicht mehr im Handel erhältlich und eingestellt worden, das neue erzielte aber noch nicht die erforderliche Wirkung.

MOUNTAINBIKE

Mit meinem neuen Mountainbike begann ich nun, die Forststraße zur Fahrnau, auf der ich so oft zu Fuß unterwegs war, zu fahren. Die Tour ist der bekannte Ebenseer Mountainbike-Klassiker und teilweise anspruchsvoll, da gewisse Abschnitte der Strecke eine hohe Steigung aufweisen. Oben beim Jagdhaus Fahrnau angekommen, endet die Forststraße nach weiteren 500 Metern, die Strecke geht in einen steil nach unten verlaufenden Steig über, bei dem die meisten Mountainbiker absteigen müssen, um das Rad zu schieben. Der folgende Waldweg führt direkt zur nächsten Forststraße, diese verläuft auf der ehemaligen Trasse der Offensee-Waldbahn, die bereits in den 50er-Jahren aufgelassen wurde. Sie diente damals dem Holztransport zu den Sudpfannen der Saline Ebensee. Beim Offensee angekommen, kann man die fünf Kilometer lange Seeumrundung in Angriff nehmen. Damals trafen sich Mountainbiker und andere Gleichgesinnte an einem schönen Rastplatz am See fast täglich, um vor allem Neuigkeiten auszutauschen. Da fast alle alleine unterwegs waren und aus verschiedenen Richtungen kamen, gab es immer die neuesten Informationen in jeder Hinsicht. Angefangen von der Wassertemperatur des Sees, über die jüngsten Sterbefälle im Ort, die weltpolitischen Neuigkeiten bis hin zu den Hochzeiten und aktuellen Scheidungen. Das war ein Tratschblatt ohne Zeitung, sehr oft unterhaltsam und ein Treffen von Pensionisten, die großteils körperlich und auch sportlich sehr aktiv waren. Ich ging nachher des Öfteren im See baden und fuhr anschließend auf der asphaltierten Offenseestraße Richtung Ebensee bergab, eine Fahrt, bei der immer wieder die 50 km/h-Grenze überschritten wurde. Wenn ich dann zuhause von meinem Mountainbike abstieg, bemerkte ich dann meist, dass ich etwas vergessen hatte: Es war der Fahrradhelm, den ich aufsetzten sollte und der noch immer an meinem Lenker hing. Zumindest kam ich pünktlich zum Essen nach Hause, war müde von meiner Tour und wieder 40 Kilometer geradelt.

Ich absolvierte in dieser Gegend auch anspruchsvollere Strecken, bei denen ich die Forststraßen bis zu ihrem Ende abfuhr, was schon einmal in eine Seehöhe von 1.200 Metern führte. Die für mich schwierigste und anstrengendste Rindbach-Tour ist jene über die Spitzelsteinalm bis zum Ende der Forststraße am Rötelstein, allerdings besteht auf dem letzten Streckenabschnitt ein offizielles Fahrverbot. Alleine die steilen Anstiege, die Streckenlänge von über 30 Kilometern – ich war am Limit meiner Leistungsfähigkeit. Der phantastische Ausblick zum Dachstein der Blick auf den weit darunterliegenden Traunsee – für mich ein „Traumsee"! – entschädigten für die Qualen. Am Anfang meiner Mountainbike-Zeit weigerte ich mich beharrlich, ein Handy mitzunehmen, meine Familie bestand aber darauf (wegen eines Notfalles?!), so stimmte ich schließlich zu. Ich nahm es nun doch mit, mit dem Argument: Wenn ich eine Reifenpanne haben sollte, könnte ich ja zuhause anrufen, denn Werkzeug oder Fahrradpumpe hatte ich nie mit. Doch auch das Anrufen war in dieser Zeit ein Lotteriespiel, denn auf den meisten Mountainbike-Strecken in unserer Gegend gab es überhaupt keine Netzverbindung. Das hat sich seither etwas verbessert, doch hängt es unter anderem auch vom Netzanbieter ab, ob eine Handyverbindung möglich ist. Ebenso verhielt es sich auf der oft gefahrenen Strecke um den vorderen und den hinteren Langbathsee. Im idyllischen hinteren Langbathsee ging ich immer, wenn ich oben angekommen war, bei jeder Wassertemperatur kurz baden. Ich war vom Fahren erhitzt und die Abkühlung im See war dann auch fast zum Ritual geworden. Nach dem Schwimmen ließ ich mich bei Schönwetter von der Sonne trocknen, aß und trank etwas und fuhr dann weiter rund um den See. Von dort führt eine steile Forststraße hinauf zum „Luag", auf der man weiter auf die Großalmstraße kommt, anschließend geht es über Neukirchen bei Altmünster und Traunkirchen zurück nach Ebensee. Die Fahrzeit beläuft sich auf drei Stunden und dabei sind 34 Kilometer zu bewältigen.

Ab und zu fuhr ich aber auch hinauf zum sogenannten „Hohen Luag", das auf nicht ganz 1000 Höhenmeter liegt und damals noch keine direkte Verbindung zur Forststraße Richtung Taferlklaussee aufwies. Auf diesem Grunde musste das Rad geschoben, dann ein Wildgatter überstiegen werden und nach kurzer Zeit befand man sich auf der Forststraße Richtung Großalmstraße, die dann wieder nach Neukirchen führte. Was mich in dieser Zeit immer wieder verwunderte, war die Tatsache, dass ich kaum Biker auf dieser Strecke traf oder oder ihnen begegnete.

Ein Erlebnis, das schlimmere Folgen haben hätte könnte, war bei der Abfahrt über ein steiles Stück auf der schottrigen Forststraße. Durch starken Wind in der Nacht zuvor hing ein Ast eines Baumes über die Straße, den ich übersah. Ich fuhr mit voller Wucht dagegen, mein Helm wurde mir dabei vom Kopf gerissen und ich landete ziemlich unsanft im Schotter, Gott sei Dank ohne schlimme Folgen. Im Hochsommer bog ich einmal auf dieser Strecke zum Taferlklaussee ab, hinauf zum Skigebiet Hochlecken, zur Kienklause, nach Steinbach am Attersee und dann nach Weißenbach. Mein größtes Problem bestand darin, dass ich nichts zu essen und trinken dabeihatte und außerdem auch kein Geld eingesteckt. Ich hoffte daher auf das Weißenbachtal, wo es genügend Quellen für Trinkwasser gibt, doch diese waren ausgetrocknet, da es seit längerer Zeit nicht mehr geregnet hatte. Bei dieser Hitze mit dem Rad zu fahren und dabei nichts zu trinken, ist keine optimale Voraussetzung für eine gelungene Mountainbike-Tour, wenn man dabei zudem schon sehr müde ist. Ich war richtig geschafft, als ich Mitterweißenbach bei Bad Ischl erreichte, von wo ich nur mehr 15 Kilometer nach Hause hatte. Dieser 70 Kilometer-„Ausflug" bei diesen hohen Temperaturen bleibt für immer in meiner Mountainbike-Erinnerung, sowohl in positiver als auch negativer Hinsicht.

JOGGEN

Ein Jahr später bekam ich beim Joggen immer häufiger Schmerzen in den Waden, die aber so heftig wurden, dass ich stehenbleiben musste. Nach kurzer Zeit konnte ich dann problemlos und ohne Schmerzen die eineinhalb Stunden Laufzeit bewältigen. Da ich dieselbe Strecke meist viermal in der Woche lief und die Schmerzen immer häufiger wurden, musste ich leider das Laufen einstellen. Dies war für mich ein großer Rückschritt in meinen sportlichen Ambitionen, die man auch als Ehrgeiz oder als persönliche Ziele bezeichnen kann. Konnte ich doch nach meiner Gehirnblutung kaum alleine gehen und schließlich mit viel Training und Willenskraft wieder joggen, war es diesbezüglich besonders „schmerzhaft". Es ist auch bis heute eine der wenigen Aktivitäten, um die ich andere beneide, da ich nicht mehr laufen kann. Meine Lieblings-Laufstrecke, der „Gimbach", war nicht nur Joggen entlang des Baches mit seiner feuchten und belebenden Luft, sondern auch Meditation pur.

Auch nach verschiedenen Untersuchungen der Beine konnten keine konkreten Ursachen der Schmerzen gefunden werden und es hieß, sie würden vermutlich mit meinen Nervenenden zusammenhängen. Von ärztlicher Seite gibt es keine Möglichkeit, diese Beschwerden zu behandeln und auf eine Besserung zu hoffen.

Interessanterweise traten aber meine Probleme beim Bergaufgehen nur anfangs auf, nach zehn Minuten war ich schmerzfrei und konnte danach auch längere Zeit ohne Unterbrechung gehen.

SONNSTEIN

Mein Hausberg war der „Große Sonnstein" mit 1037 Metern, er wird auch als „Ebenseer Sonnstein" bezeichnet, auf den ich vom Trauneck aus startete. Über die Bartlbergsiedlung führt der Steig in den Wald und weiter steil bergauf zum Gipfel. Eine Höhendifferenz von 594 Metern ist in einer durchschnittlichen Gehzeit von eineinviertel Stunden zu absolvieren, der Abstieg dauert etwas kürzer. Das erste Mal wieder auf dem Sonnsteingipfel zu stehen, das war mein Wunsch und mein Ziel. Gar nicht lange Zeit zuvor hielt ich dieses Vorhaben für unmöglich, der Gipfel schien aus gesundheitlichen Gründen unerreichbar. Es ist das Berggehen, das sich von vielen anderen Sportarten gravierend unterscheidet, und meine bisherigen Aktivitäten hatten sich auf Wandern, Joggen oder Radfahren beschränkt. Nach einer Viertelstunde Gehzeit wurde mir klar, dass ich schnell außer Atem kam, der Puls raste und ich stehenbleiben musste. Meine tolle Pulsuhr, die ich beim Joggen erstmals ausprobiert hatte, war für mich nicht zu gebrauchen, da ich sie vor lauter Aufregung verkehrt trug und sie dadurch auch keine Werte anzeigte. Die Ursache liegt in einer Phobie, bei der ich sofort in Panik gerate, wenn bei mir der Blutdruck oder der Puls gemessen wird. Allein der Gedanke daran, löst bei mir sofort Händeschwitzten und Zittern aus. Deswegen messe ich mir den Blutdruck seit Jahren nur mehr selbst und meine Werte sind dadurch immer im optimalen Bereich. Misst eine andere Person, stimmen diese überhaupt nicht mehr, das Phänomen wird oft auch als „Weißkittel-Krankheit " bezeichnet. Den Puls beim Berggehen messe ich mit Zeige- und Mittelfinger an der Hand und ich habe ihn insofern unter Kontrolle, als ich selbst spüre, ob er zu hoch ist. Dann schalte ich einen Gang zurück beziehungsweise gehe langsamer.

Genau das versuchte ich einzuhalten, kam aber dabei überhaupt nicht vom Fleck und wurde immer wieder von nachkommenden Wanderern, von Jung und Alt, überholt. Auch wenn ich gewollt hätte, es ging einfach nicht schneller und ich zweifelte des Öfteren daran, ob ich es wirklich schaffen kann. Umzudrehen und aufzugeben stand nicht auf meinem Programm. Doch mir war an dieser neuen „Herausforderung" manchmal zum Weinen zumute, sah ich doch gerade den gravierenden Unterschied zwischen gesunden und doch nicht so

„ganz genesenen" Personen, wie ich es war. Je näher ich dem Sonn-stein-Gipfelkreuz kam, desto leichter fühlte sich meine Last an, im wahrsten Sinne des Wortes.

Schließlich stand ich oben, hatte es geschafft, war glücklich und dabei auch komplett fertig. Es bedeutete aber für mich die Bestätigung, dass viele Dinge zu bewältigen und zu schaffen sind, wenn man daran glaubt. Auch gab mir dieses Erlebnis einen neuen Ansporn und dazu die Sicherheit, es nochmals und vielleicht auch nun öfter zu versuchen. Der Weg dafür war nun geebnet und so schaffte ich es 2005 neun Mal, ein Jahr später 22 Mal und im darauffolgenden Jahr 104 Mal, auf den Sonnstein zu gehen. Zu dieser Zeit wurde ich beinahe süchtig, bei jedem Wetter und extremen Bedingungen zum Sonnsteingipfel zu kommen. Ich genoss gerade diese Zeit, bei Nebel oder Regen, wenn ich dann überhaupt keinen anderen Menschen mehr antraf. Ich wurde manchmal gefragt, ob es nicht ein großes Risiko sei, wenn ich ganz alleine am Berg gesundheitliche Probleme bekäme. Ich sehe das ganz anders, denn die größte Angst habe ich nur davor, eine neue Hirnblutung oder einen Schlaganfall zu haben und das Ganze zu überleben. Bedenken, wie schnell ich dann gefunden und ob ich gerettet werden könnte, kamen mir nie.

Bei einer dieser Bergwanderungen, es herrschte schlechtes Wetter, saß bei etwa der Hälfte der Strecke ein älterer Herr gekrümmt auf einem Stein, er hatte offensichtlich gesundheitliche Probleme. Er war ansprechbar, ganz fahl im Gesicht und sagte mir, er habe starke Herzprobleme und dabei große Angst. Eine Handyverbindung gab es nicht, da in diesem Gebiet das Netz nicht funktionierte. Um Hilfe zu holen, würde ich eine halbe Stunde gehen müssen, doch ich wollte ihn auf keinen Fall alleine lassen. Ich versuchte ihn zu beruhigen und in ein Gespräch zu verwickeln, in dem er mir dann erzählte, dass er vor nicht ganz einem Jahr operiert worden war und ein neues Herz bekommen hatte. Ich fragte nach seinem Namen, wo er wohne, fragte nach seiner Familie, seinem Beruf, als er noch berufstätig war, und er begann zu erzählen. Ich gab ihm zu trinken, er hatte Tee im Rucksack und ich merkte, dass seine Angst weniger wurde und er sich auch erholte. Nach einiger Zeit sagte ich ihm, dass wir gemeinsam den

Abstieg sicherlich problemlos schaffen werden, was dann auch gottlob eintraf. Durch den Orkan Kyrill, der am 19.1.2007 mit über 200 km/h auch unser Gebiet heimsuchte und dabei auch enorme Schäden in den Wäldern verursachte, lag sehr viel Fallholz am oberen Teil des Sonnsteines. Der starke Schneefall danach verdeckte die Schäden am Wanderweg, was aber kaum eine Rolle spielte, da der verschneite Weg im Winter teilweise kaum zu finden war. Zu dieser Zeit war auch „wenig Betrieb" auf dem Sonnstein, der sonst das ganze Jahr stark frequentiert wird. Es waren Tage dabei, wo keine Spuren im Schnee sichtbar waren und so hatte ich oft die Ehre, als Erster eine neue Spur auszutreten, was natürlich sehr anstrengend und mühsam sein konnte. In meiner „Sonnsteinzeit", in der ich fast 250 Mal diesen Weg hinaufging, habe ich nur einmal wegen zu hohen Schnees den Gipfel nicht erreicht. Es waren damals über Nacht fast 40 Zentimeter Neuschnee gefallen und je höher ich kam, desto mehr Kraft und Energie kostete es, den nächsten Schritt im Schnee bergauf zu machen, um überhaupt voranzukommen. Darunter lag eine tückische Altschneedecke, ich versuchte immer wieder, den Neuschnee mit der Hand wegzuschieben. Kurz vor dem Gipfel, normalerweise brauchte ich dort nicht einmal zehn Minuten hinauf, brach ich ständig durch die Altschneedecke sehr tief ein, da darunter die umgefallenen Bäume der Sturmkatastrophe lagen. Die Steilheit des Geländes, das immer wieder Herausklettern aus dem tiefen Schnee, wonach ich mich jedes Mal wieder erholen musste, da mein Puls raste, ich konnte einfach nicht mehr und gab auf.

Es waren auch in jedem Winter Tage dabei, an denen gerade im oberen Teil des Sonnsteins extreme Schneeglätte herrschte, bedingt dadurch, dass der Schneefall in Regen überging, der auf dem kalten Untergrund sofort gefror. In dieser Situation trug ich an den Bergschuhen festgemachte Steighilfen, die sehr oft nützlich waren und das Bergaufgehen erleichterten, vor allem aber die Rutschgefahr beim Hinuntergehen wesentlich verringerten. Dieses extreme und außerordentliche Glatteis erlebte ich einmal im Jänner 2008, bei dem vom Ort selbst bis zum Gipfel hinauf, also die ganze Strecke, diese Widrigkeiten herrschten. Doch es gab auch diese wunderschönen Tage, hauptsächlich im Herbst, wenn der starke Nebel im Tal düster und trostlos wirkt und darüber wolkenloser Himmel und warmes Wetter herrschte. Dort vergaß ich manchmal die Zeit hinunterzugehen, da ich mit anderen Wanderern oben saß, den Tag genoss und über alles Mögliche plauderte.

Leider endete meine „Sonnsteinzeit" vor neun Jahren, da ich nun auch beim Gehen zu starke Schmerzen hatte und daher das Berggehen aufgeben musste.

KRAULEN

Da ich nur zwanzig Meter vom See entfernt wohnte, lernte ich zwar als Kind bald schwimmen, doch kraulen konnte ich nicht. Warum das so war, lag vermutlich auch daran, dass meine gleichaltrigen Freunde dasselbe Problem wie ich hatten.

Für mich gab es in dieser Zeit nur ein Vorbild beim Schwimmen: Es war Johnny Weissmüller. Während seiner Kindheit litt er an verschiedenen Krankheiten, sein Vater äußerte später, dass die Ärzte seinem Sohn keine 30 Lebensjahre gaben. Während dieser für ihn so schwierigen Zeit lernte er den Umständen zu trotzen und zu kämpfen. Auf Anraten seines damaligen Arztes begann er mit dem Schwimmen und entdeckte so seinen sportlichen Ehrgeiz und seine Berufung darin. Er war der erste Mensch, der die 100 Meter-Strecke unter einer Minute schwamm, vor allem deshalb, weil er den Crawl-Stile perfektionierte – den Kraul-Stil! Was ihn auch von den anderen Sportlern unterschied: Er hat in seiner gesamten Karriere jeden offiziellen Wettbewerb gewonnen, an dem er teilnahm. Er ist also nie von einem Gegner besiegt worden. Bis in die 1920er-Jahre war er der ungeschlagene fünffache Goldmedaillengewinner bei den Olympischen Spielen. Offiziell stellte der 51 Weltrekorde auf und wie viele er tatsächlich schwamm, ist unbekannt, weil er mitunter versäumte, die Rekordprotokolle einzureichen. Er galt als weltweit bester Schwimmer der 1920er-Jahre und erlangte internationale Popularität als Darsteller von „Tarzan". Weissmüller war der erste Sportler, der aufgrund seines Erfolgs in den Filmstudios von Hollywood Karriere machte. Zwischen 1932 und 1948 spielte er in zwölf Tarzan-Filmen die Rolle des Urwaldmenschen, was ihn weltberühmt machte. Johnny Weissmüller war begeisterter Jodler, das wurde später die Grundlage des von ihm kreierten Tarzan-Schreies. Die Rolle des Tarzan war ihm auf den Leib geschnitten. Er war 192 cm groß, muskulös, sah gut aus und musste nicht viel reden. „Ich Tarzan, du Jane" – viel mehr brauchte es nicht.

Mit all diesen Voraussetzungen konnte ich natürlich in keiner Weise punkten und wollte nur eines – das Kraulen lernen! Ich hatte manchmal nach einem Kraul-Kurs nachgefragt; doch es gab keinen. Mit über 60 Jahren erfuhr ich durch einen Zufall, dass in Kürze im Hallenbad Ebensee ein solcher Kurs stattfindet. Als ich mich dort anmelden wollte, stellte ich bald fest, dass dies ein Spezial-Kurs für angehende Triathleten ist oder die Teilnehmer bereits erfahrene Triathleten waren. Ich war richtig enttäuscht und wollte mich schon wieder verabschieden, als der Trainer zu mir kam und sagte: „Du bist dabei!" Jetzt wollte ich ihm erklären, dass ich nur bei einem Kraul-Kurs für Anfänger mitmachen wollte, schon lange keinen Sport mehr betreibe und außerdem schon über 60 bin. „Zieh dich um, das Training beginnt gleich!" Neben dem Schwimmbecken wurden als erstes Übungen zum Aufwärmen der Muskulatur gemacht und auch erklärt. Nachdem wir uns „eingeschwommen" hatten und er die Teilnehmer dabei beobachtete, wurden wir in vier Gruppen aufgeteilt. Das Training war ausgesprochen interessant, abwechslungsreich und teilweise für mich sehr anstrengend. Ich hatte nach ein paar Kurstagen die ersten Erfolgserlebnisse und war aber oft nicht sicher, ob ich bei den immer stärker werdenden Übungseinheiten körperlichen mithalten konnte. Geschont wurde ich trotz des Altersunterschiedes von 20 bis 30 Jahren überhaupt nicht. Für mich war sehr oft die Grenze der Belastbarkeit überschritten, ich war komplett geschafft und schlief sofort zu Hause ein. Durch meine ersten, kleinen Erfolge beim Kraulen und beim Training hatte mich natürlich der Ehrgeiz gepackt und ich trainierte nun drei Mal in der Woche. Nicht nur, dass der Trainer mich vom Beckenrand aus kontrollierte, wobei er jeden meiner Fehler sofort sah, sondern er kraulte oft neben mir. Vermutlich auch durch den menschlich „sehr guten Draht" hatte ich manchmal das Gefühl, Peter sei mein Privattrainer. Da ich aber noch immer Schwierigkeiten mit der Körperspannung und der „Wasserlage" hatte, es war das Absinken der Beine, schwamm ich großteils mit kleinen Flossen. Ich konnte zwar allgemein das mir gesetzte Ziel, nun kraulen zu können, erreichen, doch die Wasserlage blieb mein Manko. Der Kurs wiederholte sich im Herbst, ich wollte natürlich wieder mitmachen und dabeisein. Wenn ich diesbezüglich gefragt wurde, warum ich den gleichen Kurs nochmals belege, hatte ich immer eine passende Antwort: Ich sei beim ersten Kurs durchgefallen!

Leider erschütterte ein tragisches Ereignis das Ende dieses zweiten Kurses: wegen großer familiärer Schwierigkeiten nahm sich unser Trainer das Leben, er beging Suizid durch Erhängen. Nach dem Begräbnis von Peter sagte mir seine Frau, dass sie vor gar nicht langer Zeit über mich gesprochen hätten und er noch stolz darauf gewesen sei, mir des Kraulen gelernt zu haben.

MUSIK

Es ist ganz gleich, in welcher Verfassung ich mich gerade befinde, jede Art von Musik löst in mir immer wieder starke Emotionen aus und beeinflusst bewusst oder auch unbewusst verschiedenste Empfindungen im Gehirn. Musik gehörte schon immer zu meinen Leben und besitzt für mich einen sehr hohen Stellenwert. Leider hatte ich als Kind nicht die Möglichkeit, ein Musikinstrument zu lernen, doch sogar der Gesangsunterricht in der Schule oder im Chor bereitete mir jedes Mal wieder große Freude. Der Gesang ist wohl die älteste musikalische Ausdrucksform des Menschen und bewirkt auch große Veränderungen im Kopf. Musik und Gesang übertragen Emotionen: Erregung, Freude und Bedrückung. Dies alles gehört zu meinem Leben und Dasein.

Neue bildgebende Verfahren zeigen, dass Musikalität anders als andere Fähigkeiten nicht in einer eng umrissenen Hirnregion angesiedelt ist – vielmehr spricht sie neben dem Gehör auch den Bewegungsapparat, das Gefühl und den Verstand an. Erwiesen ist auch, dass zum Beispiel durch die Musiktherapie alle mit Musik befassten Hirnregionen mehr genutzt werden. Bei der Verarbeitung von Musik sind beide Hirnhälften aktiv, jedoch mit unterschiedlichen Aufgaben: Während die rechte Hirnhälfte die Grobstruktur herausarbeitet, übernimmt die linke Hemisphäre die Feinanalyse. Musik ist mehr als ein akustisches Signal, denn sie aktiviert weitere Bereiche des Gehirns und weckt Emotionen. Wahrscheinlich hat jeder schon, dem Musik Schauer über den Rücken zu jagen vermag, das aufwühlende Gefühl nach einem Chorwerk aus dem dritten Akt der Oper Nabucco – „va, pensiero" von Giuseppe Verdi erlebt. Der Chor der Hebräer, auch als Freiheitschor oder Gefangenenchor bezeichnet, die in Babylon gefangen sind, beklagt das ferne Heimatland und ruft Gott um Hilfe an. Der Chor gilt als berühmtester aller Verdi-Chöre. „Steig Gedanke auf in goldenen Flügeln" – „va, pensiero", dieses Lied ist längst zur heimlichen, inoffiziellen Nationalhymne Italiens geworden und bewegt die Menschen wie eh und je. Sogar Reformminister Umberto Bossi wollte die bisherige Nationalhymne „fratelli d´Italia" durch GiuseppeVerdis „va, pensiero" ersetzen. Mit dem Argument, kaum jemand in Italien würde die Worte der ganzen Nationalhymne kennen, während alle Italiener nach dem Text von Verdi singen können.

Das Wunderkind Mozart mit seinen Werken, die Musik all der Komponisten von früher bis heute, sie verbinden Millionen Menschen weltweit. Seien es die Duette, die nicht nur ins Herz, sondern auch tiefer gehen, wie „Time to Say Goodbye" von Andrea Bocelli und Sara Brighman, Zucchero & B. B. King mit „Hey Man" oder das Musikvideo von Eminam ft. Rihanna „Love The Way You Lie". Die Liste der für mich sehr guten Musik und Musikvideos ist vielfältig und lässt sich nicht auf eine besondere Musikrichtung eingrenzen. Seien es Klassiker, Musik aus meiner Jugend, wie Elvis Presley, Jerry Lee Lewis, Bob Dylan, Kris Kristofferson und Rita Coolidge, um nur ein paar zu nennen. Ganz tolle Live-Konzerte wie Leonard Cohen, Roxy Musik, U2, Eric Clapton, Jonny Cash, Bruce Springsteen, Robbie Williams, David Bowie, Mark Knopfler Pink und so weiter. Die deutsche Musik wie die Söhne Mannheims mit Xavier Naidoo, Die Toten Hosen und Udo Lindenberg bis hin zur österreichischen Musik von Georg Danzer, Wolfgang Ambros, Ostbahn Kurti und Falco. Ganz besonders liebe ich eine der aufwühlendsten Musik-Verfilmungen des Konzeptal-bums von Pink Floyd „The Wall", unter der Regie von Alan Parker und dem Drehbuch von Roger Waters, die 1982 gedreht wurde.

Oder wenn man die vielen wunderschönen, mitreißenden oder trau-rigen Filme im Kino ansieht, dass die geschickt inszenierte Filmmu-sik dabei Gefühle auslöst, das ist den meisten erst bewusst, wenn die Zuschauer mit verweinten Augen das Kino verlassen. Wahrschein-lich kennen viele das Gänsehautgefühl beim Hören bestimmter Mu-sikstücke, manchmal kommt es auch unmittelbar zu Tränen oder zu einem Kloßgefühl im Hals. Derartig starke Emotionen beruhen auf einem sehr wirksamen Hormoncocktail, der im Gehirn ausgeschüt-tet wird. Dasselbe passiert mir immer wieder mit dem Lied „Sympa-thy For The Devil" von den Rolling Stones. Es ist der ekstatisch laute Samba-Rhythmus mit den Rumba-Rasseln, bei der die Intensität ge-steigert wird und der einsetzende Chor, der das Musikstück prägen-de „Ooo- whoo" bis zum Ende wiederholt. Den Höhepunkt bildet das prägnante Gitarrensolo von Keith Richards, dessen Spiel anschlie-ßend im Wechsel mit Mick Jaggers Stimme den Ausklang begleitet. In vom Jagger geschriebenen Liedtext erzählt der Teufel, nachdem er sich dem Hörer formell vorgestellt hat, von seinem Wesen und seiner Gegenwart bei zentralen historischen Ereignissen. Die Kernaussage sind schließlich die menschlichen Eigenschaften und dass in jedem Menschen ein Teufel wohnt. Das Lied entstand schon in Juni 1968 in den Olympic Studios London unter dem Arbeitstitel „The Devil is My Name", kam aber dann mit dem Namen „Sympathy For The De-vil" auf den Markt. Beim Rockmusik-Festival Altamont Free Conzert 1969 bei Livermore in Kalifornien kam neben drei anderen Menschen – zwei verunglückten mit dem Auto und einer ertrank in einem Ka-nal – ein Mann ums Leben. Als Schutztruppe an der Bühne engagier-ten die Rolling Stones gegen Freibier die Hells Angels. Der Zuschauer Meredith Hunter starb bei einer Messerstecherei direkt vor der Bühne, als die Rolling Stones gerade ihren Song „Under My Thumb" spielten. Erstochen wurde er von einem der als Sicherheitskräfte eingesetzten Hells Angels, unmittelbar zuvor hatte Hunter unter Einfluss von Dro-gen eine Schusswaffe gezogen. Der Messerstecher wurde wegen Mordes angeklagt und von einem Gericht freigesprochen, da die Tat als Notwehrhandlung gewertet wurde. Schon vorher hatte es während des Liedes „Sympathy for the Devil" Schlägereien gegeben. Mitglieder der Hells Angels versuchten dann später, Mick Jagger auf seinem Anwesen in Hampton auf Long Island zu ermorden. Grund für diesen Anschlag war demnach, dass die Rolling Stones den Ordnerdienst der Hells Angels aufgekündigt hatten.

1948 schlossen sich im kalifornischen San Bernardino amerikanische Veteranen des Zweiten Weltkrieges zu einer Gang zusammen. Ihnen war der bürgerliche Alltag zu langweilig, sie wollten Partys feiern und Harley-Davidson fahren. Der ehemalige Kampfflieger Arvid Olsen verlieh dem Männerbund den Namen seines Geschwaders: The Hells Angels. 1957 begann Ralph Barger vom kalifornischen Oakland aus, die Rockerbande zum internationalen Imperium auszubauen. Auseinandersetzungen mit der Polizei und Schlägereien mit feindlichen Gangs verstärkten das Image als Gesetzlose. Die Angels gaben sich eigene Regeln, die eisern einzuhalten waren. So galten etwa die Frauen anderer Mitglieder als Tabu, bei Fahrten in Kalifornien durfte mit Schusswaffen nur zwischen 6 und 16 Uhr gefeuert werden und das unerlaubte Fernbleiben bei einem Treffen wurde mit einer Geldstrafe geahndet. Inzwischen sind die Hells Angels eine weltweite Vereinigung, die sich zwischen Freiheitsliebe, eigenem Ehrenkodex und organisierter Kriminalität bewegt. Immer wieder stehen Gruppenmitglieder wegen Erpressung, Zuhälterei, Körperverletzung, unerlaubten Waffenbesitzes, Drogenhandels und Vergewaltigung vor Gericht. Seit den 90er-Jahren herrscht Krieg zwischen den Hells Angels und den Bandidos, einem Motorradclub, der 1966 in Texas gegründet wurde. In Skandinavien hat es Tote und Verletzte gegeben, als die beiden Gruppen sich gegenseitig mit Maschinenpistolen und einer Panzerfaust angriffen. Um Geld für Anwälte und Prozesse zu haben, zahlt jedes Mitglied in einen dafür eingerichteten Fond ein.

Warum mich die Rolling Stones immer wieder beschäftigten, hat einen Grund: Ich bin mit ihnen alt geworden, sie sind noch etwas älter als ich und sprechen nach wie vor alle Altersgruppen an. Da die

Rolling Stones 1962(!!) gegründet wurden, zählen sie zu den langlebigsten und kommerziell erfolgreichsten Gruppen der Rockgeschichte. Im Gegensatz zu den eher braven Beatles waren die „Stones" die „bad boys" der Rockmusik, sie hatten lange Zeit ein Rebellen-Image und schon bald einen unverwechselbaren Sound. Die Band gehörte bereits in den 60er-Jahren zur „Premier League" der Superstars. Mick Jagger und Lead-Gitarrist Keith Richards, er war 1970 sogar heroinabhängig, schrieben den Großteil der Lieder. Keith Richards sagt über sich, er lebe nur deshalb noch, weil er immer auf höchste, pharmazeutische Qualität achte und auch mit der Dosierung vorsichtig sei. Das im Juni 2006 geplante Konzert der Rolling Stones in Wien musste auf Juli 2006 verschoben werden. Keith Richards hatte sich im Urlaub auf Fidschi im April verletzt, da er Medienberichten zufolge von einer Palme gestürzt war, und musste daraufhin in Neuseeland operiert werden. Die Rolling Stones traten dann vor 55.000 Menschen im Rahmen der „A Bigger Bang"-Welttournee im Ernst-Happel-Stadion in Wien auf und ich konnte sie das erste Mal live erleben.

Musik zu erleben, das wissen Neurowissenschaftler heute, ist weit mehr als das Wahrnehmen eines akustischen Signals. Ein Musikzentrum gibt es nicht. Viel mehr aktiviert Musik das Denkorgan in vielfältiger Weise, etwa im motorischen Cortex, im Sehzentrum sowie im limbischen System. Dieses tritt in Aktion und bewertet etwa, ob uns Musik gefällt oder nicht, und agiert, wenn eine Melodie als angenehm empfunden wird.
Der französische Schriftsteller Victor Hugo sagte einst: „Die Musik drückt das aus, was nicht gesagt werden kann und worüber zu schweigen unmöglich ist".

Auch wenn wir Musik hören, muss unser Nervensystem schwierige Aufgaben bewältigen. Aufmerksames Zuhören setzt nämlich Lernprozesse in Gang, die im Gehirn zu neuen Verschaltungen führen. Diese sorgen dafür, dass wir die ungeheuren Informationsmengen, die ein Musikstück enthält, einordnen können. Beim Suchen eines Senders im Autoradio erkennen wir blitzschnell, ob es sich um klassische Musik oder um eine Rockgruppe handelt. Wir haben in unserem

Gehirn durch unsere Vorerfahrung bereits Tausende akustischer Muster abgespeichert, die wir zum Vergleich heranziehen können. Diese private „Musikbibliothek" im Kopf legen wir unbewusst beim Hören von Musik an und erweitern sie lebenslang. Hirnphysiologisch liegen die Speicherorte für Musik im Schläfenlappen und in den benachbarten unteren Anteilen des Stirnhirns, vor allem auf der rechten Hirnhälfte. Das Musikgedächtnis weist noch eine Besonderheit auf, nämlich seine intensive emotionale Verankerung. Oft können bestimmte Melodien ganze Erinnerungsstürme auslösen – ähnlich wie es auch manchmal Gerüche tun. In der Musikpsychologie nennt man dies den „Play-it-again-Sam" – Effekt. Das enorm stabile emotionale musikalische Gedächtnis kann also die Gefühle vergangener Zeiten wieder auferstehen lassen. Dies wird in der Musiktherapie ganz bewusst eingesetzt, um Menschen mit schwerer Demenz positive Erlebnisse zu verschaffen, Lebensfreude zu bereiten und zu aktivieren.

Musik vergisst man nie: Ich habe im Verlauf dieses Buches bereits den Arzt und Neurologen Oliver Sacks mit seinem Buch „Der Einarmige Pianist" erwähnt, der darin die abgründigen Vorgänge schildert, die Musik im Gehirn bewirkt. Clive Wearing war ein guter Freund von Oliver Sacks, ein Musiker und Musikwissenschaftler, namhafter Kenner des Renaissancekomponisten Orlando di Lasso. Als er 1985 das neu erschienene Buch „Der Mann, der seine Frau mit einem Hut verwechselte" las, beeindruckte den Musikologen die Geschichte eines gedächtnislosen Seemanns so sehr, dass er sie lange mit seiner Frau besprach. Zwei Monate später erkrankte Wearing an einer Hirninfektion, die von seinem Gedächtnis kaum etwas übrigließ. Während Jimmy, der Seemann, immerhin noch eine Gedächtnisspanne von zwei Minuten hatte, waren es bei Wearing nur noch Sekunden. Er vergaß sogar die 20 Jahre vor seiner Erkrankung, eingeschlossen seine Hochzeit. „Dass ihn vorher Jimmys Amnesie so interessierte, hat mich schon ziemlich erschreckt", sagte Sacks. Aber es gab zwei Wunder. Zum einen verliebte sich Clive in seine Frau jedes Mal wieder, wenn er sie sah. Und als sie einmal Noten mitbrachte, erwies sich, dass ihr Mann nichts von seinen musikalischen Fähigkeiten verloren hatte. Ganze Stücke konnte er ablesen, sich erinnern, singen, am Klavier spielen, ohne Fehler und mit ganzer Seele, sogar einen Chor dirigieren – auch wenn er sofort vergaß, dass das Stück beispielsweise von Bach war. Das zeigt, dass musikalische Strukturen jenseits des „episodischen" Gedächtnisses verarbeitet werden – auch auf der Ebene der Gefühle, die dieser Mann für seine Frau bis heute empfindet. Wenn sie bei ihm ist, wird er als kreative Person wach. „Was da herauskommt", sagte Sacks, „ist alles andere als automatisch". Es kann daran liegen, dass die Musik, ein Ton, das in ihm wachruft, zu dem er gehört.

Machen Sie sich also keine Sorgen, wenn sie das Gedächtnis verlieren, Sie werden immer noch spielen können.

SCHLANGEN

Ein besonderes Tiererlebnis ganz anderer Art hatte ich bei uns zuhause in Rindbach. Ich wollte damals am Abend noch mit meinem kleinen Boot fischen gehen, welches ich direkt neben dem Wasser im groben Sand gelagert hatte. Um den Regen abzuhalten, hatte ich das Boot umgedreht und es lag nun geschützt am Boden. Die Ruder hatte ich von zuhause mitgenommen, braucht dann das Boot nur umzudrehen und ins Wasser zu lassen. Ich hängte die beiden Ruder ein, legte meine Fischertasche hinein und schob das Boot zur Hälfte ins Wasser, um einzusteigen. Eine Hand hatte ich schon im Boot, als neben meinem Fuß eine große Schlange herauskam, die ein komisches Geräusch von sich gab und fast eineinhalb Meter lang war. Ich war unheimlich erschrocken und weiß bis heute nicht, wie schnell ich wieder aus dem Boot draußen war, sicherlich unheimlich schnell. Eine für mich unbekannte Schlange in dieser Größe in meinem Boot versteckt – wie kriege ich sie wieder aus dem Boot, da sie sicherlich nicht freiwillig „aussteigen" will? Außerdem wusste ich auch nicht, ob sie beißt, was eigentlich meine größte Angst war. Außerdem stank sie erbärmlich! Ich fand einen langen Holzstock und versuchte nun, die Schlange aus dem Boot herauszubringen, was mir nach ein paar Versuchen auch gelang. Sie war nun draußen und ich lief davon! Ich war ein echter Held- vermutlich fürchtete ich, dass sie mich nun verfolgt und dann auffrisst. Sie hatte aber etwas Besseres zu tun und war in Kürze im Unterholz verschwunden. Endlich konnte ich wieder aufatmen, mich wieder erfangen und beruhigen.

Doch es kam anders: Mir war zwar schon das Fischen vergangen, ich wollte dann doch noch auf den See hinausfahren. Die übliche Prozedur: Boot ins Wasser schieben, einsteigen und ....im Boot wieder eine Schlange! Wenn ich das Ufer schon verlassen hätte und am See gewesen wäre, ich wäre sicherlich ins Wasser gesprungen, denn im Boot mit einer Schlange, auch wieder über einen Meter lang, das war zu viel! Ich lief um meinen Stock, den ich schon weggeworfen hatte, und versuchte nun abermals, dieses Ungetüm aus dem Boot zu bekommen. Da ich ja schon Erfahrung hatte, funktionierte das schon ganz gut und die Schlange war schneller weg, als ich glaubte. Ich ging an diesem Tag nicht mehr fischen, wollte auch nicht mehr in mein Boot einsteigen und durchsuchte alles ganz genau, es hatte sich keine dritte Schlange mehr versteckt. Am nächsten Tag besorgte ich mir PU-Schaum und schäumte alle Verstecke der Schlangen im Boot aus. Wie ich dann herausfand, handelte es sich um Äskulap–Nattern und die gehören zu den größten Schlangen Europas. Sie sind bis zu zwei Meter lang, bei aktueller Bedrohung wehren sie sich mit schmerzhaften Bissen, sind aber ungiftig. Sie geben ein schnarrendes Geräusch ab, stinken erbärmlich, da sie beim Entleeren ein übelriechendes Sekret aus ihrer Anal-Drüse abgeben, und können sogar gut schwimmen!!! Ihren Namen erhielt die Schlange nach dem Gott der Heilkunst Asklepios aus der griechischen Mythologie, um dessen Stab sich vermutlich diese Schlange windet. Heutzutage dient der Stab in verschiedenen Darstellungen immer noch als Symbol der Ärzte, Tierärzte und Apotheker.

Eine andere „Schlangengeschichte", die aber auch schlimmer ausgehen hätte können, begann mit einem Freund, der mit mir in das Gimbachtal, ein Seitental des Offensees, fuhr. Er kommt aus der Region Wolfgangsee und wollte mit mir zum Pflücken des „Petergstamms" mitgehen, da diese Blumen kaum mehr vorkommen und streng geschützt sind. Sie zu pflücken ist insofern nicht leicht, da sie nur auf schroffen und ausgesetzten Felshängen vorkommen. Was zum extrem steilen Gelände noch dazukommt, ist der sehr brüchige Kalkstein, der beim Klettern kaum Fehler verzeiht. Ein Problem besteht auch darin, dass diese Blumen sehr schwer zu erreichen sind und daher wirkliche Schwindel- und Trittsicherheit Voraussetzung ist. Wir kletterten in diesem schwierigen Gelände, durchzogen mit losem Stein oder Grasnarben, uns nur mit Händen und Füßen haltend. Als Hans über sich einen festen Halt mit seiner Hand suchte, griff er beinahe auf eine Schlange, die sich sofort an seinem Kopf vorbeifallen ließ. Es war der Moment, die Hände einfach loszulassen, dadurch den Halt zu verlieren und dann abzustürzen. Gerade in dieser kritischen Situation die richtige Entscheidung zu treffen, ist leichter gesagt als getan. Wir kletterten beide, so gut es ging, sofort zurück, um wieder festen Boden zu bekommen.

Wir beendeten dann das „Petergstamm-Pflücken" sofort, denn der Schock dieses Erlebnisses saß noch ganz tief. Übrigens: Diese Schlange war eine Höllenotter und giftig!

KROATIEN

Nach meinem gesundheitlichen Zusammenbruch wurde ich von Susi und Hans immer wieder ermuntert, im Sommer nach Kroatien mitzufahren, da sie ihren Wohnwagen in Rovinj stationiert hatten. Ich bin ihnen bis heute noch dankbar, dass wir dadurch bei unseren Urlauben so viel Neues und Schönes kennenlernten. Der kleine Campingplatz, auf dem sie seit etlichen Jahren ihren Urlaub verbrachten, hieß „Ulika" und war nur zehn Minuten vom Meer entfernt. Dementsprechend waren nicht nur der große Wohnwagen und das Vorzelt eingerichtet, sondern auch eine kleine Hütte für die Fahrräder und diverse andere Gegenstände, Solarbrause, Blumen und Sträucher, ein kleines Paradies. Susi, die ja in Wirklichkeit Gerda heißt, war schon in Pension und dort fast „einheimisch", da sie viele kroatische Freunde hat. Hans war damals noch berufstätig und besuchte sie meistens am Wochenende oder wann immer er konnte. Unser Wohnwagen stand lange Zeit in unserem Carport in Rindbach und ich hatte damals auch nicht im Geringsten daran gedacht, darin den Urlaub zu verbringen. Hans wollte ohnehin übers Wochenende nach Rovinj fahren und schlug mir vor, dabei unseren Wohnwagen hinunterzuziehen. Sie reservierten für uns gleich einen Stellplatz ganz in ihrer Nähe und schlugen vor, diesen Camping-Urlaub einfach einmal zu probieren. Da die beiden im Campen schon lange Erfahrung hatten, war es für uns von großem Vorteil, dies zu nutzen und davon zu lernen. Sie kümmerten sich auch gerade am Anfang um alles Mögliche und waren sehr bemüht, unser neues Domizil zu adaptieren. Wir fuhren gemeinsam zum Meer baden, lernten neue Strände kennen und erfuhren auch, worauf wir im Wasser aufpassen sollten, seien es Seeigel oder Quallen, starke Strömungen oder große Wellen, die an den spitzen Steinen zu Verletzungen führen könnten. Wir sprachen auch von Skorpionen, die wir in den ersten Jahren nicht einmal zu Gesicht bekamen und von denen wir drei Stück im Wohnwagen kennenlernen mussten. Den ersten lernte Lisi schmerzhaft kennen, als wir beim Essen mit Freunden zusammen vor dem Wohnwagen saßen, als sie am Vorfuß einen starken Stich verspürte. Es war ein Skorpionstich, der den Fuß stark anschwellen ließ. Mehr als 14 Tage lang hatte sie starke Schmerzen und musste nach der Heimreise von unserem Hausarzt behandelt werden. Der andere Skorpion war in der Plane vom Vorzelt und der dritte kletterte auf meinen Bauch, als ich in der Strandliege einschlief. Er hat sich dann nicht leicht von mir trennen wollen, stach aber nicht zu. Warum wir gleich drei Skorpione bei uns hatten, ist leicht zu erklären: Auf diesem Platz lagen große Bauholzplatten, die als Unterlage für den Boden des Vorzeltes bereits lange Zeit gedient hatten und die, kurz bevor wir dort ankamen, weggerissen wurden. Darunter wohnten die Skorpione, die somit kein Dach mehr hatten und nun zu uns kamen und eine neue Herberge suchten. Dass man mit Tieren in dieser Gegend vorsichtig sein sollte, ist Lisi nach ihrem Skorpionstich eindrücklich klargeworden, sie war danach besonders achtsam. Wir saßen ein paar Jahre später auf dem Campingplatz „Amarin" in der Nähe von Rovinj, als Lisi ein Buch so beschäftigte, dass sie es unbedingt fertiglesen wollte. Es war bereits stockfinster und Lisi holte sich daher eine Stirnlampe, um zu Ende lesen zu können. Sie saß auf ihrem Camping-Sessel, ganz vertieft in ihr Buch, als sich plötzlich auf ihren Zehen etwas bewegte. Sie sprang auf, schrie und lief ein Stück davon. Es war ein Igel, der es sich bei ihr bequem gemacht hatte und nun davonlief. Nachdem sich die Aufregung wieder gelegt hatte, begann Lisi weiterzulesen. Doch plötzlich wieder ein Schrei, aufspringen, davonlaufen; der Igel war schon wieder da. Er wollte doch nur Lisis Zehen abschlecken.

„Camping-Ulika", in der Nähe von Rovinj, hatte mehrere Nachteile. Zum einem brauchten wir zwei Fahrräder, die wir damals noch nicht mithatten, um Liegen und Badesachen zum Meer zu transportieren. Außerdem konnte es an diesem Campingplatz ziemlich stickig und heiß werden, da kaum frischer Wind vom Meer heraufwehte und zudem in der Nacht ein Dieselaggregat für die Stromversorgung lief. Der Hauptgrund aber, warum wir von diesem Campingplatz wegwollten, war die extreme Unfreundlichkeit des Inhabers, die nicht nur wir erleben mussten. Wenn die Saison auf allen Campingplätzen beendet und geschlossen wird, müssen sämtliche Wohnwagen, die nicht nach Hause gezogen wurden, entfernt werden. Man kann sie auf Privatgrundstücken der Bauern gegen Entgelt unterbringen und lagern. Auch wir nahmen diese Möglichkeit gerne in Anspruch, den doch schon alten Wohnwagen jedes Mal nach Hause zu ziehen, wollten wir uns ersparen. Die meisten dieser Wohnwagen waren aus einem einfachen Grund hier untergebracht: Die Besitzer hatten sehr weite Autobahnfahrten vor sich, meistens eine Anreise von zwei bis drei Tagen, die sie alleine mit dem PKW schneller und bequemer bewältigen konnten. Bei vielen Bauern stehen dort hunderte Wohnwagen, die alle abgezäunt und bewacht werden und für die Bauern ein sehr lukratives Geschäft darstellen. Wir schickten dem Bauern am Vortag eine SMS und am nächsten Tag stand unser Wohnwagen gereinigt und abholbereit von dem Haus des Bauern. Nach Ende unseres Urlaubes holte er ihn wieder ab und zog ihn mit seinem Traktor zu seinem Lagerplatz.

„Polari" hieß unser neuer Campingplatz, eine Riesenanlage, auf der in der Hochsaison bis zu 8000 Camper wohnten, dennoch wirkte die Anlage nicht so groß. Zwei verschiedene Süßwasser-Schwimmbecken, Restaurants, Supermarkt und diverse andere Einrichtungen standen den Gästen zur Verfügung. Unser Wohnwagen stand etwas abseits des Rummels, im eher ruhigeren Teil der Anlage, in der Nähe des FKK-Geländes. Wir standen fast immer direkt am Meer, die leichte Brise auch an sehr heißen Tagen war angenehm und die Luft einfach herrlich. Wenn wir aufwachten, waren wir schon in drei Minuten im Wasser, das Meer war warm und am Morgen immer spiegelglatt. Man sah kaum andere Leute schwimmen und hatte das Gefühl, man sei fast alleine hier. Beim Schwimmen konnte man auf den Grund bis zu zehn Meter hinabsehen und die verschiedenen Fische beobachten. Anschließens gab es ein ausgiebiges Frühstück mit Kaffee, Broten vom Bäcker, die Lisi vorher noch holte, Schinken, eventuell auch Eiern, Käse, Joghurt und verschiedenen herrlichen Früchten. Wir genossen das alles, waren glücklich und zufrieden, sprachen aber auch täglich darüber, wie gut es uns geht und welch wunderbare Zeit wir jetzt haben. Am Abend mit Freunden oder Bekannten draußen sitzen, neue Leute kennenlernen, sich unterhalten, über Alltagsereignisse zu diskutieren und Geschichten erzählen. Wir kochten zuhause, gingen Essen und machten kleine Ausflüge, was für ein Leben! Wir waren in dieser Zeit nicht nur in der Hauptsaison, sondern auch im Spätsommer oder Herbst dort und bekamen Besuch von der Familie und den Kindern, die dann ein paar Tage bei uns wohnten. Als Michael zum ersten Mal mit seinen Kindern bei uns ankam, war es schon nach Mitternacht, da er mit seinem VW-Bus am Abend wegfuhr und daher die Mädchen in dieser Zeit schlafen konnten. Kurz bevor er in „Polari" ankam, rief er uns an und ich fuhr mit unserm Auto zur Rezeption, da ab Mitternacht die Schranken des Campingplatzes geschlossen waren. Den VW-Bus musste er daher draußen stehenlassen, das Gepäck luden wir auf unser Auto um, für Michael und Kinder hatten wir schon Vormittag eingecheckt.

Gerade als wir mit dem Portier alles abgeklärt hatten, kam ein junger Deutscher ganz aufgeregt dazu, und beklagte, dass seine Freundin bewusstlos in ihrem Zelt liege. Der Portier rief sofort in Rowinj beim Notruf an und verständigt einen Arzt und die Rettung, welche aber momentan bei einem anderen Notfall gebunden waren. Michael, der als Zivildiener ein Jahr beim Roten Kreuz in Ebensee als Sanitäter gearbeitet hatte, lief mit dem Mann zur bewusstlosen Frau und kümmerte sich um sie, bis ein Arzt eintraf. Sie hatte einen schweren epileptischen Anfall gehabt und wurde mit dem Rettungsauto ins

Krankenhaus nach Pula gebracht. Das war gleich Michaels Kroatien-Einsatz nach fünf Minuten im „Polari".

Am nächsten Tag zeigte ich ihnen gleich die markanten Punkte von der Umgebung unseres Wohnwagens, da die Straßen und Wege nicht beschriftet oder nummeriert waren. Zwar waren alle Wohnwagen und Wohnmobile mit kleiner Nummern versehen, doch konnten sich die meisten Camper auf diesem Riesen-Areal ihren Platz selbst aussuchen und sich hinstellen, wo sie wollten. Daher wusste man in der Rezeption zwar, wer hier eingecheckt hatte, da jeder den Reisepass dort abgeben musste, doch wo die Person zu finden ist, war unmöglich festzustellen.

In diesen Tagen hatten wir rund um unseren Wohnwagen Nachbarn mit fünf verschiedenen Nationalitäten, was nicht alltäglich war. Bald hatten wir auch unsere Fahrräder von zuhause mitgenommen, waren sehr viel mit diesen unterwegs und lernten dabei die Umgebung näher kennen. Am Vormittag oder am Abend fuhren wir gerne mit dem Rad über den Strandweg, der direkt dem Meer entlang durch Pinienwälder führt, in die Stadt hinein. Er ist ein vier Kilometer langer wunderschöner Spazier- und Radweg, frei von Autos und man kann überall herrlich baden.

Rovinj ist eine zweisprachige Stadt an der Westküste der Halbinsel Istrien, hat knapp 15.000 Einwohner und gut zehn Prozent davon gehören der italienischen Minderheit an. Im Westen und Südwesten ist die Stadt vom Adriatischen Meer umgeben, im Norden vom Limski-Kanal. Ursprünglich war Rovinj eine eigene Insel, die erst 1763 mit dem Festland verbunden wurde. Um 1900 hatte die Stadt Rovigno 10.302 Einwohner, davon waren 9.716 Italiener, 201 Deutsche und 41 Serbokroaten. Nach dem Zusammenbruchs Österreich-Ungarns im Ersten Weltkrieg fiel Rovigno mit Istrien an Italien. Nach dem Zweiten Weltkrieg kam die nun Rovinj genannte Stadt an Jugoslawien, und zwar zur Teilrepublik Kroatien, die seit 1991 unabhängig ist. Die abwechslungsreiche Geschichte hat das Stadtbild Rovinjs stark geprägt. Die auf einem aus dem Meer ragenden Hügel erbaute Altstadt mit ihren verwinkelten Gässchen und das malerische Stadtbild sind natürlich attraktive Tourismusziele.

Die Kathedrale von Rovinj wurde 1725 auf dem Plateau über der Altstadt errichtet, mit der einmaligen Aussicht über das Meer. Diese Kirche ist ein typisches Beispiel venezianischen Barockstils und das größte und bedeutendste Denkmal dieser Stadt. Diese eindrucksvolle Kirche ist kaum zu übersehen – denn buchstäblich alle Straße führen zu dem markanten Gotteshaus, das über der gesamten Halbinsel von Rovinj thront.

Vor gar nicht langer Zeit wurde auf „Polari" der Teil, auf den wir immer gerne unseren Wohnwagen stehen hatten, völlig verändert. Die Bäume wurden umgeschnitten oder von Baggern ausgerissen, die Böden begradigt und alles neu angelegt. Damit wurde Platz geschaffen für mehr Stellplätze, die nun alle in Reih und Glied am Schotterplatz stehen und keine Bäume bieten mehr Schatten. Hier wollten wir im nächsten Jahr nicht mehr bleiben und suchten daher einen anderen Campingplatz, den wir auf der gegenüberliegenden Seite von Rovinj von früher her kannten, als wir mit dem Rad durchgefahren waren. Es war „Amarin", ein wesentlich kleinerer Platz, ebenfalls am Meer gelegen, die Stellplätze großteils mit allen möglichen Baumarten bewachsen und direkt anschließend mit einem Bauernhof, der auch Einstellplätze für Wohnwagen anbot. In dieser Anlage gab es ebenfalls zwei schöne neue Restaurants, einen kleinen Supermarkt, eine wunderschöne Poolanlage mit Blick auf Rovinj und eine Bootshaltestelle für Linienboote. Seither campten wir hier und trafen dort wieder Susi und Hans, die sich nun ein Wohnmobil angeschafft hatten und damit viel unterwegs waren. Ihren früheren Platz auf „Ulika" haben sie (aus bekannten Gründen) aufgegeben, ihren Wohnwagen und alles andere auch verkauft. Sie blieben dann des Öfteren mit ihrem Wohnmobil auf einem Privatgelände ihrer kroatischen Freundin, gleich in der Nähe auf „Monsena". Auch wir waren damals mit Susi und Hans öfter zum Baden mit dem Auto hingefahren, denn die Besitzerin war froh, wenn Freunde dort „aufpassten". Das über 4000 Quadratmeter große Grundstück, mit Olivenbäumen bepflanzt und direkt am Meer gelegen, ist mit Steinmauern abgegrenzt und die Zufahrt abgesperrt. Trotzdem befinden sich auf diesem Anwesen immer wieder Fremde, die sich ohne zu fragen dort häuslich niederlassen. Es führte dann soweit, dass Hans sein Diesel-Aggregat vor dem Wohnmobil aufstellte, da im Umkreis kein Stromanschluss bestand und Susi kochen wollte. Sie waren beide nur kurze Zeit im Wohnmobil und als Hans zum Aggregat gehen wollte, um es zu starten, war es weg. Gestohlen! Es war insofern unglaublich, da das Aggregat ziemlich schwer, die umgebende Steinmauer 1,5 Meter hoch war und die Entfernung bis zur nächsten Schotterstraße etwa 30 Meter betrug. Vermutlich waren es zwei Leute, die in dieser kurzen Zeit das Aggregat wegtrugen und mit einem Lieferwagen abtransportierten. Es war auch nicht nur der finanzielle Verlust dieses Gerätes, sondern auch die Unverfrorenheit dieser Tat, verbunden mit dem mulmigen Gefühl, das doch bleibt. Natürlich wurde daraufhin noch mehr auf die Gegenstände neben dem Wohnmobil, wie zum Beispiel Fahrräder und dergleichen, geachtet.

So verbrachten wir oft den ganzen Tag dort unter den Bäumen im Schatten, gingen wieder baden, wo teilweise feiner Sand am Meeresboden lag und das Meer türkise Farbe hat. Nach der Arbeit kam meist noch Vera, Susis Freundin, vorbei und so saßen wir meist bis in die Nacht hinein beisammen.

Sehr viele in dieser Umgebung liefen nackt herum, die einen lagen direkt am Strand oder badeten am Meer, manche wiederum gingen den Strandweg entlang Richtung Limski-Kanal. Dieser ist ein schmaler, zehn 10 Kilometer langer Meeresarm zwischen Vrsar und Rovinj an der Westküste Istriens und wird von vielen Ausflugsbooten angefahren, man kann mit etwas Glück sogar Delfine beobachten. Außerdem befinden sich dort die großen FKK-Campingplätze „Valalta Naturist Camp" und gegenüber der „Naturist Park Koversada Vrsar", welcher das bekannteste FKK-Zentrum in Istrien und an der Adria darstellt. Im Umfeld von Rovinj gibt es viele FKK-Touristen und weil die Freikörperkultur hier schon Tradition hat, gibt es keine Ressentiments der lokalen Bevölkerung, sind doch viele von ihnen selbst FKKler. In der Praxis kann man an abgeschiedenen Stränden immer wieder Nacktbadern begegnen, wo sie einen kleinen Strand, eine kleine Bucht oder Sandbänke aufsuchen, wo sie, fern von Menschenmassen, ihre Freikörperkultur, das Meer, die Sonne und Ruhe genießen. In meiner Jugendzeit kannten wir den Begriff FKK überhaupt nicht, sondern es wurde eher der abwertende Begriff „Nudist" verwendet, der aber nichts mit Exhibitionismus zu tun hat. Hinter der Freikörperkulturbewegung stand – jedenfalls in Deutschland – eine Lebenseinstellung, nach welcher der nackte Körper kein Grund für Schamgefühle ist. Die im Sinne der FKK propagierte Nacktheit sollte nicht die Sexualität ansprechen. Erektionsverbote waren und sind daher, ebenso wie heute das Intimpiercing, in vielen FKK-Einrichtungen allgegenwärtig. In diesem Sinne gehört die Nacktheit unter der Dusche oder in der Sauna nicht zur Freikörperkultur, da sie hier praktisch notwendig ist.

Lisi und ich gingen oft in Monsena dem Meer entlang auf dem kleinen, ausgetretenen Strandweg spazieren, der teilweise kaum sichtbar und immer wieder von größeren Steinblöcken unterbrochen war. Was uns dabei auffiel, war, dass viele Männer verschiedensten Alters diesen Weg benutzen und alle ausnahmslos nackt waren, eher selten waren Frauen dabei. Als wir weitergingen, war uns dann klar: Es waren hauptsächlich Homosexuelle, die hier ihr Domizil hatten, teils in Gruppen beisammensaßen, ihre sexuellen Neigungen ausleben konnten und sich selbst als schwul oder lesbisch bezeichneten. Die geballte Gleichgeschlechtlichkeit kam für uns doch überraschend und war auch irritierend, lagen manche mehr als „eng beisammen", manche lasen Zeitungen und „legten Hand an sich an!" Wir gingen weiter, sprachen kein Wort und sie beachteten uns kaum, waren doch manche sehr beschäftigt. Es kam aber noch heftiger, als wir weitergingen und eine nackte Frau schreien hörten, sahen wir, dass sie nicht vergewaltigt wurde, sondern eifrig zugange war und dabei offensichtlich Spaß hatte. Sie wurde gerade von zwei Männern beglückt, daher auch die Schreie, daneben standen noch weitere nackte Männer, die dem Treiben zuschauten. Es war ärger als in einem wilden Pornofilm, natürlich in Echtzeit und ohne Unterbrechung. Wir glaubten wirklich, wir träumten, wo waren wir da bloß hingeraten? Jedenfalls kehrten wir um und gingen den Strandweg zurück. Lisi pflückte noch ein paar Blumen für die kleine Vase im Vorzelt am Wohnwagen. Es kam uns eine junge, hübsche Frau, natürlich völlig nackt (wie schon gewohnt), entgegen, pöbelte Lisi an und sprach von Flurschädlingen und Umwelt. Der Aussprache nach dürfte sie Kroatin gewesen sein, plötzlich blieb sie stehen, hockte sich nieder und urinierte direkt neben uns auf den Weg. Wahrscheinlich hatte sie „Blasenschwäche", oder einen Vogel. So kamen wir doch etwas irritiert von diesem Ausflug zurück auf das Anwesen von Vera, wo schon Susi und Hans auf uns warteten, denn es gab Kaffee und Kuchen.

Susi lernte einen Kroaten kennen, der längere Zeit in Wels gearbeitet hatte und gut deutsch sprach. Er versprach ihr damals, alte, abgestorbene Olivenbäume zu besorgen und sie beim Anwesen von Vera vorbeizubringen. Ich war gerade in der Nähe, als ein Kastenwagen stehenblieb und der Fahrer mich fragte: „Wo sein dicke Frau"? Er meinte Susi, die etwas stärker ist und gerade mit anderen im Meer schwamm. Ich sollte ihr ausrichten, sie solle auf diesem Schotterweg ungefähr 500 Meter weiterfahren, dort bekomme sie ihre alten Olivenstämme. Er habe dort ein neues Lokal, mitten in der „Pampas" und man könne dort auch gut essen und trinken, außerdem gebe es sehr guten kroatischen Schnaps. Also nahmen wir Susi und Hans in unserem Auto dorthin mit, ich zog eine dichte Staubspur hinten nach, rechts und links des Feldweges war ganz dichtes und hohes Gestrüpp. Dann parkten die ersten Autos, teils „hochpreisige" Fahrzeuge mit verschiedensten nationalen Autokennzeichen und nun waren wir da: Ein kleines Holzgebäude, die wichtigsten Einrichtungen zum Vorbereiten von Essen und Getränken, Grillvorrichtung und im Freien sehr viele klobige Holzsessel und Bänke. Etwas abseits, ein großes Diesel-Aggregat zur Stromerzeugung und ein sehr rustikales Plumpsklo. Das Lokal war gut besucht, es roch nach Fleisch, Zwiebeln und anderen Zutaten, dazu spielte Musik und die Stimmung war ausgelassen. Außer dem Inhaber, dem Koch und uns war der Großteil nackt, meist „unten herum" rasiert, tätowiert und viele von Kopf bis Fuß gepierct.

Schon von den Ureinwohnern Amerikas, Afrikas und Asiens sind Piercings in den Ohrläppchen, Nasenflügeln, der Nasenscheidewand, den Lippen oder Genitalien überliefert, Brustwarzen-Piercing teilweise schon in früheren Jahrhunderten in Europa. Auch die Schwulenszene experimentierte bereits in den 1970er-Jahren mit Piercings, beispielsweise wurde ein Ohrring im rechten Ohrläppchen Schwulen lange Zeit als Erkennungszeichen zugeschrieben. Als sich 1993 die Schauspielerin Alicia Silverstone in einem Musikvideo der Band Aerosmith ein Bauchnabel-Piercing stechen ließ, gewann das Video den MTV-Music-Award. Heutzutage hat sich das Piercing als altmodisch-kulturelles Phänomen in der Gesellschaft etabliert. Was sich aber hier in dieser Szene abspielte, das war eine völlig andere Welt und was wir auch vorher nicht wussten: Das war der bekannteste Swinger-Strand Kroatiens. Alleine, was sich diese Leute selbst antun oder an sich machen lassen, ist für mich kaum nachvollziehbar: Das wurde für mich vor allem an diversen Piercings an den unmöglichsten und intimsten Körperstellen deutlich. Mit diesem tollen „Schmuck" liefen sie nackt herum und warteten darauf, dass sie jeder bewundert oder angafft, so wie ich. Wir saßen inmitten dieser netten Runde aus Swingern, Spannern, Homos-, Heteros- und Bisexuelllen, die nur eines wollten, Sex, in jeder Art und Weise. Es wurde dort auch viel konsumiert, Alkohol getrunken und was mir auffiel, es gab keine Anpöbelei oder Streitigkeiten, denn die meisten waren ganz entspannt (kein Wunder!). Die einen kamen oder gingen gerade vom Schweine- oder Ferkelstrand, die anderen in die weitläufigen Büsche zum Rollenspiel oder zu Sexpartys, dazu die Voyeure (diese dürfen natürlich auch nicht fehlen) und wieder andere ganz an das Ende des Areals zum Gay-Strand für Schwule und Lesben. Nachdem wir etwas gegessen und mehr getrunken hatten, er hatte wirklich gute kroatische Schnäpse, verabschiedeten wir uns vom Wirt und ich fuhr dann alle mit meinem Auto nach Hause, den alten Olivenstamm hatte ich auch nicht vergessen und lud ihn in den Kofferraum. Es war ein sehr netter, ungewöhnlicher und aufschlussreicher Nachmittag, den ich nie vergessen werde. Der einzige Nachteil war für mich: Es gab kein alkoholfreies Bier in diesem Lokal, nur „Schorlen", speziell für die deutschen Gäste.

Vera war ganz aktiv im Kirchenchor von Rovinj und erzählte, dass morgen am Sonntag um zehn Uhr eine ganz besondere Messe in der Kirche der Heiligen Euphemia von Chalkedon stattfinde. Es seien sogar zwei Bischöfe bei diesem Fest dabei, einer komme sogar aus Amerika und natürlich singe sie im Kirchenchor mit. Lisi und ich sagten zu, dass wir ebenfalls kommen werden, was sie nicht glauben wollte. Am nächsten Morgen fuhren wir vom Campingplatz mit dem

Linienboot zur Altstadt und gingen zur Kirche hinauf, die schon voller Menschen war. Wir waren überzeugt, dass sicherlich kein Platz mehr in der Kirche frei sei und gingen in das Gedränge hinein. Plötzlich stand Vera vor uns und sagte, wir sollten mitkommen, denn sie habe ganz vorne für uns zwei Plätze freigehalten, denn sie habe auf uns gewartet. Wir waren völlig überrascht, denn wir saßen bei den „Einheimischen" und freuten uns wirklich darüber. Diese Messe dauerte fast zwei Stunden, war aber insofern ein Erlebnis, als man spürte, wie der Glaube in diesem Land noch gelebt wird. Es waren nicht nur die Alten, sondern auch die junge Generation, die hier mitfeierten und wunderschöne Lieder mitsangen. Am Ende der Messe waren wir so gerührt, dass wir uns entschlossen, jedes Mal, wenn wir in Kroatien Urlaub machen, wieder die Messe besuchen zu wollen. Und seit ein paar Jahren ist der Kirchenbesuch in Rovinj Bestandteil unseres Urlaubes und wir freuen uns jedes Jahr schon darauf. Wir nehmen uns seither für den Urlaub immer ein „Sonntagsgewand", also etwas Schöneres zum Anziehen mit. Wir fahren dann mit dem Linienboot vom Campingplatz Amarin nach Rovinj zur Messe, anschließend gehen wir essen ins Ancora, wo wir direkt am Meer unseren Platz haben. Von dort geht es zum Hafen, zur besten Eisdiele in der Umgebung und dann fahren wir wieder mit dem Boot nach Hause. Es ist immer wieder ein ganz besonderer Sonntag!

Neben unserem Stellplatz hatte sich ein deutsches Ehepaar mit seinem Wohnmobil niedergelassen, bald standen wir in gutem Kontakt mit den beiden und saßen oft zusammen. Sie erzählten uns, dass die Frau vor Kurzem eine Krebserkrankung hatte, die aber ausgeheilt sei. Wie so üblich, erzählte er von seinen „Wehwehchen", ich von meiner Vorgeschichte und den Schmerzen bei Gehen. Am Abend, bevor sie am nächsten Tag nach Hause fuhren, gingen wir gemeinsam in ein kleines Restaurant in der Nähe zum Abendessen. Anschließend saßen wir noch bei uns am Campingplatz zusammen, als Andreas mich fragte, ob er für mich beten dürfe, ich war daraufhin richtig sprachlos. Ich bedankte mich und glaubte, er werde mich in sein Abendgebet einschließen, doch es kam ganz anders. Er begann tatsächlich nur für mich zu beten, schloss meine Wünsche und Sorgen ein und dass alles in Erfüllung gehen möge. Diese Anteilnahme und mitfühlenden Worte haben mich sehr berührt und bin bis heute noch dankbar, so etwas erlebt zu haben.

NACHWEHEN – HEISS / KALT

Mein Leben hat sich in den letzten Jahren immer mehr positiv entwickelt, ich bin gelassener und ruhiger, was vermutlich auch mit dem Alter zu tun hat. Dinge anders zu sehen, wie etwa das Leben vorher, mehr Toleranz, Verständnis und Akzeptanz aufzubringen, sich mehr Zeit zu nehmen, manchmal länger zu überlegen, verschiedene Dinge zu beobachten, denn Beobachten ist das Gedächtnis des alten Menschen – das alles habe ich erlernt.

Diese Zeit war oft ein Wechselbad der Gefühle und ich durchlebte dabei sämtliche Höhen und Tiefen, die das Leben einfach bringen kann. Es gibt unverhoffte und unerwartete Dinge, mit denen auch in der Familie nicht zu rechnen ist. Schrieb doch Paulo Coelho: „Diejenigen, die wir lieben, können uns am meisten verletzen". Oftmals am Nullpunkt angelangt, dann wieder positiv denkend, doch nie euphorisch – die Gemütsverfassung mit allgemeiner Hochstimmung schlug manchmal ganz schnell und unerwartet um, und das schmerzte besonders. Wenn ich schon glaubte, vieles geschafft und bewältigt zu haben, traf mich das wie ein Faustschlag. Es waren oft banale Dinge, die mich so sehr aus dem Gleichgewicht brachten und dann wochenlang nachwirkten.

Bei einem Krankenhausbesuch in Gmunden musste meine Halswirbelsäule geröntgt werden, also nichts Aufregendes. Ich wurde aufgerufen, in eine Kabine zu gehen, mich bis auf die Unterhose auszuziehen und dann zu warten. Nach kurzer Zeit wurde ich von einer Röntgenassistentin zur Untersuchung aufgerufen. Und nun kam mein unerwartetes Dilemma: gerade hinstellen, Kopf an die Wand, Gesicht nach links drehen, rechte Hand hier anlehnen, linker Fuß ....., ich kannte mich überhaupt nicht mehr aus, verwechselte wie früher Arme und Beine, statt rechts drehte ich mich nach links und wusste nicht mehr, wo mein Kopf war. Die verschiedenen Befehle und Anweisungen überforderten mich einfach und ich machte vermutlich alles falsch. Die Unsicherheit, dazu die komplette „Sprachlosigkeit" und plötzlich das Gefühl, genauso wie in den ersten Wochen nach meiner Gehirnblutung komplett am Anfang zu stehen. Die Anweisungen der Röntgenassistentin steigerten sich in einem noch schrofferen Ton, als wäre ich ein Volltrottel oder besoffen. Ich begann augenblicklich stark zu schwitzen, wusste nicht mehr, was ich tun sollte und die Dame schüttelte mokiert von oben herab den Kopf. Irgendwann konnte ich diesen Röntgenraum wieder verlassen, suchte meine Kabine und begann mich wieder anzuziehen. Dabei heulte ich wie ein „Schlosshund", konnte mich einfach nicht beruhigen und schämte mich, die Kabine zu verlassen. Alles, was ich glaubte, jahrelang geübt und neu gelernt zu haben, war in einer Viertelstunde kaputtgegangen. Jetzt erst merkte ich, wie dünn das Eis ist, auf dem ich mich befinde und dass dabei die Gefahr besteht einzubrechen. Doch einen Ausweg oder eine Lösung kann ich nicht finden, ich muss damit leben.

Etwas über ein Jahr später musste ich wieder zu einer Röntgenuntersuchung ins selbe Krankenhaus, doch diesmal hatte ich mich schon darauf vorbereiten können. Ich war vorher schon extrem angespannt und nervös, dennoch tat ich das einzig Richtige: Zuerst erklärte ich der Röntgenassistentin, dass ich eine Gehirnblutung hatte und dabei auch das Sprachzentrum betroffen wurde. Das sei auch der Grund, warum ich sie ersuche, mir bei der Untersuchung behilflich zu sein und mich eventuell dabei zu unterstützen. Ich war wirklich positiv überrascht, mit welch großer Unterstützung und Zuvorkommenheit nun die Untersuchung stattfand. Ob dies wirklich dieselbe Röntgenassistentin war wie bei meiner letzten Untersuchung, kann ich nicht ganz sicher behaupten und das spielt auch heute keine Rolle mehr. Doch sollte es auch in Zukunft selbstverständlich sein, gerade im Gesundheitsbereich, mit mehr Feingefühl und ohne lange Erklärung zu helfen. Ein ehemaliger Bereichsleiter aus der Versicherungsbranche erklärte mir einmal in Bezug auf das verschiedene Verhalten der Menschen zwei wesentliche Wörter: Es menschelt!

Was schrieb Eugen Roth? *„Ein Mensch erlebt den krassen Fall, es menschelt deutlich – überall. Doch oft erkennt man weit und breit, nicht eine Spur von Menschlichkeit".*

Lisi und ich gingen am Offenseegebiet spazieren und trafen eine ältere, uns bekannte Frau, die mit uns ein Gespräch anfing. Mit den üblichen Floskeln und keinerlei Feingefühl schwenkte sie sofort auf mein Befinden und den Gesundheitszustand um. Dabei fragte sie nicht mich, sondern Lisi, obwohl ich dabeistand, sie ignorierte mich völlig und schaute mich nicht an. Sie wollte auch wissen, wie weit ich schon alleine gehen könne, denn man sehe ja, dass ich große Fortschritte gemacht hätte. Über solches Verhalten könnte man auch lächeln, ich konnte es aber auf keinen Fall.

Es gibt aber Gott sei Dank für mich auch sehr viele Momente, die dem Leben oft die besondere Würze geben und dabei aufzeigen, was Schmunzeln oder Lachen bewirken kann. Es sind gerade diese „Hoppalas", die meist einfach ohne Ankündigung passieren und von denen keiner verschont bleibt. Es gibt aber auch oft Erzählungen oder Anekdoten, die das Leben spielt oder die erfunden werden und daher auch oft als „Fischerlatein" bezeichnet werden. Einige dieser wahren Geschichten sind meine Langlauferlebnisse, die sich in jener Zeit abspielten, als ich noch im Geschäft tätig war und gleich nach dem Mittagessen langlaufen ging. Diese Loipe führte nur fünf Minuten von unserem Haus entfernt die Traun entlang, fast bis zur Rudolfsbrücke und zurück über die Felder der Plankau und von Roith. Gleich nach dem Mittagessen, es gab als Nachspeise Obstsalat, nahmen wir die Langlaufschier und starteten los. Es war schönes Wetter, die Loipe in gutem Zustand, aber nach etwa vier bis fünf Kilometern bekam ich leichte Bauchschmerzen, im Volksmund – Bauchschneiden. Dies steigerte sich immer mehr und nach kurzer Zeit musste ich das erste Mal stehenbleiben und sogar die „Luft" anhalten. Die Ursache dieses Zustandes war mir bald klar, hing aber sicher mit dem Trinken in Verbindung mit dem Obstsalat zusammen und ich musste daher dringend eine Toilette aufsuchen, aber wo? Es gab keine größeren Büsche oder Bäume, um „in Deckung zu gehen", denn die Felder waren schneebedeckt, ich begann zu schwitzen. Der verspürte Druck wurde immer stärker, das Intervall zwischen Laufen, Stehenbleiben und Luftanhalten immer kürzer, ich musste sofort nach Hause. Ich lief um mein Leben und hatte dabei nur eine Angst: zu stürzen oder mit den glatten

Langlaufschiern auszurutschen. Ich war schon in der Nähe der ersten Häuser und brauchte nicht mehr weit zu laufen, zog die Langlaufschier aus und verwarf dann auch noch die Stöcke, ein Haus noch und die letzten Sekunden, ich hatte es geschafft. Langlauferlebnis pur!

Die nächste Langlauf-Episode erlebte ich in den Sulzbachfeldern bei Bad Ischl, die Loipe führt in der Nähe des Krankenhauses vorbei. Wir hatten Mittagszeit und nutzten diese zum Langlaufen, mussten aber dann wieder ins Büro. Es war schon Frühling, ich stieg wie immer als Erster in die Loipe ein und fuhr gleich weg, Lisi brauchte noch länger beim Anziehen und ich war schon etwas ungeduldig. Ich drehte mich daher um und rief zurück, sie solle sich etwas beeilen. Dabei übersah ich bei der ersten kleinen Abfahrt, dass wegen der Sonneneinstrahlung der Schnee weggeschmolzen war und ich dadurch so abrupt abgebremst wurde, dass ich mit dem Gesicht in der schneefreien Loipe aufschlug. Nun lag ich gestreckt am Boden, die Langlaufschier unter mir, beim Sturz hatte ich sogar die Spitzen der Schier mit dem Kopf überholt und die Hände mit den langen Langlaufstöcken elegant nach hinten gehalten. Ich konnte am Anfang nicht einmal mehr aufstehen, geschweige denn etwas sagen und Lisi hätte mir auch nicht helfen können, da sie einen Lachkrampf bekam.

Eines hatte ich dabei für mein Leben gelernt: beim Langlaufen immer nach vorne schauen! Zum Langlaufen fuhren wir gelegentlich nach Gosau, zum einen wegen der schönen Umgebung und dem wunderbaren Panorama, zum anderen war die Strecke immer optimal gespurt und nicht besonders anspruchsvoll zu laufen. Am oberen Ende der Strecke, beim Gasthaus Gosauschmied, kehrten wir immer ein, um eine Kleinigkeit zu essen, etwas zu trinken und kurz zu rasten. Wir saßen stets im angebauten Wintergarten des Gasthauses, gleich neben dem Eingang stand eine große Voliere, in der ein Papagei saß und den ganzen Raum überwachte. Außerdem dürfte er ein Sprachtalent sein, denn man konnte nicht genau unterscheiden, ob gerade der Papagei etwas sagte oder ein Gast sich unterhielt. Als die dicke Hauskatze gemächlich in den Wintergarten hereinkam, begrüßte sie der Papagei mit „miau, miau", was wir fast nicht glauben konnten. Es waren nicht nur alleine das Essen und Trinken, warum wir immer wieder vorbeikamen, sondern auch der Papagei mit seinem Sprachtalent. Sprachlos war ich in dieser Zeit des Öfteren, doch diesmal in einer ganz anderen Form: Geplant hatten wir, wie schon gewohnt, nach Gosau zu fahren, um dort langzulaufen. Es war bereits Ende Februar und ein wunderschöner, warmer Wintertag wurde angekündigt. Mit dem kleinen Suzuki Swift von Lisi fuhren wir vormittags den Hallstätter-See entlang und ich lenkte das Auto, meines hatte ich Flo geliehen. Der Blick zum See wurde immer wieder durch die am Straßenrand stehenden Bäume unterbrochen, da die Sonnen noch sehr tief stand und blendete. Ich fuhr ziemlich zügig, Sonnenbrillen hatte ich noch keine aufgesetzt und der Wechsel zwischen Licht und Schatten war zwar störend, aber nicht von langer Dauer. Gleich nach der Abzweigung Gosaumühle zur Pass Gschütt Straße befindet sich auf der rechten Seite ein Ausweichplatz, ich hielt das Auto an und stellte den Motor ab. Mehr weiß ich nicht mehr, denn ich erlitt einen epileptischen Anfall und war bewusstlos. Den weiteren Ablauf dieser Geschichte kenne ich nur aus der Schilderung von Lisi, die sie mir dann später berichtete. Sie fragte mich damals noch, warum ich den Motor abstellte und merkte aber sofort, dass ich nicht mehr ansprechbar war. Lisi hatte ihr Handy nicht dabei, meines war gesperrt und in ihrer Aufregung konnte sie die Sperre nicht finden. Sie sprang aus dem Fahrzeug und versuchte, ein Auto anzuhalten, um zu einem Telefon zu kommen. Sie rief beim Roten Kreuz an, schilderte den Vorfall, den Standort und verständigte Michael. In der Zwischenzeit kam die Polizei, um den Verkehr zu regeln, anschließend das Rettungsauto samt Notarzt, der die ersten notwendigen Maßnahmen einleitete. Die Rettungssanitäter versuchten nun, mich aus dem Fahrzeug herauszuheben beziehungsweise herauszuziehen, was ihnen große Schwierigkeiten bereitete, da ich stark krampfte. Das heißt, der ganze Körper war so angespannt und ich hielt mich so verzweifelt am Lenkrad fest, dass sie große Schwierigkeiten hatten, mich noch dazu aus dem kleinen Auto zu bekommen. Ich wachte im Krankenhaus in Bad Ischl wieder auf und hatte nur eines: gewaltige Kreuzschmerzen. Die Ursache war einfach erklärt, versuchten doch alle, mich aus dem Auto zu ziehen und dabei wurde meine Wirbelsäule ziemlich lädiert. Im Befund des Schlussberichtes des Krankenhauses wurde auch erklärt, warum es zu diesem Krampfanfall gekommen war, er lag inzwischen zwei Wochen zurück. Damals wurde eine Anfallsprophylaxe mit Epilan durchgeführt, einem Krampfhemmer, der Effekte bei vielen Formen der Anfallskrankheit und nach Computertomographien zeigt. Aufgetreten ist dieser Anfall beim Autofahren und das lag möglicherweise am Licht-Schatten-Wechsel in einer sonnenbeschienenen Allee. Solche Effekte treten auch oft im Zusammenhang mit Stroboskop-Lampen in Discotheken oder auch durch Flackern eines Feuers auf.

Mir selbst passierte vor gar nicht langer Zeit folgendes: Wir waren im Narzissenbad in Bad Aussee und ich wollte gerade die Toilette aufsuchen, vor mir eine Tafel mit dem Hinweis „Vorsicht Rutschgefahr", da gerade zuvor der Steinboden gereinigt wurde. Im selben Moment kam eine Frau vorbei, rutschte aus und fiel auf den Boden. Durch meine „Helfernatur" wollte ich sofort hinlaufen und helfen, lief aber mit voller Wucht mit dem Kopf gegen den Betonsteher des Bades. Ich wäre fast selbst am Boden gelegen und hatte noch Stunden nachher Kopfsausen. Die Frau aber blieb unverletzt, stand auf, schaute mich lächelnd an und ging weiter.

Ein nicht alltägliches Erlebnis hatte Lisis Vater, der auch in der Pension fast täglich in seiner Werkstätte arbeitete. Er war gerade dabei, mit seinem „Makita-Schrauber" ein kleines Loch in ein Holzteil zu bohren, als der Rauchfangkehrer mit seinem Moped vorbeifuhr. Davon abgelenkt, bohrte er das Holzstück durch und direkt in den Zeigefinger seiner linken Hand, wo nun der Bohrer steckte. Er hatte keine andere Möglichkeit, als den Bohrschrauber auf Rückwärtsgang zu schalten. Er bekam den Finger wieder frei, aber der Schmerz hielt wesentlich länger an. Und was den Schmerz anbelangt, war er im ganzen Leben eher kein besonderer Maßstab: Beim Arbeiten an einem Holzfußboden sprang ihm ein kurzer Nagel in sein Auge und mit entsprechenden Schmerzen beendete er die Arbeit erst, nachdem der Holzboden fertig war. Er musste dann am Auge operiert werden und hätte dabei fast sein Augenlicht verloren.
Eine kurze Episode ereignete sich vor Jahren am Traunsee, als ein Arbeiter des Steinbruches in Karbach unbedingt wissen wollte, wie ein

Schwan schmeckt. Ich kann über diese wahre Geschichte nur schreiben, da sich dieser Vorfall vor vielen Jahren ereignet hat, der Betroffene schon verstorben ist und es damals noch sehr viele Schwäne am Traunsee gab. Außerdem dachte niemand im Geringsten daran, Schwäne umzubringen und zu essen, es war einfach tabu. Die Beschäftigten des Steinbruches wurden mit Booten zur Arbeit befördert, die Boote zogen dann den ganzen Tag lang Kähne, so transportierte man den Kalkstein nach Ebensee. Bei einer diesen Überfuhren „passierte" es, dass ein Schwan beim Anlegen des Bootes eingeklemmt wurde und dabei ums Leben kam. Er wurde dann gerupft, ausgenommen, lange gekocht und schließlich gegessen. Allein diese Schilderung ist nicht jedermanns Sache, doch wir essen ja auch Enten, Hühner, Wachteln oder Truthahn. Auch Schwäne finden sich in der Regel auf keiner Speisekarte mitteleuropäischer Restaurants. Früher waren es die Speisen des Adels und der Könige, die das Fleisch gebratener Schwäne genossen. Das Fleisch erinnere an Fasan oder Wildbret, so die Überlieferung. So benötigte etwa der englische König Henry III. im Jahr 1251 für sein Weihnachtsbankett 125 Schwäne. Und deutsche Kaiser reisten immer wieder in die Schorfheide, um dort das Fleisch der Schwäne zu genießen. Noch im Jahr 1965 wurden Staatsgästen von der britischen Königin Elisabeth II Braten vom Schwan serviert. Zahlreiche Quellen berichteten immer wieder, das Fleisch der Schwäne sei zäh und schmecke tranig, weshalb man die Vögel nicht verspeiste. Offenbar ist es tatsächlich eine Frage der Zubereitung, ob der Schwan schmeckt. Liebhaber von Schwanenfleisch raten, dieses vier Tage lang abzuhängen. Der Arbeiter aus Ebensee wusste nichts von der Zubereitung eines Schwanes und behauptete dann, keinen mehr zu essen, denn es schmecke ihm nicht. Er hatte aber auch keinen Computer, denn beim Googeln hätte er sofort die Zubereitung von einem Schwan bei CHEFKOCH.DE gefunden. Letztendlich verhält es sich mit einheimischen Schwänen ganz ähnlich wie mit anderen essbaren Tieren. Wer isst in Mitteleuropa zum Beispiel Meerschweinchen? In Peru sind sie fester Bestandteil des Speiseplanes. Um nur kurz bei diesem Thema Schwan zu bleiben: Bei der Geschichte geht es um einen Berliner, er ist mit einer Ebenseerin verheiratet und jedes Jahr hier, um Urlaub zu machen. Er fragte mich einmal, wovor ein Schwan die größte Angst habe und ich wusste es nicht. Er sagte, in Berlin seien tausende Schwäne und daher wisse er es ganz genau und zeigte es mir. Er fütterte einen Schwan an, packte ihn beim Kopf und hielt ihn unter Wasser. Der Schwan hat panische Angst vorm Ertrinken!

Einige Male besuchte ich einen Arzt, der auf chinesische Medizin spezialisiert war, in seiner Privatordination, und hoffte, dass er mir mit meinen Beinschmerzen helfen kann. Die Therapie bestand in der Behandlung durch Akkupunktur, bei der ich die Akkupunkturnadeln vom Kopf bis zum Vorfuß „gesetzt" bekam. Die Prozedur dauerte nicht ganz eine Stunde. Nach einer dieser Sitzungen fuhr ich weiter zum „Allianz-Pensionisten-Stammtisch" nach Vöcklabruck. Nach der üblichen Begrüßung schrie ein Ex-Kollege plötzlich auf und zeigte auf meinen Kopf. Genau in der Kopfmitte, unübersehbar, steckte noch eine Akkupunkturnadel, die der Arzt nach der Behandlung vergaß, wodurch ich eine Ähnlichkeit mit „Mr. Spock" vom Raumschiff Enterprise hatte.

Gerade wenn ich glaubte, gewisse Dinge besonders überlegt und vorsichtig anzugehen, passierte genau das Gegenteil. Bei einer Kontrolle im Krankenhaus Wels wurde am Fußrücken des linken Fußes ein Melanom festgestellt, das entfernt werden musste. Nach ein paar Tagen bekam ich den Anruf von der Hautabteilung des Krankenhauses, dass dieses Melanom nochmals operiert und großflächiger entfernt werden müsse, also eine Nachexzision. Auch diese Operation war nichts Aufregendes und wurde ambulant durchgeführt. Gleich anschließend wurde ich noch ganz genau wegen eventuellen Krebsverdachtes untersucht, bekam aber schon im Fuß Schmerzen, da die Narkose nachließ. Lisi hatte mir vorher noch wärmere Socken besorgt, da es Ende Oktober draußen schon kälter war und ich nach der Operation nicht mehr in meinen Socken passte. Ich humpelte mit zwei Krücken zum Auto und Lisi brachte uns dann nach Hause.

Zwei oder drei Tag später ich ging ins Badezimmer und wollte mir die Haare waschen, natürlich darauf bedacht, dass mir der Verband meines linken Fußes nicht nass wird. Dabei stieg ich in die Dusche, den rechten Fuß in der Brausetasse, den linken Fuß außerhalb, damit mein Verband nicht nass wird. Ich begann am Kopf zu duschen, nahm mein neues Shampoo in einer besonders großen Flasche, welche mir beim Öffnen aus der Hand fiel. Die Flasche traf mich genau mit der festen Öffnung auf der großen Zehe. Ich sah es nicht, da ich die Augen geschlossen hatte, aber es tat richtig weh. Ich sah nur, dass ich stark blutete, so konnte ich nicht aus der Dusche steigen. Lisi war nicht zuhause, um mir zu helfen und so versuchte ich mit einem großen Handtuch, das Blut etwas zu stillen. In diesem Augenblick begann ich, über mich selbst zu lachen, hatte ich mir doch noch nie ein so großes und schweres Shampoo gekauft, vermutlich aus Spargründen, und die Belohnung dafür bekommen. Denn nun hatte ich den Kopf mit nassen Haaren, die rechte Zehe blutete noch immer stark und auf den linken Fuß konnte ich nicht steigen. Es blieb mir daher nichts Anderes übrig, als mich auf den Boden zu setzen und mich um die Platzwunde zu kümmern, doch die Pflaster zum Verbinden hatte ich im Erdgeschoß!

Eine Geschichte, die ich auch nie vergessen werde, ereignete sich zuhause im Garten, als ich im Herbst eine „Yucca"-Palme ausgraben wollte, dabei zu heftig anzog (anriss!) und mir dabei einen Leistenbruch zuzog. Dieser musste im Krankenhaus Gmunden operiert werden, wobei mir vom Arzt eine Operation mit Kreuzstich vorgeschlagen wurde. Für mich bedeutete die Methode zwar Neuland, ich stimmte aber zu. Wir waren zu fünft in diesem Zimmer, vermutlich überbelegt, und drei Patienten mit Leistenbruch, was natürlich einen Vorteil hatte, denn zwei wurden am selben Tag operiert, der dritte am nächsten Nachmittag. Als Lisi mich besuchte, lag ich in meinem Bett und konnte nicht aufstehen, da die Vorhänge der Fenster so stark „flatterten", was nur ich empfand. Ursache dafür war, dass mein Schmerzmittel zu stark dosiert war und ich dadurch fast zu schweben anfing. Das Zimmer bot ein Bild für Götter: Alle mit gleicher „Anstaltskleidung", hinten offen, einer mit Netzunterhose (aber nicht für heiße Stunden), was beim Bücken seltsam aussah und dazu die weißen langen Strümpfe wegen der Thrombose-Vorsorge. Den Vogel schoss dann noch die umgehängte Flasche für das Wundsekret ab, die mit dem Körper verbunden war und hinten „nachbaumelte". Wir konnten uns einfach selbst nicht anschauen und bekamen immer wieder Lachkrämpfe. Nachdem der Dritte mit Leistenbruch am Abend nach der Operation ins Zimmer gebracht wurde, schlief er bis kurz vor Mitternacht und die Schwester erklärte ihm, dass er auf keinen Fall vom Bett aufstehen dürfe und sie drehte das Licht ab. Ich schlief ein, hörte ab dann, dass er trotzdem ins Bad gegangen war und auch zu sprechen anfing. Es irritierte mich insofern, als sich das wie etwas in arabischer Sprache, dann sich aber wie ein Sturz anhörte. Ich stand auf, ging ins Badezimmer und sah ihn dort am Boden bewusstlos liegen. Trotz meiner umgehängten Flasche versuchte ich nun, seinen Kopf aufzustützen, was mir nur mit aller Mühe gelang, denn ich sollte ja auch nichts heben. Ich ging dann auf den Gang hinaus und suchte eine Krankenschwester, die sich im Schwesternzimmer aufhielt. Sie war alleine in dieser Abteilung und konnte auch unmöglich den am Boden liegenden Patienten aufheben, der sicherlich über 180 cm groß und entsprechen schwer war. Wir bekamen ihn schließlich in einen fahrbaren Sessel, inzwischen waren mein gestern operierter Nachbar und ein ebenfalls im Zimmer liegender Patient aufgewacht und halfen dabei mit. Mein frisch operierter Nachbar kam nun auch wieder zu sich und erzählte später, dass er als Ingenieur lange Zeit im Nahen Osten gearbeitet habe und er daher gut Arabisch spreche. Warum er nicht auf Deutsch um Hilfe rief, wisse er selbst nicht. Ein besonderes Lob gebührt aber den Ärzten, die uns drei mit den Leistenbrüchen besonders gut zusammenflickten, sodass nach dieser Aktion keine Komplikationen auftraten.

Ein besonderer „Künstler", der schon Jahrzehnte im Vorstand des Fischervereines tätig war, organisierte einen Fischerausflug zum Schwarzensee, wo am Vormittag zuerst geangelt wurde und man sich anschließend bei einem Jagdhaus traf. Der Einzige, der nicht standesgemäß mit einem Rucksack oder einer Fischertasche erschien, war Alfred. Er kam mit einer geflochtenen Einkaufstasche aus Plastik, vermutlich aus den 50er-Jahren und natürlich in dezentem Gelb. Diese Tasche, vollgefüllt mit Jausenbrot, Wurst, Käse und Bier, stellte er beim Jagdhaus neben der Dachrinne ab. Kurze Zeit später kam der Förster wie vereinbart mit seinem Geländewagen vorbei und stieg aus. Hinter ihm sein Hund, er hieß Felix, er sprang aus dem Auto und schnurstracks zur Einkaufstasche, hob das Bein und pinkelte die Tasche ganz voll. Das Einzige, was Alfred noch sagte, war: „Felix, du bist ein Schwein!"

Vor beinahe dreißig Jahren lernte ich bei einem Kurs von Karl das Fliegenfischen, das mich bis heute immer wieder fasziniert und mittlerweile zu meinem Leben gehört. Da wir uns seit unserer Kindheit kennen, befreundet sind und beide an der Traun aufwuchsen, begleitete die Fischerei unser ganzes Leben. Das Fliegenfischen ist die Königsklasse der Fischerei und fast jeder, der damit infiziert wurde, kann nicht mehr davon lassen. Obwohl die Fliegenfischerei am Anfang ein elitärer Sport war und aus England kam, wurde sie durch ihre Faszination in Kürze weltweit verbreitet und ausgeübt. Robert Redfords Romanverfilmung „Aus der Mitte entspringt ein Fluss" ist eine Liebeserklärung an das Fliegenfischen, mit Brad Pitt in der Hauptrolle. Seither reisen jährlich eineinhalb Millionen Angler nach Montana, um sich in diese Kunst einweisen zu lassen. Ein so treffendes Zitat aus diesem Film: „Ich kann mich dem Wasser nicht entziehen", ist für mich zu ergänzen mit der Aussage: „Man muss das Wasser lesen lernen", was ich allen, die mit dem Fliegenfischen anfangen, ans Herz legen will. Eine scheue Forelle damit zu überlisten, die Fliege sanft aufs Wasser zu setzen, und wenn die Forelle tatsächlich darauf hereinfällt, weil sie der Illusion erliegt und die Imitation mit der Natur verwechselt, hat das eine ungeheure Faszination. Es ist die Leidenschaft, das Erlebnis, das Überlisten und die Kunst, einen Fisch nach feinsten Methoden zu fangen, ihn nicht zu verletzen und ihm dann wieder die Freiheit zu geben. Dies ist in der Jagd nicht möglich, den Individuen die Chance zu geben zu überleben, schneller oder schlauer zu sein. Es ist auch die Liebe zur Natur, das Beobachten einer Wasseramsel, eines Eisvogels oder – wie vor kurzem – einer Kreuzotter, die in der warmen Sonne auf einem Stein neben dem Wasser lag. Da ich sie ziemlich spät sah, erschrak ich, sie stellte den Kopf auf und ging in Angriffsstellung. Ich machte ein paar Schritte zurück, setzte mich auf einen anderen Stein und beobachtete, wie sie sich wieder beruhigte (wie auch ich), sich nicht irgendwo versteckte, sondern am Stein in der Sonne liegen blieb. Es war ihr Revier!

RIESACHSEE

Zehn Jahre lang fuhr ich mit meinen Fliegenfischerfreunden einmal im Jahr zum Fischen an den Riesachsee, in der Nähe von Schladming. Der See liegt auf 1338 Metern Seehöhe, daneben steht eine ganz kleine Fischerhütte, die maximal acht Personen Platz bietet und keinerlei Komfort hat. Mit dem Allradfahrzeug des Besitzers, er hat im Tal ein großes Gasthaus mit Fremdenzimmern, wird man für fast eine Woche mit dem gesamten Gepäck samt Lebensmitteln und Getränken hinaufgebracht. Am Ende dieser Woche ist ein Zeitpunkt vereinbart, denn es besteht keine Handyverbindung und die Gruppe wird dann wieder mit dem Auto ins Tal gefahren. Geheizt wird die Hütte mit einem Holzofen, auf dem auch gekocht wird. Strom gibt es keinen, aber Licht von einer kleinen Solaranlage, die eine Batterie auflädt. Bei Schlechtwetter oder wenig Sonne gibt es nur Petroleumlampen oder Kerzen. Schon vorher muss sich jeder überlegen, was er für die ganzen Tage zu essen und trinken mitnimmt, Brot und Grundnahrungsmittel werden gemeinsam eingekauft. Vorher wird auch darauf geachtet, dass ausreichend Holz zur Verfügung steht, hatten wir doch von Schneefall, Sturm oder Regen bereits alles, was in dieser Höhe auftreten kann. Zum Waschen oder Rasieren gibt es nur eiskaltes Wasser und eine Toilette. Im Holzbrunnen mit Stoppel rinnt Quellwasser über zwei große Milchkannen, in denen sich die gesamten Lebensmittel befinden. Ein optimaler Kühlschrank, in dem auch Bier und Getränke mit der richtigen Temperatur gelagert werden. Zum Schlafen gibt es einfache Stockbetten, in der Mansarde vier Holzbetten, Tuchent und Polster werden zu Verfügung gestellt, ich schlief aber lieber in meinem Schlafsack.

Die ganze Fischerei am See und am Bach war für diese Zeit nur für uns reserviert, das heißt, wir waren wirklich ganz alleine hier oben. Untertags kommen öfter Wanderer vorbei, die meist nur bis zum Talschluss gehen, manche aber weiter bis zur Preintaler Hütte auf 1657 Metern Seehöhe.

Am Zufluss des Riesachbaches liegen zwei großen Holzboote, auf denen mindestens drei Personen genügend Platz finden, um problemlos zu angeln. Je nach Lust und Laune machte jeder von uns den ganzen Tag, was er wollte, manchmal angelten wir zu zweit oder zu dritt und was das Allerwichtigste war: Wir verstanden uns alle ausgezeichnet. Fürs Einheizen und fürs Frühstückmachen, war fast immer Hannes zuständig, denn er war Frühaufsteher. Er war sehr hilfsbereit und ohne darüber zu reden, stand das ganze Frühstück auf dem Tisch und er kümmerte sich um fast alles. Die gesamte Organisation hatte die ersten Jahre Karl über, durch den wir auch zu diesem See samt Hütte kamen. Er war zudem ausgezeichneter Koch. Die letzten Jahre, als Karl nicht mehr mitfuhr, übernahmen Hannes oder Jürgen den Posten des „Küchenchefs". Da ich überhaupt nicht kochen kann, war ich für die unnötigen Kommentare und für das Abwaschen zuständig. Es gab die selber gefangenen Forellen oder Saiblinge zu essen, einfache Hausmannskost, es stand aber auch ein gemauerter Grill neben der Hütte zur Verfügung. Am Abend saßen wir dann meist bis Mitternacht in der warmen Hütte zusammen, bei dämmrigem Licht, bei Erzählungen, Geschichten und „ganz wichtigen" Ereignissen des Tages. Fernsehen, Handy oder Radio funktionieren hier oben überhaupt nicht (Gott sei Dank!) und sie fehlen auch keinem. Natürlich hatten wir auch keinen Wetterbericht oder eine Vorhersage, die ja ohnehin oft nicht zutreffen, irgendwie war es eine ruhige und andere Welt, ich genoss das.
Ich habe seit Jahren keine Uhr mehr getragen, früher hatte ich mehr als 60, meistens Swatch, und richte mich nun nach dem Gefühl oder der Sonne, denn es ist alles nicht mehr so wichtig. Die letzten Jahre waren wir nur mehr zu viert oder zu fünft und daher oft stundenlang alleine. Es bedeutete ein besonderes Privileg, vom Ufer aus oder vom Boot aus zu fischen, entlang des Riesachbaches, der mäandernd durch eine Moorwiese fließt und Ähnlichkeit mit einem Wiesenbach hat, zu fischen ab und zu auch Pilze zu sammeln. Ein Leben wie im Paradies. Das ist Freiheit! Fliegenfischen ist kein Hobby, es sollte Leidenschaft sein und dies trifft zu einhundert Prozent auf mich zu. Zudem lernt man dabei immer wieder verschiedenste und interessante Menschen kennen.
Nun will ich von einem Abend erzählen, der mir immer in Erinne-

rung bleibt: Ich war Fliegenfischen, ganz alleine im Boot, kein Wind, der See war spiegelglatt, es wurde schon dunkel und kein Mensch war in der Nähe, vollkommene Ruhe. Nur ein Ruderschlag oder Fische, die noch bei der Dämmerung auf Nahrungssuche waren und aus dem Wasser kamen, unterbrachen die Stille. In dieser Umgebung doch noch einen Fisch mit der Fliegenrute zu fangen, zu drillen und dann zu keschern, es gibt für mich nur eine Steigerung: den Fisch vorsichtig abzuhängen, die Hand über den Kopf des Fisches zu halten, er ist zwar nun freier, aber abgekämpft vom Drill und fühlt sich unter meiner Hand in Sicherheit. Er bleibt bei mir, bis ich die Hand langsam hebe und er wegschwimmt. Für mich ein Glücksgefühl. Inzwischen war es am See vollkommen dunkel geworden und Hannes rief nach mir, weil er mich am See nicht mehr sehen oder hörten konnte. Ich antwortete und ruderte nach Hause.

Als ich das letzte Mal zum Riesachsee mitfuhr, waren Andi, mein Neffe, und ich am Boot und fischten. Ab und zu hörten wir einen Hund bellen, dem wir aber nicht viel Beachtung schenkten, sind doch viele Wanderer mit Hunden unterwegs. Was uns aber dann auffiel, war, dass das Hundegebell von der Seite des Sees kam, wo es keine Straße oder einen Weg gab. Der obere Teil war eher felsig und schroff, zum See hin fast sumpfig und kaum begehbar. Aus dieser Richtung nahmen wir außerdem ein Geräusch von einem Reh wahr, konnten es aber nicht genau zuordnen, da es dem Hundegebell ähnlich ist. Immer häufiger kam das Bellen, nun waren wir ziemlich sicher, es handelte sich um einen Hund mit einem Reh, das Laute von sich gab, man nennt es „klagen“, wenn das Reh in größter Bedrängnis ist. Wir ruderten so schnell wie möglich mit dem Boot in diese Richtung, das Bellen des Hundes und das Klagen des Rehs wurden immer eindringlicher, fast unerträglich. Es musste sich alles ganz in der Nähe abspielen, wir sprangen aus dem Boot. Vielleicht zwanzig Meter von uns entfernt sahen wir nun diese Tragödie: Der Hund hatte sich am Lauf (dem Bein) des Rehes verbissen, welches blutend und gebrochen dalag. Ich hatte mir schon beim Hinlaufen einen Holzprügel mitgenommen und hätte den Hund auch erschlagen, wenn er nicht sofort das Weite gesucht hätte. Andi verfolgte zwar den Hund noch, der aber schneller war, Glück für ihn. Das Reh schaute mich hilflos an, der Lauf war zerschossen und vom Hund auch stark verbissen worden, schrecklich. Ich hatte keine andere Wahl, es sollte nicht länger leiden, ich nahm meinen Prügel und erschlug das Reh, was mir heute noch wehtut. Weiter oben hörten wir nun Stimmen von Männern, die näherkamen, es waren zwei Jäger in größerer Entfernung, der Hund war zu ihnen zurückgekehrt. Es stellte sich dann heraus, dass sie das Reh zwar getroffen, aber nur den Lauf des Tieres zerschossen hatten. Dieses flüchtete auf drei Beinen, wurde dann mit dem Hund gejagt und sicherlich erst nach über einer Stunde gestellt. Was mich so wütende machte, war des Verhalten des Hundehalters, der offenbar unfähig war, einen Jagdhund abzurichten. Dieser sollte das Reh zwar verbellen, aber auf keinen Fall verbeißen. Was ich auch den zwei Jägern zum Vorwurf machte, denn der Hund macht das, was ihm sein Besitzer gelernt hat. Andi und ich fuhren dann mit dem Boot zurück und wir saßen vor unserer Hütte bei der Jause. Kurz darauf kam ein SUV mit den zwei Jägern vorbei und ich konnte es kaum fassen: An einem Strick hinter dem Fahrzeug war das Reh angebunden, „mein Reh", und wurde auf der Schotterstraße nachgeschleift. Es war zwar ein totes Tier, es sollte dennoch mit gewissem Respekt behandelt werden, diese „Pseudojäger" sollten sich schämen und verdienen keinesfalls den Gruß „Weidmanns Heil"!

FLIEGENFISCHEN MIT GERT

Dass das Fliegenfischen für mich mehr als eine Leidenschaft darstellt, habe ich bereits erwähnt. Diese Art des Fischens ist vor allem eine Lebenseinstellung. Neue Leute kennenzulernen, die genau so verrückt danach sind wie ich, ist keine Seltenheit und man entdeckt sofort Gemeinsamkeiten, die dann oft zu einer sehr guten Freundschaft führen. Und eines habe ich auch gelernt: Freundschaften, die enden, haben nie begonnen. Einer meiner besten Freunde in jeder Hinsicht ist Gert, mit dem ich am häufigsten fliegenfischen gehe und mit dem auch die Chemie zu einhundert Prozent passt.
Einer unserer gemeinsamen Ausflüge führte uns an die Alm, die in der Nähe des Kurortes Bad Wimsbach-Neydharting vorbeifließt. Die

ganze Umgebung ist Naturschutzgebiet, im Großteil gilt allgemeines Fahrverbot, und ist ohnehin nur über kleine Traktorwege für die Landwirtschaft befahrbar. Auf einem dieser Wege, die schon im Auwald liegen, ließen wir ein Auto stehen und fuhren zurück Richtung Vorchdorf, wo wir das zweite Auto abstellten. Hier beginnt der Abschnitt der „Mittleren Alm", die später über den „Almspitz" Richtung Traun fließt. Wir fuhren sehr oft getrennt mit zwei Autos, was mehrere Gründe hat: Vor allem hat jeder die Möglichkeit, früher nach Hause zu fahren, um das Fischen zu beenden, wenn der andere noch am Wasser bleiben will. Außerdem haben wir beide auch Ersatzkleidung und Ausrüstung im Auto dabei, für den Fall, dass man ins Wasser fällt, was mir in dem besagten Jahr auch schon passiert war. Ich fischte am Ufer der Traun, als ein großer Steinblock nachgab und ich mit voller Ausrüstung „abtauchte". Die Wassertemperatur lag bei nur zehn Grad, dennoch tauchte ich nochmals ab, um meine neue Sonnenbrille am Grund des Flusses zu suchen, was mir auch gelang. Trotz der nassen Haare und noch frischer Außentemperatur hatte ich den Vorteil, dass ich in zehn Minuten zu Hause war. Ich musste mich nicht einmal mehr umziehen und legte für die übereilte Rückfahrt eine dicke Decke auf den Fahrersitz, die ich immer im Kofferraum des Autos liegen habe. Ein Weiterfischen unter diesen Umständen ist auf keinen Fall empfehlenswert oder vernünftig.

Nachdem wir nun mehr als drei Stunden gefischt hatten, beschlossen wir, wie schon öfter, bei einem Wirtshaus außerhalb des Ortes einzukehren. Dieses ist bekannt für den ausgezeichneten Zwiebelrostbraten, auf den wir uns freuten, denn der Hunger kündigte sich schon an. An einer geeigneten Stelle der Alm wateten wir aus dem Wasser und waren überzeigt, dass in der Nähe unser Auto stehen müsste. Wir gingen nun den kleinen Weg den Auwald entlang, kamen in die Nähe der angrenzenden Wiesen und nahmen Fahrzeugspuren wahr, doch unser Auto sahen wir nicht. Nun beschlossen wir, jeder in eine andere Richtung entlang des Auwaldes zu gehen, um das Auto zu suchen. Um die Mittagszeit wurde es schon richtig warm, besonders bei unserer Adjustierung mit den Neopren-Wathosen, darunter langen Unterhosen wie beim Langlaufen, denn das Wasser der Alm ist das ganze Jahr sehr kalt. Zudem schleppten wir die schweren Watstiefel, die

Fliegenfischer-Jacke, vollgefüllt mit den üblichen Utensilien, Funktionswäsche, Hemd und Jacke, in der Hand noch die Fliegenrute samt Rolle, wir fingen zu schwitzen an. Nach längerer Zeit kamen wir wieder an unseren Ausgangspunkt zurück, weit und breit kein Auto. Meine Orientierungsgabe dürfte auch schon einmal besser gewesen sein und Gert hatte diesbezüglich schon immer Schwierigkeiten. So behauptete etwa Gerts Frau immer, dass er, wenn er in eine Telefonzelle gehe, nicht mehr herausfinde. Es wurde uns immer wärmer, das Auto konnten wir auch nicht mehr finden und so blieb uns nur mehr die Möglichkeit, zur Bundesstraße zu kommen. Was uns natürlich jetzt bevorstand, war der fast drei Kilometer lange Weg bis zu unserem zweiten Auto, am Anfang unserer Fischerei. Zwei Fliegenfischer, die mit voller Ausrüstung spazieren gehen, noch dazu auf der doch stark frequentierten Bundesstraße, das lässt nur einen Schluss zu: Die beiden spinnen! Für uns zog sich ein sehr, sehr heißer und langer Weg unendlich hin. Als wir nun endlich beim Auto ankamen, waren wir zur Gänze durchnässt, als wären wir ins Wasser gefallen. Das zweite Auto fanden wir schließlich auch wieder und am besten wäre es gewesen, mit anderen Fischerkollegen darüber gar nicht zu sprechen.

DAS EINFACHE GLÜCK

Am Ende meiner Geschichte möchte ich darstellen, woraus mein Glück besteht und welche Dinge ich nach einem langen Lernprozess für wichtig erachte. Es soll auch dazu dienen, ein Resümee meines bisherigen Lebensweges zu ziehen, vor allem aber, mich zu bedanken.

Allein die Bäche, Flüsse und über siebzig Seen, diese wunderschöne Umgebung, gepaart mit sauberem, klarem Wasser und eine Gegend, auf die die vier Jahreszeiten genau zutreffen, das ist meine Heimat, die ich so schätze und in der ich das Privileg habe zu wohnen. Ich brauche nicht nach Amerika, Neuseeland oder zu den Galapagosinseln fahren, muss nicht nach Mumbai fahren, um dann zu sagen, dass ich dort gewesen bin. Oder sollte ich mit einer Reisegruppe für sieben Tage nach China fahren und dann behaupten, ich kenne China, ich war ja schon dort? Das alles muss ich nicht haben und viele Chinesen sehe ich ohnehin, wenn ich nach Hallstatt fahre.

Die manchmal an mir und früher von mir belächelte „Gartenzwerg-Mentalität" sehe ich heute einfach etwas anders und ich stehe dazu. Ich bin, wie ich bin, mit all meinen Fehlern und brauche auch keine „Korrektur" mehr. Ich bin auch nicht mehr bereit, mich noch grundlegend zu verändern oder jemandem etwas vorzuspielen, denn ich bin als Original geboren worden und will nicht als Kopie sterben. Es liegt vermutlich auch am Alter und der Wichtigkeit meiner Prioritätenliste, die natürlich für die Jugend ganz anders aussieht.

Für mich ist es so wichtig, eingebunden zu sein und das Gefühl der gegenseitigen Hilfsbereitschaft zu erleben. Ebenso das intakte Zusammenleben mit den Menschen und die Möglichkeit, verschiedene Sport- und Freizeitaktivitäten zu betreiben. Unter anderem im Sommer das Schachspiel in Rindbach bei der Freizeitanlage, direkt am See, unter den Bäumen. Dabei „übersieht" man die Zeit und merkt es erst, wenn es dunkel wird. Ich fing erst vor vier Jahren an, Schach zu spielen, bin also ein Spätberufener, der keine Tipps von anderen Spielern annimmt, die ich mir sowieso kaum merken könnte. Ein Schachbuch, das ich geschenkt bekam, schenkte ich ungelesen weiter, da ich damit nichts anfangen kann.

Mit der richtigen Aufstellung der Figuren hatte ich des Öfteren meine Probleme, verlor natürlich als Anfänger alle Spiele, sammelte aber Erfahrungen. Ich spiele nach wie vor komplett „unorthodox", also aus meinem Gefühl heraus und bin damit manchmal sogar erfolgreich. Ein Remis nehme ich kaum an; entweder ich gewinne oder verliere. Inzwischen spielte ich mit allen Schachspielern des Vereines und sehe es als Herausforderung, mich mit sehr guten Spielern zu messen, die Jahrzehnte schon Schach spielen, einer sogar schon 70 Jahre lang! Schach ist ein faszinierendes Hobby, bei dem auch zuweilen völlig fremde Personen im Sommer vorbeikommen, zuschauen und dann mit uns spielen. Es war nicht nur einmal der Fall, dass wir uns mit der Sprache nicht verständigen konnten, aber gegeneinander spielten und dabei richtigen Spaß hatten.

Das Leben bringt seine kleinen „Wehwehchen" mit sich, die sich mit zunehmendem Alter einstellen und manchmal etwas größer ausfallen. Dann sind da noch meine Handicaps, ich habe damit zu leben gelernt und bin überzeugt, es gibt Schlimmeres.

Meine zwei Söhne, Michael (Sorge 1) und Florian (Sorge 2) haben mir tatsächlich so manche Sorge bereitet, doch diese Sorgen sind Vergangenheit und belasten mich nicht mehr. Sorgen und Ängste bereitete ICH IHNEN schon genug, es dürfte für die Zukunft reichen, hoffentlich! Meine Zwei, sie gehen ganz sicher ihren richtigen Weg und ich bin stolz und glücklich, dass ich sie habe.

Julia und Sophie, unsere Enkelkinder, sie sind unser Ein und Alles. Sie bereichern unser Leben und wir sind für jede Stunde dankbar, wenn wir sie um uns haben. Es sind oft die ganz kleinen Dinge, die uns allen große Freude bereiteten und in Erinnerung bleiben. Es war ein heißer Sommertag, unsere zwei Mädchen waren noch klein und wir gingen mit ihnen ins Rindbachtal, nur zwanzig Minuten von unserem Heim entfernt. Wir hatten nur eine kleine Jause mitgenommen, etwas zu trinken und verbrachten so den ganzen Nachmittag. Das Wasser im Bachbett rann und sprudelte noch, versiegte immer mehr und verschwand einfach und den Steinen. An dieser Stelle spielten wir nun mit den Kindern, es gab ja so viel zu tun: Wasser umleiten, Staudämme bauen und Holzstücke schwimmen lassen. Bei dem vielen Plätschern passierte es natürlich, dass dabei nicht alles „dicht" blieb, was wir aber ganz schnell in den Griff bekamen: Ich zog meine Unterhose aus, gab sie der Kleinen und das Problem war gelöst. Als dann noch langsam und dann immer schneller das Wasser des Baches anschwoll, vermutlich durch ein Sommergewitter weiter oben, wurde das schon teilweise ausgetrocknete Bachbett wieder überschwemmt. Ich trage so viele Erinnerungen mit mir herum, etwa an Julia, die als Kind immer etwas Angst vor dem Vollmond hatte und sich (bis heute!) vor den Käuzchen fürchtete. Oder an Sophie, die zwar noch nicht laufen konnte, aber jeder Spinne nachjagte und von uns deswegen „Spider" genannt wurde. Vor allem ist es die Geschichte von Julia, die damals zirka vier Jahre alt war und „Fischerin" werden und natürlich auch beim Regenwürmer-Suchen dabei sein wollte. Ich durchwühlte gerade meinen Komposthaufen und fand eine Menge Würmer, die ich dann in eine Wurmdose gab. Julia stand in einem gewissen Abstand daneben, es hätte ja sein können, dass ein Regenwurm sie beißt, und hatte ihren Schnuller im Mund. Durch das eifrige Reden fiel ihr genau dieser Schnuller ausgerechnet in die Wurmdose, die schon gut gefüllt war. Ich nahm den Schnuller, schleckte ihn ab und schob ihn Julia wieder in den Mund. Sie lachte, passte dabei aber auf, dass er nicht nochmals hineinfällt.

Es war wieder einmal ein richtiges „Maikäfer-Jahr" und unsere Zwei freuten sich schon darauf, dass es dunkel wird und die Maikäfer ausschwirren. Ich holte mir einen kleinen Setzkescher, den ich normalerweise zum Angeln nehme. Den Kindern machte dieser Abend einen Riesenspaß (dem Opa natürlich auch) und sie fingen mehrere Maikäfer, die sie aber dann nicht angreifen wollten, um sie in die Schuhschachtel zu bekommen. Diese wurde mit Luftlöchern versehen und mit einem Gummiringerl verschlossen. Zuvor hatten wir diese Schachtel gemeinsam gebastelt. Dabei hatten die Kinder auch nicht vergessen, verschiedene Blätter hineinzugeben, damit die Käfer nicht verhungern!! Außerdem durften die Maikäfer in unserer Wohnung übernachten, um nicht draußen zu erfrieren. Schon vor dem Frühstück waren die Zwei bei der Schuhschachtel und ab und zu hörte man einen Maikäfer, der sich bewegte. Das Krabbeln wurde immer mehr und mir blieb nichts Anderes mehr übrig, als die Schachtel zu öffnen. Einer nach dem anderen startete nun auf dem Weg in die Freiheit, sie flogen aber nur in unserer Wohnung herum. Das Schwirren der Maikäfer, das Lachen – es war ein Vormittag, der uns lange in Erinnerung blieb. Wir hatten dann aber wirklich viel zu tun, um die Käfer wieder aus unserer Wohnung zu bringen und ich glaube sogar, dass es den Maikäfern bei uns gefallen hat.

Mit Lisi, meiner Frau, mit der ich schon fast 50 Jahre glücklich verheiratet bin – mit all den Höhen und Tiefen einer Ehe – habe ich den „Glückstreffer" meines Lebens gemacht. Sie hat nicht nur mit mir, sondern auch mit der Krankheit von Flo so viel durchgemacht und ist oft an die Grenze der Belastbarkeit gestoßen. Sie schaffte das alles, ist immer für alle da, hält die Familie zusammen und gleicht aus. Die Kindererziehung, die viele Arbeit, sei es zuhause, im Büro oder beim Hausbau, und so viele andere Dinge, die sie dann noch „nebenbei" erledigte – ohne sie hätte ich den Großteil „meiner Projekte" nicht geschafft, sie ist und war mein Rückgrat, auf das ich mich immer verlassen kann.

„Liebe ist nicht, sich gegenseitig anzusehen; es ist gemeinsam in die gleiche Richtung zu sehen."

Mit meinem Buch, es sollte auch eine Widmung sein, habe ich nunmehr die Gelegenheit, eine Liebeserklärung an meine Lisi niederzuschreiben und mich für diese lange und schöne Zeit zu bedanken. Ohne sie hätte ich nicht den Freiraum, den ich immer brauchte und der für mich so wichtig ist. Sie steht zu einhundert Prozent immer hinter mir, spielt sehr oft meinen Dolmetscher, wenn mir wieder Worte fehlen oder wenn sie mir nicht einfallen. Es ist schön, dass wir nun zusammen alt werden können, uns so gut verstehen und füreinander da sind.

„Und hör nie auf, mir deine Blicke zu schenken, bis zu dem Zeitpunkt, an dem du für immer deine Augen schließt".

Wenn ich zurückblicke, fällt mir nun auf, dass ich im ganzen Leben nicht so zufrieden und glücklich war wie jetzt. Ich habe nun mein Paradies auf Erden, mehr kann und will ich nicht mehr erwarten. Vor Jahren schrieb mir Lisi zu meinem Geburtstag ein selbstgemachtes Billett, auf dem ein Zitat von Karl Heinrich Waggerl stand: *„Glücklich zu sein und andere glücklich zu machen, mehr hast du auf Erden nicht zu tun".*

Natürlich will jeder leben, aber keiner alt werden, und ein Therapeut, bei dem ich einmal wegen starker Rückenschmerzen in Behandlung war, traf genau den Punkt, als er mir erklärte: „Mit einem alten, abgefahrenen Reifen (er meinte mich!), kann man zwar noch fahren, man sollte aber nicht mehr zu schnell fahren!" Irgendwie ist es absurd oder ein Wunschtraum, den B.B.King, die Blues-Legende, einmal formulierte: *„Jeder will in den Himmel kommen, aber niemand will sterben, damit er dort hinkommt."*

Ich halte mich lieber an Ausschnitte des Song-Textes „Paradies" der Toten Hosen:
„Wer kann schon sagen, was mit uns geschieht, vielleicht stimmt es ja doch, dass das Leben eine Prüfung ist, in der wir uns bewähren solln. Ich will nicht ins Paradies, wenn der Weg dorthin so schwierig ist, wenn ich nicht reindarf, wie ich will, bleib ich draußen vor der Tür. Ich will nicht ins Paradies, wenn der Weg dorthin so schwierig ist, Ich stelle keinen Antrag auf Asyl, meinetwegen bleib ich hier."

NACHWORT

Manche Geschichten niederzuschreiben, dazu veranlassten mich ein paar Freunde und Bekannte. Fast gleichzeitig bekam ich zu Weihnachten von Michael und Lisa ein leeres Buch zum Geschenk, mit dem Titel: „Papa, erzähl mal. Das Erinnerungsalbum deines Lebens." Auf der Rückseite: „Papa, was wolltest du eigentlich werden, als du klein warst? Wie wurde damals Weihnachten gefeiert? Wer war in der Schule dein bester Freund? Was hast du mit deinem erstverdienten Geld getan? Und was würdest du in deinem Leben anders machen, wenn du noch die Chance dazu bekämest?"

Und da „klingelte" es bei mir gewaltig, denn ich hatte tatsächlich noch eine Chance und fing zu schreiben an. Ich schreibe nun seit fast drei Jahren, am Anfang öfter mit zwei, drei Monaten Pause, da ich manche persönlichen Erlebnisse gar nicht niederschreiben konnte, denn sie saßen zu tief. Ich wollte auch nicht an gewisse Dinge erinnert werden und glaubte, ich hätte sie abgehakt oder vielleicht sogar vergessen. Tatsache ist, ich habe sie nur verdrängt und musste nun, so weh es auch tat, noch einmal alles aufwühlen. Es entwickelte sich aber dann mehr, als sich den Problemen zu stellen und sie aufarbeiten, sondern das Schreiben war die beste Therapie, die ich mir vorstellen konnte. Es war das „Freischreiben" – aus der Seele schreiben, und es war Medizin für mich!

„Es ist das Ende der Welt, sagte die Raupe, es ist der Anfang, sagte der Schmetterling."

Meine Geschichte mit so vielen positiven Aspekten beweist dennoch, dass die Raupe nicht Recht hatte. Nämlich damit, dass ein Schicksalsschlag das Ende der Welt bedeutet, vielmehr hatte der Schmetterling Recht, der sagte: „Es ist der Anfang – der neue Anfang!!"